华文教育研究丛书
贾益民 丛书总主编

现代汉语复句关联标记模式的类别研究

ON THE TYPOLOGY OF CONJUNCTION DISTRIBUTIONAL PATTERNS OF COMPLEX SENTENCES IN MODERN CHINESE

郭中 著

社会科学文献出版社
SOCIAL SCIENCES ACADEMIC PRESS (CHINA)

本书为"海外华文教育与中华文化传播协同创新中心"研究成果(课题批准号 HJY201702),受该中心"华文教育研究丛书"专项课题资助。

总　序

　　华文教育是面向海外华侨华人尤其是华裔青少年开展的华语与中华文化教育，对于促进中华文化国际传播、加强中外文化交流与合作具有重要意义。开展华文教育是华侨华人的"留根工程"，有助于华侨华人传承和弘扬中华文化、保持民族特性；同时，华文教育也是凝聚侨心的纽带和海外华侨华人与祖（籍）国保持联系的重要桥梁，有利于促进国家侨务工作的可持续发展。

　　中国政府一向非常重视海外华文教育的发展，尤其是改革开放以来，中国政府在支持和推动海外华文教育事业发展方面做了大量卓有成效的工作，取得了巨大成绩。随着中国综合国力的提升，海外华文学校如"雨后春笋"，华人华侨子弟学习华文的热度持续高涨。

　　华文教育是一项庞大而复杂的系统工程，不仅涉及华文教育教学的理念，还涉及华文教育的人才培养目标、课程与教材体系建设、教学模式与方法、教学运行机制与评价体制、办学条件改善，以及相应的师资队伍建设、华校治理、办学政策与制度等一系列因素。而建设这样一个系统工程，则需要以相应的理论及专业研究为支撑。目前世界范围内的华文教育事业呈现蓬勃发展的势头，但是与方兴未艾的华文教育实践相比，华文教育的理论研究及学科与专业建设依然滞后。

　　华文教育是国家和民族的一项伟大事业，也是新时代中国特色社会主义伟大事业的一个重要组成部分。

　　第一，华文教育要更快更好地发展，必须坚持以习近平新时代中国特色社会主义思想为指导，深刻领会、全面把握新时代中国特色社会主义思想的精神实质和丰富内涵，科学分析新时代世界华文教育发展现状、存在问题与发展需求，制定符合"新时代"发展特征与需要的华文教育发展规划与具体措施，推动世界华文教育发展迈上新台阶，服务于实现中华民族伟大复兴的中国梦。

第二，华文教育要树立"全球化"和"大华文教育"发展理念，把华文教育置于中国和世界全球化发展的大背景下，面向全球、面向世界人民，以语言为基础，以文化为主导，推进华文教育大发展，以适应"全球化"对中华语言和中华文化的现实需求，满足各国人民学习中华语言文化的需要，推动中外人文交流和民心相通。此外，华文教育要想使华语逐渐成为"全球华语""世界语言"，还必须使华文教育尽快融入各国发展的主流，融入世界多元文化发展的主流，融入所在国教育的主流，融入所在国经济社会发展的主流，融入所在国华侨华人社会发展的主流。这是新时代华文教育全球化发展的必然选择，也是华文教育可持续发展的重要途径。

第三，华文教育要树立"多元驱动"和"转型升级"发展理念。新时代世界华文教育发展已经进入"多元驱动机遇期"，我们要善于整合、利用"多元驱动"资源与力量，助推华文教育和汉语国际教育事业的新发展。与此同时，新时代也给华文教育提出了新任务、新要求，使华文教育的"转型升级"成为可能与必然，要由传统的华文教育观念、体系、模式向新时代华文教育发展、变革，由过去的规模化发展向内涵建设、提升质量、增强效益转型。

第四，随着"大华文教育"的发展以及华文教育的"转型升级"，华文教育今后绝不再是单一的、传统意义上的华文教育，而是在"华文教育+"发展理念引领下呈现多元发展态势。"华文教育+"加什么、怎么加，完全视华文教育发展需求而定，但必须符合华文教育培养中华语言文化人才、立德树人的根本目的。

在这些理念主导下，华文教育研究当下应关注以下问题：其一，关注世界华文教育发展历史及现状，跟踪世界各国华文教育政策及发展，撰写不同国别政治、经济及文化环境下华文教育国别史，总结华文教育历史发展规律与特点，从而由编写国别华文教育史到编写世界华文教育史；其二，针对性地分析和描写华语在不同国别语言文化背景下作为一语（母语）以及作为二语（外语）的教学特点与规律、习得特点与规律等问题，借鉴语言认知科学尤其是人脑神经科学研究的理论成果与技术,探讨不同语言文化背景下华语二语认知与习得的规律,为本土化、国别化的华文教学以及教材编写提供理论支撑;其三,研究中华文化"走出去"战略中的中华文化核心价值观,萃取优秀中华文化的核心元素,研制具有规范性、可操作性的文化传播大纲及内容与形式;其四,开展海外华校普查、海外华文教育组织机构调查及海外华文教育政策调研,研究"一带一路"沿线国家华语使用现状与发展趋势;其五,积极推动不同国别华文教师专业发展研究,探索海外华文教师的专业发展模式、途径和制度,研究优秀华文教师的共同特质,为教师培训提供参照标准,以利于华文教师队伍的培养、建设;其六,开发具有较强针对性、实践性、本土化、多样性的华文教学资源,如多媒体线上线下教材,依托云技术实验室研发优质在线教学资源、开展华文课程智慧教学探索等,加强教学资源库建设。

在大力推动以上华文教育领域理论研究的过程中,为形成更具系统性、标志性和示范性的华文教育研究成果,打造华文教育研究特色团队,我们推出了这套"华文教育研究丛书"。该丛书由华侨大学海外华文教育与中华文化传播协同创新中心、华文教育研究院精心策划,由海内外优秀学者撰写。我们希望本丛书可以进一步丰富华文教育研究内容,让更多的人了解华文教育、研究华文教育,以推动华文教育事业的发展。

本丛书由社会科学文献出版社组织出版,在此我们表示衷心感谢。限于水平,本丛书若有不妥之处,还望各位读者批评指正。

是为序。

贾益民
2019 年 7 月

摘　要

本书主要围绕现代汉语普通话和方言复句的关联标记模式的类别特征展开，对普通话和众多方言的复句及其关联标记模式进行搜集和整理，同时在句法语义相互验证的思路和方法以及语言类型学等相关理论的指导下，通过汉语方言与普通话的对比、汉语方言与非汉语的比较，探求和总结现代汉语复句关联标记模式的类型学特点，并就相关问题进行解释和说明。

第一章是引论部分，交代了本书的研究意义、研究目标和研究内容，还有研究所用到的方法和理论，然后说明了语料的来源。接着厘清了本书涉及的"连"这个重要概念，即复句的概念和关联标记的概念。最后从多个角度对汉语复句关联标记研究已有的成果进行了综述。

第二章是复句的关联标记模式，首先介绍了复句关联标记模式的手段，考察其主要用什么样的关联标记，是使用连词、副词，还是用固化短语或者语序、语调等；再是关联标记的句法位置，是在句首、句中还是句末，是用在主语前还是主语后；最后是关联标记的模式类型，考察其是居中粘接式、居端依赖式还是前后配套式。

第三章是汉语普通话复句关联标记模式的研究，首先分类介绍了普通话中不同类别的复句主要使用的关联标记的情况，看其主要有哪些关联标记，然后分类论述了不同类别的复句的关联标记模式情况，总结出其标记模式的特点，并进行相关解释和说明。本章的重点是对关联标记模式特点的总结和解释部分。

第四章是汉语方言复句关联标记模式的研究，首先分类介绍了不同类别的复句在不同方言中主要使用的关联标记的情况，这一部分也是本书最基础核心的部分。我们把所有实地调查所涉方言中各类复句使用的主要关联标记进行了搜集整理，然后尽可能详细地描写出来。本章的安排线索是以复句类别为纵线，在每一类复句下，详细列举并描写各大方言的该类复句涉及的关联标记有哪些，并附上具体实例。本章第二部分内容，同样以复句类别为纵线，论述每一类复句在各方言中的关联标记模式情况，总结出每一类复句的方言关联标记模式的特点，并进行相关解释和说明。

第五章是汉语复句关联标记模式的类型学特征，这一章以因果复句为例进行论述，将汉语复句关联标记模式与汉藏语系和中国境内属其他语系的少数民族语言进行对比，同时还与属其他语系的外语进行了比较，总结出了相关的类型学特征和共性表现，并进行了理论解释。

第六章是对全书的总结。

本书的结论和主要创新点在于，通过对大量语料的归纳，总结出了汉语普通话中复句关联标记模式的优先序列：

（1）居中粘接式 > 前后配套式 > 居端依赖式

另外，在对普通话中七大类复句的居中粘接式关联标记模式进行逐一考察后发现，标准的 S（s_1，Ms_2）形式的居中粘接式在所有类别的复句中使用频率是最高的，而其他三个变体的使用频率从高到低整体上大致呈如下序列：

（2）S$_{变体一}$（S$_1$。MS$_2$）> S$_{变体二}$（S$_1$。M，S$_2$）> S$_{变体三}$（s$_1$，M，s$_2$）

由此，我们可以参照显赫范畴的概念，把居中粘接式关联标记模式看作一个"显赫标记模式"。

此外，通过对几大方言的调查，包括资料调查和实地田野调查，本书总结出了汉语方言中复句的关联标记模式的优先序列是：

（3）前后配套式 > 居中粘接式 > 居端依赖式

最后通过类型学的分析，本书发现，因果复句关联标记模式与语序之间存在两个蕴涵共性：

共性一：（VO& 因 – 果语序）⊃（g– 因句，果句 ∨ g– 因句，g– 果）

共性二：（OV& 因 – 果语序）⊃（因句 –g，果句）

在对上述序列和蕴涵共性进行了相关的理论动因解释和进一步验证之后，预测了另两个可能存在的蕴涵共性：

共性三:(VO& 偏句 – 正句语序)⊃(g– 偏句,正句 ∨ g– 偏句,g– 正句)

共性四:(OV& 偏句 – 正句语序)⊃(偏句 –g,正句)

关键词:复句;汉语方言;关联标记模式

Abstract

Centering upon the category features of conjunction distributional patterns of complex sentences in Mandarin Chinese and Chinese Dialects, this paper aims to collect and reorganize conjunction distributional patterns of complex sentences in Mandarin Chinese and many Chinese dialects, explore and summarize the topology features of conjunction distributional patterns of complex sentences in Mandarin Chinese and Chinese Dialects and make explanations and illustrations for some relevant questions, by following the train of thought of mutual verification between syntax and semantics and the guidance of some relevant theories of linguistic topology, comparing Chinese dialects with Mandarin Chinese, Chinese dialects and non-Mandarin Chinese.

The main contents of this thesis include:

Chapter one is the introduction, presenting the study significance, study objective, study contents, research methodology and theories, and explaining the source of corpora. And then, it clarifies the important concept of conjunction, i.e., the concept of complex sentence and conjunction distribution. Finally, it makes a review of the previous research achievements by some scholars from such three perspectives as grammar study of Chinese dialects, study of complex sentences in Chinese mandarin and study of conjunction distributional patterns of complex sentences in Chinese dialects.

Chapter two probes into the conjunction distributional patterns of complex sentences in Chinese Dialects. First, it introduces the conjunction distributional patterns of complex sentences in Chinese mandarin, including the means of conjunction distributional patterns, i.e., finding out what conjunction marker is implemented, the use of conjunction, adverb, fixed phrase, word order or intonation; and then, it explores the syntactic position of conjunction marker, either at the beginning or in the middle or at the end of a sentence and preceding or after the subject; finally, it discusses the types of conjunction distributional patterns, examining whether it is with the conjunction in the middle, at the end position or the conjunction in both positions simultaneously.

Chapter three concentrates on the study of conjunction distributional patterns of complex sentences in Chinese mandarin. First, it respectively introduces the mainly used conjunction distributional patterns of diversified complex sentences in Chinese mandarin, finding out the main conjunction distributional patterns. And then, it discusses the conjunction distributional patterns of diversified complex sentences, summarizes the characteristics of conjunction distributional patterns and makes some relevant illustrations. This part focuses on summarizing and illustrating the characteristics of conjunction distributional patterns.

Chapter four deals with the study of conjunction distributional patterns of complex sentences in Chinese Dialects. First, it respectively introduces the mainly used conjunction distributional patterns of diversified complex sentences in Chinese dialects, which is the fundamental core part in this study. We collect and reorganize the main conjunction distribution patterns and endeavor to describe them as thoroughly as possible. The style we arrange is to take the categories of complex sentence as the vertical line, to fully describe the conjunction distributional patterns of such complex sentence in some typical dialects, attaching some detailed examples with the version of Chinese mandarin. The second section of this chapter is aimed at taking the categories of complex sentence as the vertical line to discuss the conjunction distributional patterns of every category of complex sentence in some typical dialects, summing up the features of every category of complex sentence and make some relevant explanations and illustrations.

Chapter five touches upon the typological features of the conjunction distributional patterns of complex sentence in Chinese language. This chapter takes causational complex sentence as an example to discuss, make a comparison between Chinese mandarin and ethnic minority languages of the Sino-Tibetan family in terms of the conjunction distributional patterns of complex sentence, involving some sino-foreign languages, summing up some relevant typological features and universality, and conducts some relevant theoretical explanations.

Chapter six is the overall summarization for the whole paper.

Based on the generalization of plenty of corpora of the conjunction distributional patterns of complex sentence, we can achieve the following hierarchy in Mandarin Chinese:

(1) the conjunction in the middle> the conjunction at the end position > the conjunction in both positions simultaneously.

We studied more on "the conjunction in the middle" pattern of complex sentence in Mandarin Chinese, and found that the standard structure $S(s_1, Ms_2)$ is used more frequent, but the three other structures are used as the following hierarchy:

(2) $S_{变体一}(S_1。MS_2) > S_{变体二}(S_1。M, S_2) > S_{变体三}(s_1, M, s_2)$

So we can refer to the concept of "mighty category", take the "the conjunction in the middle" pattern as a "mighty pattern".

Simultaneously, by investigating several large dialect areas, including data investigation and onsite extensive investigation, we can conclude another hierarchy in Chinese dialects:

(3) the conjunction at the end position> the conjunction in the middle >the conjunction in the middle.

At last, through typological analysis, we summarized 2 implicated universals between the conjunction distributional patterns of causational complex sentences and word order as follows:

(Universal 1)(VO word order & cause-effect sequence)⊃(conjunction-cause clause, effect clause ∨ conjunction-cause clause, conjunction-effect clause);

(Universal 2)(OV word order & cause-effect sequence)⊃(cause clause-conjunction, effect clause).

And then we explained the universals and forecasted other two universals as follows:

(Universal 3) (VO word order & subordinate clause-main clause sequence) ⊃ (conjunction-subordinate clause, main clause ∨ conjunction-subordinate clause, conjunction-main clause);

(Universal 4) (OV word order &subordinate-main sequence) ⊃ (subordinate clause-conjunction, main clause).

Keywords: complex sentence; Chinese dialects; conjunction distributional patterns

目 录

第一章　引论 ··· 1
  1.1　研究意义 ·· 1
  1.2　研究方案 ·· 1
  1.3　相关研究概念说明 ·· 15
  1.4　研究综述 ··· 19

第二章　复句的关联标记模式 ··· 33
  2.1　复句关联标记的手段 ··· 33
  2.2　关联标记的句法位置 ··· 41
  2.3　关联标记的模式 ··· 47

第三章　汉语普通话复句关联标记模式研究 ······························ 55
  3.1　并列复句的关联标记模式 ·· 55
  3.2　连贯复句的关联标记模式 ·· 84
  3.3　递进复句的关联标记模式 ·· 101
  3.4　选择复句的关联标记模式 ·· 114
  3.5　转折复句的关联标记模式 ·· 130
  3.6　条件复句的关联标记模式 ·· 153
  3.7　因果复句的关联标记模式 ·· 180

第四章　汉语方言复句关联标记模式研究 ································· 203
  4.1　汉语方言中并列复句的关联标记模式 ··························· 204

4.2 汉语方言中连贯复句的关联标记模式 ……………………… 223
4.3 汉语方言中递进复句的关联标记模式 ……………………… 240
4.4 汉语方言中选择复句的关联标记模式 ……………………… 261
4.5 汉语方言中转折复句的关联标记模式 ……………………… 278
4.6 汉语方言中条件复句的关联标记模式 ……………………… 297
4.7 汉语方言中因果复句的关联标记模式 ……………………… 318

第五章　汉语复句关联标记模式的类型学特征
　　　　——以因果复句为例 …………………………………… 334
5.1 引论 ……………………………………………………………… 334
5.2 因果复句的关联标记类型和关联标记模式 ………………… 335
5.3 语序与关联标记模式的蕴涵关系 …………………………… 339
5.4 对语序与关联标记模式蕴涵关系的理论解释 ……………… 350
5.5 结语 ……………………………………………………………… 354

第六章　结语 ……………………………………………………… 356

参考文献 …………………………………………………………… 361

后　　记 …………………………………………………………… 370

第一章 引论

1.1 研究意义

我们知道,现代汉语包括普通话和方言,本书主要围绕现代汉语普通话和汉语方言的复句关联标记模式的类型学特征展开,重点在考察汉语方言复句关联标记模式的特征。本研究的现实意义就是将对现代汉语普通话和众多汉语方言的复句及其关联标记模式进行搜集和整理,同时在句法语义相互验证的思路和方法以及语言类型学的相关理论的指导下,通过将汉语方言与普通话进行对比,汉语方言与非汉语进行比较,探索并总结现代汉语复句关联标记模式的类型学特点,并就相关问题进行解释和说明。本书可以为未来关于关联标记的进一步研究提供丰富的语料,还可以对辞典编撰、母语教学和对外汉语教学等提供参考。

在理论上,对汉语方言语法研究进行新的探索,拓宽了复句以及方言语法的研究视野,而从语言类型学的角度观察和解释汉语方言复句关联标记模式的特点,还可以进一步加深对由关联标记连接的小句句法功能和语义特征的认识。

1.2 研究方案

1.2.1 研究方法和运用的理论

在研究方法上,首先,汉语方言复句关联标记模式的语料的获得需要我们自己亲自去调查,所以第一个需要用到的方法就是田野调查和问卷采访的调查方法,这确保了我们获得的主要材料是第一手材料。当然,由于时间和精力的限制，我们也不可能穷尽所有的方言，所以查阅文献资料以进一步丰富研究材料也是一个重要的辅助方法。

在分析论述的过程中，我们将采用句法语义相互验证的思路和方法，也就是形式和意义相互验证的方法。朱德熙先生曾经在《语法答问》中说过："语法研究的最终目的就是要弄清楚语法形式和语法意义之间的对应关系。所以从原则上说，进行语法研究应该把形式和意义结合起来。……讲形式的时候能够得到语义方面的验证，讲意义的时候能够得到形式方面的验证。凡是得不到形式上验证的语义分析对语法研究来说都是没有价值的。"（朱德熙，1985：80）除此之外，比较法也是我们将要用到的重要方法，主要包括汉语方言与普通话的比较、汉语与非汉语的比较、历时与共时的比较等。实际上这也符合邢福义先生提出的"普、方、古"大三角（邢福义，1996：463）的方法论。

在研究中，我们需要考察复句关联标记的"居中程度"，本书中的居中程度实际上是在统计的基础上得出的一种倾向性。因此，在研究的过程中我们将特别注重多样性基础上的倾向性研究方法（储泽祥，2011）。

在进行对比分析的过程中，我们还需要用到语言类型学的理论和很多分析方法，比如蕴涵共性的分析方法，语言类型特征的提取以及标记理论，等等。在进行历时和共时的比较时还需要用到历史语言学和语法化的理论及相关的分析方法。在解释相关动因的时候还将用到认知语言学的相关理论和方法。在考察关联标记的语篇功能的时候，我们还将用到话语分析、篇章语法和功能语言学的相关理论和方法。在必要时，我们还将用到生成语法的相关理论和方法来解决问题。也就是说，在使用的理论和方法的问题上，我们不局限于某一个理论或者方法，只要合理适用的理论和方法我们都会加以考虑，兼容并包。当然，前提是这些方法和理论没有逻辑上的矛盾和冲突。

下面我们详细介绍几个本书将用到的理论前提和方法。

1.2.1.1 描写和解释相结合的方法

语言研究领域虽然学派林立，观点各不相同，但在研究的目标上则大致相同，无外乎两种主要的目标：一种是希望能对所研究的语言现象做出尽可能详细和恰当的描写，这种目标可以概括为"描写的充分性"

(descriptive adequacy)(徐烈炯,1988:50);另一种是追求对所研究的语言现象做出尽可能合理的解释,这种目标可以概括为"解释的充分性"(explanatory adequacy)(徐烈炯,1988:51)。

这两种目标虽然不一致,但也并不是截然对立的,而是互补的,解释是描写的更高阶段,也可以说是语言研究的终极目标,即从理论上回答语言为什么会具有所描写的那种现象、性质或者状态。而解释充分性的前提是描写的充分性,所以描写是解释的基础,没有描写的话解释也就无从谈起,描写所要回答的问题是:所描写的对象属于哪一类现象,具有哪些性质,有什么作用,有哪些组成部分,各组成部分之间又有什么关系。

虽然说解释是描写的目的,描写是解释的基础,但这并不意味着必须等到把所有语言现象都描写清楚之后再进行解释,因为一方面,语言现象的观察可以是多角度的,同一现象从不同角度描写的结果很可能是不一样的,而且语言是不断发展变化的,所以我们很难对它的动态和静态做出全息性的描写。另一方面,语言研究中的描写属于理论描写,理论描写本身具有一些自己的特点:一是临时性,所做的描写并不明显的正确或者明显的错误;二是试验性,虽然所描写的可能是正确的,但还要经过试验的证实;三是根本性,所描写的内容应当是相当重要的、基本的;四是整体性,所构成的命题应该是一个整体(徐烈炯,1988:46)。从另一个层面来说,我们在描写的过程中实际上已经不自觉地运用了某些理论作为先导,任何一种描写,都是在一定的理论框架或者背景下做出的,如果没有一定的理论支撑,那描写也将无所适从,这种理论的支撑从某种程度上来说就是一种解释。所以从这个层面上来说,解释和描写并不是截然对立的,两者是共存、互补的。所以我们在研究的过程中需要把这两者结合起来进行研究,使描写和解释相互促进。

正因如此,本书试图把描写和解释结合起来对汉语方言复句关联标记进行研究。对汉语方言复句关联标记的描写,本书要回答的问题是,汉语的方言复句有哪些关联标记,这些关联标记可以分成哪些类别,有些什么样的模式和特点,与普通话和其他语言相比较有何异同。例如,同样表示假设关系的关联标记,普通话中用"假如",广西平话中用"着使"。

除了需要对汉语方言复句关联标记做出描写之外,我们还需要对所描写的关联标记做出解释，回答这些关联标记是怎么来的，为什么方言复句关联标记呈现这样的模式和特点，是什么因素导致其与普通话或者其他语言的复句关联标记有所区别。如果我们能够对此做出合理的解释并上升到一定的理论高度的话，那么除了能回答当前的问题，我们还可以对关联标记的发展做出合理的预测，然后再进行验证，让复句关联标记的研究在从现象到理论，再从理论到现象的不断交替中发展。所有语言的研究都是如此。

1.2.1.2 以功能主义为主的语言观

解释语言现象大体上有两条路子，两种理论前途。一种是形式主义的语言观，一种是功能主义的语言观（沈家煊，1999：8）。二者的区别在于，形式主义的语言观主张从语言内部结构去寻找解释，提出了一系列形式操作规则，且认为这些规则是人类语言天赋所固有的，是人脑中的一个"装置"，是可以通过生物遗传来获得的。我们认为用形式规则来解释语言的形式结构只是就事论事，不能达到终极解释的目的，最多只能算是中级的解释。例如，Huang（1982）在其研究中曾举出下面的例子来说明汉语的话题结构遵守"孤岛条件限制"：

（1）a.［［读过这本书］的人］来了。
　　　b.* 这本书$_i$，［［e_j 读过 e_i］的人$_j$］来了。

按照 CNPC（复杂名词短语条件），如果从例（1a）充当主语的复杂名词短语的从句中提取宾语"这本书"，句子就不合法了，正如例（1b）所示，此句是错误的。

表面上看，孤岛条件限制确实也能解释一部分汉语中的语言现象，尤其是话题化中的一些现象，但是如果再多深究一下的话，就会发现，还有一些现象是这个规则无法解释的，Xu 和 Langendoen（1985）就曾针对黄正德的例子举出过下面的反例：

（2）a. 这本书$_i$，［e_j 读过 e_i］的人$_j$ 不多。
　　　b.［S' 这本书$_i$，［S 我认为［S［NP［Se$_j$ 读过 e_i］的人$_j$］不多］］］。

例（2a）和例（2b）都违反了 CNPC，尤其是例（2b），该句跨越的界限节点更多，但仍能成立，因此 Xu 和 Langendoen（1985）认为汉语的话题化并不像英语那样受制于邻接条件。此后又有很多人讨论这个问题，不断修正孤岛限制的条件。可见，一方面，形式语法中的规则往往难以做到解释全部语言现象；另一方面，形式语法中的规则本身仍是有待解释的，如上面的"孤岛条件限制"，为什么会有这样的限制，这个规则背后的动因是什么并没有解释，所以说形式主义的语言研究并没有达到终极解释的目的。而如果把这个规则归因于人类内在的天赋能力，看作一种生物学上的遗传基因表达，则至少我们目前无法证伪。

而功能主义的观点则刚好跟形式主义相反，其不是从语言内部去寻找解释，而是从语言结构的外部去寻找功能上的解释。语言的功能主要是交流信息，语言的结构是语言为了达到信息交流的目的而自我调适的结果（沈家煊，1999：9）。对于上面的例（1）和例（2）两个例子如果从功能主义的角度出发来解释的话，我们可以这么解释：

如果说语言的功能主要是信息交流，那么每个句子就都应该存在一个信息结构。功能主义的观点认为，一个句子的信息结构一般由"话题"（topic）和"陈述"（comment）两部分构成。话题是这个句子的出发点，是供人谈论的对象，陈述是句子在出发点基础上的展开，是对话题的进一步说明（沈家煊，1999：219）。这两个部分在语篇中的功能是不一样的，话题具有承上启下的功能，因此需要保持一定的延续性，而且往往占据句首的位置。例（1b）和例（2）中的"这本书"正是位于句首话题的位置，因此具有话题性，而例（1b）之所以不成立是因为此句没能保持话题的延续性，后面的陈述部分实际上说的是另外一件事，而不是陈述"这本书"怎么样。例（2a）和例（2b）能成立是因为这两个句子都保持了话题的延续性，后面的陈述部分都是对"这本书"的进一步说明。这样就从功能上对这两个例子做出了解释。

在功能主义者看来，语言结构的每一个形式都对应于相应的功能，本书将以功能主义的语言观为主，对复句的关联标记模式的特点寻找相应的解释。具体来说，本书将综合利用下面的一些角度来进行描写和解释。

第一，认知的角度。关于语言的认知，其实形式主义和功能主义都谈，但是二者的根本分歧在于：形式主义认为人的语言是一种独立的认知能力，其把语言区分为语言能力（competence）和语言行为（performance），认为语言能力才是真正需要研究的；而功能主义的语言观则认为，人类的语言能力并不是一种独立的认知能力，而是整个认知能力的一部分，与一般认知能力联系紧密、不可分割。例如，语言中的隐喻和转喻现象，传统的语言学都把它们看作修辞手法，但它们实际上不仅仅只是一种修辞手法，更是一种普遍的思维方式和认知方式，Lakoff 和 Johnson（1980：4）就曾指出，我们据以思考和行动的日常概念系统，从本质上来说基本是隐喻的。隐喻中最重要的一个类型是概念隐喻，例如对于"辩论"这个概念，我们是以"战争"来做隐喻的，我们根据"辩论是战争"这个概念隐喻来构建和理解我们在辩论时所做的，所以我们在辩论的时候，会有输有赢，会有攻击有防守，会有计划和策略，等等，这些都是在"战争"中经常用到的概念，但此处则被用来构建和阐释"辩论"这个概念。而且这种概念隐喻具有跨文化的一致性，因此我们认为这是一种认知方式，因为人类的认知方式是大致相同的。

除了隐喻和转喻之外，认知语言学中还有一个很重要的概念，那就是"象似性"（iconicity），所谓"象似性"指的是，语言的结构在某种程度上反映了经验结构，这种经验结构是说话者对客观世界结构的认知反映。在这一概念下，对语言结构的解释就可以通过考察它与经验结构的匹配程度来达到（Croft，2003：102）。语言结构的"象似性"可分为两种，一种是成分象似，另一种是关系象似（Haiman，1985）。所谓成分象似指的是句法成分与经验结构的成分相对应，关系象似指的是句法成分之间的关系与经验结构之间的关系相对应。象似性原则在语言结构中到处可见，戴浩一（1988）提出的"时间顺序原则"就是一个典型的语言象似性的例子。他指出，"两个句法单位的相对次序决定于它们所表示的概念领域里的时间的先后顺序"，如：

（3）a. 他在马背上跳。
   b. 他跳在马背上。

例（3a）中的"跳"在概念领域里的发生时间在"在马背上"之后，

所以前者在句子中的线性顺序也在后者之后,而例(3b)中的"跳"在概念领域里的发生时间在"在马背上"之前,"在马背上"是"跳"的结果,所以句子的线性顺序也保持了跟概念领域一致的顺序。这是一个典型的语言结构象似性的例子。本书有关复句关联标记的很多现象都可以从认知语言学的视角做出解释。

第二,形式和意义相结合。形式主义的观点认为,语言中的句法部分是自足的,是可以独立于意义而存在的,尤其早期的"生成语法"观点更是把语义完全排除在外,该观点只研究语言的句法形式而不研究意义。而功能主义的观点则刚好相反,其认为句法部分是不自足的,句法形式是不能独立于意义而单独存在的,"它跟语言的词汇和意义部分是密不可分的,没有明确的分界线"(沈家煊,1999:11)。很多句法的变化,其实是受到语义的驱动的,而不能解释为句法本身自足的变化,例如:

(4)a. 由于卖货没赚头,商店只好关门。
　　b. *商店只好关门,由于卖货没赚头。
(5)a. 既然卖货没赚头,商店只好关门。
　　b. 商店只好关门,既然卖货没赚头。

例(4b)中,例(4a)中的复句的两个分句调换了顺序而其他未做任何变化,而该句却不能成立,但是在例(5)中,把关联标记换成"既然"后,两种语序就都可以成立了。这其中的原因在于,"由于"的语义客观性比较强,更遵循时间顺序原则,而"既然"的主观性较强,这导致其在用法上可以对时间顺序原则有所偏离(李晋霞、刘云,2004),所以(4b)不成立而(5b)可以成立。我们在本书对关联标记的分析过程中,将会贯彻这种形式和意义相结合的分析方法,用以解释某些关联标记的使用情况。

第三,主客观相结合的观点。形式主义的观点认为语义是可以用真值条件来描写的,比如,真值语义学中有一个所谓的"T公式",这个公式可以表示为:

(6)s是真的,当,且仅当,p

其中,p代表任意句子,s代表句子的名称。提出这个公式的塔尔斯基认为，任意一种语言中的所有句子都可以代入这个公式，而它们加在一起就是真值的定义。T 公式的左边是未经解释过的词句，右边是语句获得真值需要满足的一系列条件（徐烈炯，1995：59）。例如：

（7）句子"小王三岁的女儿从楼上跌下来"是真的，当，且仅当，小王三岁的女儿从楼上跌下来。

在例（7）中，如果"小王三岁的女儿从楼上跌下来"这个句子是真的，那么该句就必须满足下列条件：第一，小王必须有女儿，第二，女儿必须是三岁，第三，女儿本来在楼上，第四，女儿跌了一跤，第五，女儿跌到了楼下……因为条件太多，书写不方便，所以用句子本身来表示，就写成了如例（7）所示的句子。这就就把语句与外部世界发生的实际情况联系起来了，完成了真值语义学的基本任务——通过真值条件来描写语句。这一理论也被称作客观主义语言学。

但是这个公式有一个很大的问题，公式（6）中的逻辑联结词是"当，且仅当"，而逻辑联结词"当，且仅当"只要求前后件的真值条件相等，并不考虑命题的具体内容（徐烈炯，1995：59）。所以就会出现下面这样的情况：

（8）句子"雪是白的"是真的，当，且仅当，草是绿的。

例（8）一句表示的是：如果雪是白的，那么草是绿的；如果草是绿的，那么雪是白的。按戴维森的真值语义学来说的话，此句表明的是："雪是白的"的意思是"草是绿的"。虽然这两个分句的真值条件是一样的，但是很显然"雪是白的"的意思并不是"草是绿的"。真值一共只有真和假两个值，但句子的意思有无穷多个，所以很显然句子的意义和真值是无法一一对应起来的。否则，所有真值意义为真的句子都意思都相同，而所有真值意义为假的句子的意思也都一样，这是明显不符合事实的。所以句子的意思是无法只用真值来描写的。

功能主义认为，语义是客观现实和主观认识的结合，由于我们观察的角度或者注意的焦点不一样，同一个现象在我们的大脑中就会形成不一样的"意象"（image），因而也就产生了不同的意义（沈家煊，1999：13）。用 Langacker（1987）的话来说就是，"意义不等于真值条件，但等于认知的操作，即用约定俗成的意象来诠释客观现实，语法结构体现约定俗成的意象"。例如：

（9）a. 书在桌子上。
　　　b. *桌子在书下。

例（9）中的 a 和 b 两个句子如果从纯粹的客观真值条件来看，它们的真值是一样的，都为真。但是在我们实际的语言使用场景中，a 是可以说的，而 b 是不会说的，是不合法的。其原因就在于，例（9）中的构式"X 在 Y"表示的是从"目的物"到"参照物"的意象图式，在这样的意象图式中，充当目的物的往往是较小的物体或者物体的部分，而充当参照物的一般是比较大的物体或者物体的整体，如例（9a）所示；如果反过来，这个意象图式就不能成立，因此句子也就不合法了，例（9b）正是这种情况。意象图式是一种心理上的"完型"（gestalt），是主观和客观相结合产生的一个整体。本书将使用这种主客观相结合的意象图式理论来解释某些关联标记模式的差异。

第四，原型范畴理论。关于范畴，从古希腊开始，人们一直都认为范畴是离散的，每个范畴都有明确的边界，一个东西要么属于这个范畴，要么不属于这个范畴；只要这个东西符合这个范畴的条件特征，便属于这个范畴，否则就不属于。这种泾渭分明的范畴对于逻辑研究来说是有好处的，但是对于我们的实际语言生活可能就不太适用了。因为日常语言中的范畴往往不是那么泾渭分明的，而是非离散的，就比如像"主语"、"宾语"、"动词"和"名词"这些概念，特别是词类中，有很多词还存在着兼类的现象，而像这样的一些范畴就会存在相互交叉的情况。因此，我们在研究的时候倾向于采取典型理论或者原型理论（prototype theory）的观点，这个观点 Givón（1984）和 Taylor（1989）等都阐述过，要点就是认为认知的范畴无法制定出必要和充分的标准，从而达到离散范畴那样的状况，而是"同一个范畴的成员之间的地位并不相等，典型的成员具有特殊地位，被视为该范畴的正式成员，非典型成员则根据其与典型成员的相似程度被赋予不同程度的非正式成员地位"（陈治安、文旭，2008）。例如，在"因果复句"这个范畴内，使用关联标记"因为……所以……"的复句是典型成员，使用"由于"和"既然"等关联标记的复句则是非典型成员,而不使用关联标记只靠"意合"的因果复句则是最不典型的成员。

　　这个理论就说明,在研究语言现象的时候,并不是只有简单的合法与不合法二分,而是存在一个连续统,从最典型的到非典型的再到不可接受的,其区分不是绝对的,也就是说,我们面对的是一个倾向性的问题。这跟我们前面提到的本书将使用多样性基础上的倾向性研究的方法是一致的。这种研究方法能够更准确地反映语言的事实。

　　第五,篇章语法分析的角度。篇章语法(discourse grammar)分析不同于一般的话语分析(discourse analysis),一般的话语分析往往侧重于分析话语结构、话轮、话语类型和言语行为等语用方面的内容,当然也会涉及某些具有特殊语用意义的语法现象,但这不是重点。而篇章语法分析的重点在于研究篇章中的语法现象,"篇章语法分析是以语法范畴为出发点的、针对跨句语篇的语法现象的分析","它关注不同语法范畴和语法手段在语篇当中的地位和功能,关注交际互动因素对语言表达方式乃至语法手段的塑造"(方梅,2005),"其主要目的在于研究小句(clause)与小句之间的联系"(屈承熹,2006)。有很多句法现象如果单纯地从一个独立的句子来看很难做出比较好的解释,但是如果将其放在篇章中来看的话,就能做出很好的解释,所以篇章语法分析"对句法有积极的解释作用"(屈承熹,2006),篇章和句法二者是相辅相成的。尤其是对复句关联标记的分析处理,从纯句法结构的角度来分析,是很不好处理的,而如果将其放到篇章中来看的话,则对关联标记的选用和隐现等问题就能做出比较好的解释,因为复句尤其是多重复句本身就可以被看作一个小的语篇。比如"再说"这个关联标记,如果只是从句法分析的层面来看,它在句子中充当的成分和句法功能很不好分析,而如果从篇章的角度来看,其形式特征是"位于篇章中两个被衔接的部分中后一部分的开始,其后可以有停顿也可以没有",而其功能则是"联结话题相同、相近、相关的两个表述或者联结话题相异的两个表述,以及特定的预示功能"(郑贵友,2001)。例如:

　　(10)a. 萧何已经上了年纪,再说做相国的哪儿受过监狱里的苦楚?(林汉达,《前后汉故事》,261)

b. 父亲说，别说随便，还是一起去吧，再说人多了也热闹。（鬼子，《罪犯》，《中篇小说选刊》1998年第6期，191）

上面两个"再说"，在例（10a）中的主要功能是把前后两个话题相同的表述联结起来，使得整个复句连贯自然，在例（10b）中的功能则是把前后两个话题不同的表述联结起来，使整个话语连贯流畅。

所以，从篇章语法的角度来分析复句中的关联标记是很重要的，可以让我们发现和解释一些单从句法或者逻辑语义上无法解释的现象。本书将会很重视这一方法的运用。

1.2.1.3　共时和历时相结合

在语言研究中区分出共时和历时两个层面是从索绪尔开始的，这种区分大大促进了语言研究的发展，但在发展过程中又形成了一种误解，即认为这两个层面是各自完全独立的，"井水不犯河水"。但实际上并不是这样的，共时和历时这两个层面只是为了研究的方便而人为分划分出来的，二者的区分是相对的，不是绝对的，而且在实际的语言生活中，二者是会不断变化发展的，所以可以说，这两个层面是浑然一体的，昨天的共时，在今天就是历时，而明天的历时，在今天则是共时。Givón（1971：413）曾说过，"今天的形态是昨天的句法"，他本人就很重视共时和历时的结合研究。在此之后，有很多人开始重视语言研究中的历时研究，甚至有人认为语法只有历时的层面而没有共时的层面，如 Hopper（1987）提出的"浮现语法"（emergent grammar）。当然，Hopper 的这种观点又有点儿太过极端了，我们在承认语言会有变化发展的同时还必须承认语法还是有一个相对稳定的共时状态的，如果一种语言每时每刻都是变化的，没有一个相对稳定的共时状态，那将是不可想象的，人们也将无从习得这种语言。因此我们研究语言的时候必须将历时变化发展的动态维度和相对稳定的共时静态维度两个维度结合起来进行，如此才能对某些现象做出比较客观合理的解释。尤其是在研究复句的关联标记的时候，我们更应该把历时和共时两个层面结合起来，因为关联标记大部分都是由连词充当的，除此之外还可以由介词、副词或者固化短语等充当，而之所以会有这么多不同的词类可以充当关联标记，就是因为这些词类之间本身就是处在一个语法化的连续统上，代表着语法化的不同阶段，它们之间的一个语法化的大致过程是：

（11）固化短语 > 介词 > 副词 > 连词

连词是最典型的关联标记，副词次典型，再次是介词，最后是固化短语。这既是一个语法化的连续统，又是一个典型范畴（prototype category）。Liu 和 Peyraube（1994）也提到了一个类似的语法化过程，他们在研究后得出结论：在连词和动词、介词之间存在一个语法化的等级，即：

（12）动词 > 介词 > 连词

也就是说，连词是由动词语法化为介词再语法化而来的，吴福祥（2003）也讨论到了这个问题。

有些关联标记因为可能还处在语法化的过程中而没有完成这个过程，所以会呈现出多种特性，换句话说，"语言的共时变异现象是历时演变过程的体现"（沈家煊，1999：17）。例如：

（13）a. 考试题目这么简单，你不至于不及格吧？
    b. 文章结构比较清晰，语句也还比较顺畅，至于生动形象，那是进一步的要求。

例（13a）中的"至于"是副词，表示事情达到的程度；而例（13b）中的"至于"是连词，表示提出另外的一件事情或者另外的一种情况。例（13a）中的"至于"不是复句的关联标记，例（13b）中的"至于"才是关联标记。

"至"在古代是动词，"于"在古代是动词或者介词，这两个字结合在一起发展成了今天我们在共时层面所看到的副词和连词，这其实是它在历时的语法化过程的不同阶段的体现。复句的关联标记中有很多这样的情况，所以我们在研究的过程中应当注意采取共时和历时相结合的办法来解释关联标记的一些特殊情况。

1.2.1.4 以类型学的视野来观照汉语

我们国内的汉语研究，研究的主要对象是汉语，但是对于汉语的认知则有两种不同的态度，一种是主张研究汉语的个性，另一种是主张研究汉语与其他语言的共性。其实我们觉得这两者不应该是割裂对立的，不管是个性的研究还是共性的研究，都需要经过对比才能够看出结果来。如果只着眼于汉语的话，我们无法知道某个语言现象究竟是个性的还是共性的，就比如，我们在讲汉语的特点时经常说汉语的语序很重要，汉语有声调，等等。但实际上，严格来说这些都不算是汉语的特点，因为语序不仅仅对汉语重要，对别的语言也一样重要，声调也不仅仅是汉语才有的，非洲班图语系的一些语言也有声调。而且，就算从哲学的角度来说，个性和共性两者也是相互依存的，个性是共性的具体表现，共性包含于个性中。

所以我们在本书中主张以汉语研究为本，同时用类型学的眼光来观照汉语的研究，以汉语研究为本是因为汉语是我们的母语，对于汉语，我们的语感最好，语料的取得也相对容易，所以研究出来的结论就会比较可靠。而在研究汉语的过程中还需要用类型学的眼光来观照，是因为类型学着眼于世界上的所有语言，主张通过比对找出语言的共性，据此对语言现象做出解释。研究汉语的特点也好，研究汉语的共性也好，都需要用到类型学的理论和方法，与别的语言进行比较，如此才能得出相关的结论。也只有用类型学的眼光来观照汉语，我们才能得出比较可靠的结论，不至于把一些属于语言共性的现象看作汉语的个性，从而影响对汉语的进一步深入研究。我们举个例子来说明。

（14）a. 我　已经　认真（地）考虑了　一下这个问题。
　　　 b. 我　已经　认真*（地）*（把）这个问题　考虑了　一下。
　　　 c. 我　已经　*（把）这个问题　认真（地）考虑了　一下。

上面的例（14）是我们用陆丙甫（2004）中的一个例子稍微改造了一下得来的，这个例子看起来反映的是汉语的特点，也即不管是状语还是宾语，当它们紧挨动词核心的时候就可以不用加标记，而当它们离动词比较远的时候就需要加上标记。比例如（14a）中的状语"认真"紧靠动词"考虑"，所以可以不用加状语标记"地"；而例（14b）中的状语"认真"和动词"考虑"被前置宾语"把这个问题"隔开了，所以就需要加上状语标记"地"，否则句子便不成立。宾语"这个问题"的常规位置是动词后，所以在例（14b）和例（14c）中，当它离开常规位置而前置时，就必须加上前置宾语标记"把",否则句子便不合法。这个语法现象究竟属于汉语的个性还是共性,如果仅仅看汉语本身,我们是无法得知的。但通过跟别的语言对比我们可以发现,这不是汉语中独有的现象,其他语言也有,也就是说,它不是汉语的个性,而是一个语言的共性,这个共性就是"距离—标记对应律",指的是"一个附加语离核心越远,越需要添加表示它跟核心之间语义关系的显性标记"(陆丙甫,2004)。我们看看这条语言共性在其他语言中的体现:

(15) a.Hasan　　　dun　　(bu)　pasta-(yi)　ye-di.(土耳其语)
　　　　Hasan　　　昨天　　(这)　蛋糕—(宾格)　吃了
　　　　Hasan 昨天吃了这蛋糕。
　　　b.Hasan＊(bu)　pasta-＊(yi)　　dun　　ye-di.
　　　　Hasan＊(这)　蛋糕＊(宾格)　昨天　吃了
　　　　Hasan 昨天吃了这蛋糕。

上面是一个土耳其语的例子,例(15a)中当宾语紧靠动词的时候,标记"bu…yi"可以省略,而例(15b)中,当它们被状语"dun"(昨天)隔开时,宾语标记就不可以省略。

(16) a.J-ga　　　　dare-(o)　　nagutta　　　no?(日语)
　　　　J—(主格)　谁—(宾格)　打　　　　语气词
　　　　J 打了谁?
　　　b.Dare-＊(o)　　　J-ga　　　nagutta　　no?
　　　　谁—(宾格)　　J—(主格)　　打　　　语气词
　　　　J 打了谁?

上面是一个日语的例子,例(16a)中,宾语和动词紧挨在一起,所以宾语标记"o"可以省略,而例(16b)中的宾语和动词被主语隔开了,距离远了,所以就必须带上宾语标记"o"。

像上面这样从类型学的角度来研究汉语中的语法现象,大大加深了我们对汉语语法的认识。本书将贯彻这种方法,以类型学的视野来观照汉语的研究,把汉语研究纳入世界语言的范围中来,考察汉语的个性和共性,这样的研究才能经受语言事实的检验。本书中，我们将用到类型学中的一些较为成熟的理论，比如标记理论和蕴涵共性理论等。

1.2.2 研究语料说明

关于语料的来源，本书中涉及的绝大部分的方言语料都来自我们实地调查所获得的第一手资料。我们在全国范围内选取了九个点进行了方言复句关联标记的调查。这九个点分别是以武汉话为代表的西南官话，以合肥话为代表的江淮官话，以宾阳话为代表的平话，以上海话为代表的吴语，以厦门话为代表的闽语，以南昌话为代表的赣语，以梅州话为代表的客家话，以广州话为代表的粤语，以长沙话为代表的湘语。再加上本人的母语方言万安话（属赣语和客家话的综合）作为辅助。以上语料都用问卷和录音的方式进行了记录。

除了来实地调查的语料之外，本书还广泛收集了前人已有记录的语料，包括方言、少数民族语言的语料，以及外语的语料，尤其是少数民族语言和外语的语料，限于各种条件，我们也只能通过查找文献这种方式来收集，不可能亲自一一去调查。凡是涉及这些二手材料的分析，本书都将注明出处。

以上说的都是除汉语普通话以外的语料来源，而对于普通话中相关的语料，我们则尽可能地利用了现有的语料库。我们主要使用的语料库有北京大学在线语料库（CCL语料库），华中师范大学语言研究所的复句语料库和当代小说语料库，以及教育部语言文字应用研究所开发的国家语委现代汉语语料库。普通话中的复句语料基本上是从这三大语料库中检索而来的，少部分则来源于他人的著述。

1.3 相关研究概念说明

本书研究的是现代汉语复句关联标记模式的类别，所以这里有几个概念需要事先明确一下。

首先是现代汉语的概念，我们知道，"现代汉语是现代汉民族使用的语言，现代汉语既有多种方言，也有民族共同语"。"现代汉民族共同语，就是以北京语音为标准音,以北方话为基础方言,以典范的现代白话文著作为语法规范的普通话。"(黄伯荣、廖序东,2002:1)从这里可以看出,现代汉语包括普通话和各种汉语方言。因此,本书主题现代汉语复句的关联标记中的现代汉语,就包括普通话和汉语方言。

其次是复句的概念,复句是包含两个或两个以上分句的句子,这是对复句的最一般的理解,也是复句较为容易理解和接受的定义(邢福义,2001:1)。

1.3.1 复句的概念

关于什么叫复句,学界一直以来都有争议,但是如果要研究复句的话,这就是一个最基本的问题,必须首先明确这个基本概念,后面的研究才能进行,所以首先必须给复句一个定义,或者说给复句界定一个范围,把单句和复句区别开来。

可以说,从马建忠的《马氏文通》以来,学界对于复句的定义就一直存在争议,20世纪30年代的时候有过一次针对性的讨论,但是没有达成什么共识,到了50年代,《中国语文》上又有过一次大讨论,这次讨论达成了某些共识,基本明确了单复句的区分标准。六七十年代出于政治原因,基本上所有的学术研究都停止了,所以也就谈不上有什么讨论了。从20世纪80年代到21世纪,关于单复句的区分问题一直有继续讨论,且不时有这方面的文章发表,研究也更加深入。

邢福义先生在《汉语复句研究》一书中对复句的概念从三个方面进行了定义:第一,凡是复句都包含两个或者两个以上的分句。第二,任何一个复句,在口头上都具有"句"的基本特征,这一特征在书面上也需要有较为明显的反映;其口头上的特征就是有一个统一全句的语调,句末有停顿,在书面上的反映就是句末往往用句号,有时候也用问号或者叹号。第三,复句的构成单位,从构成的基础看,是小句;从构成的结果看,是分句,复句里的各个分句具有相对独立和相互依存的特征。所谓相对独立,指的是每个分句都不是其他任何一个分句的句法成分。而所谓相互依存,指的是分句之间处在一定的逻辑语义关系中,比如因果关系等;分句之间往往由特定的关系词语联结起来,从而形成特定的句式;分句之间可以形成依赖关系从而省略掉某个成分,比如"承前省"和"蒙后省"。

我们认为邢福义先生对复句的这个界定比较全面,基本可以把复句和单句区分开来。所以我们在邢先生的基础上给了复句一个明确的定义:复句就是由两个或者两个以上具有相对独立和相互依存关系的分句构成的,句末具有统一语调和停顿(书面语中句末用句号、问号或感叹号)的复杂句子。我们主要关注的是用到关联词语联结的那些复句,也就是有显性关联标记的复句。

1.3.2 关联标记

除了复句的概念之外,本书的另一个重要概念就是关联标记,对于什么是关联标记,我们必须弄清楚,否则后面的研究就无法进行。在复句研究中,使用"关联标记"这个术语的研究不是很多,可见于马清华(2006)、储泽祥、陶伏平(2008)、戴庆厦、范丽君(2010)等。在传统的研究中,一般都用"关联词语"这个术语,比如几个常见版本的现代汉语教材。

邵敬敏主编的《现代汉语通论》中对"关联词语"的解释是:起关联作用的词和短语,它是识别复句类型的重要标志。它主要有三类:第一类是连词,属于一种语法手段而不是语法成分;第二类是副词,身兼两职,既作句法成分又起关联作用;第三类是某些独立成分,往往由一些固定短语或者类固定短语充当。

黄伯荣、廖序东主编的《现代汉语》中用的术语也是"关联词语","复句中分句之间的关系有时用关联词语来表示","关联词语能明确地表示分句间的关系"。关联词语包括关联词和关联短语,"关联词大都是连词,有少量是副词,如'又'、'也'等","关联短语指的是'还是'、'一方面'、'另一方面'等等"。相对来说,黄廖本的《现代汉语》对关联词语的解释没有邵敬敏版的详细和明了。

胡裕树主编的《现代汉语》中用的也是"关联词语","分句与分句之间有一定联系,这种联系是通过一定的语法手段——语序和关联词语——来表示的","关联词语有的是连词,如'虽然'、'所以';有的是副词,如'就'、'才';有的是词组,如'另一方面'、'反之'。"在胡裕树主编的《现代汉语》中,关联词语被看作表示复句的分句之间的关系的语法手段。

邢福义主编的《现代汉语》则使用了"标志"一词,"标志指联结分句表示相互关系的关系词语。如'因为……所以……'是标示因果关系的关系词语,它们是因果句的标志"。在《汉语复句研究》一书中,邢先生使用了"关系标志"一词,他指出,"特定的复句关系,由特定的复句关系词语标示出来,因此,复句关系词语就成了复句在语表形式上的关系标志"。对于关系标志的范围,邢先生归纳成四种:第一种是句间连词,它们通常连接分句,不充当句子成分,如"虽然""但是""不但""而且"等;第二种是关联副词,它们一般既起关联作用,又在句子中充当状语的句法成分,如"就""也""才"等;第三种是助词"的话",这是一个表示假设语气的助词,用于假设分句句末,标明分句与分句之间具有假设和结果的关系;第四种是超词形式,也就是它们本身已不呈现为一个词的形式了,比如"如果说""总而言之""不但不"等。

在吕叔湘先生主编的《现代汉语八百词》中,由吕先生执笔的现代汉语语法特点部分对关联词语的介绍则是:连词与具有连接作用的副词和短语可以统称为关联词语。

王维贤等在《现代汉语复句新解》一书中则使用了"关联词语"和"关联成分"两个术语,并且认为这两者是有区别的,应当加以区分。他指出"关联词语一般指连词、副词,以及一些表示复句间的特定的逻辑关系的短语,这些短语已经成语化,成为一种固定短语了"。"除了词语以外,还有一些其他形式也表示小句之间的某种逻辑语义关系。如特定词语的反复、对偶和排比形式,它们往往表示小句之间的并列关系。对偶除去表示并列关系外,还可以在语义层面和语用层面表示各种偏正关系,这也是很重要的。这些都可以算是关联成分。"

储泽祥、陶伏平(2008)则指出,复句的"关联标记"以及连结小句的"联系项",与通常所说的关联词语所指称的对象和范围是一致的,涉及连词、副词、助词以及超词形式等,在跨语言比较时,"关联标记"或"联系项"还包括与连词有同样功能的附缀标记。

其实不管是叫"关联词语",还是叫"关系标志",其所指内容都大致相同,都是指用于复句的分句之间,表示它们之间关系的词语,可以词的形式出现,也可以是以超词的形式出现。

本书采用"关联标记"这一术语，是考虑把"关联词语"和"关系标志"结合起来，尽量给出一个比较准确、合适的叫法。我们认为，首先，"关联词语"这一术语还不够准确，从内容上来看，表示复句分句之间关系的形式，不仅只有词，还有短语，甚至还有一些既不是词也不是短语，用"词语"来概括这些形式显得概括力不够。其次，"关系标志"中的"关系"一词稍显宽泛笼统，无法有针对性地指称其主要作用——关联作用。综上，我们截取"关联词语"中的"关联"和"关系标志"中的"标志"，合成了"关联标记"这一术语。同时，因为国际语言学界一般称其为"marker"（Timothy Shopen，2007），该词在中文中一般翻译成"标记"，考虑到我们需要参考大量国外的文献，为与国际语言学研究接轨，我们决定使用为"关联标记"这一术语。

本书所说的"关联标记"，就是指用于复句的分句之间起关联作用，表示分句间关系的语言形式，具体而言，可以是词、短语或者既不是词也不是短语。特别地，本书所讨论的关联标记是指显性的标记，隐性标记因其没有具体形式难以考察，我们暂不考虑。

1.4 研究综述

关联标记作为反映复句内部关系的标志，在复句中有着特殊的地位，因此历来受到研究者的重视。从20世纪二三十年代到五六十年代，对汉语复句的关联标记地研究得到了比较多的重视，尤其是在那场关于复句的大讨论发生前后的一段时间里。20世纪80年代以来，对关联标记的研究取得了更大的进展，描写更加细致深入，研究的角度更加多样化，使用的理论也都有了新的发展。

汉语复句的研究在现代汉语语法和古代汉语语法中都是重要的研究内容之一。复句与单句的界限和划分、复句关系的分类和判断、关联标记的选择与搭配可以说是复句研究的三个主要方面。对于这三个方面的内容，前人已有比较多的讨论研究，而本书的关注重点在关联标记上。但是因为前两个问题是复句研究的基础问题，所以我们在讨论关联标记的研究情况之前也简要回顾一下关于这两个问题的研究发展概况。

1.4.1　单复句的划分和复句关系分类的简要回顾

1.4.1.1　单复句的划分问题

对复句的研究，只有对象明确了才谈得上研究，所以首先必须给复句一个定义，或者说给复句界定一个范围，把单句和复句区别开来。但是正如吕叔湘先生说的："单句复句的划分是讲汉语语法叫人挠头的问题之一。"（吕叔湘，1979）正因如此，20 世纪 50 年代，学界在《中国语文》上展开了一场关于单复句划分的大讨论，当时关于该问题的重要文献有郭中平的《单句复句的划界问题》、刘世儒的《试论汉语单句复句的区分标准》、曹伯韩《谈谈包孕句和单句复句的关系》、孙毓苹的《复合句和停顿》、黎锦熙与刘世儒两人合写的《汉语复句学说的源流和解决问题的方法》和《汉语复句新体系的理论》等。这次讨论虽然后来出于政治原因而没能继续深入下去，但是也取得了一些成绩，达成了一些共识，比如明确了单复句的划分标准主要是结构标准，即复句的分句在结构上是独立的，相互间不作另一分句的句法成分，但二者在意义和关系上又是互相依存的。再就是明确了包孕句和兼语式不属于复句的范畴。

20 世纪 80 年代以来的这 30 多年间，关于单复句的划分问题仍在继续讨论，不时有这方面的文章发表，研究更加深入。如王艾录的《复句标准浅谈》、张静的《单句、复句的定义和划界问题》、邢福义的《汉语复句与单句的对立和纠结》、李汉威的《简论划分汉语单句复句的标准》、肖任飞和张芳的《复句特征与复句标准的确立》等。当然还有一些专著提到了对复句与单句的区分，比如邢福义先生的《汉语复句研究》，王维贤等的《现代汉语复句新解》等。

1.4.1.2　复句关系的分类问题

在有了相对明确的定义之后，必然会涉及另一个问题，那就是对复句关系的分类和判定。这也是个让人头疼的问题，不同的人有不同的分类，分类的标准也各不相同。比如郭昭穆在《复句分类初探》中根据意义和语法特征双标准把复句分为三大类：等立复句、承接复句和主从复句。等立复句下面再分并列、迭加和选择复句；承接复句下面包括应承、先后、顺序、递进和倚变复句；主从复句包含因果、转折、纵予、条件、取舍和意合等复句小类。这样的分类因为涉及双标准，所以有的时候由于两个标准之间的比重不好把握，因而分出来的类别可能会有所交叉。朱晓农在《复句重分类—意义形式化的初次尝试》中根据意义的形式化把复句分为两大类，一类是具有推导关系的，一类是没有推导关系的。有推导关系的推导复句又分为正推导和反推导；非推导复句又分为牵连复句和非牵连复句，牵连复句再分为选择和非选择复句。朱晓农提出的这种围绕逻辑意义形式化的分类标准，一直采用的是二分的办法，在分类的标准上比较统一，分类系统比较严整，但是这种做法也有问题：复句分句之间的语义关系有时会具有多重性，这时候强行采用二分的办法不一定合适。而几大经典现代汉语教材对复句的分类都采取的是先分成联合复句和偏正复句两大类，之后对联合复句和偏正复句进行再分类。再分类的标准，不同教材大体相同，但略微有所差异。比如黄伯荣、廖序东主编的《现代汉语》中，联合复句下面再分为并列、顺承、解说、选择、递进复句五小类；偏正复句下面再分为转折、条件、假设、因果、目的复句五小类。而胡裕树主编的《现代汉语》则把联合复句再分为并列、连贯、递进、选择复句；偏正复句再分为转折、假设、条件、让步、因果、目的复句。邢福义先生在《汉语复句研究》中则采用三分法，把复句分成因果、并列、转折复句三大类。因果复句下面又可以再分为因果、推断、假设、条件、目的复句，等等；并列复句又包括并列、连贯、递进、选择复句；转折复句包括转折、让步和假转复句，其中让步复句又分为实让、虚让、总让和忍让复句。王维贤等的《现代汉语复句新解》则按照逻辑二分的办法把复句先分成单纯复句和非单纯复句（否则复句），单纯复句再分为条件复句和非条件复句，条件复句又分为一般条件复句和复杂条件复句，一般条件复句再分成必要条件复句和充分条件复句，充分条件再分为充分条件复句和无条件复句。以上各家的分类各有优缺点，比较有影响的是现代汉语教材中的分类和邢福义先生的分类。

1.4.2　复句关联标记的传统描写研究

1.4.2.1　对普通话复句关联标记的描写

上面我们简单回顾了单复句的划分和复句的分类情况，这两个方面的研究成果为对复句其他方面的后续研究奠定了良好基础，在其上做得最早也最透彻的研究就是对复句内部各分句间的逻辑语义关系的描写分析,以及对体现这种关系的关联标记的归纳分析。

在对普通话关联标记的传统描写方面,做得最细致、最深入的是邢福义先生。他在 1985 年的《复句与关系词语》这本书中,把复句分成因果类、并列类和转折类三大类,每一类里面又包含多个小类,并且在书中对每一个小类中最典型的关联标记都进行了详细的描写,比如对因果类复句中的假设复句,就详细描写了"如果……就……""要不是……就……""如果说……那么……""与其……不如……"这四组典型的关联标记所表达"表里值"的情况。在描写完这三大类的典型关联标记之后,他还对一些跨大类的关联标记进行了描写。在其 2001 年出版的《汉语复句研究》中,他对更多的各类复句关联标记进行了更详细、更系统的描写分析,并且进一步考察了某些关联标记的跨类现象,其中既包括跨大类标记的复现,如并列类+转折类、因果类+转折类、因果类+并列类;也包括跨小类标记的复现,如假设类+因果类、并列类+递进类、让步类+转折类等。可以说这本著作标志着复句研究至少在关联标记的描写这一领域达到了一个顶峰。此外,邢先生还有很多描写关联标记的单篇文章。

在对复句关联标记的描写方面,除了邢福义先生的研究之外,王维贤的《现代汉语复句新解》一书也按照王对复句的分类体系就关联标记的逻辑语义关系方面的情况进行了比较详细的描写。周刚的《连词与相关问题》也有专门的章节描写汉语复句关联标记的套用问题,从不同的角度把关联标记的套用分为三类六种,并描写了关联标记的不同套用能力。姚双云的《复句关系标记的搭配研究》利用汉语复句语料库对现代汉语中的复句关联标记的搭配模式、搭配距离、搭配频率以及关联标记的连用与异类搭配等进行了详细的描写分析。另外还发表了大量的单篇论文讨论各种具体的关联标记的使用情况。例如,李晓琪的《现代汉语复句中关联词的位置》通过对现代汉语 116 个常用的复句关联词进行考察,把它们分成三类:前置定位关联词、后置定位关联词、非定位关联词。此外,还有王维贤的《复句和关联词语》、周刚的《关联成分的套用及其省略机制》、马清华的《关联标记的结构控制作用》、尹蔚的《选择关系标记关联模式探究》、谢晓明的《假设类复句关系词语连用情况考察》、刘雪春的《"即使……也……"

式复句的逻辑分析》等论文从不同的角度描写了某一个或者某一类关联标记的句法语义语用情况。

1.4.2.2 对汉语方言复句关联标记的描写

随着对普通话中复句关联标记的描写研究越来越深入，一方面，已有的研究成果难以继续有所创新，另一方面，语言学其他方面的研究条件已日渐搭建成熟，因此，部分学者开始把研究视角转向了方言中的复句关联标记，进行了多方面的有益尝试。方言中的复句关联标记这是一个新的研究领域，已有研究比较少，这个有其客观的原因，包括方言复句关联标记属于方言语法的范畴，方言语法的研究比起方言语音、词汇方面的研究相对比较薄弱是客观事实。所以大部分已有的对方言复句关联标记的研究都只是在一些方言研究的相关著作中偶有提及。比如何耿镛的《客家方言语法研究》就简单举例说明了一下客家话中表示并列、顺承、递进、选择、转折和条件关系的几个关联标记。陈泽平的《福州方言研究》描写了一些福州话中比较特殊的复句关联标记。徐慧的《益阳方言语法研究》中描写了益阳话中表示并列、顺承、因果和假设关系的几个特殊的复句关联标记。邢向东的《神木方言研究》和《陕北晋语语法比较研究》中则设有专门的章节对晋语中的复句关联标记进行描写。辛永芬的《浚县方言语法研究》按照联合连词和偏正连词的分类描写了河南浚县方言中的一些复句关联标记。比较有特色的是彭小球 2012 年的博士论文《益阳方言有标复句研究》，其专门研究了湖南益阳方言中的复句关联标记。

而专门研究方言复句关联标记的单篇文章就更少了，在本书写作完成前，我们搜索到的文献就只有下面几篇：邢向东的《陕北晋语沿河方言复句关系的表达手段》，张文光、侯建华的《唐山方言中的特殊连词"一个"及相关复句》，王颖君的《山东乳山方言条件复句关联标记模式研究》，陶伏平的《湖南慈利通津铺话复句连词》。

1.4.2.3 对古代汉语复句关联标记的描写

随着对现代汉语普通话和方言中复句关联标记的研究逐步深入，学界开始了对古代汉语[①]中复句关联标记的研究。这是因为，一方面，对普通话

---

① 我们说的古代汉语泛指现代汉语以前的汉语，不区分上古、中古和近代这些时间分段。

和方言中的关联标记的研究需要从古代汉语中来寻找其发展的脉络,也即需要"普、方、古"结合的"大三角"研究;另一方面,古代汉语中复句的关联标记和现代汉语的关联标记有很大不同,这一差异备受关注。比如杨伯峻、何乐士的《古汉语语法及其发展》中有一章讨论连词部分,描写了并列连词、顺承连词、转折连词和选择连词等关联标记,还有一章专门描写古汉语中的复句,对并列、连贯和偏正三大类的复句进行了比较详细的分析,里面有很多对具体关联标记的描写。席嘉的《近代汉语连词》详细描写了近代汉语中的并列连词、承接连词、选择连词、递进连词、条件连词、假设连词、让步连词、转折连词、因果连词和目的连词十大类的复句关联标记。袁雪梅的《中古汉语的关联词语》以《鸠摩罗什译经》为语料,描写了并列、顺承、递进、选择、因果、转折、条件、让步和目的九种类别的关联标记的使用状况,并对关联标记的结构和连用情况做了描写分析。钟兆华的《近代汉语虚词研究》则涉及并列连词、层进连词、假设连词、让步连词和选择连词等复句关联标记在近代汉语中的使用情况的描写。

除了这些专著外,还有很多单篇论文讨论了具体的关联标记的使用状况,如孟凯的《中古汉语让步复句探析》、刘开骅的《论中古选择关联词"为"、"为是"、"是"及其来源》、张春泉的《〈孟子〉中表条件结果关系的关联词语》、黄丽丽的《〈左传〉复句的形式标记》等。

1.4.3 复句关联标记的语法化研究

上面我们提到对汉语复句关联标记的研究基本上形成了"普、方、古"相结合的"大三角"格局,因而对关联标记的"语法化"研究也就水到渠成,越来越多的学者开始研究普通话中的关联标记是怎样从古代汉语演变而来的,也就是研究关联标记的语法化动因、机制及其过程。如汪维辉的《"所以"完全变成连词的时代》一文在分析考证了大量具有典型意义的古代汉语语料的基础上,考察了"所以"由上古时代的代词"所"加介词"以"的结构演变为连词的轨迹,并得出结论:"所以"开始用作结果连词最晚不会晚于汉末魏晋,南北朝则是其演变的过渡阶段,至迟到 8 世纪上半叶演变过程完成,"所以"完全变成了结果连词,跟现代汉语的用法一样了。张谊生的《"就是"的篇章衔接功能及其语法化历程》从历时的层面探讨了"就是"语法化的动因和机制，总结出"就是"的虚化过程是：从列举说明到表示让步，从指出例外到表示转折，从让步再到递进和条件，从表示判断到选择和解说。马清华的《并列连词语法化轨迹及其普遍性》通过对多种语言的对比，证明了并列连词存在"并列＞转折"和"并列＞承接"这样两个语法化的轨迹，并且揭示了其具有普遍性。他的另外一篇文章《关联成分的语法化方式》探讨了关联标记语法化的方式主要有负荷膨胀、文义赋予、同义渗透、相似扩张等。李敏的《连词"不说"及其语法化过程》分析了表递进关系的连词"不说"的语法化过程和机制。杨永发、莫超的《语法重新分析与关联词的构成》从语法化的角度，把关联标记分成并列式、附加式、压缩式三种类型，具体探讨了十多个因语法重新分析凝结而成的复句连词。

除了有讨论具体的关联标记的语法化过程的单篇文章外，还有一些文章和专著从整体上讨论了作为关联标记的最重要的成员——连词的产生和发展问题。比如李英哲、卢卓群的《汉语连词发展过程中的若干特点》，周刚的《连词产生和发展的历史要略》等。

此外，李晋霞、刘云的《复句类型的演变》从同一关联标记可以表示多种语义类型的复句这一语言现象出发，以现代汉语为基准，同时结合历时研究的成果，证明了复句整体类型演变的一般趋势为：并列类＞因果类＞转折类，并对这种演变的制约条件进行了分析。

1.4.4 复句关联标记的认知和功能研究

在复句关联标记的语法化研究的发展过程中，对语法化的动因和机制的探讨都会涉及认知和功能方面的问题。学者普遍认为，把关联标记放在语篇中来考察能更好地看出其语法化的轨迹，而认知上的主观性和主观化也是其语法化的重要动因之一。所以关联标记的认知研究和语篇功能研究也与关联标记的语法化研究一道取得了较大发展。

1.4.4.1 复句关联标记的认知研究

认知语言学在汉语语法研究中的运用已经促成了很多研究成果了。但是对汉语复句关联标记的认知研究相对来说可能较少，研究的内容主要集中在关联标记的认知域和主观性上。例如，沈家煊的《复句三域"行、知、言"》参照 Sweetser（1990）的论述，将人的概念系统分成三个不同的认知域，即行域、知域、言域。对于复句中的关联标记表达的各种语义关系，尤其是一些我们一般认为反常的关系，我们可以利用这种认知域的区分来给出比较合理的解释。而且这种认知域的区分，对复句中关联词语的辖域和推理等都会有影响。这篇文章主要从整体上对汉语复句的认知域进行研究，同时也涉及复句关联标记，是关于汉语复句的认知研究的最重要成果之一。

此外，还有一些对具体复句关联标记的主观性进行个案研究的成果。比如沈家煊的《跟副词"还"有关的两个句式》认为"还"具有主观性和元语言的性质，说话人用"还"表明自己对一个已知命题的态度，即认为这个命题提供的信息量不足，并增补了一个信息量充足的命题。李晋霞、刘云的《"由于"与"既然"的主观性差异》从"由于"与"既然"在主客观认知域上的倾向性对立出发，考察了这两者的主观性差异，得出"既然"比"由于"更主观的结论。此外，此类文章还有陈英的《递进复句与语言的主观性》等。

1.4.4.2　复句关联标记的篇章功能研究

关联标记除了有句法研究上的价值之外，从另外一个角度来看，它也可以说是一个属于篇章范畴的概念。复句关联标记的使用，除了要符合句子本身的逻辑语义关系之外，往还承担着一定的篇章功能。随着语法研究范围的扩大，人们对语法的研究已经不仅仅局限于句子层面，还扩大到了句群和语篇的范围，篇章语法也因此随之出现。在汉语复句关联标记的逻辑语义方面的研究已发展得比较成熟之后，部分学者开始把目光投向了对关联标记的语篇功能研究方面。比如廖秋忠的《现代汉语篇章中的连接成分》一文是国内的文献中比较早开始对复句的关联标记进行篇章研究的成果，文中对篇章中使用的连接成分进行了比较详细地列举和归类，并指出了它们的一些特点，这些连接成分绝大部分都是复句的关联标记。屈承熹的《汉语副词的篇章功能》从副词在句中的位置出发，讨论了其在篇章组织上的功能。张谊生的《副词的篇章连接功能》将副词在篇章中的连接功能归纳为六种类型：表顺序、表追加、表转折、表条件、表推论和表解说。

此外还讨论了篇章中涉及副词的衔接方式。屈承熹和张谊生讨论的副词有一少部分不是复句的关联标记,但大部分都是在复句中充当关联标记的副词。付琨的《现代汉语后置关联标记的篇章功能及其修辞动因》探讨了现代汉语后置关联标记的篇章功能及其话语标记功能,并且分析了它的修辞动因。郑贵友的《关联词"再说"及其篇章功能》首先分析了现代汉语中的新关联词"再说"的形式特征,然后总结了它在语篇中的衔接和连贯功能,主要有三个方面:(1)联结话题相同、相关或者相近的两个表述;(2)联结话题相异的两个表述;(3)特定的预示功能。

汉语复句关联标记的篇章功能方面的研究越来越受到重视,成果也越来越多,除了上面提到的文献之外,还有很多文章对各种具体的关联标记的篇章功能进行了研究。

1.4.5 复句关联标记的形式语法研究

随着对复句关联标记描写的越发深入和认知功能解释的深化,以及形式语法学的引进,部分学者开始尝试变换研究视角,从形式语法学的角度对汉语复句关联标记进行研究。有了前面的基础,此类研究也就成为可能,但是用生成语法理论框架研究汉语复句的成果目前还比较少,已有研究的主题主要集中在对关联词的句法位置的讨论上,因为汉语复句关联标记的位置比较灵活,可以出现在分句的句首,也可以出现在分句的主语之后。比如徐杰、李莹的《汉语复句关联标记的位置与两种相关的特殊句式》一文,通过对汉语和英语的比较,得出结论:汉语中的关联标记之所以能出现在"谓头"的语法位置上,是因为汉语句子中心的特殊性;在双主语句式和动词复制句中,复句关联标记位置的复杂性则反映了由句子结构递归导致"谓头"语法位置的多层次性,英、汉两种语言在此方面的差异,实质上反映的是句子中心的参数表现差异而已。徐杰、李莹在另外一篇文章《汉语"谓头"位置的特殊性及相关句法理论问题》中再一次谈到汉语的"谓头"位置特别敏感,容易造成复句关联标记位置的不确定性。

何元建的《现代汉语生成语法》一书中第57~60页和第331~342页两个地方对汉语复句关联标记也有所涉及。作者把关联标记处理成标句词,认为其在句子中的位置通常在语法范畴词之上。然后分主从复句和联合复句两类对关联标记的位置进行了讨论,并用经济原则说明了选择哪种结构树更合理。虽然作者讨论的语料不是很多,但仍然给了我们用生成语法的框架来研究汉语复句关联标记以很大启发。

整体来说,汉语复句关联标记的形式语法研究目前相对薄弱,这是一个值得进一步研究探讨的领域。

1.4.6　复句关联标记的计算机处理研究

随着前述对复句关联标记本体研究的逐渐深入,对复句关联标记的应用研究也开始兴起,最主要的体现就是在计算语用学中有关关联标记的研究成果。一方面,本体研究的成果为应用研究提供了基础,另一方面,随着本体研究的深入发展,其又需要应用研究来提供新的方法和技术支撑,比如复句语料库的建设。同时,随着计算机技术的发展,语言的计算机处理研究也受到越来越多的重视,而且随着研究的深入,目前的研究已经不仅仅限于对单句的处理,有些学者已开始探索复句的计算机自动处理问题,这又正好可以跟复句语料库的建设结合起来。在研究复句的计算机处理时,最重要的当然是抓住显性的关联标记让计算机进行自动识别。而要实现自动识别,首先就需要对关联标记进行标注,这方面的研究有邹嘉彦、连兴隆等的《中文篇章中的关联词语及其引导的句子关系的自动标注——面向话语分析的中文篇章语料库的开发》,胡金柱、沈威等的《基于渡越矩阵的复句关系词自动标注初探》,沈威、姚双云的《基于规则的复句中的关系词标注探讨》等。

在进行复句的计算机处理时,多重复句的处理是一个难题,要实现用计算机来自动分析汉语多重关系复句的关系层次,首要的任务还是从关联标记入手。胡金柱、舒江波等的《面向中文信息处理的复句关系词提取算法研究》结合词性标记和关联标记搭配理论,提出了一种关联标记提取算法——正向选择算法。吴锋文、胡金柱的《基于规则的汉语复句层次关系自动识别研究》结合关系词语的隐现形式的特征信息和分句层次组合制约规则,提出了一种基于规则的层次关系识别流程。刘云的《复句关系词语离析度考察》从复句关系层次的自动划分角度专门探讨了复句关系词语的离析能力。李晋霞、刘云的《面向计算机的二重复句层次划分研究》在已有成果的基础上，针对复句关系词的包孕机制对二重复句结构层次自动分析的辅助作用进行了考察。

此外，还有汪梦翔的《关联词离析度在有标复句层次自动分析中的应用》，肖升、胡金柱等的《关系词搭配的联列分析》，吴锋文、胡金柱等的《汉语复句关系词库的建设及其利用》等文章，从不同的角度研究了复句关联标记的计算机处理问题。当然所有这些关于关联标记的计算机处理方面的研究，其最终目的不在于关联标记本身，而在于对整个复句的机器识别与处理，对关联标记的研究只不过是达到此终极目的的一个几位重要的途径而已。

1.4.7 复句关联标记的类型学研究

对汉语复句关联标记的研究，有本体研究也有应用研究，本体研究中有"普、方、古"这样的"大三角"比较研究，但目前还缺少一个方面的研究，就是不同语言间的类型学对比研究。吕叔湘先生说过，要想真正了解汉语的特点，就必须将汉语与其他语言进行比较才有可能。

对复句的类型学研究，在国外已经做得比较多了，比如 Whaley（1997）就专门从类型学的角度讨论了复杂句，将复杂句分成三大类进行讨论：即并列结构（coordination）、从属结构（subordination）和介于这两者之间的主次结构（cosubordination）。Haspelmath 和 Martin（2004）则是从类型学的角度来研究并列结构的，全书不仅有对并列结构的总论式的思考，更有对非洲、高加索、中东、南亚、太平洋和美洲等世界各地语言中的并列结构的具体考察。Timothy Shopen（2007）在其著作中专辟一章讨论了与复句有关的问题，包括并列复句、主语从句、宾语从句、关系小句、状语从句和小句连接成复句的问题。这些讨论都是从语言类型学的角度展开的。Mily Crevels（2000）则专门从语言类型学的角度运用功能语法的理论研究了世界各地语言的让步从句的形式表达特点、语义特点、结构的对称与不对称、从属结构和并列结构等方面的问题。

国内的复句研究中，对汉语复句关联标记的逻辑语义等方面的研究已经做得比较多了，而且研究得也比较透彻，但复句的类型学研究则不太受重视（储泽祥、陶伏平，2008）。当然这也是有原因的，20世纪八九十年代对汉语复句关联标记本身的描写分析还不充分,所以学界把主要精力都放在这里了。而进入21世纪之后,对汉语复句关联标记本身的研究已经比较透彻,因而关联标记的类型学研究逐步引起了学界的关注。周刚(2002)从类型学角度对汉语、英语、日语中表示各种复句关系的关联标记的语序做了一些比较,并提出了两个假设:假设一,自然语言在连接话语,包括连接小句、句子和段落方面,具有不使用后置后续连词的倾向共性;假设二,自然语言具有先行连词的位置与语言介词的位置一致的倾向共性。刘丹青(2003)也提到了关联标记与介词语序的一致性,分析了上海方言中复句关联标记的前置和后置语序,并且通过跨方言分析强调了复句连词具有"联系项居中"的倾向共性。储泽祥、陶伏平(2008)一文从类型学的角度重点考察了汉语中因果复句关联标记的位置和标记的模式,主要得出了三个方面的结论:第一,认为汉语因果复句的关联标记模式可以分为三类,即居中粘接式、居端依赖式和前后配套式,其他语言的因果复句的关联标记模式基本上可以包括在这三类之中。特别地,汉语因果复句标记模式的特征是"模式齐全,标记前置"。第二,认为汉语因句、果句的主语一致性,只会对因句在前时因句标记的位置产生影响。由于联系项居中倾向的影响力较强,用于后句的关联标记一般都需要放在主语之前。第三,认为汉语因果复句的关联标记居中程度并不相同,以位置、停顿为标准进行比较,可以得到"所以/因此/因而/于是 > 以致/因为 > 由于"的居中程度序列,并借助Dik(1997)的"联系项居中原则"对此做出了解释。这篇文章在周刚和刘丹青的研究的基础上更进一步深化了对汉语复句关联标记的类型学研究。戴庆厦、范丽君(2010)考察了藏缅语系中众多语言的因果复句的关联标记,并通过亲属语言间的对比探讨了藏缅语因果复句的历史演变轨迹;通过与汉语进行对比,发现了一些藏缅语系不同于汉语的特点,比如关联标记的语序比汉语更稳定,具有多功能性等。王春辉(2010)从类型学的角度考察了汉语的条件句标记及其语序类型,指出汉语以连词前置于条件小句为优势语序,这种语序模式与汉语的"VO语序"及使用前置词的语言类型特征相呼应。张建(2011)通过对中国境内有复句记录的116种不同语序类型的语言进行统计后发现,这些语言偏正复句的关联标记模式首先要满足"居端依赖"这一原则,然后才体现"联系项居中"倾向,这种原则和这种语言的名词附置词的位置特征存在蕴涵共性。作者尝试了从跨语言的历史句法学的角度对这种蕴涵共性进行解释。吴黄青娥（2012）从类型学的角度全面深入地考察了汉语、越南语两种语言的复句系统，然后对常用的关联标记进行了比较并指出两者的相同点与不同点，又探讨了汉语与越南语复句关联标记模式的异同。

汉语复句关联标记的类型学研究可以说才刚刚起步，这是一个大有可为的领域。我们可以把汉语与少数民族语言进行对比，可以将汉语跟国外的其他语系进行对比，也可以将汉语内部各方言的情况进行对比，还可以将现代汉语和古代汉语进行对比，通过纵横的比较，我们将会对汉语复句关联标记有一个更深刻、更全面的认识。这对复句研究的发展和世界语言类型学的发展都是有益的。

1.4.8　存在的问题及对未来的展望

改革开放以来的这30多年，既是中国社会经济快速变革发展的30年，也是中国学术研究从逐步恢复到高速发展的30年。在语言学研究方面，学界取得了巨大的成就，具体到复句的研究上来说，学界在单复句的划分问题上已经基本达成了共识，在复句关系的分类上也趋于合理，在对复句关联标记的逻辑语义关系和语用价值的描写和分析方面更达到了一个空前的高度。另外，复句研究的角度和视野也得到了大大扩展，从国外引进的各种语言学的新理论被广泛应用到汉语复句的研究中，促进了汉语复句研究的理论和方法的更新。这30年来，对汉语复句的研究，不管是在数量上还是在质量上都实现了巨大的飞跃，复句的关联标记作为最能体现复句特色的内容之一，在此背景下，其相关研究当然也取得了斐然的成绩。

虽然对汉语复句关联标记的研究取得了很大的成就，但目前还存在着一些研究空白亟须填补。在对关联标记进行描写分析时，我们主要关注的是关联标记反映的逻辑语义关系，对其句法地位的分析则很少，传统的语法描写基本上没有提到这个问题，因为关联标记看起来主、谓、宾、定、状、补都不是，生成语法则把它作为一个标句词来处理，但这种处理也并不成熟，在实际分析中还会遇到问题。另外，在描写分析的时候，已有的研究基本上只讨论了一些连词或者副词充当关联标记的情况，但实际上关联标记不止这些，还有一些短语和跨层组合等其他形式的关联标记，比如"怪不得"可以表示因果关系，"的话"可以表示条件关系，但这些关联标记都被忽视了。在做"普、方、古"大三角研究时，已有研究对这三个"角"的关注也不平衡，"普"角研究得最多最透彻，"古"角其次，而"方"这个角的研究却很薄弱，这也阻碍了对普通话和古汉语的关联标记的研究的深入发展。在有关关联标记的语法化研究和篇章功能研究中，已有研究基本都是针对单个词语的个案研究，缺少对某一个类别的关联标记的系统研究，这就阻碍了我们对其总体规律的把握。对关联标记的形式语法研究目前还太少，与功能研究的成果不成比例。此外，对关联标记的计算机处理的研究目前也主要集中在词处理层面，不够深入。至于对关联标记的类型学研究，目前仅有零星的几篇文章，这说明学界对此还不够重视，也说明此类研究不容易，难点主要体现在语料获取不易，并且汉语的复句关联标记与其他语言差别比较大，不大好比较。

综上，我们分析了汉语复句关联标记的研究成就和存在问题，那么它的未来发展趋势会是怎样的呢？我们认为有几个趋势值得注意，首先，对关联标记的纯描写研究很难再深入下去了，因为目前的研究已经达到一个比较高的高度了；其次，对关联标记的语法化研究、语篇功能研究和认知研究有逐渐融为一体的趋势；再次，对关联标记的形式语法研究将与计算机处理研究结合起来，这有助于更好地推动关联标记的信息处理研究；最后，对关联标记的"普、方、古"大三角研究和不同语种间的类型学比较研究将越来越受到重视，这是未来大有作为的一个研究领域。

第二章 复句的关联标记模式

2.1 复句关联标记的手段

我们在第一章中提到,复句的关联标记指的是在复句中起关联作用、标明分句间语义关系的成分,这个成分有具体的形式,从跨语言的角度来看,关联标记可以是独立的词,可以是短语(包括固定短语、类固定短语和临时组合短语),也可以是形态,甚至可以是语序或者语调。Thompson等人(2007:238)曾指出,在世界语言中,有三套典型的机制用来标记从句,一是附属性语素,二是特殊动词形式,三是语序。在复句中,关联标记也有类似的这几种形式。下面我们将分别做介绍。

2.1.1 独立连接词

独立连接词可以说是复句关联标记中最重要的一种形式,其功能体现为在复句中通过单独或者配套的词语来联结分句之间的结构,标明分句之间语义关系的有形成分。独立连接词又包括连词,某些起关联作用的副词和介词,还有部分助词,以及部分语气词。

2.1.1.1 连词

连词指的是具有连接功能的词,其连接的既可以是词,也可以是短语,还可以是小句。连接词和短语的一般是并列连词,连接小句的则不一定。我们这里说的作为复句关联标记形式的连词指的是能够连接小句的连词。连词是复句关联标记的主要表现形式。例如:

(1)我和小明当年是同桌。

（2）他的成功靠的是实力<u>与</u>勤奋。
（3）背诵课文<u>和</u>做练习是复习的基本方法。
（4）他最喜欢的运动是打羽毛球<u>跟</u>射箭。
（5）你说的是没错，<u>但是</u>要做起来就没有那么容易了。
（6）<u>如果</u>你需要帮助的话，你可以随时打我电话。

以上 6 例中，例（1）和例（2）中的连词连接的是词，而且连接的词分别在各句中充当了不同的句法成分：在例（1）中充当的是主语，在例（2）中充当的是宾语。例（3）和例（4）中的连词连接的是短语，在两例中分别在句中充当主语和宾语。例（5）和例（6）中的连词连接的是两个小句，被连接的两个小句构成了一个复句。本书讨论的作为关联标记的连词主要指的是如例（5）和例（6）所示的连词类型。

2.1.1.2 副词

副词最常见的定义是指用来修饰动词和形容词或者全句，在句中充当状语，表示程度、时间、范围、频率、情态、语气、肯定和否定等意义的一个词类。但是副词除了具有在句中作状语的功能之外，还可以在句中起关联作用，连接复句中的两个或者两个以上的分句，并标明它们之间的语义关系，这就是作为关联标记的副词，它可以标示分句间各种不同的语义关系。本书涉及的副词主要是指这一类副词。例如：

（7）假如你真的关心锡荣的健康，<u>就</u>不要送礼来，否则他晚上会一夜睡不好觉。(《人民日报》1991 年 3 月 7 日）
（8）……既无处购买，<u>也</u>无人借贷。(《长江日报》1983 年 4 月 25 日 4 版）
（9）<u>幸亏</u>村民及时发现，赶紧送医院治疗，才避免更严重的后果。(《长江日报》1992 年 6 月 15 日 4 版）
（10）……给人的感觉是既韵了评书味，又过了电影瘾，<u>难怪</u>深受农民喜爱。(《长江日报》1994 年 6 月 5 日 7 版）

上面 4 例中的副词"就"、"也"、"幸亏"和"难怪"都是用在复句的分句中，起关联作用，既可以用在前一分句，也可以用在后一分句。同时也标明了前后分句之间的语义关系，例（7）中的"就"标明了前后分句是假设和结果的关系，例（8）中的"也"标明前后分句之间的关系是并列关系，例（9）中的"幸亏"标明了前一分句是后一分句的条件，前后分句之间是条件与结果的关系，例（10）中的"难怪"标明的是因果关系，前面的分句是原因，"难怪"所在的分句是结果。

具有关联作用，能够充当复句关联标记的副词的数量还不少，是除连词之外的复句关联标记的最主要的形式之一。

2.1.1.3 介词

介词本身没有实在的词汇意义，也不能单独充当句法成分，只能表示词与词，或者词与句之间的语法关系，所以它在现代汉语语法体系中属于虚词中的一类。关于介词的功能，陈昌来（2002：29~33）从句法、语义和语用三个方面进行了分析，认为"从介词看，介词的句法功能是介引，从介词介引的对象来看，介词又有使介引对象发生句法功能转化的作用"。"从句子的语义结构来看，介词往往是语义结构中某些语义成分的标记。""在语用层面上，介词也能起一定的作用"，主要有："话题标记功能"，"在篇章中可以作为句子或者小句、段落之间连贯的形式标记"，"介词前置定位功能往往可以使某些介词短语在篇章中起到管界作用"，"连用同一个介词可以起到分类列举的作用，往往可以构成修辞上的排比格式"。

从上面对介词的功能分析来看，介词在语用层面上所起的表示连贯的形式标记的作用，就相当于复句中的关联标记所起的作用。所以，介词的功能中重要的一项就是在复句中起关联作用，可以充当复句的关联标记。其实作为复句关联标记的介词，其功能不仅仅是某一个层面的，而是句法、语义和语用三个层面的综合。例如：

（11）<u>至于</u>结婚的事，既然组织上已经决定了，什么时间结怎么结都是一样。（《长江日报》1997年2月24日7版）

（12）<u>由于</u>时间短促，<u>由于</u>某种限制，<u>由于</u>双方仍存在着的心理距离，给此行留下了太多太多的遗憾。（《长江日报》1993年5月28日9版）

（13）<u>任凭</u>家里人和亲友怎么劝说，她都毫不动摇。（《人民日报》1985年9月25日）

（14）<u>为了</u>向前看，<u>为了</u>四化，<u>为了</u>世世代代不再重演这样的悲剧，不

但要干，而且要干好！（《人民日报》1980年5月24日）

（15）基于个人用户的软件产品已经基本成型，虽然仍然有潜力可挖，但是利润已经越来越小。（《人民日报》2002年12月30日12版）

上面的5例中，我们认为划横线的几个词都属介词充当复句关联标记的情况，这几个介词是从陈昌来（2002：50-51）的"现代汉语介词一览表"中选出来的，例句则是从华中师范大学语言研究所的复句语料库中找出来的。其中的"至于"和"基于"被判作介词应该没有争议，而"由于"、"任凭"和"为了"三次的词性可能会存在一定争议，因为虽然我们可以把它们当成介词来看，但是它们看起来又似乎有点儿像连词。其实这种词性的牧户也是可以解释的，根据Liu和Peyraube（1994），动词、介词和连词之间存在着一个语法化的等级序列，即动词 > 介词 > 连词，也就是说，连词是由动词虚化为介词再虚化而来的。吴福祥（2003）也讨论到了这个问题。所以介词与连词之间有着天然的联系，区分起来本就很难，有很多词同时兼具介词和连词两种词性。陈昌来（2002：49）也曾指出，"考虑到历时因素，连介区分是有一定困难的，不少区分，如'因、因为、由于、为了'等，只是某种权宜做法，或者是为了教学上的方便"。

2.1.1.4 助词

对于助词，我们最熟悉的莫过于结构助词"的""得""地"了，对其他的助词则没有那么熟悉了。其实对于现代汉语助词的认识，学界仍然很不统一，各有各的说法。但是对助词的概念，学界还是有一个基本的共识，即助词是附着在词、短语和句子上的，是粘着、定位的，表示一定附加意义的虚词。（张谊生，2002：5）助词的功能具有多样性，且具体有哪些功能并无定论，但是部分助词具有辅助或连接功能，可以表示成分的衔接和关联，这一点是确定无疑的。也正是因为部分助词具有这个功能，所以这部分助词可以在复句中充当关联标记。例如：

（16）再说也不是独家专利，四邻八舍谁家的丈夫不是舍己为"妻"的活雷锋？（《长江日报》1996年4月24日11版）

（17）你要是想长寿的话，每次想抽烟时就吃个苹果吧。（《长江日报》1994年9月16日13版）

（18）只要有阳光有水，就能生长、就能开花，至于盛器华丽与否，是次要的。（程乃珊，《蓝屋》）

上面的 3 例中，例（16）中"再说"的词性可能存在一定争议，侯学超（1998）根据该词在此句中表示追加和在功能上具有关联作用而把它归入连词中，但是张谊生（2002：8）则把它划入了助词的行列。我们更倾向于认同张谊生的观点，还是把它看作助词，因为助词也可以起到关联作用。例（17）中的"的话"是助词没有争议，而且在这个复句中充当关联标记，起关联作用也很明显。邢福义（2001：29）曾特别把"的话"单独列出来作为复句关联标记的一类，指出"这是一个表示假设语气的助词，总是用在假设复句末尾，标明分句与分句之间具有假设和结果的关系"。例（18）中的"与否"也是个助词，用于让步复句的句末，表示一种让步的关系。从这几个例子可以看到，某些助词具有表示关联的功能，可以在复句中充当关联标记。

2.1.2 动词形式

王春辉（2010）曾提到，条件句的关联标记有动词形式，"它包括附着形式（clitics）、词缀（affixes），甚至内部屈折"。Thompson 等人（2007：238~239）指出，特殊动词形式并不会独立用于小句中，在主谓一致的语言中，这种特殊动词形式可能表现为缺少一个或者多个一致范畴的不定形式。例如在拉丁语中，独立小句中的动词必须和它的主语在人称和单复数上保持一致，但是在一个状语从属小句中，动词可以在结尾处不标示主语的任何人称和单复数的信息，如：

（19）Dux　　　　　　　scrib-it　　　　　　　epistol-as
　　　领导（主格.单数）　写-现在时.第三人称单数　信-宾格.复数
　　　这个领导写信。

（20）Ter-it　　　　　　　　　　　temp-us　　　　　scrib-endo
　　　花费-现在时.第三人称单数　时间-宾格.单数　写-动名词
epistol-as
信-宾格.复数
　　　他花时间写信。

上面的两个例子是拉丁语中的例子，"写信"在例（19）中是独立小句，所以动词"scrib"需要在人称和单复数这两个范畴上与主语保持一致，因此动词后面加了"-it"来表示第三人称单数。而例（20）中的"写信"是一个从属小句，所以动词"scrib"不需要在人称和单复数这两个范畴上与主语保持一致，因此动词采用了在词后加"-endo"变成动名词的形式。从这两个例子可以看出，动词的形式变化可以用来表示从属小句和非从属小句的区别。因为有从属小句的句子是复句，所以换句话说，动词的形式变化可以充当复句的关联标记。上面的两个例子体现的是有主谓一致性要求的语言中的情况，在没有一致性要求的语言中，我们也可以通过动词形式的变化来确认从属小句。比如美国加利福尼亚州有一种叫Wappo的印第安语，它的动词在独立小句中用一个喉音停顿（glottal stop）来标示（即使这个动词不在句末），但是在所有类型的从属小句中，这个喉音停顿都会被放弃。例如：

（21）Cephi　　　šawo　　paʔ-taʔ
　　　他（主格）　面包　吃－过去时
　　　他吃了面包。

（22）Te　　　　šawo　　paʔ-ta-wen,　　　　ah
　　　他（宾格）　面包　吃－过去时－当/因为　我（主格）
naleʔiš-khiʔ
生气－非未来时
　　　当/因为他吃了这个面包，我很生气。

（23）Ah　　　　te　　　šawo　　paʔ-tah　　hais-khiʔ
　　　我（主格）　他（宾格）　面包　吃－过去时　知道－非未来时
　　　我知道他吃了这个面包。

上面的例（21）是一个独立小句，所以在动词paʔ（吃）后面的过去时形态语素"ta"后需要接一个喉音停顿"ʔ"。例（22）是一个带有状语从句的复句，动词paʔ（吃）在状语从句内，所以它后面的过去时形态语素"ta"后就没有再接喉音停顿"ʔ"，而是带上了一个表示原因的标记"-wen"（当/因为）。例（23）中动词paʔ（吃）所在的是一个宾语从句，在这个从句中它后面的过去时形态语素 "ta" 后也没有再接喉音停顿 "?"，而是带上了一个 "h"。例（22）和例（23）说明，在没有一致性要求的语言中，动词形式的变化也可以用来表示从属小句，换言之，动词形式的变化在这些语言中可以充当复句关联标记的，像例（22）中的 "-wen"（当/因为）就可以看作 Wappo 语中的一个复句关联标记。

2.1.3 语序

因为在现代汉语几乎没有形态变化，所以语序和虚词一样，是汉语中最重要的语法形式之一，语序可以用来表示各种不同的语法关系。语序也不仅仅在汉语中有很重要的作用，根据类型学的研究成果来看，语序在世界很多语言中的作用都很重要。就复句而言，部分语言可以通过特定的语序来标示从属小句，也就是说，语序也可以充当复句关联标记，具体而言，是以主句和从属小句的语序差异来区分复句中的不同分句。比如在德语中，一般单句的语序是 SVO（主动宾），复句中主句的语序也是 SVO，但是复句中的从属小句则采用了 SOV 语序，也就是限定动词（finite verb）会出现在从属小句的末尾。例如：

（24）Wir　　wohn-ten　　auf　　dem　　Lande,　*wie*　*ich*
　　　我们　生活-过去时　在　冠词（与格）　国家　像　我
dir　*schon*　*gesagt*　　*habe*
你（与格）　已经　　告诉　限定动词（单数）
我生活在这个国家，就像我已经告诉过你的。

（25）Ich　　*habe*　　　dir　　schon　　gesagt
　　　我　限定动词（单数）　你（与格）　已经　　告诉
我已经告诉过你了。

上面的例（24）中，限定动词 *habe* 在 wie 引导的从句中出现在句尾，而在例（25）这个独立单句中，限定动词 *habe* 则出现在其常规位置，即句中的第二个位置，而不是句末。在德语中，这种通过动词居末和动词位于第二的语序来区别从句和主句的情况十分普遍，可视为一种语法规则。也就是在德语中，当看到 SOV 语序的小句时，我们就知道它一定是一个复句中的从属小句。

除了德语之外，瑞典语的主句和从句的语序也不一样，它的很多状语词素，比如 kanske（可能，也许）、ofta（经常）和否定标记在主句中都出现在限定动词之后，但是在从句中则出现在限定动词之前（Anderson，1975）。如：

（26）Vi　　*kunde*　*inte*　　öppna　kokosnöten
　　　我们　应该　　不　　　打开　　椰子
　　　我们不应该打开那个椰子。

（27）Vi　　var　ladsna　　därfor att　　　vi　*inte*　*kunde*
　　　我们　是　对不起　因为（从句引导词）我们　不　　应该
öppna　　kokosnöten
打开　　　椰子
　　　我们很抱歉因为我们不应该打开那个椰子。

上面的例（26）中的否定标记 *inte*（不）在没有从句的单句中，它的位置出现在 *kunde*（应该）之后，但是在例（27）中，当这两者出现在从句中的时候，两者在句中顺序则需要颠倒过来，*inte*（不）出现在 *kunde*（应该）之前。瑞典语中的这两个例子也很好地说明了语序可以充当复句的关联标记。

2.1.4　语调

目前学界对语调（intonation）的研究基本上还是停留在语音层面的分析上，关于语调与语法关系的研究也有，主要集中在语调的态度功能（attitudinal function）、强调对比功能（accentual function）、语法功能（grammatical function）和话语功能（discourse function）等方面（Peter Roach，2000：163-172）。就像 Ferguson 等人（1986：6）指出的，复句的关联标记除了常见的语助词（particle）、附着形式（clitic）和词缀（affix）外，语序和显著的语调（intonation）在某些语言也可以充当重要的复句关联标记，但目前对作为复句的关联标记的语调的研究还很少，这是由口语的复杂性特点决定的。

上面我们描述的复句关联标记一共有四大类：独立连接词、动词形式、语序和语调，这是从跨语言的视角来看的，其中独立连接词的形式是使用频率最高、最普遍的一种，其次是动词形式，再次是语序和语调。而在汉语中，复句使用的关联标记以独立连接词为最主要的形式。

2.2　关联标记的句法位置

　　一般复句（指的是由两个分句构成的单纯复句）中关联标记的句法位置与关联标记的形式有关。如果使用独立连接词来作为关联标记，则其位置可能在前一分句，也可能在后一分句；如果以动词形式来作为关联标记，则其位置必然附着在动词上；如果采用语序手段来标记复句关系的话，则其位置可能不是那么固定，但主要涉及的是从属小句的动词的语序；如果是采取语调手段来标记复句关系的话，则其位置可能在小句的末尾或者整个复句的末尾，因为语调一般都位于句末。

　　汉语中复句的关联标记主要采用的是独立连接词的形式，所以接下来我们对关联标记位置的考察只考察独立连接词形式的关联标记的位置，其他关联标记形式暂不考虑。

2.2.1　句首

　　独立连接词形式的关联标记可以有连词、助词等多种不同的词类，但不管哪种词类，都是独立出现在句子中的，而不像动词形式的关联标记是依附于某个词的。正因如此，它的句法位置相对比较灵活，可能是句首、句中或者句末。我们先看看关联标记出现在句首的情况。它出现在句首时，又有三种情况，一种是出现在主语前，另一种是出现在谓语前，还一种是出现在主语后。

2.2.1.1　主语前

　　作为复句关联标记的独立连接词可以出现在第一个分句最前面的位置，也就是句首的主语前，这个位置也是关联标记最常见的句法位置。例如：

　　（28）<u>如果</u>对方认为可以,他会给你的,如果对方不愿意,也不太失面子。（《长江日报》1993年3月28日7版）

（29）<u>因为</u>你是实习生，所以你只能接受碰壁，别无选择。(《长江日报》1994年5月25日7版）

（30）<u>或者</u>别人串到你线上，或者你串到别人家线上去。(《长江日报》1996年9月11日11版）

（31）<u>尽管</u>国奥队近年来的进步有目共睹，尽管失利有这样那样的客观因素，但是打铁要靠本身硬。(《人民日报》1996年3月29日）

（32）<u>虽然</u>我不算老，但毕竟年龄不小了。(《长江日报》1993年4月2日7版）

上面几个例子中的关联标记的位置都是句首的主语之前，在汉语复句中，这种情况是最常见的。当然，也不是只有汉语复句的关联标记有位于句首主语之前的情况，其他语言也有，例如：

（33）<u>If</u>　　he　　goes on　　like this,　　he'll　　never　　amount to
　　　　如果　　他　　继续　　　像这样，　　他将　　绝不　　相当于
anything.（英语）
任何事

如果他继续这样下去，他将一事无成。

（34）<u>nu⁵pa:u⁵</u>　ŋa²　kwe² sən³´,ŋa²　su⁶　a:k⁹　pa:i¹　nu⁵　pa⁴！(侗语)①
　　　　如果　　你　　不　　　信　你　　就　　自己　　去　　看　吧

如果你不相信，你就自己去看吧！

（35）<u>ka²⁴</u> hak² lɛ²¹，qha²¹　taŋ¹　ka²⁴ ŋ ŋul⁴.（布朗语）
　　　　因　为　下雨　　　所以　　滑

因为下雨，所以路滑。

上面的三个例子分别是英语、侗语和布朗语中的独立连接词形式的复句关联标记的句法位置情况，可以看到，其句法位置也都是句首的主语前。

2.2.1.2 谓语前

关联标记除了位于主语前的情况之外，我们在语料中还发现了一种值

---

① 本书所引用的少数民族语言的语料，除有特别注明的以外，全部引自《中国少数民族语言简志丛书·修订本》（卷壹—卷陆），北京：民族出版社，2009。后文不再一一注明。如果是引自其他著作中的，则另行注明。

得一提的情况,那就是有的复句中前面一个分句没有主语,在这种情况下,关联标记的位置为谓语之前,仍然居于句首位置,例如:

(36)因为穿着国防绿,因为受到邀请,我们才得以涉足这块神秘的土地。(《长江日报》1990年1月21日4版)

(37)或者成立总统政府,或者解散议会。(《长江日报》1993年5月22日3版)

(38)尽管面临不少困难,但总的形势是好的。(《人民日报》1999年1月14日4版)

(39)虽然有进步,但还有很多问题没有解决。(《长江日报》1982年11月19日1版)

(40)如果撤退,大堤一定决口。(《人民日报》2001年10月22日6版)

上面的5例中,复句的第一个分句都没有主语,关联标记都直接放在了句首谓语前,从语料整理的情况来看,这种例子还不少。

2.2.1.3 主语后

在复句中,当关联标记位于句首时,除了上面提到的在主语前和在谓语前两种情况之外,还有一种情况就是位于第一个分句的主语之后,这个位置严格来说不是句首,因为关联标记前面还有一个主语,但是从整个复句的句法位置来看,此位置非常靠近句首,所以我们仍然把它处理成句首位置中的一种。例如:

(41)秋千如果还没停止,就会落向左面,如果已开始荡回,则会落向右面。(《长江日报》1994年7月11日12版)

(42)北平如果失守,我的工作怎么办?(《长江日报》1986年5月13日4版)

(43)他们因为有思想才困惑,因为困惑才思考,因为思考才发言,因为发言才倒霉,因为倒霉才更加困惑。(《长江日报》1993年7月4日8版)

(44)他或者嫉妒别人,或者被别人嫉妒。(《长江日报》1988年11月21日4版)

(45)这些词语或者从国外进口,或者由南方北渐,或者是时贤的创

造，或者是旧词的复活。(《长江日报》1993年1月11日5版)

（46）聂卫平<u>尽管</u>奋力拼搏，但最终未能挽回败局。(《长江日报》1987年9月21日3版)

（47）夜行汽车<u>尽管</u>还为数不多，尽管还主要在干线国道上，但这是一种好迹象。(《长江日报》1991年7月8日4版)

（48）收入<u>虽然</u>微薄、工作虽然辛劳、生活虽然艰苦，可这苦里有着甘甜。(《人民日报》1994年8月3日)

上面的这些例子都是关联标记位于前一分句主语后的情况，从语料整理的情况来看，这种情况虽然没有关联标记位于主语前的情况那么多，但在数量上也不少。

2.2.2 句中

复句关联标记位于句中的情况比位于句首的情况要稍微复杂一点。这里涉及的一个问题是，怎么定义"句中"这个概念，是不是除了整个复句首尾两端的位置之外的全部其他位置都可以算句中？答案是否定的，因为这样定义的话，那么上面2.2.1.3节提到的"主语后"位置也要被视为句中位置，这就造成了前后矛盾。所以这里的"句中"，我们需要限定为整个复句的最中间位置，最常见的情况是前一分句的句末和后一分句的句首。而后一分句的句首这种情况也可分为后一分句的主语前和后一分句的主语后两种。例如：

（49）你要是想长寿<u>的话</u>，每次想抽烟时就吃个苹果吧。(《长江日报》1994年9月16日)

（50）要离婚<u>的话</u>，除非你心里并不爱，而我又确实不值得你爱……(《长江日报》1987年5月30日2版)

（51）他们发出了邀请，<u>但是</u>只限于口头形式。(《人民日报》1981年1月8日)

（52）他不怕上战场，<u>但是</u>他怕不理解。(《人民日报》1986年3月1日)

（53）你的基础知识没学好，<u>所以</u>想不出来！(《人民日报》1989年8月23日)

（54）赏析的必要性既成疑问，<u>于是</u>赏析的文章也就难作。(《长江日

报》1991年12月26日4版)

（55）结构物越大，基础就越深。(《长江日报》1986年2月27日4版)

（56）巧珠奶奶认为单是这些，任你秦妈妈和余静怎么说，也驳不倒了，她于是含含糊糊地"唔"了一声。(周而复，《上海的早晨》)

上面的8例都属于关联标记位于句中的情况。例（49）和例（50）的关联标记位于第一分句的句末，例（51）－例（56）的关联标记位于第二分句的句首。其中，关联标记位于第二分句句首的几个例子还有所区别，不完全一样。例（51）和例（53）中的关联标记位于第二分句的谓语前，第二分句中没有主语，而例（52）和例（54）中的关联标记则位于第二分句的主语之前。例（55）和例（56）中的关联标记又跟前面几个例子不一样，它位于第二分句中的主语之后。虽然这些例子中的关联标记所在位置有些细微的区别，但是我们把它们都看作位于句中的情况。

需要说明的是，关联标记位于句中的第一种情况，即位于第一分句句末的情况，在汉语中并不常见，基本上只涉及助词"的话"一个。但是在很多少数民族语言中，这种情况则相当地普遍，在藏缅语族的语言中尤其如此。例如：

（57）a^{31}pzo^{55} ma^{31} tat^{55} xɔ^{231}, ɕɔ^{231} ɕi^{231} tɕum^{51} ko^{31} lai^{35}. (阿昌语)
　　　字　　不　会　因为　　学　习　　很　难　(助)
　　　　　因为不识字，所以学习很难啊！

（58）ŋa^{55} ke^{55}ji^{44} tshe^{44} lɑ^{42} tuɑ^{42} li^{55}, me^{55}ji^{44} tshe^{44} tɑ^{44} mɯ^{55}
　　　我们　今天　　磨　了　不得　即使　　明天　　磨　上　它
no^{33}　pɛ^{21}　uɑ^{55}. (白语)
(助)　阵　得了
　　　　即使我们今天磨不完，明天再磨上一阵得了。

（59）na^{31}neŋ^{55} nam^{35} tsho^{ʔ53}cu^{ʔ53} jin^{35}ni^{53}, ŋa^{35}ra^{ʔ53} tshoŋ^{55}do^{53}
　　　明天　　　雨　　下(后加)如果　　我们　　开会
cɛ^{ʔ35} cu^{ʔ53}　Men^{35}. (门巴语)
去(后加)　(助动)
　　　　如果明天下雨，我们就不去开会。

（60） yong¹ gum¹hpro¹ lu¹ sai ma¹jo¹, rai² ma¹ri ai ma¹sha¹
　　　 大家　　钱　　 有 了 因为　 东西　买　　 人
la¹ni² the① la¹ni² grau lo② sai.（景颇语）（戴庆厦、徐悉艰，1992：382）
一天　 和 一天　 更 多　 （句尾）。
　　　因为大家都有钱了，所以买东西的人一天比一天多了。
（61） tsʅ³³ hi²¹ ndzi³³ kɔ³³ ta³³, kha⁴⁴di³³ŋi³³ tsʅ⁴⁴ gu³³ a²¹ tshe³³.（彝语）
　　　 他　 说　 快　 太 因　　 大家　　他 听 不 清
　　　因为他说得太快了，大家都听不清楚。

在上面几个少数民族语言的例子中，复句的关联标记都位于第一分句的句末，但是从整个复句来看，则关联标记都属于处于句中这种情况。再比如，在藏语中，条件复句用 na*（如果）连接，na 加在前一分句的后面，表示假设的条件关系，即前一分句是后一分句的假设条件（金鹏，1983：105）。例如：

（62） cheʔ⁵²raŋ¹⁴ ma¹³² tɕʰĩ⁵² na¹³², ŋa¹³² jɛ tso¹³² ki⁵²　 mɛ̄¹⁴.（藏语）
　　　 你　　　　 不　 去　 如果，我　 也　 去 表将行时 不
　　　如果你不去，我也不去。

从汉语和少数民族语言的情况来看，复句关联标记位于句中的情况还是相当普遍的，只是汉语和少数民族语言在句中的具体位置，稍微有所区别。

2.2.3　句末

对于句末的位置，我们耶需要稍微限定一下。这里所说的句末指的是整个复句的句末，也就是一般的单纯复句中后一分句的句末位置。复句的关联标记一般很少出现在这个位置，不管是汉语还是其他语言。这种情况一般出现在出于临时语用的需要，把原来的第一分句和第二分句的顺序进行了调换的例子中。例如：

（63）不知怎的，我挺同情她的，我甚至想娶她做老婆，如果她愿意的话。（卞庆奎，《中国北漂艺人生存实录》，北大语料库）

在汉语中，差不多只有"的话"这个关联标记，在特殊的语用环境下，能够出现在整个复句的句末位置，其他关联标记都不会出现在这个位置。在一些少数民族语言中，因为很多复句的关联标记出现在句中的时候位于第一分句的句末，所以当出于特殊语用需要把两个分句的顺序调换过来的时候，就会出现一些关联标记位于整个复句句末的情况，但是这样的情况也并不常见。例如（转引自戴庆厦、范丽君，2010）：

（64）tsaùd ʁa   qa tɕa-ʁla-zə-n ba,   qa me-zde   qu le
　　　现在（时间）我　别耽误（语气）我　不空　　很

ɕi.（羌语曲谷话）
因为

现在别打扰我吧，因为我忙得很。

（65）u³¹ phʒoŋ³³ mat³¹ sai³³, mă⁵⁵ ni⁵⁵ tʃiŋ³³kha³³ n⁵⁵ la³¹
　　　鸡　跑　　掉　（句尾）昨　天　　门　　没　关

n³¹ na⁵⁵ ʒe⁵¹.（景颇语）
因为　是

鸡跑掉了，因为昨天没关门。

上面两个例子中的关联标记都位于整个复句的句末，但这是由于这两个复句都需要强调结果，因而表示结果的分句被放到了前面，因此才出现了关联标记位于句末的这种格局。如果没有这种强调的需要，正常的语序应该是表示原因的分句在前面，表示结果的分句在后面。

2.3　关联标记的模式

复句是如何通过关联标记把前后两个独立的小分句整合起来构成一个完整复句的？有两种基本的方法或者说手段：第一种是"粘合"的手段，也即在两个小句之间插入关联标记，把它们粘接在一起；第二种是"靠合"手段，也就是用关联标记取消其中一个小句的独立自足性，让它"靠"向另一个小句，通过建立依赖关系而构成一个整体（储泽祥、陶伏平,2008:410)。这两种手段既可以单独使用,也可以综合运用。在汉语中,复句的关联标记模式,基本上就是这两种手段分别运用或者综合运用的结果。总体来看,汉语的复句关联标记模式可以分为三种:居端依赖式、居中粘接式和前后配套式。下面我们将分别对这三种模式进行介绍。

2.3.1 居端依赖式

所谓"居端依赖式",指的是在这种模式中,关联标记位于整个复句的一端,取消所在小分句的独立自足性,以使其对另外一个小分句形成依赖。当然,这里所说的"整个复句的一端",既可能是整个复句的句首一端,也可能是整个复句的句末一端。例如:

(66)<u>因为</u>女人用泪水牵挂,那牵挂便柔情似水。(《长江日报》1994年10月10日7版)

(67)<u>如果</u>姑妈觉得寂寞,最好能回国定居。(《长江日报》1982年2月13日4版)

(68)对于自己感觉好的事情,还是要亲自去印证,如果有可能<u>的话</u>。(北大语料库)

上面例(66)中的关联标记"因为"附在表原因的小句"女人用泪水牵挂"的前面,使得"因为女人用泪水牵挂"这个分句不能自足,对后面的"那牵挂便柔情似水"这个分句形成依赖,从而构成了相互依存的整个复句。例(67)中的关联标记"如果"附在表示条件的小句"姑妈觉得寂寞"的前面,使得"如果姑妈觉得寂寞"这个分句失去独立自足性,对后面的"最好能回国定居"这个分句形成依赖,从而构成了整个相互依存的复句。例(68)跟前面两个例子稍微不一样的是,它的关联标记"的话"不是附在句首,而是附在后一个小句"如果有可能"的最后,从而使表示条件的那个小分句"如果有可能的话"失去自足性,对前面的分句"对于自己感觉好的事情,还是要亲自去印证"形成依赖,进而构成了一个相互依存的完整复句。

为便于描写和分析,我们可以把居端依赖式这种模式用符号形式化为:

S（Ms_1, s_2）或者 S（s_1, s_2M）。大写 M 表示关联标记，是英文 marker（标记）的首字母，大写字母 S 表示整个复句，是英文 sentence（句子）的首字母，小写的字母 s_1 表示第一个小分句，s_2 表示第二个小分句，大小写用来区分整个复句和分句。Ms_1 表示关联标记位于第一分句的句首，s_2M 表示关联标记位于第二分句的句末。

2.3.2 居中粘接式

所谓"居中粘接式"，指的是在这种关联标记模式中，关联标记位于第一分句和第二分句之间（也就是居中），附在第一分句的句末或者第二分句的句首位置，起粘接作用，同时取消所在的第一分句或者第二分句的独立自足性，从而使前后两个分句粘接成一个相互依存的完整复句。从这个定义可以看出，居中粘接式这种关联标记模式是"粘合"手段和"靠合"手段两种手段共同运作的结果，它有两种情况：一种是关联标记位于第一分句的句末，另一种是关联标记位于第二分句的句首。在汉语中，以第二种情况为常，第一种情况很少，但是在别的语言中，第一种情况可能更常见，比如我国的一些少数民族语言。下面我们看些例子：

（69）周孝元人缘好，但是他从来不开人情车。(《人民日报》1980年11月9日)

（70）湖北文学缺少某些外省文学的凝重、厚实，所以不能忘乎所以。(《长江日报》1998年7月15日13版)

（71）目前已有很好的药物来治愈这种疾病，而且这类药不仅疗效肯定，而且安全性高，副作用轻微。(《长江日报》1998年7月15日12版)

（72）这样的生活太疲倦了，然而他又不能撒手不干。(《长江日报》1988年6月3日1版)

（73）你再婚的话，你还住在这间房子里吗？(《长江日报》1991年11月17日3版)

上面的5个例子都是汉语的例子，其中例（69）~例（72）这四个例子的关联标记都位于第二分句的句首，从整个复句来看，都处于居中位置，在复句中间起着粘接作用，取消了第二分句的独立自足性，使其对前面的那个分句形成依赖，从而使得前后两个分句结合成了一个完整复句。只有例（73）中的关联标记"的话"是位于第一分句的句末，附在"你再婚"的后面，以此取消了第一分句"你再婚的话"的独立自足性，使其对后面的那个分句"你还住在这间房子里吗"形成依赖，从整个复句来看，该句的关联标记"的话"仍属处于居中位置，在复句中间起着粘接的作用，从而使得前后两个分句结合成了一个完整复句。

同居端依赖式样，为便于描写和分析，我们可以把居中粘接式这种模式用符号形式化为：S（s_1M，s_2）和 S（s_1，Ms_2）两种。大写 M 表示关联标记，大写字母 S 表示整个复句，小写的字母 s_1 表示第一个小分句，s_2 表示第二个小分句。s_1M 表示关联标记位于第一分句的句末，Ms_2 表示关联标记位于第二分句的句首。

上面我们提到，在汉语中 S（s_1，Ms_2）这种居中粘接模式居多，但是在一些别的语言里面，则 S（s_1M，s_2）这种模式居多。我们看些例子：

（74）muʁalim dʒaqsə tysindirgeni yʃin, oqəwʃəlar da dʒaqsə
　　　老师　　好　　讲解　　　　　因为　　学生　　也　好
tysindi.（哈萨克语）
理解
　　　　由于老师讲解得清楚，学生们也理解得透彻。

（75）sɯ^{31}tsɯ^{33} nɯ^{33} gv^{33}na^{33} be^{33} me^{55} zə^{55} tsɯ^{33} gɯ^{31} nm^{33}，
　　　老师（助）　　认真　（助）　教　给　　因为…所以
thɯ^{33} the^{33}ɣɯ^{33} dɯ^{33} ŋi^{33} ndzy^{31} so^{31} ma^{33} mv^{31}.（纳西语）
他　　书　　　一　　　两　　句　　　学　　到　（助）
　　　　因为老师认真地教，他才学到一点知识。

（76）ŋaŋ^{31} a^{31}pzo^{55} tɕi^{55} tɕi^{55} zəŋ^{31} s̱aŋ^{35} xo^{ʔ31}，ŋo^{55} ŋaŋ^{31} te^{55}
　　　他　　书　　　好　　好　　读　　为了　　　我　　他　（助）
pu^{31}lo^{ʔ55} Te^{55} sɿ^{31}.（阿昌语）
经常　　　帮助　（助）
　　　　为了他好好读书，我经常帮助他。

（77）ŋa^{55}　ke^{55}ji̵^{44}　tshe^{44}　la^{42}　tua^{42}　li^{55},　me^{55}ji̵^{44}　tshe^{44}　ta^{44}
　　　　我们　　今天　　　磨　　了　　不得　即使　　明天　　　磨　　上

mɯ^{55}　no^{33}　pɛ^{21}　ua^{55}.（白语）
它　　　（助）　阵　　得了

即使我们今天磨不完，明天再磨上一阵得了。

（78）Ame　ga　agaru　*to*,　Gon　wa　hotto　shite　ana　kara
　　　　雨　主格　　停　　当　　Gon　话题　放松　　行动　洞　　从

haidemashita.（日语）
溜出来

当雨停了之后，Gon 放心地从洞里溜了出来。（Thompson et al. 2007：238）

以上 5 例来自五种不同的语言，采取的都是居中粘结式的 S（s$_1$M，s$_2$）这种模式，从世界范围来看，采用这种标记模式的语言有不少。在世界各地的语言中，居中粘结式的两种模式 S（s$_1$M，s$_2$）和 S（s$_1$，Ms$_2$）都非常普遍，这说明居中粘结式是具有普遍共性的一种非常重要的关联标记模式。

2.3.3　前后配套式

所谓"前后配套式"，指的是在这种关联标记模式中，有两个需要配套使用的关联标记，一个附着在第一分句上，另一个附着在第二分句上，相当于居端依赖式和居中粘接式两种模式的综合。因此，这两个配套使用的关联标记也具有取消分句的独立自足性和粘接各分句的作用，除此之外，关联标记还可以形成前后呼应（储泽祥、陶伏平，2008：411）。

因为前后配套式综合了居端依赖式和居中粘接式两种模式，所以它的具体标记情况也比前两者要复杂。理论上来说，前后配套式有四种标记情况：第一种情况是两个关联标记分别标在第一小分句的句首和第二小分句的句首；第二种情况是两个关联标记分别标在第一小分句的句末和第二小分句的句末；第三种情况是一个关联标记附在第一小分句的句首，另一个关联标记附着在第二小分句的句末；第四种情况是其中一个关联标记附着在第一小分句的句末，另一个关联标记则附着在第二小分句的句首。

上面四种情况用文字描述过于复杂，为了更加直观以及后文便于描写和分析，我们可以把前后配套式这种模式的四种情况分别用符号形式化为：① $S(M_1s_1, M_2s_2)$，② $S(s_1M_1, s_2M_2)$，③ $S(M_1s_1, s_2M_2)$，④ $S(s_1M_1, M_2s_2)$。各字母所指与前相同，各字母组合中，M_1s_1 表示第一个关联标记位于第一分句的句首，M_2s_2 表示第二个关联标记位于第二分句的句首，同理，s_1M_1 表示第一个关联标记位于第一分句的句末，s_2M_2 表示第二个关联标记位于第二分句的句末。

在现代汉语中，①式 $S(M_1s_1, M_2s_2)$ 这种情况最常见，②式 $S(s_1M_1, s_2M_2)$ 和③式 $S(M_1s_1, s_2M_2)$ 这两种情况不存在，④式 $S(s_1M_1, M_2s_2)$ 这种情况非常少见。例如：

（79）<u>因为</u>回忆太累，<u>所以</u>他就不再往下想。（余华，《现实一种》）

（80）<u>虽然</u>他没有在美国工作的经验，<u>但是</u>他相信自己的实力。（白帆，《那方方的博士帽》）

（81）<u>不但</u>赶走了在窗外那群争风吃醋的母猫，<u>而且</u>专门通知隔壁把那只重点对象拴起来。（冯苓植，《猫腻》）

（82）<u>如果</u>他的身边全都是被收买了的人，<u>那么</u>他说什么也等于白说。（张平，《十面埋伏》）

（83）<u>不是</u>里折外扣地讲个价钱，<u>就是</u>拖着时间不办。（冯志，《敌后武工队》）

（84）姨父不坦白<u>的话</u>，<u>就</u>要抓起来，吃官司，坐班房……你也没有好日子过。（周而复，《上海的早晨》）

上面的例（79）~例（83）都属于①式 $S(M_1s_1, M_2s_2)$ 这种情况，句中的两个关联标记分别附着在第一分句和第二分句的句首，取消了两个小分句的独立自足性，形成了分句相互依赖的格局，同时，位于第二个小分句句首的那个关联标记还起到了粘接的作用，实现了前后两个关联标记之间的相互呼应，从而使整个复句形成一个不可分割的整体。例（84）则属于④式 $S(s_1M_1, M_2s_2)$ 这种情况，前一个关联标记"的话"附着在第一个分句的句末，标明这个小句是表示条件的，第二个关联标记"就"附着在第二个小分句的句首，标明这个小句是表示结果的。④式 $S(s_1M_1, M_2s_2)$

这种形式的前后配套式在汉语中很少见，基本上只涉及"的话"这个关联标记，这种关联标记模式在别的一些语言中也存在，但是相对来说出现次数也比较少。例如：

（85）ʃi　　bejni　ʉgwʉ　əʃiɲdi　gada　ənnəgəɲ　ooddiwi　bəjdʉ
　　　你　　人　　话　　不　　要　　由于　　所以　　人
ʃiʃirəwʉnde.（鄂温克语）
讨厌

　　　由于你不听人话，所以人们讨厌你。

（86）ŋa⁵⁵　m̥ui³¹mui⁵⁵　ʂka⁵⁵　mtsha³¹ŋi⁵⁵，tə³⁵mtshu³¹　ŋa⁵⁵　zi³⁵　ɕho⁵⁵　kə³⁵
　　　我　　很　　累　　因为　　　所以　　我　去（助）否定
ma⁵⁵　ntɕhe³¹　ze³¹.
想　　　（助）

　　　因为我实在太累了，所以不想去。（扎巴语，龚群虎，2007：151）

（87）a²¹tsiŋ⁵⁵　te⁵¹　vun⁵¹　mjo²¹　mu⁵¹　lui⁵⁵　khjo⁵¹　so⁵⁵　a²¹　ŋon⁵⁵.（载瓦语）
　　　东西　　太　　背　　多　　由于　所以　路　　走　不　舒服

　　　由于背的东西太多，所以走起路来不舒服。

虽然说在别的语言中也有④式 S（s_1M_1，M_2s_2）这种形式的前后配套式，但在查阅资料之后我们发现，采用这种标记模式的语言很少，在有记载的中国境内少数民族语言中，只发现鄂温克语、乌兹别克语、扎巴语和载瓦语这几种语言有这种标记模式。所以前后配套式这关联标记模式，以①式 S（M_1s_1，M_2s_2）这种情况为主。

2.3.4　小结

这三种关联标记模式中关联标记所在的位置是不一样的，所以关联标记所起的连接作用的强弱也不一样，相比较而言，配套使用的关联标记比单个使用的连接作用要强，位于复句中间的关联标记比位于复句两端的连接作用要强。所以从连接作用的强弱来看，上面提到的这三种关联标记模式是不一样的。我们可以把"居中"和"成套"作为两个指标来衡量居端依赖式、居中粘接式和前后配套式这三种关联标记模式的连接作用的强弱，对他们进行比较：

	居端依赖式	居中粘接式	前后配套式
居中	−	+	+
成套	−	−	+

从上面的三种模式的对比可以看出，前后配套式的连接作用最强，因为它同时满足"居中"和"成套"两个指标；居中粘接式的连接作用强度在其次，因为它只符合"居中"的指标，不符合"成套"的指标；居端依赖式的连接作用最弱，因为它"居中"和"成套"两个指标都不满足。所以我们可以把这三种关联标记模式按连接作用的强弱表示成如下序列：

前后配套式 > 居中粘接式 > 居端依赖式

在上面这个序列中，">"表示其左边的关联标记模式的连接作用要强于右边的。用关联标记模式的形式化表达式来呈现，则可以得到如下序列：

$S(M_1s_1, M_2s_2)/S(s_1M_1, M_2s_2) > S(s_1M, s_2)/S(s_1, Ms_2) > S(Ms_1, s_2)/S(s_1, s_2M)$

特别地，在上面这个形式化的序列中，前后配套式理论上本来有四种情况，但此处我们只选了其中的两个，把汉语中不存在的两种情况排除了，所以我们最终得到了如上所示的形式序列。

第三章　汉语普通话复句关联标记模式研究

3.1　并列复句的关联标记模式

就汉语普通话中的复句研究而言，已有成果相当丰富，从早期的关于复句的定义和单复句的区分，再到后来关于复句的分类，都有过很多的讨论。针对关联标记的研究也有不少，专著如邢福义先生的《复句与关系词语》，姚双云的《复句关系标记的搭配研究》等，还有诸多单篇的论文。在本章讨论复句关联标记的使用情况时，我们先根据前人的研究和实际语言使用情况系统整理了普通话中每一类复句中所使用的关联标记有哪些，然后依次分析了每一类关联标记的使用模式。

说到每一类复句的关联标记使用情况，就必然涉及复句的分类问题。我们在 1.4.1.2 节中讨论"复句关系的分类问题"时，已经提到过汉语复句关系分类的复杂性，就目前为止，学界还没有统一的观点。因此，在总结前人研究的基础上，我们综合考虑，在本书中将汉语复句分为：并列复句、顺承复句、递进复句、选择复句、转折复句、条件复句和因果复句这七大类来进行研究。此外，本章只考虑单层复句的关联标记使用情况，暂且不考虑多重复句。下面我们将分别研究这几类复句中的关联标记使用情况。

3.1.1　并列复句使用的主要关联标记

虽然各家对复句分类的观点不完全统一，但是对并列复句这一类，大家基本上持一致观点。并列复句指的是"分句间有平列并举关系的复句，这类复句是合取性的"（邢福义，2001：43）。胡裕树主编的教材《现代汉语》则是这样定义的："每个分句分别说明或描写几件事情、几种情况或同一事物的几个方面，这就是并列关系。"（胡裕树，1995：359）黄廖本的教材《现代汉语》对并列复句的定义是："前后分句分别叙述或描写有关联的几件事情或者同一事物的几个方面，分句间或者是平列关系，或者是对举关系。"（黄伯荣、廖序东，2002：160）邵敬敏主编的《现代汉语通论》给出的并列复句的定义是："前行分句提出一件事情作为'标本'，后续分句则相应提出在意义上并存、平行或对立的事情，往往同时说明或描写几件事情或同一事物的几个方面。"（邵敬敏，2001：251）

我们从这些主流的观点中可以看出，对于并列复句的定义，虽然每个人的具体表述可能稍有差异，但他们都一致认为并列复句的前后分句具有一种平行并举的关系。对于这种关系，概可以不用任何关联标记，完全靠"意合"的方式来表达，例如：

（1）百花齐放是一种发展艺术的方法，百家争鸣是一种发展科学的方法。

（2）外面下着小雨，咖啡屋里很冷清。

（3）中国人在青松翠柏上做了不少文章，俄罗斯人与白桦树结下了不解之缘。

（4）横眉冷对千夫指，俯首甘为孺子牛。

（5）单号的站左边，双号的站右边。

上面5例全部是没有关联标记的并列复句，用的是"意合"的方法，也就是从复句本身的意思上能够看出，前后两个分句表达的是两件平行或对立的事情，没有主次之分，前后二者的地位是平等的。这种没有关联标记的并列复句在实际语言生活中很常见，文学作品中有，日常口语中也有。如果说上面的例（1）～例（4）更像是文学作品等书面语中的例子，那么例（5）则更像是口语中的例子。特别地，这种无关联标记的并列复句在语篇用到对偶和排比等修辞格的时候，出现的频率非常高。

上面我们论述了并列复句可以不用任何关联标记来表示并列关系，而在实际语言生活中，使用关联标记来明确表达这种并列关系的复句也很常见，而且越书面、越正式的材料，使用关联标记标明并列关系的频率越高。

这是因为越正式的材料，对于意义表达的精确性要求就越高，而关联标记正好是专门用来表达复句之间的语义关系的，其具有使复句意义精确化的作用。从精确性的角度来看，形式和意义的一一对应是最理想的状态，因为这符合认知语言学中的"象似性原则"。所谓"象似性原则"指的是：语言结构在某种程度上反映了经验结构，包括说话者对世界的看法所形成的结构（Croft，2003：102）。只不过在实际语言中，形式和意义很难一一对应，这就出现了不对称现象，比如此处的并列复句，有的有关联标记，有的没有。这是因为语言除了受到"象似性原则"的影响外，还会受到"经济性原则"的影响。"经济性原则"指的是：语言的表达形式尽可能地最简化（Croft，2003：102）。因此，现实中的语言状态，往往是"象似性原则"和"经济性原则"共同作用、相互竞争的结果，有的语句可能符合"象似性原则"多一些，而另外的语句可能符合"经济性原则"更多一些，还有的语句，则体现出二者达到了一个相对的平衡。比如上面我们论述的无关联标记的并列复句就更多地反映了"经济性原则"的作用，而有关联标记的并列复句则更多地反映了"象似性原则"的作用，例如：

（6）它<u>既</u>有产生的一天，<u>也</u>有衰老死亡的一天。（《中国儿童百科全书》）

（7）周恩来<u>既</u>要及时掌握前线情况，<u>又</u>要组织国内各方面支援和后勤供应运输，不少时日，每天只能睡三四个小时。（金冲及，《周恩来传》）

（8）傅华目前的生活重心<u>不是</u>做什么工作，<u>而是</u>治疗母亲的疾病。（《新驻京办主任：对手》）

（9）统治者<u>一方面</u>对知识分子采取笼络政策，开设特科取士，<u>另一方面</u>大兴文字狱，严酷压制知识分子的反清思想。（《中国通史》）

（10）我<u>不仅</u>为赵总争回了面子，<u>也</u>给自己积蓄下了一笔可观的财产。（卞庆奎，《中国北漂艺人生存实录》）

（11）我让章明基翻译，<u>同时又</u>让香港的一个朋友帮忙。（姚明，《我的世界我的梦》）

（12）1999年冬季在上海我见到姚明，我去看他打球，<u>还</u>跟他一起打了一会。（姚明，《我的世界我的梦》）

上面这些都是有关联标记的例子，例（6）~例（9）的关联标记有两个，是成套的，属于前后配套式，例（10）和例（12）则都只有一个关联标记，例（11）其实有两个关联标记，即"同时"和"又"，但是这两个关联标记并不是配套的，所以不属于前后配套式。我们上面曾经论述过没有关联标记的并列复句反映"经济性原则"所起的作用更多，而这里这些有两个关联标记的前后配套式的并列复句则是"象似性原则"所起作用更多的具体体现，而只有一个关联标记的例（10）和例（12）则是"经济性原则"和"象似性原则"相互竞争达到一个相对平衡状态的具体体现。

因为本书主要考察的是有标复句中的关联标记使用情况，所以接下来我们将考察并列复句中有关联标记的部分，而没有关联标记的部分则暂时不予讨论。接下来我们将重点考察在汉语普通话中并列复句主要使用了哪些关联标记，这些关联标记都有什么特点。

在有标并列复句中，关联标记既有单个使用的，也有两个配套使用，单个使用的关联标记主要有如下这些："也""又""还""另外""同样""同时""而""而是"。我们看些具体例子：

（13）经过近两年的"北漂"生活，我变得成熟了一些，<u>也</u>沧桑了许多。（卞庆奎，《中国北漂艺人生存实录》）

（14）我为这群不安于现状敢于出来拼的男孩女孩们的勇气感到佩服，<u>又</u>为他们没有自知之明而感到可怜。（卞庆奎，《中国北漂艺人生存实录》）

（15）韩信谙熟兵法，娴于军务，曾与张良一道整理古代兵家著述，<u>还</u>收集、补订了军中律法。（《中国历代名将》）

（16）脊椎各骨之间由坚韧而有弹性的椎间盘联结，<u>另外</u>还有坚韧的关节和韧带。（《中国儿童百科全书》）

（17）不好的饮食习惯，<u>同样</u>会影响身体健康。（《中国儿童百科全书》）

（18）他表示愿意为中国实现五年建设计划提供所需要的设备、贷款等援助，<u>同时</u>派专家来帮助中国建设。（金冲及，《周恩来传》）

（19）更重要的是，不管在球场哪一头，都要让对方担心你对他们做的动作，<u>而不是</u>考虑他们想对你做的动作。（姚明，《我的世界我的梦》）

（20）幸好导演是个不错的人，他并没有呵斥我，<u>而是</u>耐心地给我"说戏"，想着法儿让我放松。（卞庆奎，《中国北漂艺人生存实录》）

上面这些都是并列复句中使用了单个关联标记的例子。除了上面列举的那几个单用关联标记之外，还有一个比较特殊的单用关联标记，就是"一边"。之所以说它比较特殊，是因为上面的例(13)~例(20)中的关联标记都是用在整个复句中间的，也就是说，基本上都出现在后一个分句的句首位置，但是单用的"一边"除了可以像上面那些例子一样出现在中间位置之外，还可以出现在第一分句或者说前一分句的句首。例如：

(21)他摇摇晃晃朝工棚里面走，<u>一边</u>回头瞪着小满。(苏童，《食指是有用的》)

(22)"我们全家都用的这种篾块。"说完，那学生就把头低了下去，<u>一边</u>用脚尖在地上划拉。(蒋春光，《教工之家》)

(23)金玉泽<u>一边</u>命人给邬思道打水取换洗衣服，自坐着吃茶，出了半天神方叹道……(二月河，《雍正皇帝·九王夺嫡》)

(24)"……你不是说你特别喜欢花吗？"<u>一边</u>说，双手恭恭敬敬地把花献上。(莫伸，《危情》)

上面的例(21)和例(22)中的"一边"从整体上来看都是用在整个复句的中间位置，也就是用在后一分句的句首，与其他单用的关联标记一样。而例(23)和例(24)中的"一边"则是用在前一分句的句首位置，这是与其他单用的关联标记不一样的地方，其他那些并列复句的单用关联标记都不能用在第一分句或者说前一分句的句首，而只能用在后一分句的句首，也就是整个复句的中间位置。这一特殊的情况也在一定程度上塑造了并列复句的关联标记模式的特点，稍后我们会讨论到这个问题。

除了单个关联标记的情况外，现实语言中还大量存在着两个关联标记配套使用的情况，这些配套的关联标记主要有如下这些："既……又……""既……也……""一方面……一方面……""一方面……另一方面……""一边……一边……""一面……一面……""又……又……""也……也……""不是……而是……""是……不是……""一来……二来……"。下面我们看看实际语料中的例子：

(25)淮安这个地方，文化发达，经济繁华，<u>既</u>有《西游记》作者吴承

恩的故居,又有鸦片战争中抗英英雄关天培的祠堂。(金冲及,《周恩来传》)

(26) 鸳鸯的食性较杂,既吃小鱼小虾和昆虫一类动物性食物,也吃稻谷、野果、草籽一类植物性食物。(《中国儿童百科全书》)

(27) 为了克服这些缺点,唐宋时期数学家一方面改革计算口诀,一方面改革计算工具。(《中国儿童百科全书》)

(28) 科学家们一方面要制造出一种能够在温和条件下合成氨的化合物,另一方面又想使其他植物像豆科植物那样自身具备固氮的能力。(《中国儿童百科全书》)

(29) "嘿,哥们,知道吗,昨天晚上王三那拨人被送去筛沙子了。"一个有点瘦、操着一口东北腔的群众演员一边在等"活儿",一边对身边的一个"熟人"说。(卞庆奎,《中国北漂艺人生存实录》)

(30) 这以后,周恩来就一面协助毛泽东继续指挥全国范围的大决战,一面用很大部分的精力筹划建立人民的国家政权。(金冲及,《周恩来传》)

(31) 这次姚明又盖了他的帽,又得了分。(姚明,《我的世界我的梦》)

(32) 我也想有自己的生活,也想实现他们对我的期望。(姚明,《我的世界我的梦》)

(33) 太阳发出的能量,不是在普通的燃烧过程中产生,而是来自组成太阳的无数的氢原子核。(《中国儿童百科全书》)

(34) "小"是指年龄,不是指个头,用"年青的巨人"会更确切些。(姚明,《我的世界我的梦》)

(35) 实行预售款第三方监管,一来可保障广大购房者利益,二来将倒逼开发商备足资金,缩短工期,加快资金流运转。(《武汉将启动房屋预售金"第三方"监管》,新华网)

上面的这些例子都是现实语料中配套使用了两个关联标记的情况。配套的关联标记,使其用频率有所不同,有的用得比较多,有的用得比较少。在调查语料的过程中我们发现,"又……又……"、"也……也……"和"是……不是……"这三个关联标记的例子比较少,而其他的配套关联标记的例子都比较多。这些配套的关联标记在形式上看起来都差不多,但在实际使用上还是有些区别的,具体体现在主语的选择、在句中所处的具体位置等方面,这些我们将在下一节中详细讨论。本节的主要目标是描写并列复句有哪些关联标记,下一节将考察这些关联标记在使用上的形式特点。

3.1.2 并列复句的关联标记模式

我们在第二章中介绍关联标记模式的时候,已经详细地介绍三种主要的关联标记模式,即居端依赖式、居中粘接式和前后配套式。那么有标的并列复句,其关联标记模式是怎样的呢?下面我们将详细分析。

3.1.2.1 居端依赖式

我们首先看居端依赖式的情况。我们前面论述过,所谓居端依赖式,指的是在这种模式中,关联标记位于整个复句的一端,取消所在小分句的独立自足性,使其对另外一个小分句形成依赖。居端依赖式有两种情况,一种是 S(Ms_1, s_2) 式,即关联标记在前一分句的句首,另一种是 S(s_1, s_2M) 式,关联标记在后一分句的句末。从这里可以看出,居端依赖式的复句中的关联标记只有一个,所以我们要考察的就是那些单个使用的关联标记。在"也""又""还""另外""同样""同时""而""而是""一边"这些单用关联标记中,我们发现,"也""又""还""另外""同样""同时""而""而是"这些单用的关联标记都不能用于前一分句的句首,构成 S(Ms_1, s_2) 式,也不能用于后一分句的句末,构成 S(s_1, s_2M) 式。只有关联标记"一边"可以用于前一分句的句首,构成 S(Ms_1, s_2) 式。例如:

(36)<u>一边</u>说着,司马婉卓迅速准备好各种器具,和李惠芬一起出门了。(莫伸,《危情》)

(37)<u>一边</u>走,方亮的心里仍在不停地翻腾。(陈冲,《无反馈快速跟踪》)

(38)我<u>一边</u>说着,思前想后,也忍不住冒泪花儿了。(王笠耘,《春儿姑娘》)

(39)张廷玉素以行文敏捷办事迅速著称。康熙<u>一边</u>说,他已经在打腹稿。(二月河,《雍正皇帝·九王夺嫡》)

上面的例(36)~例(39)都是关联标记"一边"用于前一分句句首构成 S(Ms_1, s_2) 形式的居端依赖式复句的例子。其中,"一边"可以用在最前面，后面直接接谓语，而"逻辑主语"放在后一分句的句首，如例（36）和例（37）；也可以把主语放在第一分句的最前面，"一边"紧跟着放在主语的后面，第二分句的"逻辑主语"与第一分句相同，如例（38）；还可以把主语放在第一分句的最前面，"一边"紧跟着放在主语的后面，同时第二分句有一个属于自己的真正的（不管是形式上的还是逻辑上的）主语，而且与第一分句不相同，如例（39）。在考察关联标记"一边"的时候，我们还发现另一个关联标记也可以单用，而且符合 S（Ms$_1$, s$_2$）形式的居端依赖式，这个关联标记就是"一面"，意思跟"一边"差不多。例如：

（40）令狐冲一面运功，心下暗自奇怪："怎地雪花落在脸上，竟然不消融？"（金庸，《笑傲江湖》）

（41）一面吼着，他顺手把已经爬到炕沿的两个小孩一拨拉，两个孩子嗵地摔在地上。（张承志，《黑骏马》）

"一面"的用法跟"一边"差不多，既可以用于前一分句的主语之后，如例（40），也可以用于前一分句的最前面，而主语放到第二分句的句首，如例（41）。但不管是哪种情况，前后分句的主语都是相同的。前后分句主语不同的例子我们暂时没有发现，假如有这种情况存在的话，理论上关联标记"一面"应该位于前一分句的主语后，就像例（39）中的"一边"一样。

从上面的考察情况来看，在汉语普通话中，有关联标记的并列复句，采用居端依赖式这种关联标记模式的很少，只有"一边"和"一面"两个关联标记采用这种标记模式，而且就居端依赖式的两种形式而言，都只采用了 S（Ms$_1$, s$_2$）式，而 S（s$_1$, s$_2$M）式居端依赖式则没有见到。从语料中反映的情况来看，在居端依赖式这种关联标记模式中，如果前后分句的主语相同的话，则关联标记可以放在最前面或者主语后。如果关联标记位于前一分句的最前面的话，则主语需要放在后一分句的句首，不能放在前一分句，如例（36）、例（37）和例（41），具体而言，我们不能把例（37）说成"一边方亮走，心里仍在不停地翻腾"。而如果前后两个分句的主语相同，且主语出现在前一分句的话，居端依赖式则关联标记需要放在主语之后，如例（38）和例（40）。如果前后两个分句的主语不同，居端依赖式则关联标记只能出现在前一分句的主语之后，如例（39）。

3.1.2.2 居中粘接式

上面我们分析了有标并列复句中居端依赖式的关联标记模式，接下来我们再看看居中粘接式的情况。

在第二章中我们已经提到，所谓居中粘接式，指的是在这种关联标记模式中，关联标记位于第一分句和第二分句之间（也就是居中），附在第一分句的句末或者第二分句的句首位置，起粘接作用，取消所附在的第一分句或者第二分句的独立自足性，从而使前后两个分句粘接成一个相互依存的完整复句。从这个定义可以看出，它跟居端依赖式一样，有两种情况：一种是关联标记位于第一分句的句末，也就是 S（s_1M，s_2）式的标记模式，另一种是关联标记位于第二分句的句首，也即 S（s_1，Ms_2）式的标记模式。从居中粘接式的定义中可以看出，它只有一个关联标记，所以我们要考察的是那些单用的关联标记。在上一节中我们讨论到，并列复句中能够单用的关联标记主要有"也"、"又"、"还"、"另外"、"同样"、"同时"、"而"、"而是"、"一边"和"一面"等。我们将对这些关联标记进行逐一考察。先来我们看实际语料：

（42）眼睛的传染病主要通过手指、手帕、毛巾、脸盆等传染，<u>也</u>有可能在游泳时传染上。(《中国儿童百科全书》)

（43）他以反对分散主义为话题批评了国务院的工作后，<u>又</u>尖锐地批评了反冒进的"错误"。(金冲及，《周恩来传》)

（44）她认识了歌手们，<u>还</u>认识了一个前来做嘉宾的年轻男演员亚铭。(卞庆奎，《中国北漂艺人生存实录》)

（45）你无法分得清他坐的是哪部车，<u>另外</u>他也很少来公司。(卞庆奎，《中国北漂艺人生存实录》)

（46）新软件使用符号语言，简单易懂，界面清楚，<u>同样</u>适合中学和大学的试验教学应用。(新华社2004年新闻稿，北大语料库)

（47）西藏自治区的绝大部分藏族和门巴、珞巴、纳西族群众等信奉藏传佛教，<u>同时</u>还有不少群众信奉伊斯兰教和天主教。(中国政府白皮书《西藏的民族区域自治》)

（48）他不善于与别人交流和讨论，<u>而</u>喜欢一个人默默地想。(《中共十

大元帅》）

（49）他上任后没有急于发号施令，<u>而是</u>一头扎进了全厂最脏最苦的原料车间。（1994年报刊精选，北大语料库）

（50）事已至此，刘国璋也只得收起自己的种种奇思异想，<u>一边</u>观察别人怎么当的班主任。（蒋春光，《教工之家》）

（51）"——白日依山尽，黄河入海流……"母亲口里念着，<u>一面</u>翻开书本，想找寻这首诗，但她总是寻不到。（苏雪林，《棘心》）

从上面的例子可以看出，所有这些可以单用的并列关联标记，都采用了居中粘接式，而且除了"一边"和"一面"这两个关联标记之外，其他的单用关联标记实际上都适用于居中粘接式这一种标记模式。对这些关联标记的居中粘接式的标记模式，这里有几种情况需要说明一下。有的关联标记的某些用法表面上看起来似乎符合居端依赖式，但实际上我们分析一下就可以确定，它仍然时居中粘接式。例如：

（52）太阳黑子爆炸时发出许多带电质子，轰击地球上层大气，对臭氧有破坏作用。<u>另外</u>南极上空的上升气流把臭氧含量较高的中层大气输送到上层，从而降低了那里的含量。（《中国儿童百科全书》）

（53）海洋中的潮汐、波浪、海水温差等均可开发利用。<u>另外</u>，从海水中还可提取氢能。（《中国儿童百科全书》）

从上面两个例子来看，例（52）中的"另外"位于后面一个复句的句首，而且是主语之前的句首位置，看起来很像是 S（Ms_1，s_2）形式的居端依赖式标记模式。但是经过仔细分析可以发现，这里的关联标记"另外"在语义上不是关联后面的"从而降低了那里的含量"这个分句，而是让它所在的整个句子与前面的那个复句在语义上进行关联，对前面那个句子所说的情况进行并列的补充说明。所以它实际上连接的是前后两个复句，而不是其所在复句的两个分句。从形式上看，它处于两个复句的中间位置；从语义上看，它把前后两个复句的意思连接整合在一起，共同说明"南极臭氧减少的原因"。因此，从这个意义上说，它的形式和意义的实质跟用于复句内部分句之间的居中粘接式这种标记模式的关联标记是一致的。所以我们把它归入居中粘接式这种关联标记模式中，是有其依据的。例（53）中的关联标记"另外"则在形式上跟例（52）稍微有所区别，首先，"另外"的前面是一个独立完整的单句，后面也是一个独立完整的单句，这跟例（52）中前后都是复句的情况不同。其次，"另外"跟后面的单句之间用逗号隔开了。这里我们仍然可以从形式和意义两方面来分析此例的关联标记模式。首先，从形式上看，关联标记"另外"位于前后两个单句中间，虽然跟后面的句子有逗号相隔，但从整体上来看，它仍然处于"居中"的位置，而且前后的单句跟复句内部的前后分句在句法结构上没有区别，唯一的区别是前面一个单句在语用上带上了句末语调。其次，从意义上来看，"另外"在此例中的作用也是把前后两个单句所表达的意义连接起来，共同说明"海洋的作用"，标明前后两个单句之间补充并列的关系。可以看出，此例中的管理模式也与居中粘接式的标记模式是一致的，所以我们把例（53）中的这种标记模式用法也视为居中粘接式。

我们可以把上面的例（52）和例（53）中的关联标记模式看作标准居中粘接式的变式。除了这两种情况外，还有一种情况与此相似，又略有区别。我们看下面的例子：

（54）它的脖子特别长，有9节颈椎，较一般哺乳动物多2节，这样使它能灵活地转动脑袋而不必移动身体，<u>另外</u>，树懒身上的毛倒向背部，毛上共生着绿色的地衣、藻类，形成天然保护色。（《中国儿童百科全书》）

在上面的例（54）中，我们可以看到，该句中的关联标记使用模式实际上相当于是例（53）中的模式与标准居中粘接式的结合。例（54）中的"另外"前后连接的是分句，整个句子是一个复句，这一点跟标准的居中粘接式的使用环境是一致的。但是不一样的地方在于，标准的采用居中粘接式的并列复句，其关联标记都位于后一分句的句首，跟后一句是结合在一起的，中间没有逗号隔开，而例（54）中的关联标记"另外"则跟后面的分句之间用逗号隔开了。但就像例（53）中的一样，虽然"另外"和后面的分句被逗号隔开了，但它仍然处于复句中前后分句的中间位置，在形式上是"居中"的，而且前后是复句内部的两个分句，不是独立的单句，所以从形式上来说例（52）比例（53）更接近标准的居中粘接式。从意义上来说，例（54）中的"另外"也标明了前后的补充并列的关系，从而构成了一个整体，用来描述"树懒的外形特征及其功能"。所以例（54）中这种形式的关联标记模式，也应该看作居中粘接式的变体之一，而且是比例（52）和例（53）更接近标准居中粘接式的变体。

从上面的分析来看，我们有必要对居中粘接式的定义或者覆盖范围做些调整和修正。我们可以把居中粘接式这种关联标记模式看作一个像音位那样的概念，其包含着多种不同的变体。标准的居中粘接式，指的是在一个单纯复句中，关联标记位于第一分句和第二分句之间（也就是居中），附在前一分句的句末或者后一分句的句首位置，关联标记与分句之间没有标点符号隔开，起粘接作用，同时取消了所附在的第一分句或者第二分句的独立自足性，并标明二者之间的语义关系，从而使前后两个分句粘接成一个相互依存的完整复句。居中粘接式的变体则有我们上面论述的那几种，一种是关联标记用于两个独立的复句或单句中间，且依附在后一个复句或单句的句首，与后一个复句或单句之间没有标点符号隔开，我们可以把它形式化为 $S_{变体}$（$S_1 。MS_2$）。另一种就是关联标记用于两个独立的单句或者复句中间，且靠向后一个单句或复句的句首，但是与后一个单句或复句之间有逗号隔开，我们可以把它形式化为 $S_{变体}$（$S_1 。M，S_2$）。第三种变体就是关联标记用于复句内部的两个分句中间，且靠向后一个分句的句首，但是与后一个分句之间有逗号隔开，我们可以把它形式化为 $S_{变体}$（$s_1，M，s_2$）。当然，这几种变体要能够满足居中粘接式条件，即关联标记的前后句子必须在意义上有关联，两者具有相应关联标记所标明的关系意义。

除了关联标记"另外"的标记模式具有居中粘接式的几种变体形式外，并列关联标记里面的"同样"和"同时"也有上面论述的几种标记模式的变体形式。例如：

（55）鞍马虽有滕海滨和黄旭两人，但没有优势。同样肖钦进入单杠决赛后，夺金希望也不大。（新华社2004年新闻稿，北大语料库）

（56）体力好、善于奔跑的豹子捕食的机会多，食物也就丰富；而体力差、奔跑慢的豹子常常因得不到食物而挨饿，甚至饿死。同样，反应灵敏又善于奔跑的羚羊，被捕食的机会就少，生存下来的希望就大；而体弱多

病又不善于奔跑的羚羊，自然被捕食的机会就大，生存下来的希望就很小。(《中国儿童百科全书》)

（57）在血缘家族中，所有同辈的女子是所有同辈的男子共同的妻子，<u>同样</u>，所有同辈的男子也是所有同辈的女子共同的丈夫。(《中国儿童百科全书》)

（58）要加强部门协调，搞好监督管理，继续整顿规范建筑市场秩序，把清欠作为重要日常工作抓紧抓好。<u>同时</u>要教育和引导广大农民工依法维护自身权益。(新华社2004年新闻稿，北大语料库)

（59）各级政府把帮助贫困家庭儿童就学纳入各类扶贫计划，采取各种措施帮助这些儿童重返校园。<u>同时</u>，在政府的关心和大力推动下，社会各界也纷纷伸出援助之手，使失学儿童获得受教育的基本权利。(中国政府白皮书《中国的儿童状况》)

（60）有一次，司马光向宋神宗提出要求取消青苗法，<u>同时</u>，以老朋友的资格，写了一封信，责备王安石侵犯其他官员的职权，惹是生非，搜刮财富，还拒不接受别人的意见。(《中华上下五千年》)

上面的例子中，例（55）和例（58）的关联标记模式属于居中粘接式的第一种变体 $S_{变体}$（$S_1。MS_2$）的情况，在形式上，关联标记"同样"和"同时"处于两个独立的复句的中间位置，并且依附在后一个复句或单句的句首，与后一个复句没有标点符号隔开。在意义上，例（55）前后两个句子没有主次之分，关联标记"同样"把前后两句所叙述的情况合并起来共同说明"中国体操队当时面临的困境"。而例（58）中的关联标记"同时"连接的前后两个句子，具有并列对照的关系，实际上是从一件事情的两个相对的主体方面来谈"如何共同做好维护农民工权益的问题"。例（56）和例（59）的关联标记模式属于居中粘接式的第二种变体 $S_{变体}$（$S_1。M，S_2$）的情况，在形式上，关联标记"同样"和"同时"处于两个独立的复句的中间位置，并且相对靠向后一个复句的句首，但与后一个复句之间有逗号隔开。在意义上，例（56）中的关联标记"同样"把前后两个复句描述的情况连接在一起进行对照，平等并列地一起说明"豹子和羚羊之间的弱肉强食的关系"。例（59）中关联标记"同时"前面的句子是说"政府做了哪些事情来保证儿童的受教育权利",后面的句子则是说"民间做了哪些事情来使儿童获得受教育的权利",前后之间是一种并行不悖的并列关系,关联标记"同时"把前后两种情况连接起来,一起说明"全国上下都在共同努力为保障儿童的受教育权利而出力"。例(57)和例(60)的关联标记模式则属于居中粘接式的第三种变体 $S_{变体}$(s_1, M, s_2)的情况,在形式上,关联标记"同样"和"同时"处于一个复句内部的两个分句的中间位置,并且相对靠向后一个分句的句首,但与后一个分句之间有逗号隔开。在意义上,例(57)中的关联标记"同样"前面的那个分句说的是"在血缘家族中同辈女子的情况",而后一分句则说的是"在血缘家族中同辈男子的情况",实际上前后是从"女子"和"男子"两个平行的角度来共同说明"在血缘家族中他们之间的关系",关联标记"同样"把它们连接成一个意义整体,并标明了前后两个分句之间的关系是平行并列的。例(60)中的关联标记"同时"前面的分句说的是"司马光对皇上做了什么",后一分句是说"他对王安石做了什么",而且这两个事情几乎是同时做的,它们实际上是同一个事件的两个方面,关联标记"同时"将二者连接起来,共同说明"司马迁反对变革"这样一个事件。

　　从以上的分析我们可以看出,在并列复句的关联标记中,所有单用的主要标记"也"、"又"、"还"、"另外"、"同样"、"同时"、"而"、"而是"、"一边"和"一面"都有居中粘接式这种标记模式,这说明居中粘接式是一种很强势的标记模式。另外我们可以看到,居中粘接式具有很大的包容性,体现在它可以有几种不同的变体。从我们考察的情况来看,在所有这些关联标记中,只有"另外"、"同样"和"同时"几个有居中粘接式的所有三种变体的标记模式。对于变体一 $S_{变体}$(S_1。MS_2)形式的居中粘接式,除了前面的三个关联标记外,"也""又""还""而"等关联标记也可以出现在这种变体中,例如:

　　(61)这些纤维有共同的特性:强力高,吸湿和耐热性能较差。<u>也</u>各有特点:锦纶和尼龙纤维耐磨性能特别好,大约要高于棉纤维的好几倍;涤纶纤维弹性最好;腈纶纤维性能与羊毛相似。(《中国儿童百科全书》)

　　(62)她先把戚夫人罚做奴隶。<u>又</u>派人把赵王如意从封地召回长安。

(《中华上下五千年》)

(63) 滑坡造成 209 国道上 170 米路段严重被毁。<u>还</u>毁坏港区码头 70 米，部分单位和农户的 6 栋房屋垮塌和损坏。(《人民日报》1995 年 11 月)

(64) 我们接连输了四场比赛。<u>而</u>我也打了几乎是整个赛季最糟糕的连续两场比赛，一场是对达拉斯小牛队，另一场是主场对底特律的比赛。(姚明，《我的世界我的梦》)

在并列复句中，有变体一 $S_{变体}（S_1。MS_2）$ 形式的居中粘接式标记模式的并列关联标记比较多，而有变体二 $S_{变体}（S_1。M，S_2）$ 和变体三 $S_{变体}（s_1，M，s_2）$ 两种形式的标记模式的关联标记，则只有"另外"、"同样"和"同时"。居中粘接式之所以会有这样的区别，可能跟两方面的原因有关系，第一个是这些变体的构式本身的特点，第二个就是这些关联标记本身的特点。

首先，从那些变体的构式来看，变体一的构式中关联标记与后一分句紧密结合在一起，中间没有被逗号隔开，这跟标准的居中粘接式一样，而变体二和变体三中的关联标记都跟后面的句子用逗号隔开了。从构式的区别上看，变体一中的关联标记与后一个句子的结合更加紧密，而变体二和变体三与后面句子的结合就没有那么紧密。这符合认知语言学中的"象似性原则"，尤其是"距离象似性"。"距离象似性"原则相当于 Givòn（1991）提出的"邻近原则"（proximity principle），指的是概念间的距离对应于语言成分之间的距离，即在功能、概念以及认知方面靠得越近的实体，在语码层次上（如时空上）也就靠得越近（文旭，2000）。文旭（2000）还指出："并列成分间的形式距离也反映它们之间的概念距离。"这跟我们这里的居中粘接式三种变体的构式是一致的。变体一 $S_{变体一}（S_1。MS_2）$ 中的关联标记与后面的句子在语码形式上没有逗号隔开，靠得更紧，所以这个构式中的关联标记在概念领域和功能上也与后面的句子更加密不可分。而变体二 $S_{变体二}（S_1。M，S_2）$ 和变体三 $S_{变体三}（s_1，M，s_2）$ 中的关联标记与后面的句子在语码形式上有逗号隔开，距离也就远了，靠得就没那么紧，所以这两个构式中的关联标记在概念领域和功能上也就与后面的句子结合得没那么紧密，相对独立性更大。这样就从构式上决定了有变体一这种构式的关联标记会呈现出依附性更强、独立性较弱的特点，而有变体二和变体三的关联标记则刚好相反，呈现出独立性相对较强而依附性较弱的特点。"依附性较强、独立性较弱"则基本上是所有虚词的共同特点，关联标记主要由连词充当，所以大部分关联标记都具有这个特点。但是"独立性相对较强而依附性较弱"则更像是实词的特点，这就决定了大部分的关联标记都不具备这个特点，只有少部分不是很"虚"的关联标记可能具有这样的特点。

其次，从关联标记本身的特点来看，在那些单用的并列复句关联标记中，"也""又""还""而"等关联标记都是连词，它们都比较"虚"，不太能单独充当句法成分，正好跟变体一这种构式的"依附性较强、独立性较弱"特点相匹配。所以它们都有变体一的构式，而没有变体二或者三中的构式。"另外"、"同样"和"同时"几个关联标记则跟上面的"也""又""还""而"几个不太一样，它们三个的意义虚化程度适中，所以有变体一的这种构式，但它们又没有虚化到"也""又""还""而"等关联标记那样的程度，也就是相对来说，它们的意义还比较"实"一些。如果把"虚"和"实"看作一个"连续统"（沈家煊，1999：11）的两端的话，那么此三者可能更偏向"实"的一端，因为它们还有一些比较实的用法，可以充当句法成分，例如：

（65）同样的待遇

（66）同样重要

（67）同时进行

（68）地球在公转的同时

（69）那是另外一个意义了

（70）跟纽约尼克斯和芝加哥公牛另外测试

我们可以看到，上面的这些例子中，"另外"、"同样"和"同时"的意义都还很实在，而且可还充当定语或者状语甚至中心语等句法成分，在这些例子中，它们是实词这一点毫无疑问。而"也""又""还""而"等关联标记在现代汉语中已经没有这样的用法了。所以上述各例中的关联标记虚化之后充当关联标记时，仍然会表现出一定程度的"相对独立性"，不是那么依附于别的成分，这跟变体二和变体三的构式中关联标记呈现的特点"独立性相对较强而依附性较弱"正好是相匹配的,所以它们适用于这两种构式。而我们也可以看到,在变体二 $S_{变体二}$(S_1。M,S_2)和变体三 $S_{变体三}$(s_1,M,s_2)中,关联标记前后都有标点符号隔开,关联标记实际上相当于一个插入语,而充当插入语的经常是短语或者某些固定用语,都需要有一定的实在意义,所以这也决定了"另外"、"同样"和"同时"比较适合于变体二 $S_{变体二}$(S_1。M,S_2)和变体三 $S_{变体三}$(s_1,M,s_2)这两种标记模式,而"也""又""还""而"等几个则不适合。在我们的调查中,"另外"、"同样"和"同时"三个关联标记用于变体二和变体三这两种标记模式中的例子多于标准居中粘接式及其变体一,这也能说明一定的问题。

3.1.2.3 前后配套式

前面我们论述了并列复句中的居端依赖式和居中粘接式两种关联标记模式的情况,下面我们将分析并列复句中的前后配套式这种关联标记模式的情况。

我们在第二章中已经对前后配套式下过定义,所谓前后配套式指的是在这种关联标记模式中,在形式上,有两个配套使用的关联标记,一个附着在第一分句上,另一个附着在第二分句上,相当于居端依赖式和居中粘接式两种模式的综合。在意义上,这两个配套使用的关联标记也具有取消分句的独立自足性和粘接前后分句的作用,此外,前后关联标记还能实现相互呼应。从形式上看,前后配套式有四种不同的可能表现形式:① S(M_1s_1,M_2s_2),② S(s_1M_1,s_2M_2),③ S(M_1s_1,s_2M_2),④ S(s_1M_1,M_2s_2)。因为前后配套式有两个关联标记,所以对前后配套式的考察也就是要考察那些两个关联标记合起来配套使用的情况。

接下来我们要考察的几个问题是,在前后配套式这四种表现形式中,并列复句的关联标记有几种?以哪种为主?主语对关联标记有什么样的影响?并列分句之间的语序对关联标记有没有什么影响?下面我们将对并列复句的前后配套式关联标记模式进行详细考察。

从考察的结果来看,普通话里面并列复句中前后配套式的关联标记模式只有 S(M_1s_1,M_2s_2)一种形式,其他三种形式的标记模式不存在。具体的例子如例(25)~例(35),我们此处不再另外举例。那些例子中,虽然有的关联标记位于主语之后,但是从复句整体来看,两个关联标记仍可视为分别处于所在分句的前部，没有关联标记位于分句句末的情况。我们在第二章中论述关联标记位置的时候曾经提到，不管关联标记是在主语的前面还是在主语的后面，只要从整体上来看是位于所在分句的前面部分，那么我们就还是把它看作（Ms）形式，即关联标记位于分句的句首。这里我们可以稍微把位于分句句首的标准再定义或者描述得更精确一点：只要关联标记在分句的谓语之前（汉语是 SVO 语序的语言，也就是当关联标记 M 位于 VO 之前时），我们就把它看作位于分句的句首，也即位于分句句首有两种情况：M（S）V（O）和（S）MV（O），用括号把 S 和 O 括起来用于表示它们可能出现也可能不出现。而关联标记位于句末则指的是关联标记出现在谓语或者宾语的后面，没有宾语时出现在谓语或者补语的后面，有宾语时出现在宾语的后面，也即（S）V（C）M 和（S）VOM 两种情况。

我们上面提到，在前后配套式的关联标记模式中，分句的主语有的时候会在关联标记的前面，有的时候会在关联标记的后面，这个区别对关联标记模式会不会有影响以及有什么样的影响，我们接下来将具体分析。我们将逐一考察成套使用的并列关联标记中前后主语的情况。先看"既……又……"这个标记的情况：

（71）周恩来<u>既</u>要应付"文革"带来的种种冲击，<u>又</u>要应付各部门各地方"造反派"的种种纠缠和林彪、江青反革命集团的阴谋暗箭。（金冲及，《周恩来传》）

（72）早期的天文台<u>既</u>是观测星象的地方，<u>又</u>兼作祭祀活动的场所。（《中国儿童百科全书》）

（73）安徽在税费改革中<u>既</u>减轻了农民负担，<u>又</u>保证了义务教育等各项事业健康发展，还培育了广大干部廉洁奉公、勤政为民的正气和作风……（《中国农民调查》）

（74）新世纪初期，发展中国劳动和社会保障事业<u>既</u>存在需要解决的问题，<u>又</u>面临新的发展机遇。（新华社 2004 年新闻稿）

（75）美国得克萨斯州的卡尔盐矿，<u>既</u>是产石盐的矿井，其空间<u>又</u>用作地下仓库。（《中国儿童百科全书》）

从我们考察的情况来看，关联标记"既……又……"的前后分句的主语可以相同也可以不同，但是以相同的为多，不同的例子很少，我们在两三百个语料中就只找到一个主语不同的例子，就是例（75）。这个例子中前一分句的主语是"美国得克萨斯州的卡尔盐矿"，后一分句的主语是"其空间"，前一分句的主语因为比较长，所以中间加了一个逗号。由此可见，当前后主语不一致时，前后两个关联标记都位于各自分句的主语之后。当前后分句的主语相同时，主语都出现在前一分句的句首，没有主语相同但是主语出现在后一分句句首的情况，而且前一分句的关联标记"既"都位于主语之后，甚至可以位于主语之后的状语之后，如例（73），但不管哪种情况，关联标记必然位于分句的谓语之前，没有位于主语之前的例子，后一分句的关联标记"又"则都出现在其所在分句的最前面。主语可以是一个很简单的名词，如例（71）和例（73），也可以是一个带有修饰语的名词性短语，如例（72），甚至还可以是一个复杂的主谓短语，如例（74）。

接下来我们看看关联标记"既……也……"的情况：

（76）他<u>既</u>不操练兵马，<u>也</u>不打算联络诸侯共同抗秦，却把燕国的命运寄托在刺客身上。(《中华上下五千年》)

（77）土地的所有者<u>既</u>是领地的政治、经济的主人，<u>也</u>是居民的政治、经济的主人。(冯友兰，《中国哲学简史》)

（78）保障老人的生活，<u>既</u>是社会的责任，<u>也</u>是家庭的责任。(《法律问答》)

（79）要想真正修成佛，<u>既</u>不能向小乘（声闻、缘觉）学习，<u>也</u>不是向小菩萨（权乘菩萨）学习。(《佛法修正心要》)

（80）<u>既</u>不着有，<u>也</u>不偏空，一切都是随缘起用。(《佛法修正心要》)

（81）松树<u>既</u>能耐寒，生命<u>也</u>长，号称"百木之长"。(《儿童百科全书》)

（82）目前所知，世界上曾有十几种不同的脚尺，可见用这类方法定长度标准，<u>既</u>不科学，复现性<u>也</u>很差。(阴法鲁、许树安，《中国古代文化史》)

从考察的情况来看，关联标记"既……也……"和"既……又……"的情况差不多，前后分句主语相同的情况占绝大多数，前后分句的主语也可以不同，但是不同的情况很少，我们在350条语料中只找出了两例，就是例（81）和例（82）。例（81）中前一分句的主语是"松树"，后一分句的主语是"生命"；例（82）中前一分句的主语是"用这类方法定长度标准"，后一分句的主语是"复现性"。两个例子中的关联标记，不管是前一分句的关联标记还是后一分句的关联标记，都位于主语之后，也就是说，当前后分句的主语不一致时，前后关联标记都位于各自所在分句的主语之后、谓语之前。前后主语相同的时候，主语都位于前一分句的句首，前一个关联标记位于主语之后，后一个关联标记则直接位于后一分句的最前端，如例（76）~例（79）。还有一种情况就是前后分句都没有主语，这时前后两个关联标记都直接位于各自所在分句的最前端，如例（80）。不管前后分句的主语是相同还是不同，它们都既可以很简单，也可以很复杂。简单的如例（76）和例（81），只有一个代词或名词充当主语，稍微复杂一点的如例（77），由一个带有修饰语的名词性成分充当主语，而最复杂的是由一个小句充当主语，由于这种主语比较复杂而且比较长，所以往往在主语和关联标记有一个逗号把两者隔开，如例（78）、例（79）和例（82）。但是不管前后分句的主语是相同还是不同，是简单还是复杂，关联标记位于主语之前这种情况都不存在。

接下来我们看看"一方面……一方面……"这对关联标记的情况：

（83）面对前所未有的国际法律压力，沙龙政府<u>一方面</u>组织精干法律辩护队伍，<u>一方面</u>召开核心内阁会议商讨对策。（新华社 2004 年新闻稿）

（84）弘历为了加强思想统治，<u>一方面</u>大兴文字狱，<u>一方面</u>倡导汉学，恩威并施，控制知识分子。（《中国儿童百科全书》）

（85）基督教的这些说教，<u>一方面</u>劝说大家帮助别人、不做坏事，<u>一方面</u>又反对同邪恶势力作斗争，宣扬爱仇敌，这就成了麻醉人民的精神鸦片。（《中国儿童百科全书》）

（86）它<u>一方面</u>颂扬了唐明皇、杨贵妃的生死不渝的爱情，<u>一方面</u>又联系了"安史之乱"前后广阔的社会背景，批判了统治阶级荒淫无道。（《中国儿童百科全书》）

（87）中国<u>一方面</u>人均资源少，<u>一方面</u>资源利用率低，破坏和浪费严重。（新华社 2004 年新闻稿）

（88）广东省实施产业集群化，<u>一方面</u>要加大各种专业镇的建设力度；<u>一方面</u>要促进工业进园，走园区经济发展道路，以产业集群化促进城市化的发展。（新华社 2004 年新闻稿）

(89) <u>一方面</u>吸引更多的外商投资企业融入这一体系，<u>一方面</u>开发先进的制造技术，创造中国自己的品牌和自主知识产权。(新华社2004年新闻稿)

在对关联标记"一方面……一方面……"的考察中，我们发现这对关联标记所在复句的主语除前后分句相同的情况，如上面的例(83)~例(88)外，就只有前后分句都没有主语的情况，如例(89)。在考察的一千条语料中，我们没有发现前后分句主语不一致的情况。当前后主语都相同的时候，前一个关联标记位于前一分句的主语之后，后一个关联标记则位于后一分句的最前端。主语可以很简单，也可以很复杂，简单的如例(86)和例(87)，只有一个代词或者名词充当主语，关联标记紧挨着主语。其实，例(83)和例(84)光从主语本身来看，也算是一个简单的主语，只是例(83)中主语"沙龙政府"的前面还有一个独立小句充当状语性成分，而例(84)中则在主语"弘历"的后面接了一个状语成分，并且它们都用逗号隔开了，这就使得它们跟例(86)和例(87)稍微有所区别。例(85)的主语相对复杂一些，是一个带有修饰成分的名词性短语，并且它跟后面的复句也用逗号隔开了。例(88)的主语最复杂，是由一个小句来充当主语，并且主语跟后面的关联标记有逗号隔开。除了有主语之外，还有没主语的情况，如例(89)，前后分句都没有主语，关联标记直接位于两个分句的最前端。从这些情况来看，主语对关联标记"一方面……一方面……"的影响不大，前后分句的主语一般都相同，且主语位于前一分句的句首，前一个关联标记一律位于主语之后，如果主语比较复杂，可用逗号隔开，而后一个关联标记则都无一例外地位于后一分句的最前端。

接下来我们考察一下"一方面……另一方面……"这对关联标记的情况：

(90) <u>一方面</u>极尽所能地、破坏性地投机赚钱，发放补贴；<u>另一方面</u>又对低俗的性关系暗中鼓励，并身体力行。(张炜，《柏慧》)

(91) 主人<u>一方面</u>可通过电话与来访者交谈，<u>另一方面</u>就在微型监视器上清晰地看到来访者的影像。(《中国儿童百科全书》)

(92) 有时候在他们遭难的时候，我<u>一方面</u>有点沾沾自喜，<u>另一方面</u>又为自己几乎和资产阶级沾上边而后怕不已。(白桦，《淡出》)

(93) <u>一方面</u>你是我的文化先生，<u>另一方面</u>你还是你妈手里的把戏。

（赵树理，《三里湾》）

（94）一方面，他觉得巧珍能寻这么个女婿，也的确不错了；另一方面，他很愿意加林和他大儿子成担子，将来和立本三家亲套亲，联成一体，在村里势众力强。（路遥，《人生》）

（95）自己放下架子低声求他，他连句话都不吐就装醉，一方面证明他多么看不起自己，另一方面表明他不肯"高抬贵手"，原谅自己。（刘震云，《故乡天下黄花》）

（96）一方面，她总是像哑巴一样一声不吭，没人乐意陪她走路；另一方面，我是本室的头头，没人干的事我都要干。（王小波，《白银时代》）

（97）一方面，商品卖不出去；另一方面，广大劳动人民买不起东西，得不到必需的生活资料。（《中国儿童百科全书》）

从我们考察的情况来看，使用关联标记"一方面……另一方面……"的复句，可以有主语也可以没有主语，没有主语的时候，前后关联标记都位于各自所在分句的句首，如例（90）。有主语的时候，可以分两种情况来看，一种是前后分句的主语相同，另一种是前后的主语不相同。我们先看主语相同的情况，当前后分句的主语相同时，关联标记可以在主语之前，也可以在主语之后，但是二者有区别。当主语出现在关联标记之前时，它一般位于第一分句的句首，第一个关联标记位于它之后，后一个关联标记则位于第二分句的句首，如例（91）、例（92）和例（95），例（95）中的主语实际相当于是由关联标记前面的两个小句构成的一个复句充当的，是一个相当复杂的主语。当主语出现在关联标记之后时，主语必须在前一分句和后一分句都出现，也就是同一主语出现两次，而且前后两个关联标记都出现在主语之后，如例（93）和例（94），这个与主语出现在关联标记之前的情况有较大区别。当前后分句的主语不一致的时候，配套的前后两个关联标记都出现在各自所在分句的主语之前，如例（96）和例（97）。不管前后主语是相同还是不同，当分句比较复杂、比较长的时候，关联标记与后面的分句可以用逗号隔开，如例（94）、例（96）和例（97）。

接下来我们看看关联标记"一边……一边……"的情况：

（98）她一边走，一边盘算起钱。（陈染，《无处告别》）

（99）<u>一边</u>喝着，他们<u>一边</u>打听起来。（礼平，《小站的黄昏》）

（100）<u>一边</u>是谈笑风生，<u>一边</u>是猜枚痛饮，各得其乐。（欧阳山，《三家巷》）

（101）<u>一边</u>有味的嚼着，<u>一边</u>回头对另一个伪军说："不错！"（知侠，《铁道游击队》）

（102）他很热情地<u>一边</u>带我参观，<u>一边</u>向我介绍那些档案。（《长江日报》1994年10月15日5版）

（103）病人<u>一边</u>泄，王今达<u>一边</u>拿着听诊器听他的胸音（《人民日报》1986年8月28日）

（104）往往我们<u>一边</u>扫，有人<u>一边</u>丢，上前劝说就要受辱骂。（《长江日报》1995年5月19日13版）

从我们考察的情况来看，关联标记"一边……一边……"所在复句的主语绝大部分情况都是前后分句相同，当然也有前后分句主语不同的情况，但是很少，我们在1000条语料中仅发现两例前后分句主语不一致的情况，就是例（103）和例（104）。当前后分句主语不相同的时候，前后两个关联标记都位于所在分句的主语之后。当前后分句的主语相同的时候，主语绝大部分情况下都位于第一分句的句首，前一个关联标记在主语之后，后一个关联标记在后一分局的句首，如例（98）和例（102）。也有少部分前后分句主语相同，但主语出现在后一分句的句首的情况，该情况中，第一个关联标记出现在前一分句的句首，第二个关联标记出现在后一分句的主语之后，如例（99），但是这样的情况也很少，在我们调查的500条语料中只找到这一个例子。除了有主语的情况之外，还有一种情况是整个复句没有主语出现，此情况中两个关联标记各自出现在所在分句的句首，如例（100）和例（101）。

下面我们再看关联标记"一面……一面……"的情况：

（105）它在树木上<u>一面</u>攀登，<u>一面</u>以嘴叩树，笃笃有声，速度非常快。（《中国儿童百科全书》）

（106）<u>一面</u>掩护逃难的群众，<u>一面</u>准备迎击敌人。（吴强，《红日》）

（107）韩燕来掏出手巾<u>一面</u>连脖子带脸擦汗，<u>一面</u>盯着小燕说："快拿

出来!"(李英儒,《野火春风斗古城》)

（108）一面说,她的身体一面往前倾斜,眼看就要倒在周炳的怀中。(欧阳山,《苦斗》)

（109）旁边的姑娘们一面咒骂,一面高声呐喊,给胡柳、胡杏助威。(欧阳山,《苦斗》)

（110）张先生一面啧啧称赞,一面如数家珍般地描述武汉近几年的变化。(《长江日报》1993年4月19日4版)

从上面考察的情况来看,关联标记"一面……一面……"所在复句的主语都是前后分句相同的,我们考察了1000条语料,没有发现前后主语不同的例子,这一点是与别的关联标记不一样的地方。主语可以很简单,如例（105）的主语只有一个代词"它",例（110）就只有一个专有名词"张先生";也可以复杂一些带上修饰语,如（109）中的"旁边的姑娘们"。不管主语是简单还是复杂,都更多地出现在第一分句的句首,关联标记出现在主语之后,可以是紧挨着主语,也可以是主语之后接状语,然后才出现第一个关联标记,如例（105）,甚至,第一个关联标记还可以出现在连动结构的第一个动词之后,如例（107）。当主语仅出现在第一分句句首的时候,第二个关联标记都位于第二分句的句首。主语当然也可以出现在第二分句的句首,这个时候第一个关联标记位于第一分句的句首,第二个关联标记位于所在从句地主语之后,如例（108）,但是这样的情况非常少,我们在1000条语料中仅仅找到这一个用例。

我们再看看关联标记"又……又……"的情况：

（111）他又不直爽,又不坦白。(曲波,《林海雪原》)

（112）他爹娘又想他走远些,又怕他受了苦。(《长江日报》1997年6月26日11版)

（113）本报记者祝谦又紧张,又激动。(《人民日报》1996年11月18日)

（114）人又好,心又好。(杨沫,《青春之歌》)

（115）又吃力,又不讨好,这是何苦呢？(白帆,《女大学生综合症》)

从我们考察的情况来看,关联标记"又……又……"所在复句的主语可以有，如例（111）~例（114），也可以没有，如例（115），如果没有主语的话，关联标记都位于前后两个分句的句首。在有主语的情况中，前后分句的主语可以相同，如例（111）~例（113），也可以不同，如例（114），如果主语不同的话，前后两个关联标记都必须出现在其所在分句的主语之后。在前后分句主语相同的情况中，主语可以很简单，如例（111），也可以复杂一些，如例（112）中的主语是一个同位短语。但不管主语是简单还是复杂，当主语相同的时候，其都出现在第一分句的句首，我们没有发现主语出现在第二分句的情况，同时，此种情况中，第一个关联标记也都出现在主语之后，第二个关联标记则出现在第二分句的句首。

接下来我们考察一下关联标记"也……也……"的情况：

（116）他也有苦衷，也要求"松绑"。(《人民日报》1984年5月21日）

（117）他也爬，弟弟也爬。(《长江日报》1991年10月24日4版）

（118）吃也呕吐，喝也呕吐。(戴厚英，《流泪的淮河》）

（119）说是当群众演员，也并不是你在那边站站、走走、吆喝吆喝就行的，也需要有"演技"。(卞庆奎，《中国北漂艺人生存实录》）

从我们考察的情况来看，关联标记"也……也……"所在复句一般都有主语，如例（116）~例（118），有的乍一看似乎没有主语，实际上是承前省略了，如例（119）。使用该关联标记的复句不太容易出现没有主语的情况，在我们的调查中暂时还没有发现没有主语的用例。在有主语的前提下，前后分句的主语可以相同，如例（111）和例（119），也可以不同，如例（117）和例（118），如果主语不同的话，前后两个关联标记都必须出现在其所在分句的主语之后。在前后分句主语相同的情况中，主语可以很简单，如例（116），也可以复杂一些，如例（119）中的主语实际是"当群众演员"，这是一个动宾短语。但是不管主语是简单还是复杂，当主语相同的时候，主语都出现在第一分句的最前面，我们没有发现主语出现在第二分句的情况，第一个关联标记也都出现在主语之后，第二个关联标记则出现在第二分句的句首。

下面我们再考察关联标记"是……不是……"的情况：

（120）"小"<u>是</u>指年龄，<u>不是</u>指个头。(姚明，《我的世界我的梦》)

（121）它往往<u>是</u>天生的，<u>不是</u>经后天的训练才获得的。(《中国儿童百科全书》)

（122）享有封地的贵族，<u>是</u>封建领土，<u>不是</u>一般地主。(束世，《西藏社会性质的分析》)

（123）贯彻婚姻法，完全是人民自己内部的事情，<u>是</u>夫妻间、婆媳间、父母和儿女间的事情，<u>不是</u>对付敌人，当然和土地改革、镇压反革命完全不同，这是第一点。(何其仁，《贯彻婚姻法不要搬用过去社会改革的老经验》)

从我们考察的情况来看，关联标记"是……不是……"所在复句都有主语，暂时没有发现无主语的情况。而且主语在前后分句中都是相同的，暂时没有发现前后分句主语不相同的情况。在上面这些例子中，所有的主语都位于前一分句中第一个关联标记的前面，主语可以很简单，如例（120）的主语只有一个词"小"，也可以很复杂，比如例（122）的主语就带有修饰语，而且跟后面的关联标记用逗号隔开了，也就是当主语比较复杂的时候，主语往往会与关联标记用逗号隔开，例（123）也是一样的情况，它的主语"贯彻婚姻法"是一个动宾短语，相当于一个小句了。而且这对关联标记还有一个特点：既是关联标记，又充当了分句的谓语动词。有时候主语和关联标记之间还会插入状语，如例（121）。

接下来我们再看看关联标记"不是……而是……"的情况：

（124）<u>不是</u>为自己，<u>而是</u>为别人。(张平，《十面埋伏》)

（125）他<u>不是</u>勤俭创业，<u>而是</u>剥削起家。(周而复，《上海的早晨》)

（126）我争辩，<u>不是</u>为奚流，<u>而是</u>为自己。(戴厚英，《人啊，人》)

（127）我悲悼的好像<u>不是</u>章元元，<u>而是</u>我自己。(戴厚英，《人啊，人》)

（128）他捡垃圾<u>不是</u>为了赚钱，<u>而是</u>为了报德。(莫言，《师傅越来越幽默》)

（129）倒<u>不是</u>装模作样，<u>而是</u>他实在太忙。(王蒙，《蝴蝶》)

（130）<u>不是</u>它们在喷涌，<u>而是</u>我在拼命地挤。(张承志，《黑骏马》)

从考察的情况来看，关联标记"不是……而是……"所在的复句，可以有主语，也可以没有主语，如例（124）就没有主语。没有主语的时候，关联标记直接出现在前后两个分句的最前面。当有主语的时候，主语可以相同，也可以不同，如例（130）前后分句的主语就不同，只是这种主语不同的情况很少，我们在150条语料中仅发现3例。在主语不同的时候，关联标记位于前后分句的最前面，前后分句的主语都位于关联标记之后，如例（130）所示。当前后分句主语相同的时候，主语可以出现在前一分句，也可以出现在后一分句，如例（129）中的主语"他"就位于后一分句，当主语位于后一分句的时候，后一个关联标记出现在主语之前。实际语料中，主语出现在后一分句的情况非常少，我们在调查的200条语料中仅仅找到例（129）这一个例子。当主语出现在前一分句的时候，主语都位于句首，可以很简单，如例（125）的主语就是一个代词"他"，也可以比较复杂，如例（126）~例（128），当主语比较复杂的时候，主语和前一个关联标记可以用逗号隔开，如例（126），可以插入状语，如例（127），当然，主语也可以紧挨着关联标记。

最后我们再看看关联标记"一来……二来……"的情况：

（131）一来关系着咱们古城监狱的声誉，二来也关系着咱们监狱的下一步的行动，如果情况属实，我们究竟应该怎么配合？（张平，《十面埋伏》）

（132）自己一来工作忙，二来水平低，特别是文字水平低。（曲波，《林海雪原》）

（133）一来我要看看这个老道是个啥家伙，二来就是要打乱老道的思想，叫他做了错误的决定。（曲波，《林海雪原》）

（134）一来她一直盯着马踏湖的治理工程，二来她原本就是省局的，同金局长很熟。（谌容，《梦中的河》）

（135）一来是不想两地分居，二来我很怕耽误了孩子的教育，三呢，也因为没钱交学费。（白帆，《寂寞的太太们》）

（136）他这回出去，一来为了要找冼鉴、冯斗、谭槟，最好还能找到金端；二来也为了给胡杏买一种贵重的药品，希望能把胡杏的生命挽救过来。（欧阳山，《苦斗》）

（137）一来我们无兵可分，二来你也没办法找到他们。（姚雪垠，《李

自成·第一卷》）

（138）<u>一来</u>没有地方逛；<u>二来</u>驻的鬼子也有限，轻易也碰不上一个！（冯志，《敌后武工队》）

从我们考察的情况来看，关联标记"一来……二来……"所在的复句，可以有主语，也可以没有主语，如例（131），关联标记所在的前后两个分句都没有主语。当没有主语的时候，前后两个关联标记直接出现在各自所在分句的最前面。当有主语的时候，前后分句的主语可以相同，也可以不同。前后主语不同有两种情况，一种是像例（137）中所示的，两个主语都出现，位于各自所在分句的关联标记之后；另一种情况是如（138）所示的，前一个分句主语不出现，第一个关联标记位于句首，后一个分句的主语出现，位于第二个关联标记之后。如果前后主语相同，那么有三种情况：第一种是主语位于第一分句的句首，第一个关联标记位于主语之后，后一分句的关联标记位于其所在分句的句首，如例（132）和例（136），两个例子的不同之处在于例（132）的主语比较简单，所以关联标记紧接其后，而例（136）的主语比较复杂，是一个主谓短语，所以跟关联标记用逗号隔开了。第二种情况是主语相同，但在前后分句中都出现，而且都出现在各自所在分句的关联标记后面，如例（134）。第三种情况是主语相同，主语出现在后一分句的关联标记后面，两个关联标记均位于其所在分句的句首，如例（135）。

从我们对前后配套式的并列关联标记的考察情况来看，可以得出以下一些结论。

第一，从逻辑上看，前后配套式有四种不同的可能表现形式：① S（M_1s_1，M_2s_2），② S（s_1M_1，s_2M_2），③ S（M_1s_1，s_2M_2），④ S（s_1M_1，M_2s_2），但是在并列关联标记中，只有① S（M_1s_1，M_2s_2）这一种标记形式存在。

第二，主语对关联标记的位置整体影响不大，前后分句的主语可以相同，也可以不同，当主语不同的时候，有的关联标记要求主语必须出现在关联标记的前面，有的要求必须出现在关联标记的后面。越是虚化的关联标记，其主语越倾向于出现在关联标记之前，如关联标记"既……又……"

和"既……也……"的主语就必须出现在关联标记的前面。越实的关联标记越倾向于主语出现在关联标记之后,如关联标记"不是……而是……"的主语就必须出现在关联标记之后。当前后分句的主语相同的时候,主语有的出现在第一分句,有的出现在第二分句,但是总体来说,以出现在第一分句为多,出现在第二分句的很少;如果主语出现在第二分句的话,则位置关系倾向于表现为:比较虚的关联标记位于主语后,如"一边……一边……",而比较实的关联标记位于主语前,如"不是……而是……"。当前后分句主语相同且主语出现在第一分句的时候,有的主语只能出现在关联标记的前面,有的主语只能出现在关联标记的后面,有的可前可后。其规律大体也是比较虚的关联标记位于主语后,如"既……又……",而比较实的关联标记则位于主语前,如"不是……而是……",而虚实程度介于中间的则可前可后。一般来说,主语在前具有引发话题或者与前文保持话题延续的作用。当主语位于关联标记前,且较长或者较复杂时,主语和关联标记之间往往可以加上逗号,表示停顿,这也进一步体现了其引发话题的功能。

第三,不管前后分句的主语是相同还是不同,后一个关联标记以出现在后一个分句的句首为常,只有后一个关联标记是"也"和"又",同时前后分句的主语不相同的时候,后一个关联标记才会出现在主语后。

第四,虽然本节讨论的是并列复句,但是受限于关联标记的制约作用,大部分并列复句的前后分句的语序都是不能颠倒的,如例(138)不能说成"二来驻的鬼子也有限;一来没有地方逛,轻易也碰不上一个!"只有少数关联标记所在复句可以,如例(120)可以说成"'小'不是指个头,是指年龄。"正如邢福义(2001:499)所说的,"复句格式为复句语义关系所制约……但是,还应看到,复句格式一旦形成,就会对复句语义关系进行反制约……"。

第五,我们前面提到只要关联标记出现在分句的谓语之前(对于使用SVO语序的汉语而言,也就是当关联标记M位于VO之前),我们都把它看作属于位于分句的句首这种情况,也即位于分句句首有两种情况:M(S)V(O)和(S)MV(O)。在前后配套式的并列复句关联标记中,前一分句的关联标记以出现在主语后的居多,也就是(S)MV(O)这种语序情况为多；而后一分句的关联标记则是出现在主语前的居多，也就是 M（S）V（O）这种语序情况为多。这种前后分句相对语序上的差异对比很值得在以后的研究中做进一步探讨。

3.1.2.4 小结

从我们考察的情况来看，在并列复句关联标记的三种标记模式中，居端依赖式是最弱势、最受限制的一种标记模式，很多并列关联标记都没有这种模式。居中粘接式是最强势的一种关联标记模式，所有的单用并列关联标记都有这种模式，而且标准的居中粘接式还衍生出了三种不同的变体。前后配套式则介于前两者之间的，它受到的限制比居端依赖式少，但是比居中粘接式多。

3.2 连贯复句的关联标记模式

3.2.1 连贯复句使用的主要关联标记

在复句的分类中，学界对连贯复句这一类的态度或者说观点不像对并列复句那样一致，但大体还是承认有这么一类复句，相关研究中，虽然术语名称上可能不太一样，但实际所指是相同的。在几本主要的现代汉语教材中，有的称此类复句为连贯复句，有的为顺承复句，但总的来说，还是叫连贯复句的比较多，所以我们这里参考主流观点，也用连贯复句这个名称。

我们先看看什么是连贯复句，把定义搞清楚。邢福义先生在《汉语复句研究》中指出："连贯复句指的是分句间有前后相继关系的复句，这类复句也是合取性的。这类复句所说的事，在时间先后上形成纵线序列。"（邢福义，2001：44）胡裕树主编的《现代汉语》教材则是这样定义的："几个分句一个接一个地说出连续的动作或连续的事件，这就是连贯关系。连贯关系常常靠分句的排列次序来表示。"（胡裕树，1995：359~360）邵敬敏主编的《现代汉语通论》给出的连贯复句的定义是："前行分句首先陈述一种情况，后续分句随后陈述接着发生的另一种情况。分句之间是'先事—后事'关系。"（邵敬敏，2001：251）黄廖本的《现代汉语》教材则在名称使用上有异于前面几个，其不称此类复句为"连贯复句"，而称其为"顺承复句",但实际指称的对象是一样的,这从书中给出的定义可知,"顺承复句"是指:"前后分句按时间、空间或者逻辑事理上的顺序说出连续的动作或相关的情况,分句之间有先后相承的关系。"(黄伯荣、廖序东,2002:160)从这个定义可以看出,所谓"顺承复句"和"连贯复句"没有本质上的区别,仅仅是名称不同而已。此外,戴木金、黄江海编著的《关联词语词典》则把"连贯关系"叫作"承接关系",指的是"几个分句一个接一个地说出连续的动作或先后的情况,前后相承,互相衔接"(戴木金、黄江海,1988:3)。

我们从这些主流的观点可以看出,对于连贯复句,虽然每个人的具体表述甚至名称使用上都多少有些差异,但大部分学者一致认为连贯复句的前后分句之间是一种前后相继的关系。对于这种关系,宽泛地来看,不用任何关联标记,完全靠"意合"的方式来表达就可以了,但在实际语言使用中,我们还是用了语序的手段来表示这种连贯关系。例如:

(139)愿为事业献青春,献了青春献终身,献了终身献儿孙。(黄廖本,《现代汉语》)

(140)皮球在空中画了个漂亮的弧线,直入网窝。(邵敬敏,《现代汉语》)

(141)将军做了个往下压的手势,人们顿时安静了下来。(邵敬敏,《现代汉语》)

(142)他机警地向四周扫视了一下,把手一挥,命令大家快进屋去。(胡裕树,《现代汉语》)

上面几个例子全部都是没有关联标记的连贯复句,用的是"意合"的方法表示前后相继的关系,而没有用显性的关联标记,也就是从直接从语意上反映出前后分句之间表达的是前后相继发生的事情或者同一件事情的不同阶段,并且,由于这里涉及先后次序,因此前后分句的语序是不能颠倒的。这种没有关联标记的连贯复句在实际语言生活中有很多实例,文学作品中有,日常口语中更多。除了上面的例(139)看起来比较像是文学作品等书面语的例子,其他几个都很口语化,更像是口语中的例子。在日常口语中,这种无关联标记的连贯复句非常多,因为口语讲究经济性,借助现场语境,很多时候说者不需要给出关联标记也能使听者理解其要表达的意思，而不会发生误解，所以省略关联标记的情况很常见。而且口语的语体色彩也决定了它不像书面语需要那么严密地使用关联标记。

上面我们论述了连贯复句，尤其是在口语中，可以不用任何显性的关联标记来表示分句之间的连贯关系。当然，在实际语言生活中，我们也可以使用关联标记来明确表达这种连贯关系，而且越书面化、越正式的材料，使用关联标记的概率和频率越高。原因我们在3.1.1"并列复句关联标记的使用情况"中已经阐述，即越正式的材料，对意义表达的精确性要求就越高，而关联标记正好是专门用来表达复句之间的语义关系的，具有使复句意义精确化的作用。例如：

（143）闯王<u>首先</u>坐下，<u>然后</u>全体将士跟着坐下。(姚雪垠，《李自成·第二卷》)

（144）它们<u>首先</u>发出战马嘶鸣般的、深山虎啸般的嗥叫，<u>然后</u>炸裂开来，<u>再</u>发出山摇地动的怒叫，矗起腾空的烟柱，吐出嫣红的火舌。(吴强，《红日》)

（145）她<u>先</u>开了柜子上的锁，拿出了衣服，<u>又</u>开了首饰匣子上的锁，取出了项链戴好。(黄廖本，《现代汉语》)

（146）想到这里，<u>接着便</u>想对付的办法。(赵树理，《三里湾》)

（147）老武听了，<u>便</u>说道："对！"(马烽，《吕梁英雄传》)

上面的这些都是有关联标记的连贯复句的例子，关联标记可以单用，如例（147）；也可以两个甚至三个前后配套着使用，如例（143）、例（144）和例（145），这些可以看作前后配套式的关联标记模式；此外，还可像例（146）那样两个关联标记连在一起用。这些关联标记，单用也好，配套使用也好，其中有些什么规律，就是我们下一步要讨论的问题。

因为本书主要考察的是有标复句中的关联标记使用情况，所以接下来我们将要考察的是连贯复句中有关联标记的部分，而没有关联标记的部分暂时不予讨论。接下来我们将重点考察在汉语普通话中连贯复句主要都使用了哪些关联标记，以及那些关联标记有什么特点。

在有标连贯复句中，关联标记既有单个使用的，也有两个甚至多个配套使用的。单个使用关联标记的主要有如下这些："就""又""再""便""于是""然后""后来""接着""跟着""继而""终于""随后""最后"。我们看些具体例子：

（148）雷磊第一个交了卷，<u>就</u>匆匆忙忙地走了。（范小青，《毕业歌》）

（149）他嘱我路上小心，夜里要警醒些，不要受凉，<u>又</u>嘱托茶房好好照应我。（朱自清，《背影》）

（150）磨过以后又烧一回，<u>再</u>用磨刀石水磨。（叶圣陶，《景泰蓝的制作》）

（151）她闻到药味，<u>便</u>叫汤阿英。（周而复，《上海的早晨》）

（152）山岗听后心里一怔，<u>于是</u>他就不再说什么。（余华，《现实一种》）

（153）陈旅长"嗯"了一声，<u>然后</u>又默然不语。（杜鹏程，《保卫延安》）

（154）起初艳春还叫骂几句，<u>后来</u>她不吱声，再后来她就吱吱笑。（池莉，《你是一条河》）

（155）他看了他很久，<u>接着</u>才说。（余华，《夏季台风》）

（156）这二十年之中，他的周围的变动是很大的。第一桩大事就是皇上没有了。<u>跟着</u>就是辫子没有了。（欧阳山，《三家巷》）

（157）陶妲一时没有听懂，<u>继而</u>明白过来，惊奇地说："倒丝毫看不出来。"（李叔德，《赔你一只金凤凰》）

（158）玉生愣了一下，<u>随后</u>才明白她的意思。（赵树理，《三里湾》）

（159）他的声音越来越低，<u>最后</u>几乎听不见了。（周而复，《上海的早晨》）

（160）她想了一下，<u>终于</u>还是答应下来。（杨沫，《青春之歌》）

上面这些都是连贯复句中使用单个关联标记的例子。这些例子中的关联标记，几乎清一色地出现在后一个分句的句首。当然，这不表示这些关联标记就只能出现在后一个分句的句首，它们也有可能出现在前一分句的句首，例如：

（161）她<u>终于</u>露出水面，张着嘴急剧地喘息着。（雪克，《战斗的青春》）

（162）<u>于是</u>，我继续往前走，进入了光秃秃的长廊，两边的墙壁拔地而起，气势陡峻，狭长的走廊没有一个人影，但是却有许多暗红的目光从墙壁的缝隙中射出，好像是无数只警觉的眼睛镶嵌在墙壁上，令我恐怖。（陈染，《私人生活》）

上面例（161）中的关联标记"终于"和例（162）中的关联标记"于是"就出现在前一分句的句首。所以，这种情况也不是不可以出现，只是相对来说比较少而已，此种情况还包括，该复句前面还有一个与其相关的句子，此时关联标记也可以出现在这个位置。这个特点我们到后面再详细讨论，这里我们只是举例说明连贯复句有哪些常用的关联标记，暂且先不讨论关联标记的模式特点。

在有标的连贯复句中，除了使用单个关联标记的情况外，现实语言中还存在着大量的两个关联标记配套使用的情况，甚至有三个或者四个关联标记连用的情况，后面这种多关联标记连用的情况相对比较少见，而且关联标记之间的搭配不是那么固定，相对而言，在两个关联标记配套使用的情况中，关联标记的搭配关系比较稳固，所以我们这里讨论的主要是搭配关系比较稳固的两个关联标记配套的使用情况。这些两个配套使用标明连贯关系的关联标记主要有如下这些："才……又……""才……就……""刚……就……""刚……又……""刚……便……""起先……后来……""首先……其次……""首先……然后……""先……后来……""先……再……""一……便……""一……就……""原先……后来……""最初……后来……""开始……接着……"。下面我们看看实际语料中的例子：

（163）<u>才</u>说完，<u>又</u>无力地把眼睛闭上。（周立波，《暴风骤雨》）

（164）<u>才</u>过了两天安生日子，大女婿<u>就</u>牺牲了。（李英儒，《野火春风斗古城》）

（165）可是她<u>刚</u>挪动两步，<u>就</u>噗嗵一声倒下去。（冯德英，《苦菜花》）

（166）他们<u>刚</u>翻过一道山岭，迎头<u>又</u>响起密集的枪声。（冯德英，《苦菜花》）

（167）来人<u>刚</u>一进门，<u>便</u>仓皇地喊了一声："老李！"（罗广斌、杨益言，《红岩》）

（168）二姐<u>起先</u>不服，<u>后来</u>也想不出什么办法，只好不再作主张。（赵树理，《李家庄的变迁》）

（169）雅集按照原定的程序顺利进行：<u>首先</u>喝了三道功夫茶，<u>其次</u>磨

上香墨，铺好宣纸，请梁季育即席吟诗。（欧阳山，《苦斗》）

（170）我们首先到工厂搞点赞助，然后用这些钱请导演摄像和演员之类人。（方方，《白雾》）

（171）他先是坐在床对面的椅子上，后来又坐到了床上。（百合，《哭泣的色彩》）

（172）我先告你不守贞节，再告你不孝公婆……走！（冯德英，《苦菜花》）

（173）一看见江涛，就把他叫住。（梁斌，《红旗谱》）

（174）她原先是冲床上的技工，工作时毁了一只手，后来发了坏疽，不得不截肢保命。（莫言，《师傅越来越幽默》）

（175）这个任务最初本来限定一个星期完成，后来连猫眼司令也觉着不行，才改为限期两周。（刘流，《烈火金钢》）

（176）她仰面躺在床上，开始是默默流泪，接着是嚎啕。（皮皮，《比如女人》）

上面这些例子都是现实语料中常见的有两个配套使用的表示连贯关系的关联标记的情况。这些配套关联标记的使用频率是不一样的，有的比较常见，有的比较少见。在调查语料的过程中我们发现，有的关联标记搭配比较稳固，有的搭配稳固性就稍微差一些。这些配套的关联标记在形式上看起来都差不多，都是一前一后用在两个分句中，但实际使用时还是有些区别，具体体现在主语的选择、在句中所处的具体位置等方面，这些我们将在下一节中详细讨论。本节的主要目标是描写连贯复句有哪些关联标记，下一节将考察这些关联标记在标记模式上的形式特点。

3.2.2 连贯复句的关联标记模式

3.2.2.1 居端依赖式

我们首先看看连贯复句关联标记模式中居端依赖式的情况。我们前面论述过居端依赖式的定义，这里不再赘述。居端依赖式有两种情况，一种是 $S(Ms_1, s_2)$ 式，另一种是 $S(s_1, s_2M)$ 式。居端依赖式的复句中关联标记只有一个，所以我们重点要考察的仍然是就是那些单个使用的关联标记。在连贯复句关联标记中，单个使用的主要有"就""又""再""便""于是""然后""后来""接着""跟着""继而""终于""随后""最后"这些。在这些单用关联标记中，我们将逐个考察看其是否存在居端依赖式模式中。

关联标记"就"在表示连贯顺承关系的时候，只能用在后一分句的句首，不能用在前一分句的句首，也不能用在后一分句的句末。"又"表示连贯顺承关系的时候，也只能用在后一分句的句首，不能用在前一分句的句首，也不能用在后一分句的句末。"再""便""于是""然后""后来""接着""跟着""继而""终于""随后""最后"这些单用的关联标记都不能用于前一分句的句首，构成 S（Ms$_1$，s$_2$）式的居端依赖式，也不能用于后一分句的句末，构成 S（s$_1$，s$_2$M）式的居端依赖式。只有个别关联标记看起来似乎可以用于前一分句的句首，构成 S（Ms$_1$，s$_2$）式的居端依赖式，例如：

（177）他<u>终于</u>抬起了右手，揉开了眼睛。（雪克，《战斗的青春》）

（178）<u>于是</u>我改了主意，想撮合他们了。（冯骥才，《一百个人的十年》）

（179）<u>于是</u>，他抬起头，往村外望去。（李佩甫，《羊的门》）

但实际上，这些表面看起来像是居端依赖式的关联标记模式，实际上都不能算是真正的居端依赖式，因为这些关联标记的前面都还有内容。上面的例子没有列出前面的内容，因而每个句子单独看起来是很突兀的。也就是说，它们实际上没能取消所在分句的独立性而使其对后面的小句形成依赖，更多的是让其所在的整个复句与前面的内容连接起来，使上下文形成一个完整意义，这实际上和居中粘接式的本质是一致的。例如：

（180）席间，我去了一趟洗手间，回来后喝完最后一杯干红，发现头有些昏昏沉沉。<u>后来</u>就随斐亚伟上了一辆出租车。（卞庆奎，《中国北漂艺人生存实录》）

（181）1933 年 1 月 30 日，希特勒在和大工业主达成协议后，被当时的总统兴登堡任命为总理。<u>终于</u>以合法身份获得了政权。（《中国儿童百科全书》）

这两个例子的关联标记模式从表面上看，好像都是 S（Ms$_1$，s$_2$）式的居端依赖式，但实际上更接近于居中粘接式，可以看作居中粘接式的一个变体。对此下一小节将会有更详细的论述。

因此总的来说，就连贯复句而言，居端依赖式的关联标记模式是一个不适合用来表达连贯关系的标记模式，即使有一些表面看起来是居端依赖式的，其实际的功能却体现为居中粘接式。可见，连贯复句一般不采用居端依赖式的关联标记模式。

3.2.2.2 居中粘接式

上面我们分析了有标连贯复句中居端依赖式的关联标记模式，接下来我们再看看居中粘接式的情况。

居中粘接式也跟居端依赖式一样，有两种情况：一种是关联标记位于第一分句的句末，也就是 $S(s_1M, s_2)$ 式的标记模式，另一种是关联标记位于第二分句的句首，也即 $S(s_1, Ms_2)$ 式的标记模式。居中粘接式的关联标记模式只有一个关联标记，所以我们要考察的是连贯复句中那些单用的关联标记。在上一节中我们讨论到，连贯复句中能够单用的关联标记主要有"就""又""再""便""于是""然后""后来""接着""跟着""继而""终于""随后""最后"等。

从例（148）到例（160）这些例子中我们可以看到：所有这些可以单用的连贯关联标记，都有居中粘接式这种关联标记模式的用法，而且都只有 $S(s_1, Ms_2)$ 这种关联标记附着在后一分句上的居中粘接式的标记模式，而没有 $S(s_1M, s_2)$，即关联标记附着在前一分句的句末这种形式的居中粘接式。对这些关联标记的居中粘接式标记模式的使用情况，这里有几种情况需要说明一下。有的关联标记的某些用法表面上看起来似乎很像是居端依赖式，如例（161）和例（162），但是实际上我们分析一下就可以确定，它们其实更符合居中粘接式的标记模式情况。例如：

（182）河水茫茫，许凤在水里游着，一会儿被浪花卷下去，一会儿又奋力冒出头来，喷着水，渐渐没了力气。她头昏目眩起来，只见陡峭的河岸迅速向西飞奔，心里一慌，被急速的旋涡卷下深深的水底去了。她咬牙憋住一口气，使劲往水面钻，忍不住鼻子一吸气，一阵酸辣辣的疼痛，水从鼻孔里钻了进去，忙一张嘴又灌了两口水。她<u>终于</u>露出水面，张着嘴急剧地喘息着。风又把浪花一个接一个地掀到她脸上。她在浪花击打中不住

地喷着水，灌了一口又一口，一次接一次地沉下去又冒出来。(雪克，《战斗的青春》)

(183) 我骑着自行车如同驾驶着一只大鸟，在林荫树间的小路与光秃秃的四壁灰墙的长廊里，交替行走。我一点也不担心我的车速太快，因为我知道我是在梦中赶路，并不是在真实的清晨的路上。林荫路上那些山毛榉树令我格外凉爽，我感到惬意，我发现这路我看着很是眼熟，路面细长，而且一律向右侧倾斜着。我一时想不清楚眼熟的感觉出在哪里。

<u>于是</u>，我继续往前走，进入了光秃秃的长廊，两边的墙壁拔地而起，气势陡峻，狭长的走廊没有一个人影，但是却有许多暗红的目光从墙壁的缝隙中射出，好像是无数只警觉的眼睛镶嵌在墙壁上，令我恐怖。我恍惚觉得这长廊也格外眼熟，有点像我学校里从T先生的办公室到学校大门必须经过的那一条狭长的过道，但又不是。我迷迷糊糊，同样想不清这里的眼熟感出在哪里。(陈染，《私人生活》)

上面的两个例子是我们把例 (161) 和例 (162) 的上下文补全之后的情况，从中我们可以看到，虽然从表面形式上看，"终于"和"于是"是居端依赖式的，因为它们所在的句子是一个完整复句，而它们位于复句的最前面。但是结合上下文来看，我们就会发现，实际情况并非如此，例 (182) 中的"她<u>终于</u>露出水面，张着嘴急剧地喘息着……"是紧接着前面的几个动作发生的，而不是单独出现的，所以"终于"在这里表示的是跨句之间的连贯，而不是复句内部的连贯，所以从这个句群来看，它仍然是居中粘接式的，而不是居端依赖式的。例 (183) 也是一样的，"于是"连接的是前后两个段落，因为前后的成分很长，所以关联标记还与后文还用逗号隔开了一下。此两例的情况在形式和意义上跟第二章中我们论述的标准居中粘接式标记模式的本质是一致的，所以对于例 (182) 和例 (183) 中的这种标记模式用法，我们仍然把它看作居中粘接式。

从上文来看，居中粘接式连接的不仅可以是复句，也可以是句群，甚至是段落，这也说明，居中粘接式的关联标记模式，不仅仅是复句的关联标记模式，还是一种适用于篇章的标记模式。

我们在论述并列关联标记的时候说过，在并列关联标记的居中粘接式中，除了标准的 S（s_1，Ms_2）这种形式的居中粘接式之外，还有三种变体，第一种是关联标记用于两个独立的复句或单句中间，且依附在后一个复句或单句的句首，与后一个复句或单句之间没有标点符号隔开，我们可以把它形式化为 S$_{变体一}$（S_1。MS_2）。第二种就是关联标记用于两个独立的单句或者复句中间，且靠向后一个单句或复句的句首，但是与后一个单句或复句之间有逗号隔开，我们可以把它形式化为 S$_{变体二}$（S_1。M，S_2）。第三种就是关联标记用于复句内部的两个分句中间，且靠向后一个分句的句首，但是与后一个分句之间有逗号隔开，我们可以把它形式化为 S$_{变体三}$（s_1，M，s_2）。在连贯复句中，也存在着这几种变体，例如：

（184）相比之下，简直相去十万八千里，<u>于是</u>，我们决定不再作蜜月的迷恋，而全心全意从事工作和学习。(郭榕，《我爱我师我更爱真理！》)

（185）贞观二十三年，唐太宗病危，临死前还嘱咐儿子（高宗李治），要把《兰亭序》带进棺材里去。李治遵从父命，果然用玉匣装着《兰亭序》藏在唐太宗的坟墓昭陵里。<u>于是</u>，这件中国古代文化艺术的珍品，便被掩埋在地下了。(唐太宗计赚《兰亭序》，《知识窗》总第23期)

（186）见她很真诚的样子，我开始相信她说的是真话。<u>于是</u>我便找到知音似的，跟她大谈我的那些绘画，仿佛自己已是个成功的画家，已得到了人民大众的认可，并将跻身伟大画家的行列。(卞庆奎，《中国北漂艺人生存实录》)

（187）他率队返回桑植县除掉了横行乡里无恶不作的恶霸地主朱海珊。<u>然后</u>走出桑植县加入了护国军，被任命为湘西护国军营长。(《中共十大元帅》)

（188）我把自己关在出租屋里，用了整整3个月的时间，自己作词作曲，创作了一大批歌曲。<u>然后</u>，我又背起吉他来到了地铁口，以一个新我的面貌，面带微笑，唱起了自己创作的这批新歌。(卞庆奎，《中国北漂艺人生存实录》)

（189）用电脑后只要指定各排座椅的间距，<u>然后</u>，调取标准座椅图形，荧光屏上霎时就出现了安排就绪的客舱布置图。(《中国儿童百科全书》)

我们上面举了"于是"和"然后"两个关联标记在复句中使用居中粘接式变体模式的例子，类似并列关联标记模式的三种变体在此都出现了。

在这些例子中,关联标记的作用更多的是把它之后的复句或者单句与前面的句子粘接在一起,保证语义上的连贯。在连贯复句的关联标记中,除了上面举例的"于是"和"然后"之外,"后来""接着""跟着""继而""终于""随后""最后"这些关联标记也都有居中粘接式的这三种变体形式的用法。只不过这几个变体的使用频率是不一样的,从我们调查的结果看,这几个变体的使用频率刚好构成一个等级序列,如下:

(190)$S_{变体一}$($S_1。MS_2$)>$S_{变体二}$($S_1。M,S_2$)>$S_{变体三}$(s_1,M,s_2)

在可以出现在这三个变体的那些连贯关联标记中,这个倾向性序列都是适用的。我们以北大语料库为基础,统计了这些关联标记所在复句中各个变体的出现频次,它们的使用倾向性可以从表 3-1 的数据统计看得很清楚。

表 3-1 关联标记模式变体使用频率表

单位:次

标记 模式	于是	然后	后来	接着	跟着	继而	终于	随后	最后
($S_1。MS_2$)	12101	5500	9126	3440	132	130	740	2655	5347
($S_1。M,S_2$)	5322	1764	3005	1586	19	29	315	1017	2408
(s_1,M,s_2)	1867	1086	452	467	30	13	133	250	696
(s_1,Ms_2)	16234	28968	10256	5918	1375	1107	10231	2496	12699

在表 3-1 中,我们把标准的居中粘接式也放在里面一起统计了,这样能更好地看出其中的倾向性规律。标准的居中粘接式在出现频次上是最高的,不管哪个关联标记都一样,这说明它是一种优势关联标记模式。$S_{变体一}$($S_1。MS_2$)从频次上来看是所有关联标记模式中第二高的,$S_{变体二}$($S_1。M,S_2$)在频次上,除了"跟着"所在复句之外,是关联标记模式出现频次第三高的。而 $S_{变体三}$(s_1,M,s_2)则是除了"跟着"所在复句之外,出现频次最低的模式。这些关联标记中,只有"跟着"一个的情况比较特殊,在其所在复句中,变体三的出现频次要比变体二略微高一些,不过从绝对量上来看,相差不是很大。出现这种情况的原因是多方面的,在此不做具体分析。从表 3-1 来看,我们可以认为,(190)中的这个倾向性序列对于连贯关联标记也是适用的。从以上分析我们可以看出,在连贯复句的关联标记

中,所有单用的主要标记"就""又""再""便""于是""然后""后来""接着""跟着""继而""终于""随后""最后"都有居中粘接式的标准式 S(s_1, Ms_2)这种标记模式,而其中的一些还具有居中粘接式的部分变体标记模式,这说明居中粘接式是一种很强势的标记模式。这种标记模式能吸纳所有的关联标记。其强大之处在于,它不仅适用于复句内部,还能用在句群和篇章的层面。篇章层面的我们到后面再论述。

我们需要对(190)中的这个倾向性序列做一点解释。为什么对于大部分关联标记来说,是变体一的使用频率最高,而变体三的使用频率最低呢?这可能与两个方面的原因有关。第一个原因在于这些变体的构式本身的特点,第二个原因在于这些连贯关联标记本身的特点,或者说跟连贯复句的性质和特点有关。

第一个原因我们在分析并列复句关联标记模式时已经有所论述,在此再补充以下几点。对于同一个关联标记而言,这种倾向性差异还部分源于居中粘接式的变体二和变体三中的逗号让关联标记与后面的句子分开了,这就难以取消后一个句子的独立性,使其粘接在前一个句子上,大大削弱了关联标记的粘接作用,所以变体二和变体三的使用较为受限,出现频次也就相对低。而 S$_{变体三}$(s_1, M, s_2)比 S$_{变体二}$(S_1。M, S_2)更受限,出现更低则是因为该变式出现在一个复句内部,其关联标记应该与前后分句结合得更紧密,而实际上却没有,所以受到标准的居中粘接式 S(s_1, Ms_2)的竞争压制。而 S$_{变体二}$(S_1。M, S_2)是关联标记出现在两个句子中间,而不是两个分句中间,所以关联标记与前后相对结合得没那么紧密,所以在关联标记和 S_2 之间插入一个逗号不会引起像变体三那么大的排斥反应。

第二,从关联标记本身的特点来看,在那些单用的连贯复句关联标记中,"就""又""再""便"等关联标记的意义都比较虚,正好跟变体一这种构式的"依附性较强、独立性较弱"特点相匹配。所以它们都有变体一的构式,而较少有变体二或者变体三的构式。也即,这三种变体对连贯关联标记的适应范围不一样。

而对于同一个关联标记而言,三种变体出现频率的差异与连贯关系本身的性质和特点也有关系。我们前面提到,要表示连贯关系,要么纯粹用语序的手段来表示,要么成套地使用关联标记,使用一个关联标记的复句,一般而言都倾向于采用标准的居中粘接式，因为这种关联标记模式比较适合用来标示连续发生的动作或者事件。既然表示的是连续发生的事情，那么关联标记和所在分句中间最好不要有停顿，这样才符合"象似性原则"，而变体二和变体三则违反了这个原则，所以这些变式相对受限，出现频次较少。而变体三就像刚才在上面提到的，它出现在一个复句内部，所以理应表示分句之间结合得更紧密，但该变式中也用到了逗号隔开，所以这一模式更受限，出现频次最少。

3.2.2.3 前后配套式

前面我们论述了连贯复句中的居端依赖式和居中粘接式两种关联标记模式的情况，下面我们来分析连贯复句中的前后配套式这种关联标记模式的情况。

从逻辑形式上看，前后配套式有四种不同的可能表现形式：① $S(M_1s_1, M_2s_2)$，② $S(s_1M_1, s_2M_2)$，③ $S(M_1s_1, s_2M_2)$，④ $S(s_1M_1, M_2s_2)$。

从我们考察的结果来看，普通话中的连贯复句，其使用的前后配套式的关联标记模式只有第一种 $S(M_1s_1, M_2s_2)$ 形式的标记模式，其他三种形式的标记模式不存在。如例（163）~例（176），我们此处不再另外举例。

我们上面提到，在前后配套式的关联标记模式中，分句的主语有的时候会出现在关联标记的前面，有的时候会出现在关联标记的后面，两者的区别对关联标记模式会不会有影响或者有什么样的影响，我们接下来将具体分析。在汉语中，对关联标记和主语的位置的位置关系一直都有讨论，如朱德熙（1982）、陈昌来（2000）、刘月华等（2001）都专门探讨过这个问题。我们这里就来分析一下连贯复句中的主语位置情况，这里我们将不再采取像之前并列复句关联标记那样把考察全过程完成记录下来的方式。

经过考察，在连贯复句中，前后配套式的关联标记模式的特点和规则主要有以下一些。

第一，一般情况下，如果前后两个分句的主语相同的话，则主语一般在前一个分句的句首，第一个关联标记在主语后，第二个关联标记位于后一分句的句首。此外，主语也可能出现再后一个分句的句首，此时第一个关联标记出现在前一分句的句首，第二个关联标记出现在主语之后。这种用法的例子相对比较少。例如：

（191）他<u>一</u>跑到出钢口，<u>就</u>叫别人让开，亲自接过铁管子来烧。（艾芜，《百炼成钢》）

（192）<u>一</u>见她来，郭主任<u>便</u>向我介绍道："这是药材学校新近聘请的技术顾问，名叫白妹。"（严阵，《牡丹园记》）

上面的例子中不管主语是在前一分句还是在后一分句，关联标记都出现在主语之后，而且它们无法被调到主语之前。受这个规律制约的主要有"才……又……""才……就……""刚……就……""刚……又……""刚……便……""先……再……""一……便……""一……就……"等单音节关联标记。它们有一个共同点，即都是意义很虚的虚词。相对而言，那些双音节的配套连贯关联标记都比较"实"，它们受到的限制就相对没有那么严格，如：

（193）汇款人<u>首先</u>要填写一份简单的汇款表格，<u>然后</u>以现金的方式向代理机构支付汇款金额和相应的手续费用。（北大语料库）

此例中的主语"汇款人"跟关联标记"首先"的语序就可以调换而不影响该句的基本意思。这就又产生了一个问题，为什么有的语序可以调换有的不可以？而且主语什么时候出现在前一分句，什么时候出现在后一分句？这实际上就引出了第二点结论。对此刘月华（2001：886~887）和储泽祥、陶伏平（2008）都有过针对其他复句关联标记的论述，我们这里借鉴概括如下。

第二，主语和关联标记谁在话语中起着连接作用，谁就放在前面。例如，对于例（193），如果它是对问题"汇款的时候汇款人要做些什么"的回答，那这句话就需要强调了"汇款人"，这里的"汇款人"成了答案和问题的桥梁，为了能衔接之前的问题，回答的人就会用主语在前的句式来回答，如例（193）。而如果它是对问题"怎么汇款"的回答，由于问题侧重于程序性，这与关联标记表示连贯的意义正好是一致的，因此此时的回答句式把"首先"放到主语之前就更顺畅。至于主语是放在前一分句还是放在后一分句，也是由这个规则决定的，如果是需要跟上文语境中的话题相衔接的话，主语最好放在前一个分句，如就例（192）而言，如果该句是对问题"郭主任怎么做的"的回答，那我们就应该把主语提到前面一个分句的句首，说成"郭主任一见她来，便向我介绍道……"。

第三，当前后分句的主语不相同时，那么前后两个关联标记都位于各自分句的主语之后，不能调换顺序。例如：

（194）小张庄的村民<u>刚</u>丢下饭碗，村支书张店凤<u>就</u>通知全庄人到庄西黄自先家才盖起的三间大瓦房开会。(《中国农民调查》)

（195）信<u>一</u>投进邮筒，我<u>便</u>追悔莫及。(梁晓声，《父亲》)

上面的两个例子就是典型的前后分句主语不同的情况，两个关联标记都出现在各自主语的后面，而且不能换到主语之前。

第四，当前后分句的主语相同的时候，有的时候主语可以省略，即前后分句都不出现主语，关联标记直接出现在于两个分句的句首。例如：

（196）<u>首先</u>把证据掌握得尽可能充分，<u>然后</u>再用心考虑步骤。(何士光，《青砖的楼房》)

第五，当关联标记是"原先……后来……""最初……后来……""开始……接着……""起先……后来……""首先……其次……""首先……然后……"这几个，同时关联标记位于主语之前或者主语省略的时候，如果分句比较长、比较复杂或者出于某种列举对比的需要的话，则需要在关联标记和主语（或者省略主语的分句）之间加上一个逗号。例如：

（197）<u>首先</u>，以色列的隔离墙完全建筑在巴勒斯坦被占领土上，对巴建国构成了威胁，也违反了相关国际法；<u>其次</u>，隔离墙建成后，巴勒斯坦村庄被隔绝，巴勒斯坦人收入来源被切断，加剧了巴控区人道主义困境。(新华社2004年新闻稿)

（198）如果这一预测变为现实，美国股市必将受到以下三方面冲击：<u>首先</u>，造成股市部分资金外流；<u>其次</u>，影响经济增长进而打击市场信心；第三，增加公司借债成本，削弱整体盈利能力。(新华社2004年新闻稿)

第六，这一条是连贯复句前后配套式关联标记的特有规则，也可以说是连贯复句本身的规则，那就是连贯复句关联标记所在的各个分句，其语序不能互换。因为连贯本身就含有前后相继的意思，所以顺序是不能变的。就比如上面的例（197），是先有了"以色列的隔离墙完全建筑在巴勒斯坦被占领土上"这个事实，然后才有它相应的后果，即"巴勒斯坦村庄被隔绝，巴勒斯坦人收入来源被切断，加剧了巴控区人道主义困境"，这体现了时间和（或者）逻辑上的先后顺序，因此语序调换就不成立了。这也符合"时间顺序原则"（戴浩一，1988）。

第七，有的前后配套式中的关联标记可以不止两个，达到三个甚至四个。如：

（199）<u>首先</u>安排好粮食种植面积，<u>其次</u>安排好经济作物包括糖蔗、油料种植面积，<u>然后</u>安排好建设用地面积，建设用地要实行总量控制，注意节约。(《人民日报》1995年2月)

3.2.2.4 小结

从以上的分析来看，对连贯复句的关联标记模式情况，我们可以得到以下一些认识。

第一，在连贯复句中，居端依赖式是最弱势的一种标记模式，大部分关联标记都不采用这种模式，偶有一些关联标记可以形成表面上的居端依赖式，但实则看成居中粘接式更合理。

第二，在连贯复句中，居中粘接式是最强势的一种标记模式。所有的单用关联标记都有这种模式的用法，而且有些只有这一种标记模式的用法。此外，在标准居中粘接式的基础上衍生出的三种变体也在各单用关联标记的实例中有所体现。

第三，在连贯复句中，前后配套式的关联标记模式使用频率介于居端依赖式和居中粘接式之间。

第四，连贯复句的分句之间的语序对关联标记模式没有影响，因为分句之间的语序是固定的，不能变的。

第五，汉语的连贯复句严格遵守认知语言学上的"时间顺序原则"。

第六，连贯复句主语的异同主要会对后一分句中的关联标记位置有影响，当主语不同时，后一分句的关联标记往往出现在主语之后。偶尔一些意义比较实的关联标记可以出现在主语之前。如"起先……后来……""首先……然后……"等。

这里,我们还要分析一下为什么在连贯复句中,居端依赖式的关联标记模式的使用频次与居中粘接式相差这么大。我们在论述居端依赖式的时候说过,基本上所有的连贯关联标记都不采用这种标记模式,更多的使用居中粘接式中的变体一 $S_{变体一}$(S_1。MS_2)和变体二 $S_{变体二}$(S_1。M,S_2),这种表面上看起来像居端依赖式,但实质功能则是居中粘接式的用法模式,以此把后面整个复句与前面的句子粘接在一起形成一个整体。

造成这个局面的原因,一方面跟居端依赖式和连贯复句本身的特点有关。在汉语中使用这种标记模式的关联标记基本都需要位于整个复句的句首,取消前一分句的独立性使得其跟后面一个分句形成依赖,这就决定了采用居端依赖式标记模式的复句,其第一个分句必须是起始句,而不能是后续句,这样才能让关联标记取消前一分句的独立性,更好地使其跟后面的分句形成依赖关系。而表示连贯关系的复句,要么不用关联标记,要么在后面那些表示动作连续或者事件连续的分句之前用关联标记,要么前后套着用,而很少单独在前面用一个关联标记来标记连贯关系。这个也很好理解,确定动作或者事件的开始相对比较容易,因此前面可以不用关联标记,而确定动作或者事件的顺序就相对较难,所以就需要在后面用关联标记来标示先后秩序。而如果在最前面用关联标记而后面不用的话,这意味着,反而是信息处理最容易的地方用了关联标记,而信息处理更难的地方则没有标记,这就违反了"难度标记对应律"(陆丙甫,2011;郭中,2012)。所以这种关联标记只出现在最前面而不出现在后面的居端依赖式的标记模式跟连贯复句本身的要求有冲突,这也就导致了居端依赖式在连贯复句中几乎很难见到的局面。

另一方面,这一局面的出现也跟居中粘接式的特点和连贯复句本身的特点有关。连贯复句的特点刚才已经提到了,而采用居中粘接式的复句,其关联标记多位于复句的中间,在汉语普通话中,除了"的话"这个关联标记是附着在前一分句句末之外,其他的居中粘接式标记都位于后一分句的前面,把后面一个分句与前面分句粘接起来构成一个整体。居中粘接式这种标记模式的特点刚好与连贯复句的特点相符合,所以这种关联标记模式是一个天然适合用来标记连贯关系的模式。因此,所有表示连贯关系的关联标记都可以采用居中粘接式这种标记模式，而且有的只能采用这种标记模式。

3.3 递进复句的关联标记模式

3.3.1 递进复句使用的主要关联标记

在复句的分类中，学界对递进复句这一类的态度或者说观点比较一致，都承认有那么一类复句，而且术语使用上也比较一致，不像连贯复句一样有多种不同的叫法。

我们先来看看什么是递进复句，先把定义弄清楚。邢福义先生在《汉语复句研究》中对此说的是："递进复句指的是分句间有层递关系的复句，这类复句也是合取性的。"（邢福义，2001：44）胡裕树主编的《现代汉语》教材对此则是这样定义的："递进关系的复句，后一分句比前一分句有更进一层的意思。"（胡裕树，1995：360）邵敬敏主编的《现代汉语通论》给出的递进复句的定义是："前行分句提出一种情况，后续分句以此为基础，在数量、程度、范围、时间、功能或者其他方面更推进一层。分句之间是'基事—递事'关系。"（邵敬敏，2001：251）黄廖本的《现代汉语》教材给出的定义则是："后面分句的意思比前面分句的意思更进一层，一般由少到多，由小到大，由轻到重，由浅到深，由易到难，反之亦可。内部可区分为一般递进关系和衬托递进关系两类。递进关系必须用关联词语。"（黄伯荣、廖序东，2002：164）北大版的《现代汉语》教材对"递进"的解释则是："表示更进一层的意思，通常用'还、而且、进而何况、况且、甚至、不但……而且……'等词语连接。"此外，戴木金、黄江海编著的《关联词语词典》则说的是："后边分句的意思比前边分句更进一层。意思的进层，有的是范围的扩大，有的是数量的增多，有的是程度的加深，有的是时间的延续等等。"（戴木金、黄江海，1988：3）

递进复句跟其他类型的复句不一样，我们前面讲到的并列复句也好，连贯复句也好，都有不用关联标记的形式，但是递进复句不可以不用关联标记，它必须用关联标记标示前后分句之间的递进语义关系。所以接下来我们就需要看看递进复句主要用到了哪些关联标记。在递进复句中，关联标记既有单个使用的，也有两个配套使用的。单个使用的递进关联标记主要有如下一些："而且""并且""况且""何况""甚至""更""还""尚且""反而""进而""尤其""再说""甚至于""更何况""特别是"。我们看些具体例子：

（200）在佛罗伦萨城设有美国空军司令部，在那不勒斯市南部的福查市，有美国的军用飞机场，<u>而且</u>驻扎着美国的空军。（冀代，《意大利人民为争取和平与民族独立而斗争》，选自《世界知识》1952年第6期）

（201）厦门的祭娘娘习俗是未婚少女用瓜果等物对厕而祭，<u>并且</u>唱些男女相欢、翁姑残虐的歌曲。（阴法鲁、许树安，《中国古代文化史（三）》）

（202）这是小说不是新闻通讯，<u>况且</u>这篇小说是塑造了一位能以党的事业为重的领导干部的形象，又不是胡编乱造，发泄私愤。（1994年报刊精选，北大语料库）

（203）你们都很年轻，我希望你们，多到农民群众的家里看看，真正做好脱贫很不容易，<u>何况</u>有些脱贫了还会返贫呢。（陈桂棣、吴春桃，《中国农民调查》）

（204）与幸运的宋双比起来，我在成功路上所付出的代价，就显得大得多，<u>甚至</u>一度超出了我来北京前的想象。（卞庆奎，《中国北漂艺人生存实录》）

（205）张大哥不喜欢完全新的东西，<u>更</u>不喜欢完全旧的。（老舍，《离婚》）

（206）他们主张不能只关心自己的家事，<u>还</u>要关心国家和全世界的大事。（马南邨，《事事关心》）

（207）重点工程资金<u>尚且</u>紧张如此，其他一般项目资金紧缺状况可想而知。（1994年报刊精选，北大语料库）

（208）刘果的热情没被焕发出来，<u>反而</u>被小非弄得心灰意冷。（曾明了，《宽容生活》）

（209）中国多年来致力于通过立法来保护儿童的合法利益，<u>进而</u>使儿童权益的保护法制化、规范化。（《中国政府白皮书》）

（210）儿童和动物相处，也有利于身心健康成长，<u>尤其</u>可以使一个人

变得善良、怜悯。(1994年报刊精选,北大语料库)

(211)我相信在申请签证的时候,我的个人资料早已进入了他们的数据库,<u>再说</u>我也没什么可隐瞒的。(新华社2004年新闻稿)

(212)有的要求提价,不提价不交货,<u>甚至于</u>客户同意提价后仍然交不了货。(1994年报刊精选,北大语料库)

(213)连续赢得大师系列赛巴黎站和马德里站的比赛后,萨芬在对阵本次比赛年龄最大的亨曼时自然是信心十足,<u>更何况</u>后者本赛季一个冠军也没拿到。(新华社2004年新闻稿)

(214)一辈子的生活都一成不变,则很难接受新事物,<u>特别是</u>中国的巨大变革并不总能保证让各方面得到改善。(姚明,《我的世界我的梦》)

上面这些例子都是只用了一个关联标记的递进复句,除了"尚且"用在前一分句之外,其他的都用在后一分句,至于这些关联标记有些什么样的特点和使用模式,我们后面再详细分析。

在表达递进这个语义关系的时候,更多的情况是复句里有两个配套着使用的关联标记,甚至会出现三个关联标记套用的情况。所以我们接下来需要了解一下那些成套使用的关联标记主要有哪些。我们从专著教材和各类文章素材中收集到的常用的主要配套关联标记有下面这样一些:"不但……而且……""不只……而且……""不单……而且……""不但……并且……""不仅……简直……""不仅……还……""不仅……而且……""不仅……也……""不光……就连……""不光……而且……""不光……还……""不但……反而……""非但没……反而……""除了……也……""都……何况……""还……何况……""既……更……""不但……还……""不但……也……""不只……还……""尚且……何况……""不但……反倒……""不单……也……""不单……还……""不要说……就是……也……""别说……连……都……""别说……连……也……""连……也……何况……""连……都……何况……"。我们可以看些例子:

(215)我<u>不但</u>没有失掉阿爸,<u>而且</u>成了草原上第一个有了自己马匹的奴隶。(冯苓植,《雪驹》)

（216）胡文玉<u>不只</u>生的魁伟俊秀，<u>而且</u>工作上有魄力，有办法，写得一手好文章，讲起话来又头头是道。（雪克，《战斗的青春》）

（217）张学海<u>不单</u>容易接近，<u>而且</u>为人忠厚，待人诚挚，通过他进一步接近汤阿英就不太困难了。（周而复，《上海的早晨》）

（218）他<u>不但</u>是主谋者，<u>并且</u>是个班长，所以毛驴太君就让他下去。（刘流，《烈火金钢》）

（219）那<u>不仅</u>是双眼皮，<u>简直</u>是三眼皮。（张洁，《世界上最疼我的那个人去了》）

（220）她<u>不仅</u>给队员们做饭吃，<u>还</u>在村边为他们放哨。（知侠，《铁道游击队》）

（221）王国炎<u>不仅</u>劫持了人质，<u>而且</u>还带着炸药！（张平，《十面埋伏》）

（222）北大同学<u>不光</u>是封了我当花王，<u>而且</u>还封了我个热情之花。（杨沫，《青春之歌》）

（223）你<u>不光</u>不敢告人家，<u>以后</u>见了明楼<u>还</u>要主动叫人家叔叔哩！（路遥，《人生》）

（224）地洞里边<u>不光</u>是吃喝成了问题，<u>就连</u>灯油也快点完了。（刘流，《烈火金钢》）

（225）思想<u>不但</u>没有妨碍我的想象和感情活动，<u>反而</u>推动了它们。（戴厚英，《人啊，人》）

（226）这次他<u>非但</u>没绝望，<u>反而</u>更有信心。（冯骥才，《一百个人的十年》）

（227）他们<u>除了</u>在屋子里绕桌转圈以外，屁办法也拿不出。（杜鹏程，《保卫延安》）

（228）堂堂一个文学闻人都得到这种待遇了，<u>何况</u>小小的言情小说作家？（席绢，《女作家的爱情冒险》）

（229）大姑娘绣花<u>还</u>免不了针刺着手，<u>何况</u>这是革命。（刘震云，《故乡天下黄花》）

（230）小的<u>既</u>是为了自己，<u>更</u>是为了众人。（莫言，《檀香刑》）

（231）他们<u>不但</u>不抗日，<u>还</u>和鬼子一鼻孔出气。（知侠，《铁道游击队》）

（232）<u>不但</u>看见她，<u>也</u>看见了许彦成。（杨绛，《洗澡》）

（233）<u>不只</u>觉得你老实，<u>还</u>会觉得你可靠。（张平，《十面埋伏》

（234）长江尚且后浪推前浪，何况尔等？（王朔，《你不是一个俗人》）

（235）徐小雁不但未接受任何人的求婚，反倒一下杳如黄鹤。（莫怀戚，《陪都旧事》）

（236）关敬陶不单是讨厌陈半城，也讨厌今天的会议。（李英儒，《野火春风斗古城》）

（237）你不单救回了妹妹，还显出了咱穷人的威风！（欧阳山，《苦斗》）

（238）不要说牺牲一个连，就是牺牲一个团，也是值得的。（柳建伟，《突出重围》）

（239）别说什么洋房了，连美国寄回来钱和物都由他来处理。（陆文夫，《人之窝》）

（240）别说众百姓没有谁跟他一气的，连他的众多家丁、仆人也没有一个跟他一心的。（姚雪垠，《李自成·第二卷》）

（241）连皇帝老子也难活过百岁，何况庶民百姓？（尤凤伟，《石门夜话》）

（242）连总统都有人批评了，何况小小的你与我。（席绢，《女作家的爱情冒险》）

（243）敌人不仅会用鞭子，他们也会用脑子。（罗广斌、杨益言，《红岩》）

以上这些例子是汉语普通话中比较常见的一些配套使用标明递进关系的关联标记的复句。其中既有两个关联标记配套使用的，应该说大部分都是两个前后配套着一起使用，当然也有一些是三个关联标记配合起来使用的，相对来说，就三个配合使用的情况，不管是适用的关联标记的数量还是汉语实例的数量都相对比较少。在所有表示递进关系的关联标记中，从我们考察的情况来看，用例最多的还是"不但……而且（还、也、反而）……""不仅（不光）……而且（还、也）……""既……更……"这几个。这些关联标记在使用时不仅仅在用例的数量上存在着差异，其标记的模式也有不同的特点，这个是我们接下来要考察的问题。

3.3.2 递进复句的关联标记模式

3.3.2.1 居端依赖式

我们首先看看递进复句关联标记模式中居端依赖式的情况。我们前面论述过，居端依赖式居端依赖式有两种情况，一种是 S（Ms_1, s_2）式，另一种是 S（s_1, s_2M）式。居端依赖式的复句中关联标记只有一个，所以我们此处重点要考察那些单个使用的关联标记。在递进复句关联标记中，单个使用的主要有"而且""并且""况且""何况""甚至""更""还""尚且""反而""进而""尤其""再说""甚至于""更何况""特别是"这些。

在这些单用关联标记中，经过我们逐个考察后发现，适用于居端依赖式中的关联标记只有一个，那就是"尚且"，它可以用于 S（Ms_1, s_2）形式的居端依赖式中，例如：

（244）生活<u>尚且</u>那样艰难，我凭什么去恋爱？（安顿，《绝对隐私》）

在这个例子中，"尚且"虽然可以用在居端依赖式中，但仍然需要放在主语之后，不能放在主语之前。除了"尚且"之外，还有一个递进关联标记表面上看起来好像也适用于 S（Ms_1, s_2）形式的居端依赖式，那就是"再说"，它可以出现在前一分句的句首，而且一般用在主语之前，例如：

（245）<u>再说</u>咱们还有地雷，总能保护住村子。（马烽，《吕梁英雄传》）

但在实际使用时，"再说"所在复句的前面还有另外一个句子，例如：

（246）昨天在区上开了一夜会，老武给咱们想下个好办法：就是几个村闹联防，我们村和望春崖、桃花庄的民兵连成一片，敌人到了哪一村，哪一村就打信号，另外两村的民兵赶快去救应，这样咱们的力量就大了。<u>再说</u>咱们还有地雷，总能保护住村子。（马烽，《吕梁英雄传》）

上面的例（246）是把例（245）中前面的那句话补出来了，如果没有前面那句话，后面的复句实际上也就失去了递进的基础，"再说"的出现就会显得很突兀。所以"再说"实际上不是取消所在分句的独立性而对后面的小句形成依赖，而是使其所在的整个复句与前面的内容连接起来，从而形成一个完整的意义，其用法跟居中粘接式的本质是相一致的。因此从句际之间来看，"再说"的适用模式更符合居中粘接式，可以看作居中粘接式的一个变体。

此外，所有这些单用的递进关联标记都不能用于后一分句的句末，构成 S（s_1, s_2M）式的居端依赖式。

因此总体来说，居端依赖式的关联标记模式是一个不太适合用来表达递进关系的标记模式，只有一个关联标记有居端依赖式的用法，另有个别的用法表面上符合居端依赖式，实际则符合居中粘接式。所以在递进复句中，居端依赖式的关联标记模式处于绝对弱势地位。

3.3.2.2 居中粘接式

上面我们分析了递进复句中居端依赖式的关联标记模式，接下来我们再看看居中粘接式的情况。

居中粘接式也有两种情况：一种是关联标记位于第一分句的句末，也就是 S（s_1M, s_2）形式的标记模式，另一种是关联标记位于第二分句的句首，也即 S（s_1, Ms_2）形式的标记模式。居中粘接式的关联标记模式只有一个关联标记，所以我们要考察的是递进复句中那些单用的关联标记。从上面的例（200）－例（214）这些例子中我们可以看到：所有这些可以单用的递进关联标记，除了"尚且"外，都有居中粘接式这种关联标记模式的用法，而且都只有 S（s_1, Ms_2）这种关联标记附着在后一分句句首形式的居中粘接式，而没有 S（s_1M, s_2），即关联标记附着在前一分句句末这种形式的居中粘接式。

对这些关联标记的居中粘接式的标记模式使用情况，这里有几种情况需要说明一下。有的关联标记的某些用法表面上看起来似乎很像是居端依赖式，但是实际上我们分析一下就可以确定，它们其实更符合居中粘接式的标记模式情况。例如：

（247）近年来，人们把香菇纯菌种分离出来，然后进行人工接种，成功率高，效果显著。<u>并且</u>又创造了代料菌块栽培法，使没有木材资源的地方甚至城镇居民也能生产香菇。（《中国儿童百科全书》）

（248）外地人在北京天不怕地不怕，就怕警察，就怕警察查暂住证。<u>特别是</u>画家村附近的警察，最喜欢查画家的暂住证了。（卞庆奎，《中国北漂艺人生存实录》）

从上面的两个例子中我们可以看到，虽然从表面形式上看，"并且"和"特别是"符合居端依赖式，但是结合上下文来看就会发现，实际情况并非如此，例（247）中的"并且"所在的句子是紧接着前面的内容说的，如果没有前面的句子作为基础，单独用"并且"表示所在句子的递进关系是很难实现的，所以"并且"在这里表示的是跨句之间的递进，而不是复句内部的递进，所以从这个句群来看，它仍然是居中粘接式的，而不是居端依赖式。例（248）也是一样的，"特别是"连接的是前后两个整句。此两例的情况在形式和意义上跟第二章中我们论述的标准居中粘接式标记模式的本质是一致的，所以对于例（247）和例（248）中的这种标记模式用法，我们仍然把它看作居中粘接式。

从上文来看，居中粘接式连接的不仅可以是复句内部的分句，也可以是复句与单句或者复句与复句，甚至是句群和段落，这也说明，居中粘接式的关联标记模式，不仅仅是复句的关联标记模式，还是一种适用于篇章的标记模式。

我们在前面讨论过，在居中粘接式中，除了标准的 $S(s_1, Ms_2)$ 式居中粘接式，还有三种变体，第一种是 $S_{变体一}(S_1。MS_2)$，第二种是 $S_{变体二}(S_1。M, S_2)$，第三种是 $S_{变体三}(s_1, M, s_2)$。在递进复句中，也存在着这几种情况，例如：

（249）这个奥秘一旦揭开，消灭老鼠也就不难了。<u>而且</u>人们还能从中受到启发，找到人类保健的新方法。(《中国儿童百科全书》)

（250）他们的妻子都叫林达，各有一个儿子，都叫阿拉恩。<u>而且</u>，两个人都离过婚，第二个妻子又都叫贝蒂。(《中国儿童百科全书》)

（251）大学时代结成的友谊往往会终身保持，<u>而且</u>，这也可能是你一生中最重要的一个人际关系的基础。(《完美大学必修课》)

经过逐一考察后我们发现，在所有有居中粘接式的单用递进关联标记中，除了"更""还"只有 $S_{变体一}(S_1。MS_2)$ 这种用法之外，其他的关联标记都适用于所有这三种居中粘接式的变体。只不过这几个变体的使用频率是不一样的，从我们调查的结果看，在递进复句中，这几个变体的使用频率整体上大致呈现如下序列：

（252）$S_{变体一}(S_1。MS_2) > S_{变体二}(S_1。M, S_2) > S_{变体三}(s_1, M, s_2)$

这个序列跟连贯复句中的序列（190）是一致的，标准的居中粘接式在出现频次上也是最高的，不管哪个关联标记都一样，这说明它是一种优势关联标记模式。在这三种变体中，变体一式 $S_{变体一}$（S_1。MS_2）不仅从关联标记例子的数量上来看是三者中最多的，而且适用于这个变体的关联标记也是最多的，比如"还"和"更"就只能这种变体的用法，没有另外两种变体的用法。变体二式 $S_{变体二}$（S_1。M，S_2）在关联标记例子的数量上是三者中第二多的。而变体三式 $S_{变体三}$（s_1，M，s_2）则是出现频次最低的模式。

从以上的分析中我们可以看出，在递进复句的关联标记中，除了"尚且"之外，所有其他单用的关联标记都有居中粘接式的标准式 S（s_1，Ms_2）这种标记模式，而其中的大部分还具有一些居中粘接式的变体标记模式，这说明居中粘接式是一种很强势的标记模式。其强大之处在于它不仅可以用在复句内部，还能用在句群和篇章的层面。

3.3.2.3 前后配套式

前面我们论述了递进复句中的居端依赖式和居中粘接式两种关联标记模式的情况，下面我们来分析递进复句中的前后配套式这种关联标记模式的情况。

从逻辑形式上看前后配套式有四种不同的可能表现形式：① S（M_1s_1，M_2s_2），② S（s_1M_1，s_2M_2），③ S（M_1s_1，s_2M_2），④ S（s_1M_1，M_2s_2）。

从我们考察的结果来看，普通话中的递进复句，其使用的前后配套式的关联标记模式只有第一种 S（M_1s_1，M_2s_2）一种形式，其他三种形式的标记模式不存在。如例（215）~例（243），我们此处不再另外举例。

前后配套式涉及主语位置问题，所以我们需要分析一下递进复句中的主语位置情况。

经过考察，在递进复句中，前后配套式的关联标记模式的特点和规则主要有以下一些：

第一，一般情况下，如果前后两个分句的主语相同的话，则主语一般在前一个分句的句首，第一个关联标记在主语后，第二个关联标记位于后一分句的句首。此外，主语也可能出现在后一个分句的句首，此时第一个关联标记出现在前一分句的句首前面，第二个关联标记出现在后一分句的主语之后。这种用法的例子相对比较少。例如：

（253）她<u>不但</u>才貌无双，<u>而且</u>英勇壮烈。（欧阳山，《苦斗》）

（254）这次<u>不但</u>开了全国工商联筹备会，他<u>还</u>参加了民建二次扩大会议，听了许多首长的报告。（周而复，《上海的早晨》）

（255）<u>不但</u>找到他，我<u>还</u>把他请来了。（姚雪垠，《李自成·第一卷》）

上面的例子中不管主语是在前一分句还是在后一分句，其都位于关联标记之前，这种情况是最多的。但是除此之外，也有主语出现在关联标记之后的情况，例如：

（256）<u>不仅</u>学校的每个学院都有自己的图书馆，<u>而且</u>还有各类专业图书馆。（《中国儿童百科全书》）

这就产生了一个问题，为什么有的复句是关联标记在最前面，有的是主语在最前面？而且主语什么时候出现在前一分句，什么时候出现在后一分句？这实际上就引出了第二点结论。

第二，主语和关联标记，谁在话语中起着连接作用，谁就放在前面。例如，对于例（253），如果它是对问题"她这个人怎么样"的回答，那么这句话就需要强调"她"，为了能衔接之前的问题，回答的人就会用主语在前的句式来回答。而例（256）中的关联标记"不仅"放在最前面，是因为这句话是承接前面对哈佛大学图书馆的描述而来的，前面说"经过三百多年的发展，哈佛大学图书馆的藏书达一千多万件，设有一百多个分馆"，而后一句的话题还是图书馆，所以这里就可以直接用关联标记开头，把主语放到前面来反而衔接不顺畅。至于主语是放在前一分句还是放在后一分句，也是由这个规则决定的，如果是需要跟上文语境中的话题相衔接的话，主语最好放在前一个分句，如就例（254）而言，如果该句是对问题"他做了什么"的回答，那我们就应该把主语提到前面一个分句的句首，说成"他这次<u>不但</u>开了全国工商联筹备会，他<u>还</u>参加了民建二次扩大会议，听了许多首长的报告……"

第三，当前后分句的主语不相同时，那么前后两个关联标记都位于各自分句的主语之后，一般不能调换顺序。例如：

（257）它<u>不仅</u>是雪原良好的运输工具，也能供给人们肉、乳、脂肪、毛皮，鹿茸<u>还</u>可入药。(《中国儿童百科全书》)

（258）1356年，两军又在普瓦提埃进行第二次大战，法国<u>不但</u>全军覆没，国王约翰<u>也</u>成了俘虏，法国被迫求和。(《中国儿童百科全书》)

上面的两个例子就是典型的前后分句主语不同的情况，两个关联标记都出现在各自主语的后面，而且不能换到主语之前。这种前后主语不同的递进关系复句，一般后一分句的主语跟前一分句的主语有整体和部分的关系。但如果是表示反转递进的复句，其关联标记和主语的相对位置可能就没那么严格的限制，例如：

（259）问题<u>不但</u>没有解决，自己的处境<u>反而</u>越来越糟。(北大语料库)

这个例子中的关联标记出现在主语之后，但是如果把关联标记调到主语之前，变成"不但问题没有解决，反而自己的处境越来越糟"，似乎句子也是能接受的。

第四，当前后分句的主语相同的时候，有的时候主语可以省略，即前后分句都不出现主语，关联标记直接出现在两个分句的句首。例如：

（260）<u>不仅</u>有汽车站，<u>而且</u>还有个火车小站。(余秋雨，《文化苦旅》)

第五，除了后一个关联标记是"还"、"也"、"更"、"简直"、"连"和"都"的情况外，其他的配套关联标记中，后一个关联标记和其所在分句的主语之间可以用逗号隔开。例如：

（261）蜀光日报女记者陈静<u>不仅</u>今天没有回报馆，<u>而且</u>，一个礼拜以前，就没有回新民街报馆的宿舍了。(罗广斌、杨益言，《红岩》)

（262）至上的荣誉<u>不但</u>没有使武钢人感到满足，<u>反而</u>，更加刺激了武钢人的胃口。(《人民日报》1996年3月)

第六，这一条是递进复句前后配套式关联标记的特有规则，也可以说是递进复句本身的规则，那就是递进复句关联标记所在的各个分句，其语序不能互换。因为既然是递进，那么各分句所表达的程度肯定是不一样的，且后一分句的程度往往比前一分句所表达的程度高。任何一个递进复句，如果把前后分句的语序调换过来，该复句讲不再成立。

第七，有的前后配套式中的关联标记可以不止两个，达到三个甚至四个。如上面的例（239）~例（242）就展示了有三个关联标记配套使用的情况。

3.3.2.4 小结

从以上的分析来看，对递进复句的关联标记模式情况，我们可以得到以下认识。

第一，在递进复句中，居端依赖式是最弱势的一种标记模式，除了"尚且"之外，大部分关联标记都不采用这种模式，有个别关联标记可以形成表面上的居端依赖式，但实则更符合居中粘接式。

第二，在递进复句中，居中粘接式是最强势的一种标记模式。除了"尚且"之外，其他的单用关联标记都有这种模式的用法，而且有些只有这一种标记模式的用法。此外，在标准居中粘接式基础上衍生出的三种不同的变体也在各单用关联标记的实例中有所体现。

第三，在递进复句中，前后配套式的关联标记模式使用频率介于居端依赖式和居中粘接式之间。

第四，递进复句的分句之间的语序对关联标记模式没有影响，因为分句之间的语序是固定的，不能变的。

第五，汉语的递进复句遵守认知语言学上的"时间顺序原则"。

第六，递进复句主语的异同主要会对后一分句中的关联标记位置有影响，当主语不同时，后一分句的关联标记往往出现在主语之后。偶尔一些意义比较实的关联标记还可以出现在主语之前，如"不但……反倒……"等，如果后一个关联标记是"何况"，则关联标记在前，主语在后。

和连贯复句的情况类似，在递进复句中，居端依赖式的关联标记模式也是一种很受排斥的模式，而居中粘接式则是最受欢迎的一种模式。

造成这个局面的原因，一方面跟居端依赖式和递进复句本身的特点有关。在汉语中，使用居端依赖式这种标记模式的关联标记基本上都需要位于整个复句的句首，取消前一分句的独立性使得其跟后面一个分句形成依赖，这就决定了采用居端依赖式标记模式的复句，其第一个分句基本上都是起始句，而不太可能是后续句，这样才能让关联标记取消前一分句的独立性，更好地使其跟后面的分句形成依赖关系。而表示递进关系的复句，都必须要用关联标记来标示前后分句之间的关系，而且基本上都是后一分句在意义程度上比前一分句要更进一步，所以把关联标记标在后一分句上是最经济实用的办法。所以，相比于居端依赖式，居中粘接式显然适用得多。而如果一定把关联标记标在前一个分句的前面，那么为了避免后一个分句因为离关联标记太远而很难表示出复句的递进关系，我们一般需要再加上一个表示递进意义的配套关联标记，这就形成了前后配套式的标记模式。这也很好理解，在递进复句中，前面一个分句一般都是叙述一个事件，确定某个事情的基准，可以用也可以不用关联标记，而后面一个分句描述的事件一般是在前面的基础上更进一步，所以后面的分句一定要有一个专门的关联标记用来标示出这种递进的关系，如果没有这个标记，这种递进的意思就很难准确表达出来，有可能使听者或读者误解成并列的关系。而如果在最前面用关联标记而后面不用的话，这意味着，反而是信息处理最容易的地方用了关联标记，而信息处理更难的地方则没有标记，这就违反了"难度标记对应律"。所以这种关联标记只出现在最前面而不出现在后面的居端依赖式的标记模式跟递进复句本身的要求有冲突，这也就导致了居端依赖式在递进复句几乎很难见到的局面。

另一方面，这一局面的出现也跟居中粘接式的特点和递进复句本身的特点有关。递进复句的特点刚才已经提到了，而采用居中粘接式的复句，其关联标记多位于复句的中间，在汉语中，除了"的话"这个关联标记是附着在前一分句句末之外，其他的居中粘接式标记都位于后一分句的前面，用于把后一分句与前一分句粘接起来以构成一个整体。居中粘接式这种标记模式的特点正好与递进复句的要求相一致，既符合"象似性"原则，又符合"经济省力"原则。所以这种关联标记模式是一种比较适合用来标记递进关系复句的模式。前后配套式虽然也符合"象似性"原则，但相对来说没有居中粘接式这么经济省力，因此，在表示递进关系的关联标记中，这三种标记模式的使用频率呈以下序列：

居中粘接式 > 前后配套式 > 居端依赖式

3.4 选择复句的关联标记模式

3.4.1 选择复句使用的主要关联标记

在复句的分类中,学界对选择复句这一类的态度或者说观点也比较一致,都承认有那么一类复句,而且术语使用上也比较一致,没有别的叫法。

我们先来看看选择复句的定义。邢福义先生在《汉语复句研究》中对此说的是:"选择复句指的是分句间有选择关系的复句,这类复句也是合取性的。"(邢福义,2001:44)胡裕树主编的《现代汉语》教材对此则是这样定义的:"两个或两个以上分句,分别说出几样事情,表示要在这几样事情中选择一样,这就是选择关系。选择关系可以分为两类:一类是'选择未定'的,一类是'选择已定'的。"(胡裕树,1995:362)邵敬敏主编的《现代汉语通论》给出的选择复句的定义是:"几个分句分别说出几个待选项,并表示从中有所取舍,这就是选择关系复句。"(邵敬敏,2001:252)黄廖本的《现代汉语》教材给出的定义则是:"有的分别说出两种或者几种可能的情况,让人从中选择,这叫未定选择;内部又分数者选一和二者选一两类;有的说出选定其中一种,舍弃另一种,这叫已定选择,又称决选。"(黄伯荣、廖序东,2002:163)北大版的《现代汉语》教材对"选择"的解释则是:"表示'或此或彼''非此即彼'或者'与其这样,不如那样'等意思,通常用'或者、还是、宁可、与其、要么、不是……就是……'等词语连接。"此外,戴木金、黄江海编著的《关联词语词典》则说的是:"几个分句分别说出可供选择的集中事物或情况,表示要从中至少选择一项。在各种可能性之间,有两种不同的选择关系:一种是无定选择,在几种可供选择的项目中,任选其一,有'或此或彼''非此即彼'的意思;另一种是已定选择,即在几种可供选择的项目中,已经决定选取什么,舍弃什么,或是舍前取后,或是取前舍后。"(戴木金、黄江海,1988:3)

选择复句跟我们前面讲到的并列复句和连贯复句不太一样,倒是跟递进复句很像。递进复句不可以不用关联标记,它必须用关联标记标示前后分句之间的递进语义关系,而选择复句在大部分情况下也都是需要用关联标记的，不用标记的情况比较少，因为不用标记的话很容易跟并列复句混淆。所以接下来我们就需要看看选择复句主要用些什么关联标记。在选择复句中，关联标记既有单个使用的，也有两个配套使用的，单个使用的选择关联标记主要有如下一些："或""或者""或是""要不""要不然""还是""否则""还不如""倒不如""再不"。我们看些具体例子：

（263）就是他有足够的粮饷啊，他没差事儿，就提笼架鸟，<u>或</u>作诗喝酒。（1982年北京话调查资料，北大语料库）

（264）当我醒来，一眼看见吴琼，我以为自己还在酒吧里，还在喝酒，<u>或者</u>还在梦中。（卞庆奎，《中国北漂艺人生存实录》）

（265）两个母亲相继死亡，父亲为了生活而长年在外谋事，幼小的周恩来不得不去富户叩门借债，<u>或是</u>送衣物进当铺典押。（金冲及，《周恩来传》）

（266）这样大的孩子在驾驶室里没个老实劲，不是摸摸变速杆，就是动动仪表盘，<u>要不</u>就瞅着窗外乱喊乱叫。（张贤亮，《肖尔布拉克》）

（267）将军如果决心抵抗，就趁早同曹操断绝关系，跟我们一起抵抗；<u>要不然</u>，干脆向他们投降，如果再犹豫不决，祸到临头就来不及了。（《中华上下五千年》）

（268）"桃花源"究竟纯属作者虚构，<u>还是</u>有真实的原型，还有待进一步考证。（《中国儿童百科全书》）

（269）我晓得的就是叔鸿要卖三十亩田，<u>否则</u>就借五十担稻。（吴组缃，《一千八百担》）

（270）谷市太便宜了，50公斤早稻谷只有24元，<u>还不如</u>放在家里慢慢地喂猪。（1994年报刊精选，北大语料库）

（271）你有时间去批评人家，<u>倒不如</u>好好琢磨自己能建设什么。（张锐、任羽中，《完美大学必修课》）

（272）如果哪个战士到了他们家里，阿妈妮们就会端出一铜碗一铜碗的栗子，<u>再不</u>就从鸡窝里慌张地抓出发热的鸡蛋，向你怀里乱塞。（魏巍，《依依惜别的深情》）

上面这些例子都是只用了一个关联标记的选择复句，"或""或者""或是""要不""要不然""还是""再不"等都属于任选一个的未定选择，而"否则""还不如""倒不如"则属于取其一舍其一的已定选择。这些关联标记基本上都用在后一分句，至于这些关联标记有些什么样的特点和使用模式，我们在后文再详细分析。

表达选择这个语义关系的复句，其使用的关联标记通常不止一个，往往是两个一起配套着使用，甚至在有些情况下可能出现三个关联标记配套使用的现象。所以我们接下来需要了解一下选择复句中那些配套使用的关联标记主要有哪些。我们从专著教材和各类文章素材中收集到的常用的主要配套关联标记有下面这样一些："或……或……""或者……或者……""或是……或是……""是……还是……""不是……就是……""不是……便是……""要么……要么……""与其……不如……""与其……还不如……""与其……倒不如……""与其……毋宁……""宁可……也不……""宁愿……也不……""宁肯……也不……""宁可……决不……""宁肯……决不……""宁愿……决不……""宁可……也要……""宁肯……也要……""宁愿……也要……"。我们可以看些例子：

（273）研究社或许要归并，或取消，或取消一部分，归并一部分。（杨绛，《洗澡》）

（274）粒子和反粒子碰到一起，就会像冰块遇上火球一样，<u>或者</u>一起消失，<u>或者</u>转变成其他粒子。（《中国儿童百科全书》）

（275）她从前的丈夫<u>或是</u>离了，<u>或是</u>死了，反正不止一个。（杨绛，《洗澡》）

（276）你<u>是</u>信药呢，<u>还是</u>信神呢？（曲波，《林海雪原》）

（277）<u>不是</u>张家的猪丢了，<u>就是</u>李家的鸡丢了。（刘震云，《头人》）

（278）咱们<u>不是</u>打仗，<u>便是</u>行军，一时驻下来也没有闲工夫认真蓖头，头上可生了不少虱子、虮子。（姚雪垠，《李自成·第二卷》）

（279）你<u>要么</u>回你的家，<u>要么</u>跟我一起回军区。（柳建伟，《突出重围》）

（280）她<u>与其</u>说毫无表情，<u>不如</u>说表情冷漠。（王朔，《玩儿的就是心跳》）

（281）<u>与其</u>无声无息地让你们整死，<u>还不如</u>轰轰烈烈地死一回！（张平，《十面埋伏》）

（282）与其说耿林是被妻子的举动吓着了，倒不如说是震动了，好像这是他第一次发现妻子有这么丰腴的身体。（皮皮，《比如女人》）

（283）这力量与其说来自他们高超的医术，毋宁说来自高尚的医德，来自救死扶伤的革命人道主义精神。（《人民日报》1994年第1季度合刊）

（284）她宁可在大喜大悲中毁灭，也不愿在麻木中生活。（百合，《哭泣的色彩》）

（285）她宁肯自己去死，也不想活着失去母亲。（陈染，《无处告别》）

（286）我宁愿去做痴情的祝英台，也不去做失去灵魂的杨贵妃。（安安，《春毒》）

（287）宁可死在战场上，决不中途后退。（姚雪垠，《李自成·第二卷》）

（288）宁肯丢掉香港，决不放弃西藏！（罗广斌、杨益言，《红岩》）

（289）我戴某人宁愿与日寇战死，决不苟且偷生！（邓贤，《大国之魂》）

（290）各级政府宁可在别的方面节省一点，也要千方百计为教育办几件实事。（《人民日报》1994年第1季度合刊）

（291）宁肯暂时少上几个工业项目，也要保证农业发展的迫切需要。（《1994年报刊精选》，北大语料库）

（292）宁愿自己吃点亏，也要让老区人民少吃苦。（《人民日报》1996年12月）

这些配套使用的关联标记，也分为未定选择和已定选择两大类，其中"或……或……""或者……或者……""或是……或是……""是……还是……""不是……就是……""不是……便是……""要么……要么……"等几个属于未定选择类，而"与其……不如……""与其……还不如……""与其……倒不如……""与其……毋宁……""宁可……也不……""宁愿……也不……""宁肯……也不……""宁可……决不……""宁肯……决不……""宁愿……决不……""宁可……也要……""宁肯……也要……""宁愿……也要……"则属于已定选择类。此外，还有一些选择复句会出现三个关联标记配套使用的情况，例如：

（293）在实践和认识的关系上，是用实践来检验认识，还是用认识来检验认识，还是用认识来检验实践？这是辩证唯物主义认识论同唯心主义

认识论的一个斗争焦点。(胡裕树,《现代汉语》)

在这个例子中就出现了三项关联标记"是……还是……还是……",这样的例子在现实使用环境中有不少,除了上例,还会出现三四个"或者"连用的情况。从逻辑上来说,因为选择关系是一种平行关系,所以理论上无定选择类复句可以有无数个选项并列在一起,但是因为受到人类认知能力的限制,实际使用中一个选择复句的关联标记不会超过七个。

3.4.2 选择复句的关联标记模式

3.4.2.1 居端依赖式

我们首先看看选择复句关联标记模式中居端依赖式的情况。如前所述,居端依赖式有两种情况,一种是 S(Ms_1, s_2) 式,另一种是 S(s_1, s_2M) 式。居端依赖式的复句中关联标记只有一个,所以我们此处重点要考察的就是那些单个使用的关联标记。在选择复句关联标记中,单个使用的主要有"或""或者""或是""要不""要不然""还是""否则""还不如""倒不如""再不"等。

在这些单用关联标记中,经过逐个考察后我们发现,只有一个选择关联标记适用于 S(Ms_1, s_2) 式的居端依赖式,那就是"还是",例如:

(294) 还是等他们动了手,我们再来对付他们。(《中华上下五千年》)

(295) 还是让我当先锋,在前面开路,陛下在后面接应。(《中华上下五千年》)

这两个例子中的"还是",我们认为仍然是表达选择关系的,即在两种情况里面选一种。可以看到,它用在了前一分句的句首,形成了居端依赖式的标记模式。这两个例子的前一分句都是由兼语短语构成的,没有一个真正独立的主语,所以关联标记位于句子的最前面,而如果有独立主语的话,则关联标记一般位于主语之后,例如:

(296) 我还是不去了,你去吧。

(297) 我还是学习吧,不去看电影了。

这两个例子一个是前后分句主语不同，一个是前后分句主语相同，但不管主语是相同还是不同，其语序都是主语在最前面，如果把主语放到关联标记的后面，句子就不成立了。除了"还是"之外，还有部分关联标记的使用模式表面看起来像是居端依赖式，但实则不然，例如：

（298）要不然当一只背着一架架烂书的蜗牛族，更是生不如死了。（安顿，《绝对隐私》）

（299）要不，我把两个孩子也带上，你好安心养病。（蔡康，《花烛泪诉人间情》）

上面这两个例子中的关联标记"要不然"和"要不"也是用在前一分句的句首，表面看起来采用了居端依赖式的标记模式，但是我们看一下前后两个分句之间的关系就会发现，前后分句之间不存在选择的关系，所以该关联标记的使用模式不是居端依赖式。

（300）毛主席、周总理乘坐过的轿车，在北京的基本已报废，很难找到。要不，你到国务院机关事务管理局看看。（金冲及，《周恩来传》）

在上面的例子中，关联标记"要不"的意思更接近选择，但在形式上又与居端依赖式不合，因为在此例中，"要不"连接的是一个单句，而不是一个复句。

实际上这个例子中的关联标记使用模式应看作居中粘接式的变体之一，关联标记连接的是前后两个句子，如果没有前面这个句子，那么后面的这个句子就不会使用该关联标记。所以关联标记"要不"也没有居端依赖式的用法。类似的关联标记还有"再不"。例如：

（301）陈重坤就背着少艾，向远在北京的二哥陈毅写了一封信，要求二哥出面向军事学院他的亲密好友钟期光主任说说，是不是把这座小院干脆让给她一家居住算了。再不，就干脆再次麻烦钟期光主任，另外给她家安排一个住处。（汤雄，《陈毅与小妹（连载之二）》）

在这个例子中，"再不"确实表示选择的关系，但它表示的是它前面那句话叙述的情况和它后面那句话叙述的情况两个里面选一个，如果没有前面那句话，只有后面那一句话，则语句不成立。所以，"再不"的用法同样不属于居端依赖式，而属于居中粘接式的变体之一。

把这几个似是而非的居端依赖式排除掉之后，我们只剩下"还是"一个关联标记具有这种标记模式，而且"还是"也只适用于 S（Ms_1，s_2）式的居端依赖式。也就说是，所有这些单用的递进关联标记都不能用于后一分句的句末，构成 S（s_1，s_2M）式的居端依赖式。

因此总的来说，居端依赖式的关联标记模式也是一个不太适合用来表达选择关系的标记模式，只有一个关联标记有居端依赖式的用法，另有个别关联标记的用法表面上符合居端依赖式，实际则符合居中粘接式，采用的是居中粘接式的变体形式。所以在选择关系复句中，居端依赖式的关联标记模式也处于绝对弱势地位。

3.4.2.2 居中粘接式

上面我们分析了选择关系复句中居端依赖式的关联标记模式，接下来我们再看看居中粘接式的情况。

如前所述，居中粘接式有两种情况：一种是 S（s_1M，s_2）式的标记模式，另一种是 S（s_1，Ms_2）式的标记模式。居中粘接式的关联标记模式只有一个关联标记，所以我们要考察的是选择复句中那些单用的关联标记。从上面的例（263）～例（272）这些例子中我们可以看到，所有这些可以单用的选择关联标记，无一例外地都有居中粘接式这种关联标记模式的用法，而且都只有 S（s_1，Ms_2）这种关联标记附着在后一分句句首形式的居中粘接式，而没有 S（s_1M，s_2），即关联标记附着在前一分句句末这种形式的居中粘接式。

对这些关联标记的居中粘接式的标记模式使用情况，这里有几种情况需要说明一下。有的关联标记的某些用法表面上看起来似乎很像是居端依赖式，但是实际上我们分析一下就可以确定，它们其实更符合居中粘接式的标记模式情况。如我们上面提到的例（299）就是这种情况。再如：

（302）走到街上，我有时也会注意到她忽然把小嘴一扁，小脸一扬，脸上似笑非笑的模样。<u>要不然</u>就是忽然抓住我的胳臂，把全身挂在我身上。（王晓波，《阴阳两界》）

(303) 应该说，这些"大块的沙石"确实是相当显眼的，出现在名家笔下就更加显眼。或者正好相反：出自名家笔下便往往使人视而不见？(《读书》总第95期)

从上面的两个例子中我们可以看到，虽然从表面形式上，看"要不然"和"或者"符合居端依赖式，因为关联标记出现在句子的最前面，但是结合上下文来看就会发现，实际情况并非如此，例（302）中的"要不然"所在的句子是紧接着前面的内容说的，指的是前面那种情况和后面这种情况两个里面选择性地发生一个，如果没有前面这个句子描述的情况存在，那选择也就无从谈起，而没有选择的话，关联标记"要不然"也就没有了存在的基础，因为它是一个反映选择关系的形式标志，如果意义上的选择关系不存在了，那么形式标记自然也就没有存在的必要了，此时，那句话就应该说成"走到街上，我有时也会注意到她忽然抓住我的胳膊，把全身挂在我身上"，这样就直接是一种情况的陈述，而不是两种情况的选择。所以"要不然"在这里表示的是跨句之间的选择，而不是复句内部的选择，从这个角度来看，它的用法属于居中粘接式，而不属于居端依赖式，因为它是让"要不然"所在的整个一句话与前面一句话粘接在一起，形成一个完整的意思。例（303）也是一样的，"或者"连接的是前后两个句子而不是分句。此两例的情况在形式和意义上跟第二章中我们论述的标准居中粘接式标记模式的本质是一致的，所以例（302）和例（303）中的这种标记模式用法，我们仍然把它看作居中粘接式。

从上文来看，居中粘接式连接的不仅可以是复句内部的分句，也可以是复句与单句或者复句与复句，甚至是句群和段落，这也说明，居中粘接式的关联标记模式，不仅仅是复句的关联标记模式，还是一种适用于篇章衔接的标记模式。

我们在前面讨论到，在居中粘接式中，除了标准的 $S(s_1, Ms_2)$ 这种形式的居中粘接式之外，还有三种变体，第一种是 $S_{变体一}(S_1。MS_2)$，第二种是 $S_{变体二}(S_1。M, S_2)$，第三种是 $S_{变体三}(s_1, M, s_2)$。在选择复句中，也存在着这几种情况，例如：

(304) 德国绿十字组织的专家建议，人们可以在流动的水中切洋葱，这样一部分水溶性的含硫化合物可以被冲走。<u>或者</u>在切洋葱前把它放入冰箱中冷藏一段时间,使刺激性气体挥发得少一<u>些</u>。(新华社2004年新闻稿,北大语料库)

(305)过去中国人做生意没有一个概念,常常是"游击队""土八路"。<u>或者</u>,"打一枪换一个地方",今天政府给了一个政策,就一下子发了一笔,完全凭感觉。(秦德斌,《MBA宝典》)

(306)我们不知道"健力宝"有没有流露过这种意向,<u>或者</u>,这只是公关战略中的妙手偶得!(1994年报刊精选,北大语料库)

经过逐一考察后我们发现,在所有有居中粘接式的单用选择关联标记中,"或"、"还不如"和"倒不如"这三个关联标记没有$S_{变体二}$(S_1。M,S_2)形式的用法,其他的关联标记都有所有这三种居中粘接式变体的用法。只不过这几个变体的使用频率是不一样的,从调查的结果看,在选择复句中,这几个变体的使用频率整体上大致呈如下序列:

(307)$S_{变体一}$(S_1。MS_2)>$S_{变体三}$(s_1,M,s_2)>$S_{变体二}$(S_1。M,S_2)

这个序列跟前面的连贯复句和递进复句中的序列都不太一样。首先,作为比较基准,标准的居中粘接式在选择复句中的使用频率上也是最高的,不管哪个关联标记都一样,这说明它是一种优势关联标记模式。而在在选择复句中,就三种变体而言,使用频率最高的是变体一$S_{变体一}$(S_1。MS_2),这一点和连贯复句和递进复句是一样。但是在选择复句中,变体三$S_{变体三}$(s_1,M,s_2)的使用频率比变体二$S_{变体二}$(S_1。M,S_2)要高,这种使用倾向性就与另外两种复句出现了差异。具体而言,变体一$S_{变体一}$(S_1。MS_2)不仅从关联标记例子的数量上来看是三者中最多的,而且适用于这个变体的关联标记也是最多的,所有的选择关联标记都有这种形式的用法,有的甚至只有这种用法,比如"倒不如"就只有这一种用法没有另外两个变体的用法。变体三$S_{变体三}$(s_1,M,s_2)在关联标记例子的数量上是三者中第二多的,但是与变式一相比,其出现频率较低,差距比较悬殊,而变体二$S_{变体二}$(S_1。M,S_2)则是出现频次最低的模式,像"还不如"和"倒不如"等关联标记都没有这种形式的用法,对于其他有的关联标记,这种用法形式出现的次数也在个位数。在选择复句中，变式二和变式三的使用频率情况正好跟前面几种复句的情况相反。这其中的原因大概有几个方面的，首先，选择复句的意义是从前后分句所描述的两种（或几种）情况中选择一种，所以这个从广义上来说前后项之间是一种平行的关系，它们之间没有主次之分，可以看作一种广义的并列结构。在英语中，选择复句本来也属于析取（选言）并列结构。根据Haspelmath（2004：9），在世界语言中，选言并列结构绝大部分情况都是关联标记位于其连接的后一个并列项的前面而没有语音停顿。标准的居中粘接式和变式一都符合这一语言的倾向性共性，所以其使用频率更高，而变体二和变体三都违背了这一倾向性共性，所以使用频率也就较低。其次，变式二在选择复句中使用得最少，是因为变式二中的关联标记既跟后面的分句隔开了，又跟前面的分句隔开了，而且它不在一个句子的内部，也即关联标记孤零零地无以附着，其所起的粘接作用也大打折扣。在表示选择关系时，我们一般讲的是一个事件的两个方面，所以这两个方面放在同一个句子里面更合适，这就导致变式三比变式二的使用频率要稍微高一些。再次，变体二中的格式要求关联标记有较强的独立性，这就需要关联标记的意义不是特别虚化，而这又跟选择关联标记本身的特点有所矛盾，因为这些标明选择关系的关联标记在充当关联标记时其本身已经虚化了，不再有很实在的意义，这也解释了为什么 $S_{变体二}$（S_1。M，S_2）的使用很受限。

从以上的分析我们可以看出，在选择复句的关联标记中，所有单用的主要标记都有居中粘接式的标准式 S（s_1，Ms_2）这种标记模式，而其中的大部分还具有一些居中粘接式的变体标记模式，但其中，$S_{变体二}$（S_1。M，S_2）的使用比较受限，部分关联标记没有这种形式的用法。这说明居中粘接式是一种很强势的标记模式。其强大之处在于它不仅可用在复句内部，还能用在句群和篇章的层面。

3.4.2.3 前后配套式

前面我们论述了选择复句中的居端依赖式和居中粘接式两种关联标记模式的情况，下面我们来分析选择复句中的前后配套式这种关联标记模式的情况。

同前所述，前后配套式从逻辑形式上看有四种不同的可能表现形式：① S（M_1s_1，M_2s_2），② S（s_1M_1，s_2M_2），③ S（M_1s_1，s_2M_2），④ S（s_1M_1，

M_2s_2）。

从我们考察的结果来看，普通话里面选择复句中前后配套式的关联标记模式只有第一种 S（M_1s_1，M_2s_2）这一种形式，其他三种形式的标记模式不存在。如例（273）~例（292），我们此处不再另外举例。

前后配套式涉及主语位置问题，所以我们需要分析一下选择复句中的主语位置情况。

经过考察，在选择复句中，前后配套式的关联标记模式的特点和规则主要有以下一些：

第一，一般情况下，如果前后两个分句的主语相同的话，则主语一般在前一个分句的句首，第一个关联标记在主语后，第二个关联标记位于后一分句的句首。主语也可以位于前一分句的关联标记之后，此种情况中，后一分句的关联标记同样位于其所在分句的句首。如果前后分句都省略主语，则关联标记直接位于前后分句的句首。还有一些用法实例相对较少，比如主语出现在后一分句的句首，此时第一个关联标记出现在前一分句的句首，第二个关联标记出现在后一分句的主语之后；以及主语出现在后一分句的关联标记之后的情况。例如：

（308）一切工作深入下层的彻底的转变，或者还未开始，或者没有达到必要的成绩。（金冲及，《周恩来传》）

（309）或者把老虎打死，或者被老虎吃掉，二者必居其一。（毛泽东，《论人民民主专政》）

（310）与其看海，我不如去看沙漠。（张贤亮，《绿化树》）

（311）与其等着人家来分这块蛋糕，不如我们自己先动手。（新华社2004年新闻稿）

上面的例子中不管主语是在前一分句还是在后一分句，都位于关联标记之前，这类情况是最多的，当然没有主语的情况也不少。但是除此之外，也有的时候主语出现在关联标记之后的情况，只是这样的情况也不多，例如：

（312）与其大家一窝蜂地赞助名目繁多的大奖赛，不如把一部分钱拿来发展图书馆公益事业的好。（1994年报刊精选，北大语料库）

这就产生了一个问题，为什么有的复句是关联标记在最前面，有的是主语在最前面？而且主语什么时候出现在前一分句，什么时候出现在后一分句？这实际上就引出了规第二点结论。

第二，主语和关联标记，谁在话语中起着连接作用，谁就放在前面。例如，例（309）这句话在其实际的上下文中，它的前面其实还有一句话："在武松看来，景阳冈上的老虎，刺激它也是那样，不刺激它也是那样，总之是要吃人的。"这句话实际就交代了例（309）的背景，例（309）是延续前文评说武松的观点，所以就把主语省略掉了，直接关联标记用在句首，免去啰嗦。=，还保持了话题的一致性，如果把主语补出来反而会让人觉得别扭。而例（308）中的关联标记放在长主语"一切工作深入下层的彻底的转变"之后，是因为这句话的前面也有一句相关的话："5月20日，临时中央点名批评周恩来，说伍豪同志到苏区后，虽然'在某些工作上有相当的转变'，但是'未巩固无产阶级的领导'"，例（308）中的这句话实际仍然延续前文的批评，但需要注意的是，虽然它是接在前面的"转变"后说的，但该例中的"转变"跟前面一句话中的"转变"不是同一个"转变"，所以主语不能省略，需要把它放在关联标记的前边，以便跟前面的句子衔接。至于主语是放在前一分句还是放在后一分句，也是由这个规则决定的。所以总的来说，如果是需要跟上文语境中的话题相衔接的话主语最好放在关联标记之前，如果是需要与上文有结构上的衔接的话，则最好把关联标记放在前面。如例（310），在把上下文全部补充出来之后就会发现，它的关联标记模式更多的是出于结构上的需要才这么安排的。我们看看其上下文："我说海就是海，我以为它不会变出别的花样。人们写海写得太多以致海自己也不知应该摆出什么姿态让人欣赏。与其看海，我不如去看沙漠。我说沙漠是文学的处女而海已经成了文学的荡妇，她让所有的作家诗人玩来玩去。"

第三，当前后分句的主语不相同时，则关联标记的使用有两种情况：绝大部分是，前后两个关联标记都位于各自分句的主语之前，这跟递进复句的情况刚好相反；另外还有一种比较特殊的情况，就是前面分句的关联标记出现在主语之后，后一分句的关联标记出现在主语之前。例如：

（313）<u>与其</u>你剪，<u>不如</u>我剪。（《人民日报》1993年11月）

（314）要么你去驾驭生命，要么生命驾驭你。（北岛新浪博客）

（315）她是住你们家，还是你住你奶奶那儿？（北大语料库）

（316）那些年轻的女人，或早早当上了新娘，或新娘的婚纱频频披挂更新不断。（邵敬敏，《现代汉语》）

上面的例（313）和例（314）就是典型的前后分句主语不同的情况，两个关联标记都出现在各自主语的前面，而且都不能换到主语的后面。这种前后主语不同的选择关系复句，一般前后分句的主语之间是一种平行的关系，在这两者之间做出选择，带有对举的意味。而例（315）和例（316）则跟前面两个例子不太一样，此两例中，前一分句的关联标记都在主语之后，而后一分句的关联标记都在主语之前。这与前面其他类型的复句，要么关联标记都在主语之前，要么关联标记都在主语之后的情况不太一样。另外，已定选择类的关联标记一般需要出现在前后主语之前。在前后分句主语不同的情况中，我们暂时还没有发现前后关联标记都位于主语之前的实例。

第四，当前后分句的主语相同，且复句承接上文的时候，主语经常省略，即前后分句都不出现主语，关联标记直接位于两个分句的句首。例如：

（317）要么不做，要么干他个"拼命三郎"，掷地铿锵作响。（1994年报刊精选，北大语料库）

（318）与其让这些正在发育的孩子们因好奇又缺乏正确引导而误入歧途，不如让世界名家的经典话语帮助他们走过这段"躁动期"。（新华社2004年新闻稿）

上面两个例子就是主语省略，关联标记直接出现在前后分句的句首的情况，这样的情况比较常见。

第五，"或者……或者……"、"或是……或是……"和"要么……要么……"这三个关联标记有的时候可以与分句用逗号隔开，有可能前一个关联标记后加逗号或者后一个关联标记后加逗号，也有可能同时加逗号，但是此类情况一般限于关联标记位于分句最前面的时候，如果是主语位于句首，在关联标记之前，则一般不在关联标记后加逗号。除以上三对关联

标记外,其他的选择关联标记不可以在后面加上逗号。例如:

(319)要么,空喝啤酒,要么以白酒就菜。(莫怀戚,《陪都旧事》)

(320)女人消弭着性羞耻感,要么接近天使,要么,的确的,接近"二百五"和"十三点"。(梁晓声,《感觉日本》)

(321)要么,我们也有不可推卸的责任,要么,我们这个单位根本就可以取消!(刘心武,《刘心武选集》)

(322)我们不得不说,或是我现在的经验和经验存在的时候我知道它,并没有区别,或是,一般说来,我们并不知道我们现在的经验。(罗素 著,温锡增 译,《我的哲学的发展》)

(323)当然,可以说我这编辑是"兼容并蓄",或者"照单全收",或者,说文雅些,我取稿标准是"言之成理","持之有故",并不执着某家某说。(《读书》总第198期)

(324)所谓文化人,大约就是始终持守了一种文化精神的人。或者,就成了名人;或者,并不。(《读书》总第182期)

第六,选择复句关联标记所在的各个分句之间的语序有两种情况。如果复句属于未定选择类,那么前后分句之间的语序是可以调换的,语义变化不大,可能会产生一些语用上的差异。如上面的例(319)也可以说成:

(325)要么以白酒就菜,要么,空喝啤酒。

例(325)这句话跟例(319)基本上是等义的,只在上下文的语境适用情况上略微有所差别。如果复句属于已定选择类,那么前后分句之间的语序就是不可以调换的,否则复句的语义就完全变了,如例(313)如果说成:

(326)与其我剪,不如你剪。

此时,例(326)就跟原来的例(313)中的意思完全相反了。所以已定选择关联标记中的前后分句是不可以互换的。

第七,有的前后配套式中的关联标记可以不止两个,达到三个甚至四个。例如:

(327) <u>或者</u>是对那辉煌时刻的向往，<u>或者</u>是对那辉煌时刻的回味，<u>或者</u>，是对新的撞击的追寻。(《读书》总第 127 期)

3.4.2.4 小结

从以上的分析来看，对选择复句的关联标记模式情况，我们可以得到以下一些认识：

第一，在选择复句中，居端依赖式仍然是最弱势的一种标记模式，除了"还是"之外，大部分关联标记都不采用这种模式，有个别关联标记可以形成表面上假居端依赖式，但实则更符合居中粘接式。

第二，在选择复句中，居中粘接式也是最强势的一种标记模式。所有单用的选择关联标记都有这种模式的用法，而且除了"还是"之外，其他关联标记只有这一种标记模式的用法。此外，在标准居中粘接式的基础上衍生出的三种不同的变体也在各单用选择关联标记的实例中有所体现。

第三，在选择复句中，前后配套式的关联标记模式使用频率介于居端依赖式和居中粘接式之间。

第四，选择复句的分句之间的语序对关联标记模式的影响分两种情况，未定选择类复句的关联标记不受语序的影响，分句的语序是可以互换的，但已定选择类复句的关联标记会受到分句之间的语序影响，分句的语序是不能互换的。

第五，选择复句主语的异同主要对后一分句中的关联标记位置影响较大，当主语不同时，后一分句的关联标记往往出现主语之前，而前一分句的关联标记则可能出现在主语前也可能出现在主语后。已定选择类复句则一般要求关联标记出现在前后分句的主语之前。

我们在前面讨论连贯复句和递进复句的时候已经发现，居端依赖式的关联标记模式是一种很受排斥的模式，而居中粘接式则是一种最受欢迎的模式。在选择复句中，情况也是如此。

造成这个局面的原因，一方面跟居端依赖式和选择复句本身的特点有关。在汉语中，使用居端依赖式这种标记模式的关联标记基本都需要位于整个复句的句首，取消前一分句的独立性使得其跟后面一个分句形成依赖，这就决定了使用居端依赖式这种标记模式有一个天然的致命弱点，那就是它离后一分句的距离太远，不容易反映前后之间的语义关系，对其进行信息加工处理难度也比较大。所以为了降低信息处理的难度，我们往往会在后一分句的句首再加上一个关联标记，从而形成前后配套式的关联标记使用模式。而表示选择关系的复句，因为前后分句都可看作选项，我们需要从中择其一，所以把关联标记标在后一分句句首是最经济实用的办法，所以，相比于居端依赖式，居中粘接式显然适用得多。这个也很好理解，在选择复句中，前面一个分句一般都叙述了一个事件，提供了一个选项，可以用也可以不用关联标记，而后面一个分句则提供了另外一个选项，所以为了表示出后一分句与前一分句的关系，一定要有一个专门的关联标记用来标明这种选择的关系，尤其是已定选择的复句，其更需要这样一个标记。如果没有标记，这种选择的意思就很难准确表达出来，复句就可能会被误解为合取的并列关系，这与选择复句本身是表达的析取关系是不一致的。而如果在复句的前一分句句首使用一个标记，后一分句不用的话，这就意味着，反而是信息处理最容易的地方用了关联标记，而信息处理更难的地方则没有标记，这就违反了"难度标记对应律"，这也就导致了这种关联标记只标在最前面而不标在后面的居端依赖式的标记模式在选择复句中较少出现的局面。

另一方面，这一局面的出现也跟居中粘接式的特点和选择复句本身的特点有关。选择复句的特点刚才已经提到了，而采用居中粘接式的复句，其关联标记多位于复句的中间，在汉语中，除了"的话"这个关联标记是附着在前一分句句末之外，其他的居中粘接式标记都位于后一分句的前面，用于把后一分句与前一分句粘接起来构成一个整体。居中粘接式这种标记模式的特点正好与选择复句的要求相一致，既符合"象似性"原则，又符合"经济省力"原则，而且还符合"联系项居中原则"。所以这种关联标记模式是一种比较适合用来标记选择关系复句的强势模式。前后配套式虽然也符合"象似性"原则，但相对来说没有居中粘接式这么经济省力。而居端依赖式既不符合"象似性"原则，又不符合"经济省力"原则，而且还违背了"联系项居中"原则。因此，在表示选择关系的关联标记中，这三种标记模式的使用频率呈以下序列：

居中粘接式＞前后配套式＞居端依赖式。

3.5 转折复句的关联标记模式

3.5.1 转折复句使用的主要关联标记

在复句的分类中，学界对转折复句这一类的态度或者说观点也比较一致，都承认有那么一类复句，而且术语使用上也基本一致，没有别的叫法，相关研究只在对转折复句的范围的认识上略有出入，比如邢福义先生就把转折当成一个复句的大类，其涵盖范围比我们一般所说的转折复句要大，不仅包括一般的转折句，还包括有些学者所定义的让步句。

我们首先看看转折复句的定义。邢福义先生在《汉语复句研究》中对此的定义有两个，一个是作为大的转折类复句来说，指的是："表示广义转折关系的各类复句的总称。这一大类复句，反映各种各样的'转折聚合'，包括种种直截了当的转折、先作让步的转折和假言否定性转折的聚合。其聚合点。是事物间的逆转性。或者说是事物间的矛盾对立。转折类复句以'……但是……'为'点标志'，以'转折聚合'的共同点为根基，根据关系标志所构成的不同句式，可分为转折句、让步句和假转句。"（邢福义，2001：45）而作为大类下的小类的转折句，则指的是："分句间有突然转折关系的复句，作为代表性形式标志的'……但是……'是转折句的点标志。跟广义转折关系相对而言，转折句所表明的转折关系是最典型的、严格意义上的转折关系。"（邢福义，2001：46）胡裕树主编的《现代汉语》教材对此则是这样定义的："前边分句先说一面，后边分句不是顺着前边分句的意思说下去，而是转到同前边分句相对、相反或者部分相反的意思上去，这就是转折关系。在转折关系中，说话的人心目中有一个预设：如果出现甲事，就会出现乙事。而句子说明的事实是：出现了甲事，乙事却不能成立。因此尽管承认偏句中所陈述的事实，但表意的重点总是放在正句上。转折关系，由于语意上的差别，可以分为'重转'和'轻转'两种。重转句前后两个分句在意义上有明显的对立，要求使用成对的关联词语。轻转句前后两个分句意思虽然不一致，但并不对立，或者并不着重强调这种不一致，常在正句里用一个关联词语。"（胡裕树，1995：367）邵敬敏主编的《现代汉语通论》给出的转折复句的定义是："前行分句先承认某种客观存在的事实作为前提，在语义上有轻微的姑且让步的意思，后续分句不是根据前行分句的语义按照常态趋势发展，而是转到跟前行分句常态语义趋势相反或相对的方面去了。两个分句之间是'事实让步—转折'关系。"（邵敬敏，2001：255）黄廖本的《现代汉语》教材给出的定义则是："前后分句的意思相反或相对，即后面分句不是顺着前面分句的意思说下去，而是突然转成同前面分句意思相反或相对的说法，后面分句是说话人所要表达的正意。根据前后分句意思相反、相对程度的强弱。转折关系分重转、轻转和弱转三类。"（黄伯荣、廖序东，2002：165）北大版的《现代汉语》教材对"转折"的解释则是："主句跟从句意义相反。通常用'但是'、'可以'、'而'、'然而'、'却'等等表示。"（北京大学中文系现代汉语教研室，2004：365）此外，戴木金、黄江海编著的《关联词语词典》则说的是："前边分句先说一面，后边分句不是顺着前边分句的意思说下去，而是转到同前边分句相对、相反或者部分相反的意思上去，表意的重点在后边分句。有'重转'和'轻转'之分。"这个定义基本上跟胡裕树主编的《现代汉语》教材中的说法是一致的。（戴木金、黄江海，1988：3）

从上面对于转折复句的定义的考察结果来看，虽然各家的表述略有不同，但其表达的主要意思是一样的，即转折复句就是前后分句表达的意思不一样，形成对立，而且这种对立有程度的区别，根据对立程度的不同，使用的关联标记也会有所差异。但是不管转折的程度是重还是轻，转折复句都需要使用到关联标记，没有无标记的情况。这一点跟递进复句很像，递进复句也不可以不用关联标记，它必须用关联标记标示出前后分句之间的递进语义关系。转折复句必须用到关联标记，是因为不用标记表达不出转折的意思，转折复句就会变成并列复句，例如，"我去，但他不去。"和"我去，他不去。"这两个句子，表达的事件一样，但是复句前后分句之间一个有关联标记，一个没有，形式上的不同反映了语义关系的不同，所以相应的，其各自使适用的语言环境也就不同。接下来，我们就看看转折复句主要用到了哪些关联标记。这里要说明的一点是，我们把之前在描述定义时提到的让步复句合并到转折复句中在此节一并处理了，因为让步复句其实质跟转折复句是一样的,它是"前行分句先提出一种假设的事实,并姑且退让一步承认这个假设的真实性,后续分句不是沿着这个假设情况的常态语义趋势说下去,而是转到跟它相反相对的方面去"(邵敬敏,2001:255)。从这里可以看出,它与一般所说的转折复句在本质上是相同的,而且两者使用的关联标记也多有重复。我们认为合并起来处理有其适切性。

在转折复句中,关联标记既有单个使用的,也有两个配套使用的,我们前面提到过,转折的程度和关联标记的使用有关系,具体而言,转折程度重的往往需要使用配套的关联标记,而转折程度轻的则一般使用单个的关联标记。这个在我们上面引用定义的几本现代汉语教材中都有提及。用来表示"轻转折"的单用的转折关联标记主要有如下一些:"但""但是""可""可是""不过""只是""而""然而""却""倒""虽""虽然""虽说""尽管"。我们看些具体例子:

(328)散文比诗容易写,<u>但</u>也须下番功夫才能写好。(老舍,《散文重要》)

(329)他在意大利留学九年,学习的内容很广博,<u>但是</u>他最感兴趣的还是天文学。(竺可桢,《哥白尼在近代科学上的贡献》)

(330)这本来是个非常简单的问题,<u>可</u>我真有点不好回答。(马烽,《结婚现场会》)

(331)中国人把在美国出生的中国人叫做ABC,或者叫香蕉人,外面是黄的,<u>可是</u>里面却是白的。(姚明,《我的世界我的梦》)

(332)供应过剩、减价战、失业及经济前景不明朗,是过去制约香港楼市的四大因素,<u>不过</u>这些因素目前已得到很大改观。(新华社2004年新闻稿,北大语料库)

(333)她的苍白而美丽的脸上,两只大眼睛闪着友善亲切的光亮,<u>只是</u>下眼皮上有着因为疲倦而现出来的青色。(王蒙,《组织部来了个年轻人》)

(334)他怀抱着极大的野心,<u>而</u>表面上看去,十分忠勇诚直。(曹禺,《王昭君》)

(335)一般动物都是由雌性担负生育繁殖后代的职能,<u>然而</u>海马却是由雄海马代替雌海马怀孕和生育的。(《中国儿童百科全书》)

（336）她的脚步，不断踏进泥泞，水花、泥浆，溅满了鞋袜，却一点也没有感觉出来。（罗广斌、杨益言，《红岩》）

（337）"你怎么参加革命的？"我问到这里自己觉到这不像是谈话，倒有些象审讯。（茹志鹃，《百合花》）

（338）日军虽遭突然打击，战斗力仍非常强大，还能组织起强大的火力进攻。（《中共十大元帅》）

（339）在电影学院读书时，我就已经错过了一次机会，虽然与眼下这个机会比起来，那个配角的机会要小得多。（卞庆奎，《中国北漂艺人生存实录》）

（340）天子虽说失了势，毕竟是天子，比谁都大。（《中华上下五千年》）

（341）一切快乐的享受都属于精神的，尽管快乐的原因是肉体上的物质刺激。（钱锺书，《论快乐》）

上面这些例子都是只用了一个关联标记的转折复句，这些复句的转折程度都相对较弱。在实际使用中，这些单用的关联标记大部分都用在后一分句，用在前一分句的比较少。至于哪些能用在前面，哪些能用在后面，这些关联标记有些什么样的特点和模式，我们在后文再详细分析。

我们前面提到，在转折复句中，表示程度重的转折关系的时候，往往使用两个配套的关联标记来标示这种转折关系。有的时候也会出现三个关联标记配套使用的情况。所以我们接下来需要了解一下转折复句中主要有哪些成套使用的关联标记。我们从专著、教材和各类文章等素材种收集到的常用的配套转折关联标记有下面这样一些："固然……不过……""固然……但……""固然…但是……""固然……而……""固然……可……""固然……可是……""固然……却……""固然……然而……""尽管……但……""尽管……但是……""尽管……还……""尽管……还是……""尽管……却……""尽管……然而……""尽管……也……""尽管……可……""尽管……可是……""虽……但是……""虽……但……""虽……还……""虽……还是……""虽……却……""虽……然而……""虽……也……""虽……可……""虽……可是……""虽然……不过……""虽然……但……""虽然……但是……""虽然……而……""虽然……可……""虽然……可是……""虽然……却……""虽然……然而……""虽然……也……""虽然……还……""虽然……还是……""虽说……不过……""虽说……但……""虽说……但是……""虽说……可……""虽说……可是……""虽说……却……""虽说……然而……""虽说……也……""虽说……还是……"。我们可以看些例子：

（342）她对有翼<u>固然</u>没有承担什么义务，<u>不过</u>历史上的关系总还有一些，在感情上也难免有一点负担。（赵树理，《三里湾》）

（343）帝国主义<u>固然</u>厉害，<u>但</u>全中国民众团结起来的斗争力量也是不可侮的啦！（方志敏，《可爱的中国》）

（344）古代希腊和古代中国的社会<u>固然</u>不同，<u>但是</u>两者都属于我们称之为"社会"的一般范畴。（冯友兰，《中国哲学简史》）

（345）商品质量<u>固然</u>重要，<u>而</u>商品包装给人的印象也十分重要。（《哈佛管理培训系列全集》）

（346）这<u>固然</u>是周家之功，<u>可</u>也未始不是陈家之德呢！。（欧阳山，《苦斗》）

（347）几盏灯甚或一盏灯的微光<u>固然</u>不能照彻黑暗，<u>可是</u>它也会给寒夜里一些不眠的人带来一点勇气，一点温暖。（巴金，《灯》）

（348）精神原子弹的力量<u>固然</u>无比强大，<u>却</u>抵挡不住那摇摇欲坠的险石！（柳建伟，《突出重围》）

（349）要求经济权<u>固然</u>是很平凡的事，<u>然而</u>也许比要求高尚的参政权以及博大的女子解放之类更烦难。（鲁迅，《娜拉走后怎样》）

（350）<u>尽管</u>当姨姨的有点失悔自己的冒失，<u>但</u>搁不住玉翠她爹娘的九催十请。（康濯，《春种秋收》）

（351）<u>尽管</u>有些动物是吃肉的，<u>但是</u>这些动物所猎食的动物，到头来还要以植物为生。（童裳亮，《海洋与生命》）

（352）<u>尽管</u>救护人员全力抢救，鲍比<u>还是</u>因医治无效死在医院中。（新华社2004年新闻稿）

（353）<u>尽管</u>放慢脚步，走到县城的时候，<u>还</u>只下午六点不到。（高晓声，《陈奂生上城》）

（354）**尽管**吴欢不动声色，施亚男**却**看得出来，在这场角斗中，他被那娇小的姑娘击败了。(张洁，《水生活得更美好》)

（355）鲁迅先生的衣着**尽管**旧，甚至是破的，**然而**总是那么整洁。(川岛，《鲁迅先生生活琐记》)

（356）聂玉玲老师右手的手腕扭伤了，**尽管**不愿意，**也**只好展示休息，明天的课程由严克民老师接替。(何士光，《青砖的楼房》)

（357）**尽管**大家都瞧不起他，**可又**都喜欢他，把他当成天生的挚友。(蒋子龙，《拜年》)

（358）**尽管**姐姐自己的衣服还是请别人洗，**可是**剑波的衣服总是她亲自动手。(曲波，《林海雪原》)

（359）她爹她娘**虽**挡不住她自己找对象，**但**总不大愿意让她找到老远的地方。(康濯，《春种秋收》)

（360）老鼠**虽**不敢再猖獗了，**但是**谁能保证不又有猫来把它衔去呢？(郭沫若，《鸡雏》)

（361）她**虽**已年过半百，容颜**还**很清秀。(宗璞，《弦上的梦》)

（362）早上下过一阵晓月湖，现在**虽**放晴了，路上**还是**滑得很。(茹志鹃，《百合花》)

（363）芙蓉镇街面**虽**小，国营商店**却**有三家：百货店、南杂店、饮食店。(古华，《芙蓉镇》)

（364）旧戏**虽**也还有，**然而**是新编了。(唐弢，《新脸谱》)

（365）我**虽**不像母亲那样，**也**略略懂了些事。(魏巍，《我的老师》)

（366）在大清河北，这家地主**虽**不算最大，**可**一切行动都颇有些势派。(魏巍，《东方》)

（367）五百个钱**虽**是大数目，**可是**他想来倒还有办法。(茅盾，《残冬》)

（368）那里**虽然**已撒下麦种，**不过**梨树的根还埋在地下。(茹志鹃，《剪辑错了的故事》)

（369）**虽然**我一见便知道是闰土，**但又**不是我这记忆上的闰土了。(鲁迅，《故乡》)

（370）**虽然**汉语对于外来语以意译为主，音译词比重较小，**但是**数目也还是可观的。(吕叔湘，《语言的演变》)

（371）在乡间的鸡鸣狗吠，本与万里之外是不相闻的，天下虽然大乱，而过年一样，大家照例忙着。(陈毅，《归来的儿子》)

（372）这火光，虽然掩过了四大娘脸上的菜色，可掩不过她那消瘦。(茅盾，《秋收》)

（373）他虽然不认识鲁迅先生，也从来没有通过信，可是确信鲁迅先生一定能够满足一个共产党人临死前的这个庄严的要求。(唐弢，《同志的信任》)

（374）周炳虽然忘记了她，她却一直惦记着周炳。(欧阳山，《苦斗》)

（375）他们虽然仗剑驾车，然而看得出来，他们疲倦极了，饥饿极了。(秦牧，《土地》)

（376）虽然全身淋湿，我丝毫也不后悔。(于敏，《西湖即景》)

（377）虽然经过一番"寻寻觅觅"，结果还只能是这样。(唐弢，《为谁守寡》)

（378）不管做菜、洗衣服我都当她的助手，虽然我一动手总是给她添许多额外的麻烦，她还是要我去帮助她。(邓友梅，《在悬崖上》)

（379）虽说也受过表扬，德国奖状，不过那都是咱公司内部的，连《新疆日报》也没上过。(张贤亮，《肖尔布拉克》)

（380）虽说这种努力是很困难的，但振德还是这样做了。(冯德英，《迎春花》)

（381）虽说社员与他都是同族的叔伯兄弟，但是打起骂起他来却既不心疼也不手软。(戴厚英，《流泪的淮河》)

（382）虽说是空隙，可也容得下一只小船进去。(叶圣陶，《记金华的两个岩洞》)

（383）虽说你舅舅家是赵庄，可是你死了总是往田家坟里埋，不是往赵家坟里埋。(马烽，《村仇》)

（384）黎桂桂比胡玉音年长四岁，虽说做的是白刀子进去、红刀子出来的屠户营生，却是出名的胆小怕事。(古华，《芙蓉镇》)

（385）来到这里的，虽说所谈的是船上生意经，然而游船的上下，划船拉纤人大都有一个规矩，不必作数目上的讨论。(沈从文，《边城》)

（386）阿宝虽说政治头脑少一些，也对她坦然自若的神态有点纳闷。

（李国文，《危楼记事》）

（387）<u>虽说</u>是到了春三月，长白山区<u>还</u>是很冷，满山满岭都是一整个冬天的积雪，洁白、坚硬，似乎在故意蔑视着春天的莅临。（张天民，《路考》）

以上这些例子展示了转折复句中经常用到的一些配套关联标记，还有一些不太常见的，我们就没有在这里列举出来。在配套使用转折关联标记的复句中，还有三个关联标记配套使用的情况，例如：

（388）<u>虽然</u>历史是一面镜子，<u>但是</u>人们从中看到的<u>却</u>不尽相同。（李存葆，《山中，那十九座坟茔》）

（389）信中所涉及的问题<u>虽</u>不具爆炸性，<u>但</u>编者的口气<u>却</u>十分认真，大有一追到底之势。（铁凝，《六月的话题》）

上面这两个例子涵盖了两组可以三个配套使用的关联标记："虽然……但是……却……"和"虽……但……却……"，此类关联标记在书面语里面出现得比较多，其中"但/但是……却……"一般用在后一分句，"但/但是"放在后一分句的句首，"却"放在后一分句的主语之后，这种三个一起配套使用得关联标记有表示强调转折的语气。此外，有的时候也会出现前面的分句并列叠用几个相同的关联标记，组成几个分句，到最后再用另一个关联标记来统一转折，例如：

（390）太阳一出，雪该很快就融化了吧？不！它<u>尽管</u>被扫到一旁，太阳<u>尽管</u>晒，雪<u>尽管</u>化了一部分，<u>但是</u>，残雪总是很难完全消融。（秦牧，《残雪》）

从理论上来说，那些并列叠用的分句可以有很多个并列在一起，但受到人类认知记忆能力的限制，分句数量最多不会超过七个。

3.5.2 转折复句的关联标记模式

3.5.2.1 居端依赖式

我们首先看看转折复句关联标记模式中居端依赖式的情况。如前所述，居端依赖式有两种情况，一种是 S（Ms_1, s_2）式，另一种是 S（s_1, s_2M）式。居端依赖式的复句中关联标记只有一个，所以我们此处重点要考察的就是那些单个使用的关联标记。在转折复句关联标记中，单个使用的主要有"但""但是""可""可是""不过""只是""而""然而""却""倒""虽""虽然""虽说""尽管"等。

在这些单用关联标记中，经过逐个考察后我们发现，有"虽""虽然""虽说""尽管"四个关联标记有 S（Ms_1, s_2）形式的居端依赖式，例如：

（391）尽管许多时候电梯空闲着，身穿土黄色卡其布制服的女服务员含笑立在电梯间门旁，他们上下楼从来都是靠自己的腿，不知为什么这一点引起我很大的好感。（王蒙,《悠悠寸草心》）

（392）注解虽有，确有人不愿意我们去看的。（鲁迅,《不求甚解》）

（393）外表虽然这样，人们从梁三走步的带劲和行动的敏捷上，一眼就可看出：他那强壮的体魄里，蕴藏着充沛的精力。（柳青,《创业史》）

（394）虽说他问了几次搬了家如何，我都装出不懂的样儿笑一下便算回答。（丁玲,《莎菲女士的日记》）

上面这几个例子是比较典型的使用居端依赖式标记模式的复句，这几个复句种，关联标记都位于前一分句的句首，"尽管"和"虽说"出现在主语前，而"虽"和"虽然"出现在主语后，虽然不是都出现在复句的最前端，但整体上形成了居端依赖式标记模式是没有疑问的。下面的两个例子中，"虽"和"虽然"就出现在主语之前：

（395）虽是几句平常话，从他嘴里说出来就能引得大家笑个不休。（赵树理,《李有才板话》）

（396）虽然生着翅子，还能营营，总不会超过战士的。（鲁迅,《战士和苍蝇》）

所以当转折复句使用居端依赖式的关联标记模式时，关联标记可以出现在前面一个分句的主语前，也可以出现在主语后。至于究竟是关联标记在前还是主语在前，则需要根据上下文的语境来决定。如例（394），这句话有与其关系密切的前文，就是"我没有一次邀请他来我那儿去玩"，实际上这句话和例子中的后一个分句在语意上是一致的，都是在描述"我怎么样"，因此，此句的关联标记"虽说"放在主语"他"的前面，就保持了前后话题的一致性，如果颠倒主语和关联标记的语序，则前一分句的主语"他"就会抢去例子中的复句中的话题地位，这样前后句就无法保持话题的一致性，别人听了容易不明所以。例（396）是承接前面"去罢，苍蝇们！"这句话来说的，例子中的复句，其话题跟前文是一致的，所以此处关联标记可放在最前面。所以，在转折复句的前后配套式关联标记模式中，关联标记与主语的相对位置需要根据上下文语境来确定。当然，这几个关联标记有居端依赖式的使用模式，并不意味着它们只有这种标记模式，事实上恰好相反，这种标记模式只能算是它们的"兼职"，它们更多的时候采用的是居中粘接式。在一些实例中，它们的用法模式表面看起来像是居端依赖式，但仔细分析一下就会发现并不是，例如：

（397）我对北京的热爱由来已久。<u>虽然</u>在此之前，我只是从电视、报纸等传播媒介上只鳞片爪地见到过北京。（卞庆奎，《中国北漂艺人生存实录》）

（398）正因为如此，我父母以前从不想让我成为职业球员。<u>尽管</u>我爸爸曾经打了9年职业篮球，我妈妈曾效力于国家女子篮球队。（姚明，《我的世界我的梦》）

上面这两个例子中的"虽然"和"尽管"表面上看起来采用了居端依赖式的标记模式，因为"尽管"的前面是一个句号，其前后文看起来是两个独立的句子，但是我们认真分析一下就会发现，这两个句子并不是完全独立的，而是后面的"虽然"和"尽管"所引导的句子跟各自前面的句子存在着一种转折关系。在形式上，"虽然"和"尽管"使得其所在的句子跟前面的句子之间形成一种依赖关系，如果没有前面的句子，它们很难单独存在，而从前后两个句子整体来看，其所在位置恰好在正中间，所以它们实际上采用的是一种标准居中粘接式的变体模式。

从我们考察的情况来看，转折复句中的关联标记有居端依赖式用法的在各类复句中算是数量较多的。而且其中的"虽"只能用于前一分句，构成居端依赖式，其他几个除了有居端依赖式之外，还有居中粘接式。当"虽"

用在前一分句的时候，如果其所在分句有主语，则"虽"必须位于主语之后，如果所在分句没有主语，则"虽"可以位于分句最前端，如例（395）。所有这些适用于居端依赖式的转折关联标记都只有 S（Ms_1, s_2）式的居端依赖式，它们不能用于后一分句的句末，构成 S（s_1, s_2M）式的居端依赖式。

因此总的来说，居端依赖式的关联标记模式对于表达转折关系来说是一种不太好用的标记模式，有居端依赖式用法的关联标记只有有限的四个，而且只有"虽"一个关联标记是专门采用这种关联标记模式的，其他三个更常采用居中粘接式，其居端依赖式的标记模式只能算是"兼职"。所以在转折关系复句中，居端依赖式的关联标记模式也处于弱势地位。

3.5.2.2 居中粘接式

上面我们分析了转折关系复句中居端依赖式的关联标记模式，接下来我们再看看居中粘接式的情况。

居中粘接式有两种情况：一种是 S（s_1M, s_2）式的标记模式，另一种是 S（s_1, Ms_2）式的标记模式。居中粘接式的关联标记模式只有一个关联标记，所以我们要考察的是转折复句中那些单用的关联标记。从上面的例（328）~例（341）和我们考察的情况来看，所有这些可以单用的转折关联标记，除了"虽"之外，其他的无一例外地都有居中粘接式这种关联标记模式的用法，而且都只有 S（s_1, Ms_2）这种关联标记附着在后一分句句首形式的居中粘接式，而没有 S（s_1M, s_2），即关联标记附着在前一分句句末这种形式的居中粘接式。

对这些关联标记的居中粘接式的标记模式使用情况，这里有几种情况需要说明一下。有的关联标记的某些用法表面上看起来似乎很像是居端依赖式，但是实际上我们分析一下就可以确定，它们其实更符合居中粘接式的标记模式情况。如我们上面提到的例（397）和例（398）就是这种情况。再如：

（399）美国政府一直指责伊朗支持恐怖组织和秘密发展核武器，并将伊朗列为"邪恶轴心"之一。<u>但是</u>伊朗巴姆发生地震后，布什表示，美国希望和其他国家一起向伊朗提供援助。（新华社2004年新闻稿）

（400）由于比以前更忙了，我甚至没时间给家里打电话。<u>不过</u>我已配备

了手机，妈妈想我了可以给我打电话。(卞庆奎,《中国北漂艺人生存实录》)

从上面的两个例子中我们可以看到，虽然从表面形式上看，"但是"和"不过"符合居端依赖式，因为关联标记出现在句子的最前面，但是结合上下文来看就会发现，实际情况并非如此，例(399)中的"但是"所在的句子是紧接着前面的内容说的，前面一个句子说的是"美国跟伊朗的关系不好"，根据常理说，美国一直以来敌视伊朗，应该不会帮助它，但后面一个句子叙述的情况与此推测正好相反，在后一句中，美国表示希望对伊朗提供帮助，因此这两个句子之间就形成了一个转折关系，由关联标记"但是"来标示二者形式和意义上的关系。而"但是"的存在也依赖于前面一个句子的存在，如果没有前面一个句子作为基础，后面的句子就不能单独用"但是"来表示一种转折关系。如果只是从后面这个句子内部来看，"伊朗巴姆发生地震"和"布什表示，美国希望和其他国家一起向伊朗提供援助"之间没有转折的关系，"但是"在此例中显然不能用来表示其所在分句内部的转折关系。"但是"在此例中的功能，是把后面整个句子粘接到前面的一个句子上以形成一个完整的意思。因此，从位置上来看，这个例子中的"但是"的用法应该是跨句的居中粘接式，也即标准居中粘接式的变体。例(400)也是一样的，关联标记"不过"在此例中用于引导后面这个句子跟前面的句子"粘接"在一起构成一个完整的意思，前后两个句子在语义上存在着转折关系。如果没有前面一个句子的存在，则后面的那个句子就无所依附，"不过"这个关联标记也就用不上。所以在此例中，"不过"和"但是"一样，表示的是跨句的转折关系，而不是复句内部的转折关系。此两例中的情况在形式和意义上跟第二章中我们论述的标准居中粘接式标记模式的本质是一致的，因此从这个角度来看，这两种关联标记模式都属于居中粘接式，而不属于居端依赖式。

从上文来看，转折关联标记的居中粘接式连接的不仅可以是复句内部的分句，也可以是复句与单句或者复句与复句，甚至是句群和段落，这也说明，居中粘接式的关联标记模式，不仅仅是复句的关联标记模式，还是一种适用于篇章衔接的标记模式。

我们在前面讨论到，在居中粘接式中，除了标准的 S(s_1, Ms$_2$) 这种形式的居中粘接式之外，还有三种变体，第一种是 $S_{变体一}$（S_1。MS_2），第二种是 $S_{变体二}$（S_1。M，S_2），第三种是 $S_{变体三}$（s_1，M，s_2）。在转折复句中，也存在着这几种情况，例如：

（401）禹的晚年先推举皋陶作继承人，不久皋陶死了，又推举伯益作继承人。但是禹不把重要的政务委派给伯益去做，使伯益未能在人民中建立威望。(阴法鲁、许树安，《中国古代文化史》)

（402）几个月后，法国海军军官伍蒂埃在米洛斯岛看到这座雕像，他深知这座断臂雕像的艺术价值，决定买下运回法国。但是，伍蒂埃一下子拿不出几千银圆，只好先付一百银圆的定金。(《中国儿童百科全书》)

（403）李纲调兵遣将，分三路进兵，但是，那里的将领直接受朝廷指挥，根本不听李纲的调度。(《中华上下五千年》)

经过逐一考察后我们发现，在所有有居中粘接式的单用转折关联标记中，"却"、和"倒"这两个关联标记没有 $S_{变体二}$（S_1。M，S_2）和 $S_{变体三}$（s_1，M，s_2）形式的用法。其他的关联标记都有所有这三种居中粘接式的变体。只不过但是这几个变体的使用频率是不一样的，从调查的结果看，在转折复句中，这几个变体的使用频率整体上大致呈如下序列：

（404）$S_{变体一}$（S_1。MS_2）＞$S_{变体二}$（S_1。M，S_2）＞$S_{变体三}$（s_1，M，s_2）

这个序列跟前面的选择复句的情况不太一样，但是跟连贯复句和递进复句的情况则是一样的，使用频率最高的都是变体一 $S_{变体一}$（S_1。MS_2），次高的都是变体二 $S_{变体二}$（S_1。M，S_2），变体三 $S_{变体三}$（s_1，M，s_2）的使用频率都是最低的。变体一 $S_{变体一}$（S_1。MS_2）式不仅从关联标记例子的数量上来看是三者中最多的，而且适用于这个变体的关联标记也是最多的，所有有居中粘接式的转折关联标记都有变体一这种形式的用法，有的甚至只有这种用法，比如"却"和"倒"就只有这一种用法，没有另外两个变体的用法。变体二 $S_{变体二}$（S_1。M，S_2）式在关联标记例子的数量上是三者中第二多的，但与变式一相比，其出现频率较低，相差比较悬殊，而变体三式 $S_{变体三}$（s_1，M，s_2）则是出现频率最低的模式，有的关联标记只有极个别这样的例子，比如关联标记"而"使用此种模式的，我们只找到一例：

(405)他兴奋地挤在队伍里,队伍长长,后面的人焦急地捏拿着铜板,焦急地盯着说电话人的唇,生怕上课钟会早早地响,而,上课钟终于响起;前边的人放弃了打电话,黄子云便一步抢先,踏上木箱,左顾右盼发现没人注意他,于是抖颤着手,拨了电话。(《读者(合订本)》,北大语料库)

当然,这个序列是通过考察所有具有居中粘接式标记模式的转折关联标记得出的一个倾向性共性序列,不是绝对的。比如关联标记"然而"的情况就稍微有些不同,在涉及该关联标记的实例中,出现频率最高的用法模式是变体二 $S_{变体二}$(S_1。M,S_2),在北大语料库中的检索频率为8990次,而变体一的 $S_{变体一}$(S_1。MS_2)模式出现的频率较少一些,只有7918次。而"但"和"却"两个关联标记,其所在复句实例中,变体二和变体三的出现频率全部都是0次。剩下的一些转折关联标记则完全符合上面的等级序列。我们这里稍微解释一下为什么"然而"这个关联标记会跟别的不一样。我们认为"然而"除了具有表示转折关系的语义功能之外,还具有话语标记的功能,所以它的情况跟别的关联标记有些不同。根据 Schiffrin(1987)、Fraser(1996、1999)、Traugott 和 Dasher(2002)等人的研究,话语标记(discoursemarker),也可被称作话语联系语(discourse connectives),指的是序列上划分言语单位的依附成分。根据董秀芳(2007),"话语标记并不对命题的真值意义发生影响,基本不具有概念语义,它作为话语单位之间的连接成分,指示前后话语之间的关系,也就是说,它标志说话人对于话语单位之间的序列关系的观点,或者阐明话语单位与交际情境之间的连贯关系"。话语标记很多的时候就像一个插入语,所以经常会跟后面的句子之间有一个短暂的停顿,反映在书面语中就是它的后面会有一个逗号。方梅(2000)也指出,"连词在使用中意义经常发生语义弱化","而被用作组织言谈的话语标记",而这个语义弱化的连词的话语标记功能主要有"话语组织功能"(discourse organizing)和"言语行为功能"(speech acting)两个方面,而话语组织功能又包括"前景化"(foregrounding)和"话题切换"(topic switch)两个主要方面。"然而"有的时候就起一种切换话题的作用,前面说完一句话,接下来要换个话题,这个时候我们就可以用"然而"来连接转换,这种情况就在形式上与变体二 $S_{变体二}$(S_1。M,S_2)相一致了。例如：

（406）周国兴已经找到了这个地方，但是上面盖有房屋，没法挖掘。<u>然而</u>，士兵看到的箱子是不是真的装着猿人化石，又无人证明，所以现在还是一个很大的问号。(《中国儿童百科全书》)

上面的这个例子中，前面一句话说的是"周国兴怎么样"，而后面的一句话说的是"箱子如何"，前后两句出现了话题切换，这种话题的切换也在一定程度上形成了前后两句的对照，可以看作一种语用上的转折。这就是说，在转折复句中，变体二这种标记模式实际上既承担了表示转折关系的功能，又承担了切换话题的任务，两种功能重合在一种形式上，这才导致它的使用频率要高于其他两个变体，因为其他两个变体不具备话语标记的功能。

在转折复句的居中粘接式这种关联标记模式中，出现上述等级序列的理据其实跟并列复句和连贯复句的情况很相似。首先从那些变体的构式本身来看，根据前文论述的居中粘接式各变体的特征，大部分表转折关系的关联标记都只能有变体一 $S_{变体一}$（S_1。MS_2）这个构式，因为作为关联标记来说，这些词已经虚化了，不再是实词。但适用于变体二 $S_{变体二}$（S_1。M，S_2）和变体三 $S_{变体三}$（s_1，M，s_2）的关联标记则是那种虚化程度弱一些，独立性强一些的，如"却"和"倒"这种很虚的关联标记就不太可能有这种变体的用法。对于同一个关联标记而言，这种倾向性差异部分源于居中粘接式的变体二和变体三中的逗号让关联标记与后面的句子分开了，这就大大削弱了关联标记的粘接作用，所以变体二和变体三的使用更受限，使用频率也就更低。而变体三 $S_{变体三}$（s_1，M，s_2）比变体二 $S_{变体二}$（S_1。M，S_2）更受限则是因为该变体出现在一个复句内部，其关联标记应该与前后分句结合得更紧密，而实际上却没有，所以受到标准的居中粘接式 S（s_1，Ms_2）的竞争压制。而变体二 $S_{变体二}$（S_1。M，S_2）是关联标记出现在两个句子中间，而不是两个分句中间，所以关联标记与前后相对结合得没那么紧密，所以在关联标记和 S_2 之间插入一个逗号不会引起像变体三那么大的排斥反应。

其次，这可能跟汉语的节律有关系。在现代汉语中，词语以双音节为主，所以双音节的词语使用起来比较自由，而单音节的词语使用起来比较受限制，尤其是在单用的时候。而这个序列中的变体二和变体三又正好是关联标记与前后文都有标点符号隔开了，这使其成为一个相对独立的语言单位，这样一来，上面这些单音节的关联标记就不太适用于这两种变式了。比如像转折关联标记"却"和"倒"，它们都没有这两种变式的用法，此外，虽然我们找到了符合这两种变式的涉及"而"的例子，但数量很少，符合变体二的只有 5 例，符合变体三的只有 1 例。

当然，如果把标准的居中粘接式 S（s_1，Ms_2）也拿进来比较的话，我们就会发现在使用频率上它远远高于这几种变体。从以上的分析我们可以看出，在转折复句的关联标记中，除了"虽"之外，其他所有单用的关联标记都有居中粘接式的标准式 S（s_1，Ms_2）这种标记模式，而其中的大部分还有居中粘接式的变体标记模式，但是变体二 S$_{变体二}$（S_1。M，S_2）和变体三 S$_{变体三}$（s_1，M，s_2）的使用比较受限，有的关联标记没有这两种变体的用法。这说明居中粘接式是一种很强势的标记模式。其强大之处在于它不仅可用在复句内部，还能用在句群和篇章的层面。

3.5.2.3　前后配套式

前面我们论述了转折复句中的居端依赖式和居中粘接式两种关联标记模式的情况，下面我们来分析转折复句中的前后配套式这种关联标记模式的情况。

同前所述，前后配套式从逻辑形式上看有四种不同的可能表现形式：① S（M_1s_1，M_2s_2），② S（s_1M_1，s_2M_2），③ S（M_1s_1，s_2M_2），④ S（s_1M_1，M_2s_2）。

从我们考察的结果来看，普通话里面转折复句中前后配套式的关联标记模式只有第一种 S（M_1s_1，M_2s_2）这一种形式，其他三种形式的标记模式不存在。如上面的例（342）~ 例（387），这里我们不再另外举例。

由于前后配套式涉及主语位置问题，所以我们需要分析一下转折复句中的主语位置情况。

经过考察，在转折复句中，前后配套式的关联标记模式的特点和规则主要有以下一些：

第一，一般情况下，如果前后两个分句的主语相同的话，则主语一般在前一个分句的句首，第一个关联标记在主语后，第二个关联标记位于后一分句的句首。这种情况最多，例如：

（407）加丽亚尽管跟我很好，但从来没有明确表白过我们的爱情，万一她变了呢？（邓友梅，《在悬崖上》）

（408）他脸上虽无怯寒之意，但是也和天色一样，带了种灰色的愁象。（李劼人，《死水微澜》）

（409）他年龄虽然只有十八岁，但已是一个身历百战的老战士了。（曲波，《林海雪原》）

除了上面这种情况之外，还有可能前后主语相同，主语只出现在前一分句，第一个关联标记位于前一分句的主语之前，后一分句的关联标记位于其所在分句的句首。这样的用法也不少。例如：

（410）虽然她生得并不漂亮，可是优雅、淡泊，像一幅淡墨的山水画。（张洁，《爱，是不能忘记的》）

也有主语出现在后一个分句的情况，此时第一个关联标记位于前一分句的句首，第二个关联标记位于后一分句的主语之前，这种用法的例子比较少，例如：

（411）虽然戴着口罩，但是他们脸色红润，步履平稳。（新华社2004年新闻稿）

此外，主语也可以位于后一分句，此时第一个关联标记位于前一分句的句首，第二个关联标记位于后一分句的主语之后，这种用法的例子也很少，例如：

（412）尽管走得很慢，雪路却终于一尺一尺地移到身后去了。（王愿坚，《足迹》）

（413）虽说已经是一名军人了，有话还是找妈妈，而不是找爸爸讲。（徐怀中，《西线轶事》）

所以总体来看，当前后主语相同，最常见的还是主语位于前一分句的情况,这个时候关联标记可能在主语前,也可能在主语后。主语和关联标记的相对位置问题就引出了我们的第二点结论。

第二,主语和关联标记,谁在话语中起着连接作用,谁就放在前面。例如(408)这句话在其实际的上下文中,它的前面其实还有一句话:"尽管由于岁月与辛苦把他的颈项压弓下去,显得背也驼了,肩也耸了,但他那赤褐老皱的健康脸上,何尝有点怯寒的意思呢?"这句话本身也是一个转折复句,所表语意主要体现在关联标记"但"所在的那个分句,而这个分句引出的话题就是"他的脸",例子中接下来的那句话的话题与前文一致,所以为了保证跟前面这句话衔接自然,例子中的句子就把主语放在关联标记的前面,避免了上下文脱节的问题。而例(410)中的关联标记"虽然"放在主语"她"之前,是因为这句话在其原文中,前面还有一句话:"之后有很多男士追求过她,但她不再结婚。她是一个很有趣味的人,如果她和一个她爱着的人结婚,一定会组织起一个十分有趣味的家庭。"从语意理解的角度讲,例(410)中的这句话和上面的"如果她和一个她爱着的人结婚,一定会组织起一个十分有趣味的家庭"一起用来说明"她是一个很有趣味的人",所以为了在结构上跟前文保持一致,例子中的这句话便把关联标记放在主语的前面。至于主语是放在前一分句还是放在后一分句,也是由这个规则决定的。所以总的来说,如果是需要跟上文语境中的话题衔接的话,就需要把主语放在前一个分句,如果是需要与上文有结构上的衔接的话,就把关联标记放在前面。

第三,当前后分句的主语不相同时,关联标记的使用要分两种情况:第一种,如果后一个关联标记是"但"、"但是"、"可"、"可是"、"而"和"然而"的话,绝大部分都是前后两个关联标记都位于各自分句的主语之前,这跟递进复句相反,而跟选择复句一致。当然也有可能是第一个关联标记位于主语后,而后一个关联标记位于主语前,只是这种情形比前一种要少见。不管第一个关联标记在主语前还是在主语后,后一个关联标记都要位于其所在分句的主语后。例如:

(414)<u>虽然</u>我们俩成绩都很好,<u>但是</u>我没有跟他说过一句话。(安顿,《绝对隐私》)

(415)<u>尽管</u>他只占了三间大厅,<u>但是</u>整个酒馆不许再有闲人进来。(姚

雪垠,《李自成·第二卷》)

（416）虽说我们死伤了一些人,摇旗到今天下落不明,可是他的人死伤的比我们多几倍！（姚雪垠,《李自成·第二卷》）

（417）他的肉体虽死了,而他的精神将永远地活着,将永远会融化在人类心灵里。（蒋光慈,《伟大的墓之前》）

（418）他虽活着,但他的一生似乎已经了结,翻开在他前面的那本大书,已经是另外一页,记载着另外一些人的故事。（张洁,《帮我写出第一篇小说的人》）

上面的 5 例展现了典型的前后主语不同时,关联标记的使用情况,即前一个关联标记可以位于主语前,也可以位于主语后,要求并不是很严格。就拿例（414）和例（415）来说,如果语境需要的话,把这两句的第一个关联标记放到主语后也完全没有问题,但是后面一个关联标记无论如何都是不能出现在主语之后的。

第二种情况,如果后一个关联标记是"还"、"还是"、"也"和"却"的话,大部分都是前后两个关联标记都位于主语之后,有的时候也可能是前面的关联标记位于前一分句的主语之前,而后面的这个关联标记位于后一分句的主语之后。但不管前面的关联标记是在主语前还是在主语后,后一个关联标记则只能位于主语后。例如：

（419）这事虽比不上留声机的唱片,咱俩也得两面都听听呀！（钱锺书,《灵感》）

（420）她虽已年过半百,容颜还很清秀。（宗璞,《弦上的梦》）

（421）屈原虽然死了,他的作品却愈来愈显示出富有生命力。（郭沫若,《黄钟与瓦釜》）

（422）这件事大大伤了玉儿奶奶的心,虽说维禹把二哥的一番好意完全告诉了她,她还是不能原谅老头子的寡情绝义。（戴厚英,《流泪的淮河》）

上面的例（419）~例（422）与前面的例（414）~例（418）不一样的地方主要在于后一个关联标记的位置。从以上实例来看,关联标记"但"、"但是"、"可"、"可是"、"而"和"然而"的居中程度要比"还"、"还是"、

"也"和"却"的高，因为前者必须位于后一分句的主语前，这是整个复句最中间的一个位置，而后者则必须位于后一分句的主语后，就整个复句而言这个位置就不那么中间了。此外，如果后一个关联标记是"不过"，则"不过"可能出现在主语前也可能出现在主语后，所以它的居中程度介于上述两类转折关联标记之间，例如：

（423）这项工作，涉及到的科研单位、生产厂、使用单位，总有一百多个，<u>虽说</u>上面还有柴局长牵头，那<u>不过</u>是挂名而已，实权都在岳拓夫手上。（张洁，《条件尚未成熟》）

（424）<u>虽说</u>也受过表扬，得过奖状，<u>不过</u>那都是咱公司内部的，连《新疆日报》也没上过。（张贤亮，《肖尔布拉克》）

第四，当前后分句的主语相同，且承接上文的时候，主语可以省略，即前后分句都不出现主语，关联标记直接出现在两个分句的句首。例如：

（425）<u>虽然</u>随时都可以跑掉，<u>但是</u>没有跑。（王小波，《黄金时代》）

上面这个例子就是主语省略，关联标记直接出现在前后分句的句首的情况，当然这种情况相对比较少见。

第五，有的时候，关联标记后面可以加上一个逗号，有可能前一个关联标记后加逗号或者后一个关联标记后加逗号，也有可能同时加逗号，但是此类情况一般限于关联标记位于分句的主语前面，如果关联标记出现在主语之后，则不可以在其后加逗号。此外，关联标记"虽""却""也""还""而""可"不可以在后面加上逗号，不管其位置在哪里。例如：

（426）<u>虽然</u>，政府在80年代末面对高收入阶层制定了收入调节税制度，<u>但是</u>，并没有发挥多大实际作用。（1994年报刊精选，北大语料库）

（427）<u>虽然</u>，竞技场上的胜利者未必都有太多的坎坷，<u>但是</u>李小双却没能躲过失败的磨难。（《人民日报》1996年7月）

（428）<u>虽然</u>一般人认为，自言自语是神经病的症状，<u>不过</u>，自言自语倒也是保持神智正常的好方法。（《哈佛管理培训系列全集》）

(429) 虽然, 中草药恢复了他往日的容颜, 手上, 脚上的伤痕却成了永久的纪念。(1994年报刊精选, 北大语料库)

(430) *虽, 没有语言, 却, 坦荡无私。

第六, 转折复句关联标记所在的各个分句之间的语序有两种情况。一般是偏句在前, 正句在后, 这种情况适用于居端依赖式、居中粘接式或者完整的前后配套式 (即前后两个关联标记都需要出现), 例如:

(431) 我虽然是有罪的人, 想是会原谅我的。(梁斌,《红旗谱》)
(432) 他看见几十棵大枪, 但是不敢捡。(周立波,《暴风骤雨》)
(433) 我虽然不在这一带工作, 但是还有一些个别力量可以使用。(梁斌,《红旗谱》)

上面的三个例子都是偏句在前, 正句在后, 我们看到, 三种标记模式都是适用的。但是如果把语序颠倒一下, 让正句在前, 偏句在后的话, 那么就只能有一种关联标记模式适用, 就是居中粘接式, 即前面的正句不能用关联标记, 而后面的偏句必须用关联标记, 例如:

(434) 她给我的印象不错, 虽然还有点孩子气。(罗广斌、杨益言,《红岩》)
(435) 我不无惶恐, 尽管我确实没有借过。(余秋雨,《文化苦旅》)

由此看来, 转折复句的语序是可以有变化的, 但是语序变化之后, 关联标记模式也会发生变化, 如果我们需要把正常的转折复句的"偏—正"顺序进行颠倒的话, 那么所有关联标记一律需要使用居中粘接式的标记模式, 而且关联标记必须出现在后一分句的最前面, 不可以省略, 也不能放在主语之后。语序变化之后, 复句的主要意思不变, 但仍然与变化前有一些细微的差别, 这种语序的调换更多的是出于语用的需要。如果把偏句放在后面, 那么这一复句就带有强调偏句的意味。其实这一点也间接证明了居中粘接式的强大。

第七, 有的前后配套式中的关联标记可以不止两个, 达到三个甚至四个。例如:

(436) 尽管没有什么人间的法律和道义把他们拴在一起, 尽管他们连一次手也没有握过, 他们却完完全全地占有着对方。(张洁,《爱, 是不能

忘记的》）

（437）我们虽然不晓得故事的内容，但是我们的情感，却能随着她的动作，起了共鸣！（冰心，《观舞记》）

3.5.2.4 小结

从我们以上的分析来看，对转折复句的关联标记模式情况，可以得到以下一些认识。

第一，在转折复句中，居端依赖式仍然是最弱势的一种标记模式，虽然有几个关联标记有这种标记模式，但是，只有"虽"一个关联标记是只有居端依赖式的用法的，其他几个单用的关联标记都还有居中粘接式或者与别的关联标记合用组成前后配套式的用法。

第二，在转折复句中，居中粘接式也是最强势的一种标记模式。除了"虽"之外，其他所有单用的转折关联标记都有这种模式，而且有些关联标记还只有这一种标记模式，如"但""但是""可""可是"等。此外，在标准居中粘接式的基础上衍生出的三种不同的变体，其适用面都很广。

第三，在转折复句中，前后配套式的关联标记模式使用频率介于居端依赖式和居中粘接式之间。

第四，转折复句分句之间的语序对关联标记模式的影响比较大，不管是居端依赖式还是前后配套式，如果要变换分句之间的常规语序的话，标记模式都需要变成居中粘接式。

第五，转折复句主语的异同对句中的关联标记位置影响不大，主要跟关联标记本身有关，如果后一个关联标记是"但"、"但是"、"可"、"可是"、"而"和"然而"的话，则这些关联标记的位置都在主语之前；如果后一个关联标记是"还"、"还是"、"也"和"却"的话，那么这些关联标记都位于主语之后。这两种情况的前一分句的关联标记都既可以在主语前也可以在主语后。

我们在前面讨论的连贯复句也好，递进复句或者选择复句也好，居端依赖式的关联标记模式都是一种很受排斥的模式，而居中粘接式则是一种最受欢迎的模式。在转折复句中，也是一样的情况。

造成这个局面的原因，一方面跟居端依赖式和转折复句本身的特点有关。前文我们已经分析过,居端依赖式这种标记模式有一个天然的致命弱点,那就是关联标记离后一分句的距离太远,不容易反映前后之间的转折关系,大脑对这种模式的信息加工处理难度也比较大。所以为了降低信息处理的难度,在转折复句中,我们往往会在后一分句的句首再加上一个转折关联标记,从而形成前后配套式。而居中粘接式适用性强,是因为在转折复句中,前后两个分句的意思相对或者相反,此时在后一个分句的句首加一个关联标记来标示这种转折关系是一个最经济的办法,大脑处理起来也是最容易的。这就好比马路大转弯的时候,在离转弯最近拐点处立一个标识牌提醒司机要转弯了,这种做法既经济实惠效果好,这就相当于居中粘接式;而如果在离转弯 500 米远的地方就立个标识牌提醒司机,在拐点处再立一个标识牌,这种做法效果当然更好,但成本也有所增加,就不那么经济了,这就相当于前后配套式;而如果仅在离转弯 500 米的地方立个牌子,而在拐点处则不再立提示牌,这种效果将是最差的,因为司机一直要想着"要拐弯了,要拐弯了",而且五百米到底有多长也不好判断,这就反而加重了他的心理负担,使其分神进而发生事故,这就相当于居端依赖式,这是效果最差的一种标记方式,因此没有被广泛采用。而且这种标记方式相当于是在信息处理最容易的地方用了关联标记,而在信息处理更难的地方反而没有用标记,这就违反了"难度标记对应律"。这就是居端依赖式的标记模式在转折复句中不那么常见的原因。

另一方面,这一局面的出现也跟居中粘接式的特点和转折复句本身的特点有关。转折复句的特点在上面已经提到了,即前后两个分句语意相反或者形成对照,而采用居中粘接式的关联标记位于复句的中间,刚好能够把后面一个分句与前面分句粘接起来构成一个整体,既符合"象似性"原则,又符合"经济省力"原则,而且还符合"联系项居中"原则。所以这种关联标记模式在转折关系复句很强势。前后配套式虽然也符合"象似性"原则,但是相对来说就没有居中粘接式那么经济省力。而居端依赖式既不符合"象似性"原则,又不符合"经济省力"原则,而且还违背了"联系项居中原则"。因此,在表示转折关系的关联标记中,这三种标记模式的使用频率呈以下序列:

居中粘接式 > 前后配套式 > 居端依赖式

3.6 条件复句的关联标记模式

3.6.1 条件复句使用的主要关联标记

在复句的分类中，学界对条件复句的态度或者说观点还是有一些分歧的，虽然大部分学者都承认有这么一类复句，但对于此类复句的范围则各有差异。

我们先来看看条件复句的定义。邢福义先生在《汉语复句研究》中对此说的是："条件性因果推断句的简称，以条件为根据推断某种结果……这类复句也以虚拟性原因作为推断前提，但是着重强调所虚拟的原因是条件"，"代表形式标志是'只有……才……'和'只要……就……'"。（邢福义，2001：41）胡裕树主编的《现代汉语》教材对此则是这样定义的："条件关系可分为三种：一种是假设的条件；一种是特定的条件；还有一种是'无条件'，无条件也是一种条件。"（胡裕树，1995：368）从这个定义可以看出，胡裕树先生的观点是把我们一般意义上所说的条件复句和假设复句合在一起当作条件复句来看待。邵敬敏主编的《现代汉语通论》给出的条件复句的定义是："前分句说出某种条件，后续分句说出该条件得到的结果。分句之间是'条件……结果'关系"，并且，他把条件句分为假设条件句、特定条件句和周遍条件句三类。所谓假设条件句，指的是前行分句说出一种假设条件，后续分句说出假设条件满足后产生的结果，分句之间是"假设条件—结果"的关系，代表形式是"如果……就……"。而特定条件句又分为充足条件句和必要条件句，充足条件句指的是前行分句说出的是充足条件，满足了这个条件，就会产生后续分句说出的结果，但其他条件也又有可能导致该结果的产生，分句之间是"充足条件—结果"关系，代表形式是"只要……就……"；必要条件句指的是：前行分句说出的是必要条件，不满足这个条件，就不会产生后续分句说出的结果，分句之间是"必要条件……结果……"关系，代表形式是"只有……才……"。所谓的周遍条件句指的是前行分句中使用具有周遍意义的形式提出某个范围内的所有条件，后续分句说出这个范围内的所有情况都只有一个相同结果，分句之间是"所有条件—结果"关系,代表形式是"无论/不管……也/都"。(邵敬敏,2001:254)从这个分类来看,邵敬敏先生也主张把我们一般所说的条件复句(也即上面的特定条件句)和假设复句(也即上面的假设条件句)合并成一类,这跟胡裕树先生的观点是一致的。黄廖本的《现代汉语》教材给出的定义则是:"偏句提出条件,证据表示在满足条件的情况下所产生的结果。条件关系分有条件和无条件两类,有条件又分充足条件和必要条件两类。"(黄伯荣、廖序东,2002:166)从黄廖本对条件复句的定义可以看出,其所说的有条件复句和无条件复句相当于邵敬敏先生所说的特定条件复句和周遍条件复句,也就是把假设复句单独分出来了,没有合并在条件复句中。北大版的《现代汉语》教材对条件复句的解释则是:"表示条件与结果的关系,这又可分三种情况,第一类是表示有条件的,从句中往往用连词'只要'、'只有';第二类是表示无条件的,从句总用'不管'、'无论'、'不论'、'任凭'等连词;第三类是表示排除条件的,从句中有连词'除非'。"王维贤等所著的《现代汉语复句新解》对条件句的理解则与其他都不太一样,其从句法和语义逻辑关系上进行定义:"从句法上看,条件句由条件小句和后果小句部分组成","从语序看,一般是条件在前,后果在后,在典型的条件句中,引出条件小句的一般是连词,连接后果小句的有连词,也有副词";"凡是条件句,分句之间都具有蕴涵关系"。(王维贤等,1994:80-82)从其定义和所举例子来看,条件句包含的范围相当广,一般我们所说的条件、因果、转折和假设等复句都可归入广义的条件句。此外,戴木金、黄江海编著的《关联词语词典》的定义则是:"前边分句说出一种条件,后边分句表示具备这种条件之后的结果。条件关系有两种:一种是唯一条件的,就是说出这种条件是必要的、唯一的;另一种是无条件的,就是说前边分句排斥一切条件,后边分句表示在任何条件下都会产生同样的结果。"(戴木金、黄江海,1988:3)从他的定义来看,条件复句主要包括充要条件复句和无条件复句两类,跟黄廖本的《现代汉语》中的定义比较接近。

从上面的论述看来,对条件复句的定义及其范围的界定,不同的学者之间的分歧是最大的,最主要的分歧在于该不该把我们一般所说的假设复句包含在条件复句中。这个分类界定确实不容易,在国际语言学界,条件复句一般都被称为条件句（conditional clauses）。Whaley（2009：253）指出，条件句的基础语义参数是真实（real）和非真实（unreal）条件，真实条件指的是具有潜在实现可能性的条件，它可能是一般的事实、当前的情况或者过去的情况，非真实条件指的是不可能实现的条件，它可能是理论上的（hypothetical）或者反事实的（counterfactual）。例如：

（438）a. If you can't beat them, join them.
　　　 b. If Bill is still at the office, he can finish the report.
　　　 c. If the Smiths drove quickly, they are home by now.
（439）a. If I were a rich man, I would fiddle all day long.
　　　 b. If Ted had been more responsible, they would arrived safely.

上面的例（438a）陈述的条件是一般事实，例（438b）陈述的条件是当前的情况，例（438c）陈述的是过去的情况，它们都属于真实条件，也就是有可能实现的条件。而例（439a）中的条件则是理论上的情况，例（439b）是反事实的情况，它们都属于非真实条件。

从上文国际语言学界的定义来看，真实条件句很像我们一般所说的条件复句，而非真实条件句则很像我们一般所说的假设复句。与国际上通行的做法对比来看，我们认为胡裕树和邵敬敏先生对条件复句的定义和范围界定更与国际接轨，所以我们也采取这种定义和范围界定方式，即不再分条件复句和假设复句两类，而是把两者合并成一类，统称为条件复句，其下辖三个小类，即假设条件复句、特定条件复句和无条件复句。

条件复句要表达出前后分句之间这种"条件—结果"的语义关系，基本上也都要借助关联标记，要不然就是出现在语境暗示很强的现场交际中，否则这种关系很难体现。比如"你不去，我不去"这句话，在某种特定的语境中，这句话可以表示"如果你不去的话，那我也不去"或者"只要你不去，我也不会去"这样的意思。但是如果没有这种特定的交际语境或者换一种语境的话，则这句话也很可能被理解成表示并列关系，比如："你不去，我不去，那谁去啊？"所以我们还是先来看看这三类条件复句使用的主要关联标记都有哪些。

在条件复句中，和其他的复句一样，关联标记既有单个使用的，也有两个配套使用的。我们先看看单个使用的条件关联标记的情况：

表示假设条件的单用关联标记主要有"的话""即使""即便""假如""假使""就算""如果""那么""万一""要是""哪怕"等。例如：

（440）有一天上海真的打起仗来的话，逃难到公共租界里来的人一定是很多的。（洪深，《咸鱼主义》）

（441）即使她不作声，她的存在对那些不注意时间的人，就是警告。（柯蓝，《早霞短笛》）

（442）即便是常常被人揶揄和奚落的"笨熊猫"孙大壮，心灵深处又何尝不是风光旖旎，气象万千呢。（李存葆，《山中，那十九座坟茔》）

（443）假如用这种干预坐牢、被杀和自杀的勇气去学习和工作，该可以做出多少出色的成绩！（秦牧，《十年》）

（444）假使初进北京时，自成听了李岩的话，使士卒不要懈怠而败了军纪，对于吴三桂等及早采取了笼络政策，清人断不至于那样快的便入了关。（郭沫若，《甲申三百年祭》）

（445）就算机器能弹，谁知道弹成个什样子！（马烽，《一架弹花机》）

（446）如果为了不值钱的老百姓而丢失了值钱的古物，岂不被洋大人所叹，而且要腾笑国际？（茅盾，《欢迎古物》）

（447）万一伤了和气，你的东家护得住你，护不住你？（欧阳山，《苦斗》）

（448）要是吴欢知道了他背地里偷偷地写诗，他会怎样地取笑他哟！（张洁，《谁生活得更美好》）

（449）两小时不做工作，赶不出一天该做的活儿，那么工资减少而被带工老板殴打，也就是分内的事了。（夏衍，《包身工》）

用于特定条件复句，实际上也即表示充足条件和表示必要条件的单用关联标记，主要有："只要""只有""除非""一旦""要不然""便""才""就"等，例如：

（450）只要他们存心买，林先生的营业是有把握的。（茅盾，《林家铺子》）

（451）只有大胆地破釜沉舟地跟他们拼，还许有翻身的那一天！（曹禺，《日出》）

（452）<u>除非</u>确实知道桂英和芳亮都已阵亡，这样的推测是十分合乎情理的。（姚雪垠，《李自成》）

（453）<u>一旦</u>他认为条件成熟需要干一气，他一把把事情抓在手里，教育这个，处理那个，俨然是一切人的上司。（王蒙，《组织部来了个年轻人》）

（454）你得不停地想点什么，<u>要不然</u>任何人都会恐惧的。（李佩甫，《羊的门》）

（455）把散文写好，我们<u>便</u>有了写评论、报告、信札、小说、话剧等等的顺手的工具了。（老舍，《散文重要》）

（456）明白了车夫的生活，<u>才</u>能发现车夫的思想与感情。（老舍，《怎样学习语言》）

（457）从生活中找语言，语言<u>就</u>有了根。（老舍，《怎样学习语言》）

用于无条件复句，也即表示在任何条件下都会发生的结果的单用关联标记主要有："不管""不论""无论""任凭"等。例如：

（458）<u>不管</u>角度如何变化，恐怕我们很难摆脱自身生理上的局限。（从维熙，《黄金岁月》）

（459）<u>不论</u>将来自己达到了一个什么样的辉煌的顶点，决不能把自己的才能当成商品！（张洁，《从森林里来的孩子》）

（460）<u>无论</u>何人要认识什么事物，除了同那个事物接触，即生活于（实践于）那个事物的环境中，是没有法子解决的。（毛泽东，《实践论》）

（461）他深切地相信：没有菩萨保佑，<u>任凭</u>你怎么刁钻古怪，弄来的钱财到底是不"作肉"的……（茅盾，《秋收》）

上面这些例子都是只用了一个关联标记的条件复句，虽然有不同小类之间的分别，但是关联标记所在的位置大多是前一分句，具体位置因关联标记的不同而不同。至于这些关联标记有些什么样的特点和模式，我们在后文再详细分析。

在表达条件这个语义关系的时候，大部分情况下，它使用的关联标记不止一个，往往是两个一起配套着使用，甚至可能出现三个关联标记套用的情况。所以我们接下来看一下条件复句中那些可以成套使用的关联标记。

我们还是跟上面的单用标记一样按不同小类来看，我们从专著教材和各类文章等资料收集到的常用的配套关联标记有下面这样一些：

表示假设条件关系的配套关联标记主要有"即使……也/还……""即便……也/还……""假如……那么/那……""假如……就……""就是……也……""就算……也/还（是）……""哪怕……也/都……""如果……那/那么……""如果……就/还/便……""倘若……那/就/便……""万一……就/便……""要是……那/就/便……""假如/如果/要是……的话……"等，例如：

（462）<u>即使</u>他不是长贵，她<u>也</u>愿意多听听他的故事（达理，《"亚细亚"的故事》）

（463）<u>即使</u>有了汽油灯，<u>还</u>只能照见小小的一块地方，余外全是昏暗，不知道有多么宽广。（叶圣陶，《记金华的两个岩洞》）

（464）这种喜爱<u>即便</u>有理由，<u>也</u>是出于无知和对艺术幼稚的曲解。（冯骥才，《雕花烟斗》）

（465）和兄弟厂、区社队、街道这些关系户打交道，应交给副厂长和科长们。这也可以留有余地，<u>即便</u>下边人捅了娄子，您<u>还</u>可以出来收场。（蒋子龙，《乔厂长上任记》）

（466）<u>假如</u>妻也有加丽亚的相貌、风度、趣味，<u>那</u>我该多幸福啊？（邓友梅，《在悬崖上》）

（467）<u>假如</u>我是个雕刻家了，我<u>就</u>要在玉石上模拟出她们的充满了活力的苗条灵动的身形。（冰心，《观舞记》）

（468）<u>假如</u>念了上面故事的人，是一个乞丐或者比乞丐景况还要好，<u>那么</u>，他大约要自愧弗如，或者愤慨于中国少有这样的乞丐。（鲁迅，《难答的问题》）

（469）他们都觉得，人是爹娘所生，养儿育女是本能，<u>就是</u>一世不生育，<u>也</u>不能去丢一次人。（古华，《芙蓉镇》）

（470）<u>就算</u>战争能获得一个天堂，我<u>也</u>不需要它。（欧阳山，《苦斗》）

（471）<u>就算</u>他还不够入党的条件，他担任情报站站长<u>还</u>是合适的。（刘心武，《钟鼓楼》）

（472）任何对这条路线<u>哪怕</u>是稍微一点的游离，<u>都</u>不可能逃脱他精密的计算。（陈世旭，《吝啬鬼》）

（473）他对于提起笔来，正在动脑筋做文章的人，永远怀着敬畏的心情，<u>哪怕</u>他的孙女伏在灯下做功课，他<u>也</u>喜欢在旁边静坐观看，和她同享创造的烦恼和愉快。（李国文，《改选》）

（474）<u>如果</u>经济制度竟改革了，<u>那</u>上文当然完全是废话。（鲁迅，《娜拉走后怎样》）

（475）<u>如果</u>一个局长级的干部下到一个小厂去当"芝麻官儿"，<u>那么</u>他（或她）将处于怎样不愉快、不自然的境地，哪怕是理发员，哪怕是刚学习用推子的徒工也是能想象的。（王蒙，《悠悠寸草心》）

（476）午后到黄昏，<u>如果</u>你是一个风景画家，<u>便</u>可随时捕捉到新鲜、奇丽的印象。（王统照，《青岛素描》）

（477）<u>如果</u>光是这样看问题，认识<u>还</u>只能停留在表面上。（马南邨，《书画同源的一例》）

（478）<u>如果</u>专用一个人做骨干，<u>就</u>可以没有这样的弊病的。（鲁迅，《我怎么做起小说来》）

（479）<u>倘若</u>现在父母并没有将什么精神上体质上的缺点交给子女，又不遇意外的事，子女<u>便</u>当然健康，总算已经达到了继续生命的目的。（鲁迅，《我们现在怎么做父母》）

（480）<u>倘若</u>农场周转不动，<u>就</u>宣布取消双薪吧！（欧阳山，《苦斗》）

（481）运命说之毫不足以治国平天下，是有明明白白的履历的。<u>倘若</u>还要用它来做工具，<u>那</u>中国的运命可真要"穷"极无聊了。（鲁迅，《运命》）

（482）<u>万一</u>能穿过这片采空区，<u>便</u>可找到一个自然通风井，……（孙少山，《八百米深处》）

（483）<u>万一</u>谁家的日子真的过不去了，你<u>就</u>开口；我姓杨的再困难，总还有碗饭吃，不能看着乡亲过不去。（慕湘，《晋阳秋》）

（484）<u>要是</u>有人走过他跟前，朝他看一眼，他<u>就</u>跳起来拉住了那人喊道："世界要反乱了！东北——东北方出了真命天子！"（茅盾，《残冬》）

（485）<u>要是</u>没有灯，<u>那</u>你千万不要来。（曹禺，《雷雨》）

（486）<u>要是</u>我回忆，我<u>便</u>知道，他是除我父母的影像之外，第一个印

入我记忆里的家庭成员以外的人。（张洁，《帮我写出一篇小说的人》）

（487）<u>要是</u>你能出去<u>的话</u>，千万想法把这情况告诉咱们的人，除了这一害。（峻青，《党员登记表》）

（488）<u>如果</u>按个人取得的战果评<u>的话</u>，我们副连长绝对可以评为战斗英雄！（李存葆，《高山下的花环》）

（489）<u>假如</u>现在英英还能站在云普叔面前<u>的话</u>，他真的像抱住这可怜的孩子嚎啕大哭一阵！（叶紫，《丰收》）

表示特定条件关系的配套关联标记主要有"只有……才……""一……就/便……""一旦……就/便……""只要……就/都/便/总……""除非……才……"等，例如：

（490）<u>只有</u>特别妥善地保护住劳动所创造的一切，那物质、财富与文明，<u>才</u>能发挥它的效用与威力。（玛拉沁夫，《缝纫鸟》）

（491）这个时候你<u>只要</u>立马了望，<u>便</u>可发现一些特别翠绿的圆点子，那就是蘑菇圈。（碧野，《天山景物记》）

（492）<u>只要</u>不怕转弯抹角，哪儿<u>都</u>走得到，用不着下河去。（朱自清，《威尼斯》）

（493）<u>只要</u>我能活下去，我<u>就</u>决不能让这个叛徒漏网。（峻青，《党员登记表》）

（494）<u>只要</u>一家子齐心干，光景<u>总</u>会好过的！（康濯，《我的两家房东》）

（495）凭他的经验，这种事情<u>一旦</u>被郭松这种人粘上手，<u>就</u>会比什么也要棘手，郭松这一关应付不过去，一切都将成为泡影。（慕湘，《晋阳秋》）

（496）她已经叮嘱了张奇林，一定从国外带回电子门铃和窥视镜来，<u>一旦</u>搬进楼房中的新居，他们的第一件事，<u>便</u>是装上那两样必不可少的东西。（刘心武，《钟鼓楼》）

（497）你<u>一</u>哭，我心<u>就</u>乱了。（周立波，《暴风骤雨》）

（498）我们一提起杜鹃，心头眼底便好像有说不尽的诗意。（郭沫若，《杜鹃》）

（499）<u>除非</u>车子的毛病太大，他无法整治了，<u>才</u>去向胡文发请教。（和谷岩，《枫》）

表示无条件关系的配套关联标记主要有"无论……都/也/总……""不论……也/都/就/总……""不管……也/都/就/总/还是……"等，例如：

（500）<u>无论</u>谁从石像下经过，<u>都</u>要站住，恭恭敬敬地鞠个躬，然后再走过去。（叶圣陶，《古代英雄的石像》）

（501）<u>无论</u>张腊月和她的队员们怎样苦苦劝留，说什么<u>也</u>留不住。（王汶石，《新结识的伙伴》）

（502）我<u>无论</u>是写什么，<u>总</u>希望能够充分地信赖大白话；即使去说明比较高深的道理，我也不接二连三地用术语。（老舍，《怎样学习语言》）

（503）<u>不论</u>谁到这儿，<u>都</u>会恍如置身神话境界，禁不住从心坎里发出赞叹：大理好。（曹靖华，《洱海一枝春》）

（504）<u>不论</u>你生的是男是女，<u>就</u>管他（她）叫"盼盼"吧！（李存葆，《高山下的花环》）

（505）<u>不论</u>是真是假，分给菊英这份地<u>也</u>不坏。（赵树理，《三里湾》）

（506）<u>不论</u>是误入歧途，还是迷途知返，<u>总</u>是危楼的儿女。（李国文，《危楼记事之三》）

（507）党对任何一个党员，<u>不管</u>他是哪一个级别的干部，<u>都</u>有指挥调动权。（蒋子龙，《乔厂长上任记》）

（508）<u>不管</u>他收买不收买，这个钱我们<u>还是</u>收下，记事是他个人的钱，就当做他对抗战的捐献。（慕湘，《晋阳秋》）

（509）<u>不管</u>什么地方出现反革命分子，<u>就</u>应当坚决消灭他。（毛泽东，《关于正确处理人民内部矛盾的问题》）

（510）今天晚上<u>不管</u>有多好的戏，他<u>也</u>不会看下去。（蒋子龙，《乔厂长上任记》）

（511）她又知道祖父的脾气，一见城中相熟粮子上人物，<u>不管</u>是马夫火夫，<u>总</u>会把过节时应有的颂祝说出。（沈从文，《边城》）

上面这些都是可以成双配套使用的条件关联标记，此外，也可能出现三个甚至是四个条件关联标记组合起来使用的例子，只是相对较少，例如：

(512)如果说刚才政法委书记宋生吉的电话让史元杰感到吃惊和意外的话,那么现在公安处长何波的电话则让史元杰感到不可思议和瞠目结舌。(张平,《十面埋伏》)

在这个例子中就出现了三个配套使用的关联标记"如果……的话……那么……"。这里我们说的多个关联标记配套使用,指的是单层复句,不包括多重复句,如果是多重复句的话,那关联标记就可以无限套叠使用了。类似例(512)这样的例子在现实生活中并不少见,尤其是表示假设条件的复句,经常会出现诸如"如果/假如/要是……的话……那/那么/就……"这样的多个关联标记连用的情况。接下来我们看看条件复句的关联标记模式有什么特点。

3.6.2 条件复句的关联标记模式

3.6.2.1 居端依赖式

我们首先看看条件复句关联标记模式中居端依赖式的情况。如前所述,居端依赖式有两种情况,一种是 S(Ms_1, s_2)式,另一种是 S(s_1, s_2M)式。居端依赖式的复句中关联标记只有一个,所以我们重点要考察的就是就是那些单个使用的关联标记。我们在上一节讨论了各小类条件复句中单用的关联标记主要有哪些,表示假设条件的单用关联标记主要有"的话""即使""即便""假如""假使""就算""如果""那么""万一""要是""哪怕"等,表示特定条件的单用关联标记主要有"只要""只有""除非""一旦""要不然""便""才""就"等,表示无条件的单用关联标记主要有"不管""不论""无论""任凭"等。我们现在就来看看这些单用的关联标记有什么特点。

在这些单用关联标记中,经过逐个考察后我们发现,除了"那么"、"要不然"、"便"、"才"和"就"这几个关联标记不适用于任何形式的居端依赖式外,其他的都有 S(Ms_1, s_2)形式的居端依赖式,如上面的例(441)~例(448)和例(450)~例(453)以及例(458)~例(461)。

这些例子都是比较典型的关联标记模式为居端依赖式的例子,其中,关联标记都位于前一分句的句首,而且都在主语的前面。当然,这不是说它们只能位于主语之前，只是说这是它们比较常出现的位置，除此之外，也有关联标记位于主语之后的情况。例如：

（513）三闾大夫，这脚镣手铐<u>假如</u>是有铜匙，我一定要替你打开的啦！（郭沫若，《屈原》）

（514）准备的衣服<u>如果</u>太旧，怕不经穿；<u>如果</u>太结实，怕洗来费劲。（杨绛，《干校六记》）

所以，当条件复句使用居端依赖式的关联标记模式时，关联标记可以在前面一个分句的主语前，也可以在主语后。至于究竟是关联标记在前还是主语在前，则需要根据上下文的语境来决定。从我们抽样调查的结果来看，条件关联标记主要还是用在主语之前，我们抽查了 200 个例子，其中 191 个关联标记在主语之前，只有 9 个关联标记在主语之后，根据抽样调查，关联标记用在主语前的情况占到了 95.5%，而用在主语后的只占 4.5%。

条件复句中最特殊的关联标记就是"的话"，其他的关联标记要么用在前一分句的句首，要么用在后一分句的句首位置，唯有"的话"不是用在句首位置，而是用在句末位置，可以是前一分句的句末，也可以是后一分句的句末。这就使得条件复句的关联标记模式跟其他复句类别不太一样，因为其他复句的关联标记的居端依赖式都只有 S（Ms_1，s_2）这种形式，而条件复句的关联标记的居端依赖式则出现了 S（s_1，s_2M）这种形式，这种形式在口语里比较常见，例如：

（515）你可以一个一个问过去，不嫌麻烦<u>的话</u>。
（516）你今晚可以在我这里将就一下，你不嫌弃<u>的话</u>。

这可以说是条件复句关联标记模式的最大特色。当然，"的话"也可以用在前一个分句的句末，但那就属于居中粘接式了，我们下面再讲。此外，它也经常跟"如果"和"假如"等关联标记合起来使用，构成前后配套式。其实它单独用在后一分句句末的情况在书面语中并不多见，这不是它的主要位置，只是它可以出现在这个位置。

其他那些可以用于居端依赖式中的条件关联标记，也并不是只能有这种标记模式中，很多时候，它们都采用居中粘接式，例如：

（517）我不料在这里意外地遇见朋友了，假如他现在还许我称他为朋友。（鲁迅，《在酒楼上》）

（518）一直的他奔了北长街去，试试看，万一曹先生已经回来了呢。（老舍，《骆驼祥子》）

关于居中粘接式的具体情况我们下面再讲，这里只先提一下。在有些情况中，一些关联标记的用法表面上看起来像是居端依赖式，但仔细分析一下就会发现不是，例如：

（519）完全可以不分别，永不分别！玫！只要你说一声同我一道走，我的小姑娘。（宗璞，《红豆》）

（520）她没有接住。不管有意还是无意，反正，小钱撒了一地。（张洁，《谁生活得更美好》）

上面这两个例子中的"只要"和"不管"，其用法表面上看似乎属于居端依赖式的标记模式，因为它们前面有一个句号，其前后文看起来像是两个独立的句子，但是认真分析一下就会发现，这两个句子并不是完全独立的，后面由"只要"和"不管"引导的句子是用来补充说明前面句子所说内容的条件。在形式上，"只要"和"不管"使得其所在的句子跟前面的句子之间形成一种依赖关系，如果没有前面的句子，则后面的句子意思就不完整，关联标记的出现也显得很突兀。从前后两个句子所构成的整体来看，此两例中的关联标记所在位置正好是正中间，所以这种用法实际上是一种居中粘接式的变体。

从我们考察的情况来看，条件复句中的关联标记采用居端依赖式的情况还算比较多，"即使""即便""假如""假使""就算""哪怕""如果""万一""要是""只要""只有""除非""一旦""不管""不论""无论""任凭"这些关联标记都能用于前一分句，构成居端依赖式，而且它们单用的时候，这种标记模式是它们的主要用法，只在有特殊语用需要的时候才采用居中粘接式，比如为了强调或者补充说明。条件复句的关联标记没有只能用居端依赖式的，基本上这些标记都既有居端依赖式也有居中粘接式的用法。与其他复句类型不同，条件复句关联标记的居端依赖式的特点是，S（Ms_1，s_2）形式的的居端依赖式和S（s_1，s_2M）形式的居端依赖式二者兼备，不像其他类型的复句只有前者。

总的来说，在条件关系的复句中，居端依赖式的关联标记模式也不是一个太强势的标记模式，因为并不是所有的关联标记都有这种标记模式，也没有专门采用这种标记模式的关联标记。但相对于转折复句来说，居端依赖式对于条件复句可能会更合适一些，因为那些可以用于前一分句句首的条件关联标记，句首就是它们的主要位置。

3.6.2.2 居中粘接式

上面我们分析了条件关系复句中居端依赖式的关联标记模式，接下来我们再看看居中粘接式的情况。

在前面我们已经提到，居中粘接式有两种情况：一种是S（s_1M，s_2）式，另一种是S（s_1，Ms_2）式。居中粘接式的关联标记模式只有一个关联标记，所以我们要考察的仍然是那些单用的关联标记。从我们考察的情况来看，所有这些可以单用的条件关联标记，无一例外都有居中粘接式这种关联标记模式的用法，只是各自居中的程度不同而已。其中"那么"、"要不然"、"便"、"才"和"就"的居中程度更高，因为它们都只有居中粘接式这一种标记模式，而没有居端依赖式，如上面的例（454）~例（457）和例（449）。而这其中，我们又可以根据是否可以停顿（即其后是否可以加逗号）和是否可以出现在主语后的标准来进一步区分这几个只有居中粘接式用法的关联标记的居中程度，也就是说，"关联标记后边不能停顿的，比后边可以停顿的居中程度要低"，"后句主语前边的关联标记，居中程度总比主语后边的高"（储泽祥、陶伏平，2008）。由此，我们可以按照它们的居中程度，按从大到小排列为以下序列：

（521）那么 > 要不然 > 才、就、便

因为"那么"和"要不然"都可以与其所在分句中间有停顿，而"才、就、便"不可以，而且"才、就、便"只能出现在后句的主语之后，所以"那么"和"要不然"的居中程度更高。"要不然"可以出现在后句的主语前也可以出现在主语后，而"那么"则只能出现在后句的主语前，所以"那么"的居中程度最高，"要不然"其次，"才、就、便"三个内部区别不

大，所以我们把它们并列排在"要不然"之后。例如：

（522）对一个词的词义系统掌握得越全面、越完整，<u>那么</u>，对这个词的理解也就越深刻，运用得也就越准确，越灵活。(《中国儿童百科全书》)

（523）作为一个领导人，在运用公关手段建立自己形象时，一定要树立起自己真实的形象，切不可以假象来欺骗民众，<u>要不然</u>，最后毁掉的是自己。(《哈佛管理培训系列全集》)

（524）纯粹为了你们，我<u>要不然</u>不会放上来的。(出自网络文章)

（525）这正如地上的路，其实地上本没有路，走的人多了，也<u>便</u>成了路。(鲁迅，《故乡》)

（526）收拾了蒋匪，我<u>就</u>回来的，不用惦念我。(周立波，《暴风骤雨》)

（527）有了铁，动物的生命<u>才</u>有保证。(高士其，《天石》)

如果我们再把那些也有居端依赖式的关联标记考虑进来的话，按居中程度从大到小，我们可以得到下面这样一个序列：

（528）那么＞要不然＞才、就、便＞的话＞即使、即便、假如、假使、如果、万一、要是、只要、只有、除非＞就算、哪怕、任凭、一旦、无论、不管、不论

关联标记"的话"的主要位置还是前一分句的句末，属于 $S(s_1M, s_2)$ 式的居中粘接式，其用在后一分句句末的用法只是偶尔出现，表示一种补充说明的意味。所以它的居中程度应该比那些平常一般放在句首，偶尔放在句中的关联标记要高，但是比只能放在中间位置的关联标记要低。从我们在北大语料库搜索的情况来看，"即使、即便、假如、假使、如果、万一、要是、只要、只有、除非"等关联标记，当它们出现在居中位置的时候，它们与后一分句之间可以有停顿，而"就算、任凭、一旦、无论、不管、不论"等则一般与后句之间没有停顿，当它们出现在居中位置的时候，基本都位于后一分句的句首，由此可以判断前者的居中程度要高于后者。

在居中粘接式这种关联标记模式中，条件复句的情况是所有这些复句类型当中最特殊的。其他复句都只有 $S(s_1, Ms_2)$ 这种关联标记附着在后一分句句首形式的居中粘接式，而没有 $S(s_1M, s_2)$，即关联标记附着在前

一分句的句末这种形式的居中粘接式。而条件复句则是这两种形式的居中粘接式都有。这一特点主要是由条件关联标记"的话"带来的，例如：

（529）几万人的体育场要完全坐满<u>的话</u>，请群众演员的花费就要大得惊人。（卞庆奎，《中国北漂艺人生存实录》）

对这些关联标记的居中粘接式的标记模式的使用情况，这里有几种情况需要说明一下。有的关联标记的某些用法表面上看起来似乎很像是居端依赖式，但是实际上我们分析一下就可以确定，它们其实更符合居中粘接式的标记模式情况。例如：

（530）或者有人说这是禅宗祖师的话，与净土宗稍有不同。<u>那么</u>不妨再举莲池大师的《普劝念佛之三》的一段文章来作佐证。（《佛法修正心要》）

（531）一下课，我就去求老师，给我一点活干吧。<u>哪怕</u>是打扫卫生。否则，我真会被这安静给憋死。（1994年报刊精选，北大语料库）

从上面的两个例子中我们可以看到，虽然从表面形式上看，"那么"和"哪怕"符合居端依赖式，因为关联标记出现在句子的最前面，但是结合上下文来看就会发现，实际情况并非如此，例（530）中的"那么"所在的句子是紧接着前面内容说的，前面一个句子说的是有人不认同作者的观点，这是前提条件，据此，作者就又进行了举例说明，前后两句之间的关系通过关联标记"那么"来体现。例（531）中的"哪怕"所在的句子表示一种让步假设，放在这里带有补充说明的作用，也是为了强调它前面那个句子所表达的意思。"哪怕"所在的这整个句子都是跟前面一句紧密联系在一起的，没有前面的句子，这个句子也无所依附，所以两句话构成了一个整体。因此，从位置上来看，上面两个例子中的关联标记"那么"和"哪怕"得用法应该是跨句子的居中粘接式，也就是我们说的标准居中粘接式的变体。"那么"和"哪怕"在这里表示的是一种跨句之间的条件关系，而不是复句内部的条件关系，这种情况在形式和意义上跟第二章中我们论述的标准居中粘接式标记模式的本质是一致的，因此从这个角度来看，它们仍然属于居中粘接式的，而不属于居端依赖式。

从上文来看，条件关联标记的居中粘接式连接的不仅可以是复句内部的分句，也可以是复句与单句或者复句与复句，甚至是句群和段落，这也说明，居中粘接式的关联标记模式，不仅仅是复句的关联标记模式，还是一种适用于篇章衔接的标记模式。

我们在前面讨论到，在条件复句的居中粘接式中，除了两种标准的居中粘接式，即 S（s_1，Ms_2）式和 S（s_1M，s_2）式之外，还有三种变体，第一种是 S$_{变体一}$（S_1。MS_2），第二种是 S$_{变体二}$（S_1。M，S_2），第三种是 S$_{变体三}$（s_1，M，s_2）。在条件复句中，也存在着这几种情况，例如：

（532）合约上没有你的签字，你们又没有同姚明签合同。<u>那么</u>你们怎么得到自己的那一份利益呢？（姚明，《我的世界我的梦》）

（533）我只希望有切实的人，肯译几部世界上已有定评的关于唯物史观的书——至少，是一部简单浅显的，两部精密的——还要一两本反对的著作。<u>那么</u>，争论起来，可以省说许多话。（鲁迅，《文学的阶级性》）

（534）再说，在激烈运动时，血液对肌肉所需要的氧气会供应不足，<u>那么</u>，肌肉细胞就必须调动葡萄糖的分解来产生能量。（《中国儿童百科全书》）

经过逐一考察后我们发现，在所有有居中粘接式的单用转折关联标记中，"才""就""便""就算""哪怕""任凭""一旦""无论""不管""不论"这些关联标记没有 S$_{变体二}$（S_1。M，S_2）和 S$_{变体三}$（s_1，M，s_2）形式的用法。其他的关联标记都能有这三种居中粘接式的变体的用法，只不过这几个变体的使用频率是不一样的，从调查的结果看，在条件复句中，这几个变体的使用频率整体上大致呈如下序列：

（535）S$_{变体一}$（S_1。MS_2）＞S$_{变体三}$（s_1，M，s_2）＞S$_{变体二}$（S_1。M，S_2）

这一序列跟前面的转折复句不太一样，使用频率最高的是变体一 S$_{变体一}$（S_1。MS_2），次高的是变体三 S$_{变体三}$（s_1，M，s_2），变体二 S$_{变体二}$（S_1。M，S_2）的使用频率最低。变体一 S$_{变体一}$（S_1。MS_2）式不仅从关联标记使用例子的数量上来看是三者中最多的，而且适用于这个变体的关联标记也是最多的，所有有居中粘接式的条件关联标记都有这种形式的用法，有的甚至只有这种用法，比如我们前面提到的"才""就""便""就算""哪怕""任凭""一旦""无论""不管""不论"，这些关联标记在我们的调查中，其居中粘接式变体的用法就只有这一种，而没有另外两个变体的用法。在关联标记例子的数量上变体三式 S$_{变体三}$（s$_1$，M，s$_2$）是三者中第二多的，但是相对变式一来说，其出现频率较低，相差非常悬殊，而变体二式 S$_{变体二}$（S$_1$。M，S$_2$）则是出现频率最低，而且有这个模式的关联标记也是最少的，只有少数的关联标记有变体二这种用法，比如：

（536）像任何事物一样，地球也要经历诞生、发展、衰亡的过程。<u>那么</u>，地球未来的命运究竟如何呢？这主要取决于地球内部变化及外部条件。（《中国儿童百科全书》）

当然，这个序列是通过考察所有具有居中粘接式标记模式的条件关联标记，得出的一个倾向性共性序列，不是绝对的。因为有些关联标记没有变体二和变体三的用法，所以这两个变体使用频率的高低是通过统计那些有这种用法的关联标记的实例来判断的，因此并不是所有的条件关联标记都完全遵循这个序列。

在条件复句的居中粘接式这种关联标记模式中，出现上述等级序列的理据其实跟并列复句和连贯复句等其他复句的情况很相似。首先从那些变体的构式本身来看，变体一 S$_{变体一}$（S$_1$。MS$_2$）中的关联标记与后面的句子结合得更紧密。而变体二 S$_{变体二}$（S$_1$。M，S$_2$）和变体三 S$_{变体三}$（s$_1$，M，s$_2$）中的关联标记与后面的句子有逗号隔开，与后面的句子结合得没那么紧密，相对独立性更大，居中程度也更高。这样就从构式上决定了有变体一这种构式的关联标记居中程度低，呈现出依附性更强、独立性较弱的特点，而有变体二和变体三用法的关联标记则刚好相反，多呈现出居中程度高、独立性相对较强而依附性较弱的特点。这就决定了基本上大部分表条件关系的关联标记都能有 S$_{变体一}$（S$_1$。MS$_2$）这种用法，而那种虚化程度较低，独立性强一些的关联标记才有变体二和变体三的用法，如"才"、"就"和"便"等这样很虚的关联标记就与此要求不相符，因而就没有变体二和变体三的用法。对于同一个关联标记而言，这种倾向性部分源于居中粘接式的变体二和变体三中的逗号让关联标记与后面的句子分开了，这就大大削弱了它们的粘接作用，从而让变体二和变体三的使用更受限，出现频率也就更低。而在条件复句中，变体二 S$_{变体二}$（S$_1$。M，S$_2$）比变体三 S$_{变体三}$（s$_1$，M，

s_2）更受限，出现频率更低，则是因为条件复句能有两个变体模式的关联标记绝大部分都更常用于前一分句句首的，只是因为语用的需要，前后分句的语序发生了颠倒，才出现了这种用法。但就算语序颠倒了，两个分句毕竟仍然在一个句子的内部，所以一般来说，我们不太会把前后分句用句号断开，并且在关联标记后面再加上一个逗号，这么做会使得前后分句结合得没那么紧密，不能很好地表达前后分句之间的条件关系。而且我们前面提到，如果语句需要关联标记跟后分句之间用逗号隔开的话，这就要求关联标记有更高的居中程度和独立性，尤其是变体二这种用法，其要求关联标记具有的居中程度和独立性要比变体三更高，因为在这种用法中，关联标记实际上出现在两个句子中间，而变体三仍在一个句子的内部。相对的，我们从前面论述的那些关联标记的居中程度序列可以看到，除了"那么"和"要不然"之外，其他能出现在这两个变体中的关联标记，其居中程度都不是很高，这样我们也就能理解为什么这三个变体的使用频率呈现出这样的序列。其实，（535）这个序列跟前面（528）那个条件关联标记的居中程度序列是大致相对应的，根据停顿的标准，三个变体对关联标记的居中程度的要求，变体二的要求最高，其次是变体三，居中程度要求最低的是变体一。也就是说，序列（528）中，有变体一用法的关联标记是最多的，有变体三用法的少一些，有变体二用法的就更少了。

但是在序列（528）中，我们还会发现，居中程度比较高的"才、就、便"没有变体二和变体三的用法，这可能跟汉语的节律有关系。在现代汉语中，词语以双音节为主，所以双音节的词语使用起来比较自由，而单音节的词语使用起来比较受限制，尤其是在单用的时候。而这个序列中的变体二和变体三又正好是关联标记与前后文都有标点符号隔开了，这使其成为一个相对独立的语言单位，也正因为如此，上面这些单音节的关联标记就不太适用于这两种变体的用法。另外，关联标记"的话"虽然居中程度也不算低，但它只有标准的 S（s_1M，s_2）式的居中粘接式，而没有三个变体中任何一个。这主要是因为，"的话"只能附着在句末，必须跟前面分句连在一起才有意义。

当然，如果把 S（s_1，Ms_2）形式的标准居中粘接式也拿进来比较的话，我们就会发现在使用频率上它远远高于这几种变体。从以上的分析我们可以看出，在条件复句的关联标记中，除了"的话"之外，其他所有单用的主要标记都有居中粘接式的标准式 $S(s_1, Ms_2)$ 这种标记模式，而其中的大部分还有居中粘接式的变体标记模式，但是 $S_{变体二}(S_1。M, S_2)$ 和 $S_{变体三}(s_1, M, s_2)$ 的使用比较受限，有的关联标记没有这两种用法。同样，这说明居中粘接式是一种很强势的标记模式，它不仅能用在复句内部，还能用在句群和篇章的层面。

3.6.2.3 前后配套式

前面我们论述了条件复句中的居端依赖式和居中粘接式两种关联标记模式的情况，下面我们来分析条件复句中的前后配套式这种关联标记模式的情况。

条件复句的前后配套式跟其他复句类型的一样，有其共性的东西。正如我们前面所论述的，从逻辑形式上看，前后配套式有四种不同的可能表现形式：① $S(M_1s_1, M_2s_2)$，② $S(s_1M_1, s_2M_2)$，③ $S(M_1s_1, s_2M_2)$，④ $S(s_1M_1, M_2s_2)$。

从我们考察的结果来看，普通话里面条件复句的前后配套式的关联标记模式与其他类型的复句有很大的不同。其他的复句类型都只有第一种 $S(M_1s_1, M_2s_2)$ 这种形式的前后配套式，其他三种形式的标记模式不存在。但是条件复句则不太一样，它不仅跟其他复句类型一样有第一种形式的标记模式，而且还有第四种 $S(s_1M_1, M_2s_2)$ 形式的标记模式，此外还另有三种不同形式的前后配套式标记模式，那就是 $S(M_1s_1M_2, s_2)$、$S(s_1, M_1s_2M_2)$ 和 $S(M_1s_1M_2, M_3s_2)$，这三种模式都是由关联标记"的话"带来的，例如：

（537）<u>假如</u>敌人追上了，<u>就</u>跳到水里去死吧！（孙犁，《荷花淀》）

（538）<u>比如</u>，你在大的跨国公司、投资机构、银行证券机构工作过<u>的话</u>，<u>那么</u>你的履历将会非常有说服力。（《MBA 宝典》）

（539）<u>如果</u>不是叛徒出卖<u>的话</u>，敌人怎么会知道老赵藏的地方呢？（峻青，《党员登记表》）

（540）妹妹嘴角挂上了一丝笑容，一丝涩苦的笑容，几天来的第一次笑，<u>如果</u>那种惨然的表情也能算是笑容<u>的话</u>。（梁晓声，《这是一片神奇的

土地》)

（541）<u>如果</u>您实在寂寞<u>的话</u>，<u>就</u>来部队住上几天，这里虽然没有山茶花陪伴着您，但有更好、更美的人！（宋学武，《敬礼！妈妈！》）

上面的的例（537）就是最常见的第一种形式的前后配套式，这也是其他所有类别复句都有的一种关联标记模式。例（538）则是上面说的第四种形式的前后配套式，这个形式的标记模式是条件复句特有的。而例（539）~例（541）则是我们之前提到的三种其他复句类型所没有的标记模式，而且也不是我们上面说的四种逻辑形式中的任何一种。我们从例子可以看到，除了第一种形式的标记模式，条件复句中的其他四种前后配套式都是由关联标记"的话"与表示假设条件关系的单用或者配套关联标记合用，从而构成前后配套式的，如上面的例子中，"的话"分别跟"那么"和"如果"组成了前后配套式，除了这两个条件关联标记之外，"的话"还可以跟"假如""要是"等配套使用，例如：

（542）<u>假如</u>真有城隍老爷<u>的话</u>，他一定引我为知己。（曹聚仁，《城隍出巡》)

（543）<u>要是</u>那么大的家业都保不住<u>的话</u>，你这点小意思倒反而保得住么？（欧阳山，《苦斗》）

其实"的话"也不仅仅是只能跟表示假设条件关系的标记配套使用，也可以和表示特定条件关系的标记配套使用，但一般不太和表示无条件的关联标记配套使用，例如：

（544）那样做<u>的话</u>，<u>才</u>是怀着恶意呢。（威廉·莎士比亚 著，朱生豪 译，《罗密欧与朱丽叶》）

（545）<u>只要</u>有新的队员能够顶替我<u>的话</u>，这肯定是我最后一次参加奥运会。（新华社2004年新闻稿）

（546）<u>只要</u>具体了解<u>的话</u>，<u>就</u>能有信心地向部属说明细节，让部属容易理解（诊断）。(《哈佛管理培训系列全集》）

从上面论述的情况来看，关联标记"的话"可以跟表示假设条件和表示特定条件的单用或者双用关联标记构成不同形式的前后配套式标记模式，它们分别是：S（s_1M_1, M_2s_2）、S（$M_1s_1M_2$, s_2）、S（s_1, $M_1s_2M_2$）和 S（$M_1s_1M_2$, M_3s_2）。这使得条件复句的前后配套式关联标记模式比别的复句类型的前后配套式形式丰富许多。

我们在前面讨论别的复句关联标记模式的时候提到，在前后配套式的关联标记模式中，分句的主语有的时候会在关联标记的前面，有的时候会在关联标记的后面。这里我们就来分析一下条件复句中的主语位置情况。

经过考察，在条件复句中，前后配套式关联标记模式与主语有关的特点和规则主要有以下一些：

第一，一般情况下，如果前后两个分句的主语相同的话，则主语一般在前一个分句，第一个关联标记在主语之前位于句首，第二个关联标记则位于后一分句的句首。这种情况最多，例如：

（547）假如我们能有一种机会，偶然走到一个猛人的近旁，便可以看见这时包围者的脸面和言动，和对付别人的人们的时候有怎样的不同。（鲁迅，《扣丝杂感》）

（548）只要他在其位，就可以在处理政府的日常工作中，保持某种明智，对受到威胁的干部给一定保护，可以减轻数百万人的痛苦。（金冲及，《周恩来传》）

（549）无论姚明是否达到了那种成功的境界，都不会改变他的一个愿望：寻找他的昔日队友并说："你好，祝你好运和保重。"（姚明，《我的世界我的梦》）

除了上面这种情况之外，还有可能前后主语相同，主语只出现在前一分句，第一个关联标记位于前一分句的主语之后，后一分句的关联标记位于其所在分句的句首。这样的用法也不少。例如：

（550）现在的迫击炮无论在数量还是品种型号上，都在炮中名列前茅，已经出现了线膛迫击炮，曲、平两用迫击炮，自动连发迫击炮等等。（《中国儿童百科全书》）

也有主语出现在后一个分句，此时第一个关联标记位于前一分句的句

首,第二个关联标记位于后一分句的主语之后,这种用法的例子相对比较少,例如:

(551)<u>无论</u>是庆贺劳动的收获,或是欢庆战争的胜利,大家<u>都</u>要聚在一起跳舞。(《中国儿童百科全书》)

除以上情况外,主语也可以位于后一分句,此时第一个关联标记位于前一分句的句首,第二个关联标记位于后一分句的主语之前,这种用法的例子更少,基本上只有后一个关联标记是"那么"的时候才会出现这种情况,例如:

(552)<u>如果</u>把它的自转轴看作它的"躯干"方向,<u>那么</u>它不是立着自转,而是躺着自转的。(《中国儿童百科全书》)

(553)<u>假如</u>将公车和私车同等对待,起码在车牌上不加区别,<u>那么</u>私车所受的"卡"、"宰"还可能少些。(1994年报刊精选,北大语料库)

所以总体来看,当前后主语相同,最常见的还是主语位于前一分句的情况,这个时候关联标记可能在主语前,也可能在主语后,但是在条件复句中,以关联标记位于主语前更为多见。主语和关联标记的相对位置问题引出了我们的第二点结论。

第二,主语和关联标记,谁在话语中起着连接作用,谁就放在前面。例如(552)这句话在其实际的上下文中,它的前面其实还有一句话:"天王星的自转周期为15.5小时,但自转运动非常奇特。"正是因为有这句话作为背景,所以后面陈述"天王星自传的奇特性"这个话题的时候就用了代词"它"来指代天王星,这样就可以把"如果"放在最前面来做出对天王星的假设,而把主语"它"放在后一分句也不会造成理解上的困难。例(550)中的主语放在最前面,关联标记在主语后面,是因为这里的主语"现在的迫击炮"也是整个句子的话题,后面的分句都是在陈述说明这个话题,所以如果不把主语放在前面,这个话题辖域就无法统领整个复句。其实说到底,主语和关联标记的相对位置是由上下文的语境决定的。至于主语是放在前一分句还是放在后一分句,也是由这个规则决定的。所以总的来说,如果是需要跟上文语境中的话题衔接的话,就需要把主语放在前一个分句,如果需要与上文有结构上的衔接的话，就把关联标记放在前面。

第三，当前后分句的主语不相同，而且后一个关联标记是"才"、"就"、"便"、"也"、"还"、"总"、"都"和"还是"等时，不管前一个关联标记是什么，绝大部分的位置情况都是第一个关联标记位于前一分句的主语之前，而第二个关联标记位于后一分句的主语之后。例如：

（554）无论王治郅在练习中投篮还是做其它事情，教练都会说，"打得很差！"或者"你为什么这样做？"（姚明，《我的世界我的梦》）

（555）现在想清楚了，于是又拨了她的手机，只要她一接电话，我就会把她骂个人仰马翻，也好让她知道我不是好欺负的。（卞庆奎，《中国北漂艺人生存实录》）

（556）不论施亚男的想象力多么丰富，多么浪漫，他还是不能很快地把心中想象的诗人形象和这个姑娘的形象捏在一块。（张洁，《谁生活得更美好》）

当然这也不是绝对的，也有两个关联标记都出现在主语后的例子，只是这种情况要少见。但是不管前一分句的关联标记是在主语前还是在主语后，后一分句的关联标记都只能出现在主语之后，而无法出现在主语之前。例如：

（557）"谷贱伤农"也未必然，谷即使不贱，在帝国主义和封建势力的双重压迫之下，农也得伤。（叶圣陶，《多收了三五斗》）

（558）杨家庙如果值得兴修，张公庙就更值得兴修。（马南邨，《两座庙的兴废》）

（559）只有用大王的雄威压一压邪气，头才会烂。（《中国儿童百科全书》）

上面的几个例子展示了典型的前后主语不同时，关联标记的使用情形。可以看到，前一个关联标记可以出现在主语前，也可以出现在主语后，要求并不是很严格，就比如例（554）和例（555），如果语境需要的话，把此两例中的第一个关联标记放到主语后也完全没有问题，整个句子的语义并不会发生变化，只会产生一些语用上的差异，而句法上都是完全合法的。但是，后一个关联标记则无论如何都不能放到主语之前的，否则语句就会变得不合语法了。

如果后一个关联标记是"那"或者"那么",则大部分的情况都是前后两个关联标记都位于主语之前,有的时候也会出现前面的关联标记位于前一分句的主语之后,而后面的关联标记则仍位于主语之前。不管前面的关联标记是在主语前还是在主语后,后一个关联标记则只能位于主语前。例如:

(560)如果他们说我可以离开,那么我就可以去别的地方打球,只要第4年回来就行。(姚明,《我的世界我的梦》)

(561)如果阿拉伯人的谚语说:"人生的欢乐是在马背上",那我们要说:人生的幸福,是在勘探队的骆驼背上。(鲍昌,《芨芨草》)

(562)他如果不去,那我也不去了。(自编)

上面的例(560)~例(562)与前面的例(554)~例(559)不一样的地方主要在于后一个关联标记的位置。其实,这些例子也正好与我们前面总结的那个居中程度序列相一致。"那么"和"那"的居中程度最高,所以它们在使用时,哪怕是跟别的关联标记组成前后配套式,仍然常见于最中间的位置——后一分句的主语之前,而那些居中程度没那么高的关联标记,则多位于后一分句的主语之后。

第四,当前后分句的主语相同,且承接上文的时候,主语可以省略,即前后分句都不出现主语,关联标记直接出现在两个分句的句首。例如:

(563)听人说,此外还得做排击共产主义的论文,如果不肯做,或者不能做,那自然,非终身反省不可了,而做得不够格,也还是非反省到死则不可。(鲁迅,《关于中国的两三件事》)

上面这个例子就是主语省略,关联标记直接出现在前后分句的句首的情况,当然这种情况相对比较少见。

第五,条件复句跟转折复句类似的,有的时候,关联标记后面可以加上一个逗号,有可能前一个关联标记后加逗号或者后一个关联标记后加逗号,也有可能同时加逗号,但是此类情况一般限于关联标记位于分句的主语前面,如果关联标记出现在主语之后,则不可以在其后加逗号。其实条件复句中配套使用的标记中的后一个,能在后面加逗号的也就限于"那"和

"那么"两个，而关联标记"才""就""便""就算""哪怕""任凭""一旦""无论""不管""不论"等都不可以在其后加上逗号，不管它们出现在什么位置。例如：

（564）如果有人跟着光线跑，并努力赶上它，那么，这个人将看到什么现象呢？（《中国儿童百科全书》）

（565）如果，刘晓庆真如她所言，确实被华泰公司骗了，那么据实说出自己被骗经过，坦陈自己当时的感受，又有何过，又怎该被华泰公司状告呢？（1994年报刊精选，北大语料库）

（566）如果，你能支持我的女儿登基女皇之位，那么，你的儿子将来便有希望成为新女皇的夫婿了。（田中芳树著，蔡美娟译，《银河英雄传说》）

上面讨论的这五点都是与主语和关联标记的相对位置有关的特点。下面我们看看除此之外，前后配套式还有些什么特点。

条件复句关联标记所在的各个分句之间的语序有两种情况。一般是条件句在前，结果句在后，这种情况，关联标记一般采用居端依赖式、居中粘接式或者使用完整的前后配套式，例如：

（567）如果你觉得心里有委屈，这么大年纪，我们先可以不必哭哭啼啼的。（曹禺，《雷雨》）

（568）谁能在这块土地上把视野推进一步，或是让这儿的习俗乃至社会前进一步，那他无疑便是英雄。（京夫，《白喜事》）

（569）只有真实，才能使读者信任。（《中国儿童百科全书》）

上面的3例都是条件句在前，结果句在后，我们看到，三种标记模式都是适用的。但如果把语序颠倒一下，使结果句在前，条件句在后，那么就只能有一般条件关联标记构成的居中粘接式和"的话"构成的特殊居端依赖式和前后配套式，例如：

（570）在他的一生中，一切都是那么清楚、明确，哪怕是在最困难的时刻。（宗璞，《心祭》）

（571）运动会不开了，下雨的话。（自编）

(572)他见过世上的善与恶、和兴衰起落,以及其间的男男女女几乎都普遍愿意正当行事,<u>只要他们能察觉得到的话</u>。(《读书》总第 177 期)

由此看来,条件复句的语序是可以有变化的,但是语序变化之后,关联标记模式也会随之发生变化,如果把正常的"条件句—结果句"的语序进行颠倒的话,除"的话"外,其他关联标记一律需要使用居中粘接式的标记模式,而且关联标记必须位于后一分句的最前面,不可以省略,主语不能出现在关联标记的前面。语序变化之后,句子的主要意思不变,但会产生一些语用上的差别,更多的起到补充说明条件的作用。其实这一点也间接证明了居中粘接式的强大,同时也证明相对于"条件句—结果句"这样的语序,"结果句—条件句"的语序是更有标记的。

有的前后配套式中的关联标记可以不止两个,达到三个甚至四个,这一点我们在前面讲条件复句使用的主要关联标记的时候已经讲到,不再详述。

3.6.2.4 小结

从我们以上的分析来看,对条件复句的关联标记模式情况,可以得到以下一些认识。

第一,在条件复句中,居端依赖式仍然是最弱势的一种标记模式,虽然有些关联标记有这种标记模式,但是,没有只有居端依赖式用法的关联标记,适用于居端依赖式的关联标记也适用于居中粘接式或者与别的关联标记合用构成前后配套式。

第二,在条件复句中,居中粘接式仍然是最强势的一种标记模式。所有能单用的条件关联标记都有这种模式,而且有些关联标记只有这一种标记模式的用法,如"才""就""便"等。此外,在标准居中粘接式的基础上衍生出的三种不同的变体,其适用面都比较广。

第三,在条件复句中,前后配套式的关联标记模式的使用频率介于居端依赖式和居中粘接式之间。

第四,条件复句的分句之间的语序对关联标记模式的影响比较大,"的话"以外的关联标记,不管其用法是居端依赖式还是前后配套式,如果要变换分句之间"条件句—结果句"的常规语序,则标记模式都需要变成居中粘接式。"的话"构成的条件句如变换语序,则关联标记模式需转变成特殊的居端依赖式和前后配套式。

第五，条件复句主语的异同对句中的关联标记位置影响不大，主要跟关联标记本身有关，如果后一个关联标记是"那""那么"的话，则这些关联标记位于主语之前；如果后一个关联标记是"还"、"就"、"也"和"便"、"才"、"都"等的话，则这些关联标记位于主语之后。这两种情况的前一分句的关联标记都既可以在主语前也可以在主语后。

我们在前面讨论的所有其他类别的复句，居端依赖式的关联标记模式都是一种很受排斥的模式，而居中粘接式则是一种最受欢迎的模式。在条件复句中，也是基本如此，但相对来说，居端依赖式在条件复句中不像在其他复句中那么受排斥，因为像"即使、即便、假如、假使、如果、万一、要是、只要、只有、除非""就算、任凭、一旦、无论、不管、不论"等关联标记，虽然同时有居端依赖式和居中粘接式两种标记模式，但多以前者为主，后者实际上是一种有标记（marked）的用法。

造成这个局面的原因，一方面跟居端依赖式和条件复句本身的特点有关。根据前文的分析，居端依赖式这种标记模式有一个天然的致命弱点，那就是关联标记离后一分句的距离太远，不容易反映前后之间的条件关系，大脑对这种模式的信息加工处理难度也比较大。所以为了降低信息处理的难度，在条件复句中，我们往往会在后一分句的句首再加上一个条件关联标记，从而形成前后配套式，这种标记模式最符合"象似性原则"，大脑处理起来最省力，但与"经济原则"不相符。而居中粘接式则是最经济的模式，对于这种模式，大脑处理起来也相对容易，因为关联标记离前后分句都不太远。居中粘接式这种标记模既符合"象似性"原则，又符合"经济省力"原则，而且还符合"联系项居中原则"，因此在条件关系复句中也被广泛使用。前后配套式虽然也符合"象似性"原则，但相对来说没有居中粘接式这么经济省力。而居端依赖式既不符合"象似性"原则，又不符合"经济省力"原则，而且还违背"联系项居中原则"。因此，在表示条件关系的关联标记模式中，三种标记模式的使用频率呈以下序列：

居中粘接式 > 前后配套式 > 居端依赖式

3.7 因果复句的关联标记模式

3.7.1 因果复句使用的主要关联标记

在复句的分类中，学界对因果复句这一类应该说是争议比较小的，基本上没有什么很大的分歧。

我们先来看看因果复句的定义。邢福义先生在《汉语复句研究》中对因果句的定义是："说明性因果句的简称，说明事物间的因果联系，作为代表性形式标志，'因为……所以……'既是整个因果类复句的点标志，也是因果句的点标志。'由于……因而……''……因此……''……以致……'等，属于标志群。跟广义因果关系相对而言，因果句所表明的因果关系是最典型、严格意义上的因果关系。"（邢福义，2001：40）我们一般所说的因果复句大致相当于邢先生所说的因果句和推断句之和，而不是指包括条件句在内的因果类复句。胡裕树主编的《现代汉语》教材对此则是这样定义的："因果关系有两种：一种是就既定的事实来说明其中的因果关系，可以称为说明因果，另一种是就一定的根据来推论出因果关系，可以称为推论因果。"（胡裕树，1995：366）邵敬敏主编的《现代汉语通论》给出的因果复句的定义是："前行分句说出原因，后续分句说出由此而产生的结果。分句之间是'原因—结果'关系。因果复句有两种类型：说明性因果和推论性因果。"（邵敬敏，2001：253-254）邵敬敏先生的定义和胡裕树先生的定义基本上是一样的。黄廖本的《现代汉语》教材给出的定义则是："偏句说出原因或理由，正句表示结果，因果关系分说明因果关系和推论因果关系两类。"（黄伯荣、廖序东，2002：169）北大版的《现代汉语》教材对"因果"的解释则是："说明一件事的原因和结果，通常在从句里用'因为''由于'，在主句里用'所以''因此'或'因而'等。"此外，戴木金、黄江海编著的《关联词语词典》则说的是："前后分句是原因和结果的关系，有时是目的与措施的关系。因果关系有两种：一种是陈述性因果关系，或者先说明原因后说明结果，或者先说明结果后追述原因。另一种是推论性因果关系：前边分句提出一个前提或根据，后边分句推出一个结论。"（戴木金、黄江海，1988：4）从上面各家的定义来看，对于因果复句，大家的认识基本上是一致的，所以我们也采用这种一致的定义，把因果复句的范围界定为包括说明性因果复句和推论性因果复句两个小类。

因果复句一般情况下都有关联标记，虽然在某些特定的语境中，不用关联标记也能表达出因果关系，但这种用法很受限，没有语境就很难成立。所以接下来我们就需要看看因果复句主要都用些什么关联标记。在因果复句中，关联标记既有单个使用的，也有两个配套使用的。单个使用的因果关联标记主要有如下一些："因为""所以""由于""因此""因而""于是""以致""是因为""是由于""从而""既然""可见"等。我们看些具体例子：

（573）<u>因为</u>弯了一阵腰，又挑起了满满两桶水，她的脸颊张得红红的，显得非常俏丽。（周立波，《山乡巨变》）

（574）水能有效地吸收紫外线，<u>因而</u>又为原始生命提供了天然的屏障（童裳亮《海洋与生命》）

（575）李有才做出来的歌，不是"诗"，明明叫做"快板"，<u>因此</u>不能算"诗人"，只能算"板人"。（赵树理，《李有才板话》）

（576）他说的时候一点不像开玩笑，<u>以致</u>韩常新尴尬地转过头，装没听见。（王蒙，《组织部来了个年轻人》）

（577）达尔文在一八七一年出版的《人类的起源与性的选择》一书中，指出人类和现在类人猿有着共同的祖先，是从已灭绝的古猿演化而成的，<u>从而</u>阐明了人类与动物的共同性，进一步奠定了人类在动物界的位置。（李四光，《人类的出现》）

（578）他们下的这个荒唐的结论，<u>是由于</u>我姑妈一段辛酸的恋爱史构成的。（陈国凯，《我应该怎么办》）

（579）后来，中国革命又受了敌人的严重的打击，<u>是因为</u>我们党内产生了冒险主义。（毛泽东，《矛盾论》）

（580）李白想象中看见，浮丘公引来了王子乔，"吹笙舞凤松"。他还想"乘桥蹑彩虹"，又想"遗形入无穷"，<u>可见</u>他游兴之浓。（徐迟，《黄山记》）

（581）桌子也是后来才有的，古代只有"几"、"案"，都是很矮的，适应席地而坐的习惯,后来坐高了,几案也不得不加高,<u>于是</u>有了新的名称,最初就叫"卓子",后来才把"卓"写作"桌"。(吕叔湘,《语言的演变》)

(582)<u>由于</u>叛徒告密,方志敏同志不幸落到敌人的手里。(唐弢,《同志的信任》)

(583)我从来没有办过丧事,<u>所以</u>寻来寻去,总寻不出一家冥衣铺来定那纸糊的洋车。(郁达夫,《薄奠》)

(584)<u>既然</u>那时以后一般养牡丹的人都少见了,哪里还有什么有名的牡丹花呢?(严阵,《牡丹园记》)

上面这些例子都是只用了一个关联标记的因果复句,"既然""可见"属于推论性因果关联标记,其他的那些属于说明性因果关联标记。这些关联标记有用在前一分句的,也有用在后一分句的,至于它们有些什么样的特点和模式,我们在后文再详细分析。

表达因果关系的复句,其使用的关联通常不止一个,往往是两个一起配套着使用,甚至在有些情况下可能出现三个关联标记配套使用的现象。所以我们接下来需要了解一下因果复句中那些可以配套使用的关联标记主要有哪些。我们从专著教材和各类文章素材中收集到的常用的典型的配套关联标记主要有下面这样一些:"因为……所以/于是……""之所以……是因为/是由于/因为……""由于……因而/因此/所以……""既然……就/便/那么/也……""既……就/那么……"等。我们可以看些例子:

(585)<u>因为</u>他觉得我是你的外甥,<u>所以</u>就一直在要挟我。(张平,《十面埋伏》)

(586)他解除劳教以后,<u>因为</u>无家可归,<u>于是</u>被留在农场放马,成了一名放牧员。(张贤亮,《灵与肉》)

(587)散文<u>之所以</u>比较容易写,<u>是因为</u>它更接近我们口中的语言。(老舍,《散文重要》)

(588)中央领导<u>之所以</u>正确,主要<u>是由于</u>综合了各地供给的材料、报告和正确的意见。(毛泽东,《党委会的工作方法》)

(589)我<u>之所以</u>习惯地想到她,绝不<u>因为</u>她是一个严酷的母亲,即使已经不在人世也依然用她的阴魂主宰着我的命运。(张洁,《爱,是不能忘

记的》)

（590）<u>由于</u>各拱相连，<u>所以</u>这种桥叫做联拱石桥。（茅以升，《中国石拱桥》）

（591）<u>由于</u>毛主席和周总理的关怀，指示要对被诬陷的同志平反、昭雪，<u>因此</u>许多案件需要重新审理。（王亚平，《神圣的使命》）

（592）<u>由于</u>弟子在某些地方超越了本人，<u>因而</u>悻悻然宣告"破门"，天下似乎不会有如此糊涂的老师；反过来，但愿天下的弟子哥哥都能超越老师，使老师觉得"后生可畏"——一种带着欣悦的"畏"。（唐弢，《"谢本师"》）

（593）<u>既然</u>要了人家的孩子，<u>就</u>该养得起。（戴厚英，《流泪的淮河》）

（594）<u>既然</u>我早已决定不婚，<u>那么</u>我列的标准比天高又何妨？（席绢，《女作家的爱情冒险》）

（595）你<u>既然</u>能够来到这个世上，你<u>便</u>是人类生命链上的一节。（方方，《暗示》）

（596）你<u>既然</u>晓得了，我<u>也</u>不必瞒你了。（周而复，《上海的早晨》）

（597）<u>既是</u>这样，我<u>就</u>实说了吧！（李英儒，《野火春风斗古城》）

（598）你<u>既</u>晓得我欠了她们的钱，<u>那么</u>，明天跟我一块，和哪个油漆匠当搬运工去，他差钱买书呢。（喻彬，《女大学生宿舍》）

在这些配套使用的关联标记中，也分为说明因果和推论因果两大类。其中"因为……所以/于是……""之所以……是因为/是由于/因为……""由于……因而/因此/所以……"等几个属于说明性因果类关联标记，而"既然……就/便/那么/也……""既……就/那么……"则属于推论性因果类关联标记。此外，还有一些因果复句可能会出现三个关联标记配套使用的情况，例如：

（599）<u>既然</u>战前上级开恩提我为副连长，给了我个首先去死的官衔，<u>那</u>我靳开来<u>就</u>得知恩必报！（李存葆，《高山下的花环》）

在这个例子中就出现了三项关联标记"既然……那……就……"，这样的例子在现实生活中也有，但我们在说的时候往往会把"那"和"就"连起来用，例如：

（600）既然我没什么可失去的了，那就出去闯一闯吧。

从逻辑上来说，一个原因可以导致多个结果，一个结果也可能有多个原因，所以理论上，因果复句可以有多个关联标记连用，但是在实际使用中，这样的例子不多，为了避免造成大脑对信息的处理困难，所以我们往往会把关联标记拆开来使用。从理论上来说，受到人类认知能力的限制，连用的关联标记最多不会超过七个。接下来我们看看因果复句的关联标记模式有什么特点。

3.7.2 因果复句的关联标记模式

3.7.2.1 居端依赖式

我们首先看看因果复句关联标记模式中居端依赖式的情况。居端依赖式有两种情况，一种是 $S(Ms_1, s_2)$ 式，另一种是 $S(s_1, s_2M)$ 式。居端依赖式的复句中关联标记只有一个，所以我们重点要考察的就是就是那些单个使用的关联标记。我们在上一节讨论了因果复句中单用的关联标记主要有"因为""所以""由于""因此""因而""于是""以致""是因为""是由于""从而""既然""可见"等。我们这里就来看看那些单用的关联标记有什么特点。

在这些单用关联标记中，经过逐个考察后我们发现，在因果复句的关联标记模式中，只有第一种关联标记居于前一分句句首的 $S(Ms_1, s_2)$ 形式，没有关联标记居于整个复句句末的 $S(s_1, s_2M)$ 形式。在上面那些单用因果关联标记中，有的只适用于居端依赖式，有的既有居端依赖式也有居中粘接式，还有的只有居中粘接式。"由于"和"既然"两个关联标记只能用在前一分句的句首构成居端依赖式，我们在语料中没有发现可以用在后一分句句首构成居中粘接式的例子。如：

（601）由于手抖得厉害，把一部分抖到了锅台上。（刘震云，《故乡天下黄花》）

（602）既然所有人都是清白的，那些花花液体怎么解释？（王朔，《人莫予毒》）

关联标记"因为"和"所以"属于两可的类型,既可以用在前一分句的句首构成居端依赖式,也可以用在后一分句的句首构成居中粘接式,但是这二者又有区别,"因为"以用在前一分句的句首构成居端依赖式的用法为主,而"所以"则以用在后一分句的句首构成居中粘接式的用法为主。例如:

(603)因为他眼睛不好,头紧靠在灯上。(冯德英,《迎春花》)
(604)你不要过于悲哀,因为你即将临产。(杨沫,《青春之歌》)
(605)他是来探路的,所以只起了十几笼贝。(莫言,《红树林》)
(606)我们所以对你这样客气,主要是想拯救你!(知侠,《铁道游击队》)
(607)吴所长所以要马而立先发言,一方面是想引出大家的话来,一方面也想试试马而立的功底,看看他知不知世事的深浅,所以对着马而立微微颔首:"后勤部长,你看呢?"(陆文夫,《围墙》)

"因为"单独用在前一分句句首的例子比较多,而用在后一分句句首的例子就少多了,我们在语料库中随机选取了500个含有"因为"的例子,经简单统计,其中属于居端依赖式的有101例,而属于居中粘接式的只有30例,可见该关联标记在使用中以居端依赖式为主。"所以"用在前一分句构成居端依赖式的例子很少,我们在数据库中找了800条含有"所以"的语料,符合居端依赖式的仅有3例,而"所以"用在后一分句句首构成居中粘接式的则有几百例,可见单用的"所以"其用法以居中粘接式为主。

剩下的"因此""因而""于是""以致""是因为""是由于""从而""可见"几个关联标记则只有居中粘接式,如上面的例(574)~例(581)。有的用法表面看起来像是居端依赖式,但是仔细分析一下就会发现,还是把它们看作居中粘接式更合适。这个我们到下面讲居中粘接式的时候再具体分析。

当使用居端依赖式的标记模式时,关联标记"由于"、"既然"和"因为"大多位于前一分句的主语之前。当然,这不是说它们只能出现主语之前,只是说这是它们比较常见的位置,它们也可以出现在主语之后。例如:

(608)县委既然点了他的名,他只得先发言了。(赵树理,《三里湾》)

（609）他们<u>既然</u>这样，恐怕我不好往外摸了！（刘流，《烈火金钢》）

（610）李信<u>因为</u>事情太多，不能同她常在一起。（姚雪垠，《李自成·第二卷》）

（611）姚宓<u>因为</u>超额完成计划，受到了表扬。（杨绛，《洗澡》）

（612）他<u>由于</u>作战英勇，当了战斗英雄。（杜鹏程，《保卫延安》）

（613）母亲也<u>由于</u>儿女的影响，和革命有了不可分割的血肉关系。（冯德英，《苦菜花》）

上面的这些例子就是因果关联标记位于主语之后的情况，这样的情况相较它们位于主语前的情况来说是少数。我们抽样统计了一下，在300个含有"由于"的因果复句中，"由于"位于主语后的只有12例，同样300个含有"因为"的复句中，"因为"用于主语后的居端依赖式只有6例，"既然"用于主语后的情况稍微多一点，但在300个例句中也只有30例，如果换算成比例的话，最多的也只有10%。至于究竟是关联标记在前还是主语在前，则需要根据上下文的语境来决定。

在这些可以用在居端依赖式的因果关联标记中，比较特殊的是"所以"。我们在上面提到，本身它采用居端依赖式这种标记模式的情况就很少，而当它采用这种标记模式的时候，它只能用于主语之后，不能用于主语之前。如上面的例（606）和例（607）。再如：

（614）我<u>所以</u>宽容，只是希望你以后能有些成绩。（孙犁，《风云初记》）

在有些情况中，有的关联标记模式表面看起来像是居端依赖式，但是仔细分析一下就会发现不是，它们其实是居中粘接式，例如：

（615）假定这两个意料之外的情况发生了，石油价格因为国际的政治动荡而上去了，天气不好粮食价格上去了，对中国都会有影响。<u>所以</u>讲3.5%的通货膨胀率还是要争取在国际上没有大变动的情况下，天气还一般的情况下可以完成。（出自网络资料）

（616）但若再有一个"鲁迅"，替我说教，代我题诗，而结果还要我一个人来担负，那可真不能"有闲，有闲，弟有三个闲"，连译出的功夫也要没有了。<u>所以</u>这回再等一个启事。……（鲁迅，《在上海的鲁迅启事》）

（617）一道闪电亮过，跟着是震耳的雷响。因此，他的回答我没有听见。（管桦，《暴风雨之夜》）

上面这三个例子中的"所以"和"因此"的用法表面看起来似乎属于居端依赖式的标记模式，因为它们的前面是一个句号，其前后文看起来像是两个独立的句子，但是我们认真分析一下就会发现，这两个句子并不是完全独立的，而是后面的"所以"和"因此"引导的句子是对前面一句话甚至是一段话产生的结果的总结。在形式上，"所以"和"因此"让其所在的句子跟前面的句子之间形成一种依赖关系，如果没有前面句子叙述的原因，那这句话也就不能存在。从前后两个句子整体来看，关联标记的所在正好在正中间，所以这里显示的用法实际上是一种居中粘接式的变体，而不是居端依赖式。

从我们考察的情况来看，因果复句中的关联标记有居端依赖式用法的不多，只有此种用法的关联标记只有"由于"和"既然"，兼用多种模式的有"因为"和"所以"，剩下的单用关联标记都没有这种标记模式。而"所以"采用这种标记模式的实例也很少，这么用往往是为了实现强调等某种特殊的语用效果。

因此总的来说，在因果关系的复句中，居端依赖式的关联标记模式也不是一个太强势的标记模式，虽然有两个只有这种标记模式的关联标记，但更多的关联标记没有这种标记模式，两可的关联标记中也只有"因为"是以居端依赖式用法为主的。

3.7.2.2 居中粘接式

上面我们分析了因果关系复句中居端依赖式的关联标记模式，接下来我们再看看居中粘接式的情况。

居中粘接式有两种情况：一种是 $S(s_1M, s_2)$ 式，另一种是 $S(s_1, Ms_2)$ 式。因为居中粘接式的关联标记模式只有一个关联标记，所以我们要考察的仍然是那些单用的关联标记。从我们考察的情况来看，在因果复句中，只有 $S(s_1, Ms_2)$ 形式的居中粘接式，没有 $S(s_1M, s_2)$ 形式的标记模式，这跟上一节讲到的条件复句的情况不一样。

我们在上一节中提到，在所有这些可以单用的因果关联标记中，并不是所有的关联标记都有居中粘接式的用法，而有这种标记模式的关联标记也有使用频率的区别，其根源在于它们的居中程度不同。我们参考储泽祥、陶伏平（2008）的四条居中标准来考察一下这些关联标记的居中程度。

第一条标准是看关联标记能否居中，能居中的自然比不能居中的居中程度要高，在上面列举出的因果关联标记中，"由于"和"既然"两个是不能居中的，其他的都可以，所以这两个标记的居中程度比别的都低。

第二条标准是看关联标记能不能放在前一分句，不能放在前一分句的关联标记比能放在前一分句的关联标记居中程度要高，上面列举出的因果关联标记中，"由于""既然"是只能放在前一分句的，"因为"大多数情况下是放在前一分句的，"所以"偶尔可以放在前一分句，剩下的"因此""因而""于是""以致""是因为""是由于""从而""可见"都不可以放在前一分句，所以就只这条标准来说，"由于"和"既然"两个的居中程度最低，其次是"因为"，再次是"所以"，居中程度最高的是那些不能放在前一分句而只能放在后一分句的标记。

第三条标准是看能否出现在后一分句主语的后面。只能出现在后一分句主语前面的关联标记，其居中程度比能出现在主语后面的高。在因果关联标记中，"因此""因而""于是""是由于"和"是因为"可以出现在后一分句的主语后面，"由于""因为""以致""所以""从而""可见"是不能放在后一分句的主语后的。但不管是哪个关联标记，当它需要与后文发生停顿的时候，它都只能放在主语之前，如果放在主语之后，则关联标记不可以与后文发生停顿。

第四条标准是看居中的关联标记后面能否停顿（即关联标记后能否加逗号），关联标记后面不能停顿的，比可以停顿的居中程度要低，因为不能停顿的关联标记跟后面的分句结合得更加紧密，对后面分句的依赖性更强，独立性就更弱，居中程度自然也就更低。也就是说，$S_{变体三}(s_1, M, s_2)$ 形式中的关联标记 M 比 $S(s1, Ms2)$ 形式中的关联标记 M 的居中程度更高。在因果关联标记中，"以致"和"是由于"后面是不能停顿的，我们没有其后加逗号的例子，"因为""因此""因而""于是""是因为""从而""可见"后面都是可以停顿的。只不过，其中的"是因为"后面一般不用逗号，而往往用冒号，相比于其他几个关联标记，"是因为"后有停顿的情况比其他几个少多了，我们在华中复句语料库中找了500条语料才发现3例。此类关联标记后有停顿的例子如下：

（618）今天所以有必要重新强调这个问题，<u>是因为</u>：面对前所未有的机遇和挑战，面对改革攻坚和开创新局面的艰巨任务，我们解决种种矛盾，澄清种种疑惑……（《人民日报》1997年8月12日第9版）

（619）我们现在比那时候好得多了，<u>因此</u>，我们一定能够把敌人打个落花流水！（雪克，《战斗的青春》）

（620）配偶当然也是家生娃子，<u>因而</u>，他们之间的婚配必然是近亲婚配。（白桦，《呦呦鹿鸣》）

（621）她浑身一震，又紧闭上嘴，<u>于是</u>，唇边的深细皱纹，又显现出来。（冯德英，《苦菜花》）

（622）转眼间，不但步兵都平安过来，连老弱伤病的弟兄也过来了，风浪大的地方，许多人手牵手站成人排，挡住浪头，让抬运伤病和辎重的弟兄们顺利过去，<u>可见</u>，力量分散了，就抵不住激流，挡不住风浪，力量合起来就什么困难也不怕。（姚雪垠，《李自成》）

（623）华丽的色彩世界，突兀的旋律进行，异常的缓慢与电光般的急速，冲动的主题动机，以及叹息式的弱奏，火山爆发般的强奏，淋漓尽致地吐露出艺术家们内心的真实感情，<u>从而</u>，也创造了新的音乐语言。（李际东，《土肥美夫、谷村晃编〈表现主义美术与音乐〉》，《读书》1985年第11期）

上面这些例子都是关联标记前后可以停顿的情况，但这些关联标记的居中程度还是有差别的，也即有一些关联标记更常出现停顿的用法，另一些则比较少见。我们不妨把这个作为判断居中程度的第五条标准，也即如果无法用上述四条标准对所讨论的关联标记居中程度做出区分的话，那么就按照此条标准，即停顿用法的出现频率再进行区分，停顿用法出现频率越高的，居中程度越高，反之，则频率越低的居中程度也越低。如上面的"从而"和"可见"，其前后停顿的用法出现频率就特别低，我们在华中师大复句语料库中只各找到1个例子。"是因为"后面有停顿的例子也不多，我们在500条语料中就找到3例后面紧跟冒号的例子，没有找到后面接逗号的例子。根据储泽祥、陶伏平（2008）的统计，"因为""所以""因此""因而""于是"居中时,其后面有停顿的使用频率依次是90、474、414、12、63。所以,我们根据居中停顿出现频率对符合标准四的因果关联标记的居中程度排序,则居中程度序列呈现为:

所以 > 因此 > 因为 > 于是 > 因而 > 是因为 > 可见 / 从而 > 以致 / 是由于

最后,我们综合以上五条标准,把所有单用的因果关联标记都放在一起来考察,看看它们的居中程度是怎么样的。我们用列表的方式来表示,其中"+"表示"符合标准","-"表示"不符合标准",每个标准后面括号中的频率表示的是相对应的关联标记在相应标准所描述的用法为"可以"情况下,该种用法的出现频率,我们只用"高""低""中"来表示,"不可以"的情况下,则频率记为"0"。具体见表3-2。

表3-2 单用因果标记居中程度表

单用因果关联标记	可以居中（频率）	不可在前句（频率）	不可在后句主语后（频率）	居中后可以停顿（频率）
因为	+（中）	-（高）	+（0）	+（中）
所以	+（高）	-（低）	+（0）	+（高）
以致	+（高）	+（0）	+（0）	-（0）
由于	-（0）	-（高）	+（0）	-（0）
因此	+（高）	+（0）	-（低）	+（高）
因而	+（高）	+（0）	-（低）	+（中）
于是	+（高）	+（0）	-（低）	+（中）
既然	-（0）	-（高）	+（0）	-（0）
从而	+（高）	+（0）	+（0）	+（低）
可见	+（高）	+（0）	+（0）	+（低）
是因为	+（高）	+（0）	-（低）	+（低）
是由于	+（高）	+（0）	-（低）	-（0）

在表3-2中,关联标记的"+"号越多,它符合的居中标准就越多,表明它的居中程度也就越高,对于"+"号一样多的几个关联标记,则括号内标注的频率越高,相应关联标记的居中程度越高。反之,如果一个关联标记的"-"号越多,它符合的居中标准就越少,表明其居中程度就越低,如

果"-"号一样多，则括号内标注的频率越高，相应关联标记的居中程度反而越低。因为"-"号表示的是不符合居中标准的情况，不符合的情况出现频率越高，当然它的居中程度也就越低了。把这正反两方面结合起来，我们就可以大致判断出一个关联标记的居中程度是高还是低。

综上，我们可以得到一个汉语普通话中因果复句关联标记的居中程度序列：从而/可见＞所以/因此＞因而/于是＞以致/是因为＞因为＞是由于＞既然/由于。

在这个序列中，"＞"表示其左边的关联标记的居中程度高于其右边的关联标记，所以这个序列中位置越偏左的关联标记，其居中程度越高，相反，越偏右则其居中程度越低。有些关联标记，我们根据上面的标准和方法判断它们的居中程度不相上下，我们就把它们放在一起，让它们居于这个序列中的同一个位置。因此，这个序列是一个倾向性的等级序列。其中，"从而/可见"的居中程度最高；"既然/由于"的居中程度最低，实际上，这两个关联标记是不可以居中使用的。上面这个序列跟储泽祥、陶伏平（2008）总结的汉语因果复句关联标记居中程度序列基本上是一致的，只是我们又增加了几个关联标记，对于关联标记的居中程度也分得更细了一些。居中程度越高的关联标记，其位置越是需要限定在居中位置，其本身越不可能出现在前一分句，同时也越是要求前一分句的存在。

在因果复句的居中粘接式这种关联标记模式中，存在着跟其他类别的复句相似的问题，那就是有的关联标记的某些用法表面上看起来似乎是居端依赖式，但实际上我们分析一下就可以确定，它们更符合居中粘接式的标记模式情况。例如我们在上一节讲居端依赖式的时候提到的例（615）至例（617）。我们这里再举两个更特殊的例子：

（624）十九世纪拉丁美洲的革命诗人何塞·马蒂，说过一句意味深长的话："写作的艺术，不就是凝练的艺术吗？"

<u>可见</u>，集中、凝练，在艺术工作上具有重要意义。……（秦牧，《北京花房》）

（625）地主阶级是帝国主义统治中国的主要的社会基础，是用封建制度剥削和压迫农民的阶级，在政治上，经济上，文化上阻碍中国社会前进

而没有丝毫进步作用的阶级。

<u>因此</u>，作为阶级来说，地主阶级是革命的对象，不是革命的动力。（毛泽东，《中国革命和中国共产党》）

如果说前面的例（615）和例（617），关联标记更多的是用在句子之间的话，那么这里的例（624）和例（625），则关联标记完全是用在段落之间了，所以这两个例子里的关联标记模式表面上看起来也更像是居端依赖式，尤其是例（625），关联标记"因此"所在的句子本身就是一个复句。不过我们看到，这两个例子中的关联标记虽然都在句首，但严重依赖上一段的内容，整个关联标记所在的复句是对上一段的原因所产生结果的一个总结，所以可以说，没有前面一段的内容，也就没有这个关联标记所在的句子，更没有这个关联标记本身。而且，为了表明两段内容之间的因果关系，我们也需要把关联放在此处，因为前后文的内容都比较多，隔得比较远，如果没有使用相应的关联标记来标示的话，则会给理解语意带来困难，出现逻辑关系不明的问题，而如果有这样一个显性标记的话，则一眼看过去就知道前后文之间的逻辑语义关系，大大降低了信息处理的难度。所以在该例中，一方面，前后内容需要关联标记来标示前后的语义关系，另一方面，从我们上面总结的居中程度序列可以看到，"可见"和"因此"的居中程度很高，所以它们也需要有前文，而不能"悬空"放在句首。实际上，有这种用法的关联标记不多，一般只涉及那些居中程度比较高的。上面的两个例子还说明，跟其他类别的复句相似的，在因果复句中，居中粘接式也并不只有我们平常所见的那种标准形式，还有一些特殊的形式。这里的例（624）和例（625）实际上采用了一种跨段的居中粘接式，属于标准式的变体，而不是居端依赖式。从这里也可以看出，有居中粘接式用法的因果关联标记不仅具有句法衔接的功能，还具有篇章衔接的功能。

在因果复句的居中粘接式中，除了有标准的居中粘接式，即 S（s_1，Ms_2）这种形式之外，跟其他复句一样，也还有三种变体，第一种是 $S_{变体一}$（S_1。MS_2），如前面的例（615）和（616）。第二种是 $S_{变体二}$（S_1。M，S_2），如我们上面刚分析的例（624）和（625）就属于这种形式的例子。第三种变体是 $S_{变体三}$（s_1，M，s_2），如前面的例（619）-例（623）就全都属于这种变体形式的例子。

经过考察后我们发现，在所有有居中粘接式的单用转折关联标记中，"以致"和"是由于"两个关联标记只有标准式和变体一，没有变体二和变体三形式的用法。其他的标记基本都能有三种变体形式，只不过这三个变体的使用频率是不一样的，从调查统计的结果来看，变体一的使用频率最高，其次是变体二，变体三的使用频率最低。比如"从而"，我们调查了相关的 500 条语料（我们这里使用的语料库是教育部语言文字应用研究所的现代汉语语料库），其中采用变体一的例子有 10 条，采用变体二的有 4 条，而采用变体三的则仅有 1 条。"因为"也是类似的情况，我们在 1000 条的语料中发现采用变体一的例子 112 条，而采用变体二的只有 27 条，采用变体三的则只有 8 例。其他几个关联标记就这三个变体的使用频率而言也基本上呈现同样的倾向。所以我们可以把这三个变体按使用频率由高到低整理成如下的倾向性序列：

（626）$S_{变体一}(S_1。MS_2) > S_{变体二}(S_1。M, S_2) > S_{变体三}(s_1, M, s_2)$

从我们调查的情况来看，对于所有因果关联标记，三种变体的使用频率差别还是比较大的。变体一的使用频率远远高于变体二和变体三。而且适用于三个变体的关联标记的数量也是不一样的，适用于变体一的关联标记最多，所有因果关联标记都有这种用法，但是变体二和变体三不是所有的关联标记都适用，"以致"和"是由于"两个关联标记因为后面不能停顿，所以没有变体二和变体三两种构式。

当然这个序列是通过考察所有具有居中粘接式标记模式的因果关联标记的实例而得出的一个倾向性共性序列，不是绝对的。尤其是变体二和变体三两种变式，其的使用频率与变体一差别较大，但两者之间的差别并不大，在不同语体或者具有某些个人风格的文本中，具体到每一个因果关联标记，其模式出现频率可能会与该序列有出入，这是正常的。只是大体来看，因果关联标记采用居中粘接式变体的用法时，各变体的使用频率都是遵循这个序列的。

在因果复句的居中粘接式中，它的变体之间出现上述等级序列的理据是多方面的。首先从那些变体的构式本身来看，变体一的构式中关联标记与后一分句紧密结合在一起，中间没有被逗号隔开，这跟标准的居中粘接式一样，而变体二和变体三中的关联标记都跟后面的句子之间用逗号隔开了，所以 $S_{变体一}$（S_1。MS_2）中的关联标记与后面的句子结合得更紧密，与标准式的相似程度更高，可以看作标准式最自然的延伸或者类推。而 $S_{变体二}$（S_1。M，S_2）和 $S_{变体三}$（s_1，M，s_2）中的关联标记与后面的句子有逗号隔开与后面的句子结合得没那么紧密，相对独立性更大，居中程度也更高。这样就从构式上决定了有变体一这种构式的关联标记居中程度低，呈现出依附性更强、独立性较弱的特点，而采用变体二和变体三用法的关联标记则刚好相反，呈现出居中程度高、独立性相对较强而依附性较弱的特点。换句话说，也就是变体一中对关联标记的居中程度要求比较低，而变体二和变体三对其中的关联标记的居中程度要求比较高。这样一来，自然变体一的使用频率就会更高，而变体二和变体三的使用频率会更低。与我们之前总结的那个因果关联标记的居中程度序列相对应，序列中不管是左端居中程度高的还是右端居中程度低的，都可以很自然地采用变体一式，而对于变体二和变体三式，则序列越右端、居中程度越低的关联标记越不适用。我们可以看到，"是由于"正好是这个关联标记居中程度序列中居中程度最低的，此关联标记就没有变体二和变体三的用法。可以说，这两个序列实际上是相互对应的。另外，变体二比变体三的使用频率更高一些，则应该是变体三受到了标准式 S（s_1，Ms_2）的强烈竞争和挤压的结果。标准式和变体三的使用环境是一样的，都是同一个复句内部，不涉及跟其他句子的关系，唯一的区别就在于变体三的关联标记之后有一个停顿。我们前面提到，关联标记之后有停顿的，其对关联标记的居中程度要求要比没有停顿的高，所以这种变式相对标准式来说使用更受限。在其他条件相同的情况下，更不受限制的标准式当然会更被广泛、更频繁地使用，从而对变体三形成竞争压制。变体二因为跟标准式的使用环境不一样，所以所受影响相对较小。

其次，这一序列的形成还可能跟使用环境有关。变体一和变体二实际上是用于句子与句子之间，而不是复句内部的分句之间的。篇章单位之间的联系相对而言没有句子内部联系紧密，对关联标记的要求和限制也相对更少，所以就像变体一和变体二所示构型，关联标记后面可以有停顿也可以不停顿。但是变体三用于句子内部之间，本来应该要求分句之间更紧凑，类似标准式的构型,但是实际上变体三中的关联标记后面有停顿,与后文用逗号隔开了,这就跟句子本身的要求冲突了,所以采用此种变形用法,往往是出于某种特殊表达的需要。几个方面的因素综合作用,导致变体三的使用频率最低。

当然,如果把 S(s_1, Ms_2)形式的标准居中粘接式也拿进来比较的话,我们就会发现在使用频率上它远远高于这几种变体。从以上的分析我们可以看出,在因果复句的关联标记中,除了"既然"和"由于"外,其他所有单用的主要标记都有居中粘接式的标准式 S(s_1, Ms_2)这种标记模式,而其中的大部分还有居中粘接式的变体标记模式,但是 S$_{变体二}$(S_1。M,S_2)和变体三 S$_{变体三}$(s_1, M, s_2)的使用比较受限,有的关联标记没有这两种变体的用法。这说明居中粘接式是一种很强势的标记模式,其强大之处在于它不仅可以用在复句内部,还能用在句群和篇章的层面。

3.7.2.3 前后配套式

前面我们论述了因果复句中的居端依赖式和居中粘接式两种关联标记模式的情况,下面我们来分析因果复句中的前后配套式这种关联标记模式的情况。

因果复句的前后配套式跟其他复句类型也有其共性的东西。正如我们前面所论述的,从逻辑形式上看,前后配套式有四种不同的可能表现形式:① S(M$_1s_1$, M$_2s_2$),② S(s_1M$_1$, s_2M$_2$),③ S(M$_1s_1$, s_2M$_2$),④ S(s_1M$_1$, M$_2s_2$)。

从我们考察的结果来看,普通话的因果复句中前后配套式的关联标记模式使用情况,与除条件复句之外的其他类型复句类似的,都只有第一种 S(M$_1s_1$, M$_2s_2$)形式的前后配套式,其他三种形式的标记模式不存在。如前面列举的(585)到例(598)中即全部都是这种形式的前后配套式。

前后配套式涉及主语位置问题,除了前文提到的相关研究,储泽祥、陶伏平(2008)也讨论到了汉语因果复句中主语跟标记模式的关系。我们这里就来具体分析一下因果复句中的主语位置情况。

因果复句中的前后配套式即复句中有前后两个关联标记配套着使用,也就是一个关联标记用在因句中,另一个关联标记用在果句中,我们不妨把用在因句的关联标记称为"因句标记",把用在果句中的关联标记称为

"果句标记"。因句标记有"因为"、"由于"、"既然"、"是因为"和"是由于"5个,果句标记有"从而"、"可见"、"所以"、"因此"、"因而"、"于是"和"以致"7个。这样分类实际上是为了确定关联标记的分工和分布范围,也就是"不管因句与果句谁在前谁在后,因句标记只跟着因句走,果句标记只跟着果句走"(储泽祥、陶伏平,2008),这样后面讨论起来也比较方便。另外,语序也会影响到关联标记的模式,我们在讨论因果复句的关联标记模式时,所说的是常规语序情况下的标记情况。因果复句的常规语序是因句在前,果句在后。但某些特殊情况下也可以果句在前,因句在后,不过这种语序使用起来比较受限制,不是所有的关联标记都适用于这种颠倒过来的语序,只有"(之)所以……是因为/是由于/因为……"这一套关联标记可以采用"果句—因句"这样的语序。经过考察,在因果复句中,前后配套式关联标记模式的特点主要有以下一些:

第一,一般情况下,如果是因句在前,果句在后语序,且前后两个分句的主语相同,则主语一般在因句,因句标记在主语之前,位于句首,果句标记则位于后一分句的句首。此外,因句标记也可以位于主语之后,这样的例子也不少。在我们的调查中,前一种情况的例子比后一种情况的例子更多。例如:

(627)<u>因为</u>它是在1722年4月5日复活节那一天被著名航海家、荷兰海军上将罗格发现的,<u>所以</u>叫复活节岛。(《中国儿童百科全书》)

(628)<u>由于</u>它产于山岩之中,<u>因此</u>又称它为岩盐。(《中国儿童百科全书》)

(629)<u>既然</u>我们下这么大决心来搞这项改革,<u>就</u>应该有一个恒心。(《中国农民调查》)

(630)花生<u>因为</u>地上开花,地下结果,<u>所以</u>俗称"落花生"。(《中国儿童百科全书》)

(631)美国<u>既然</u>承认一个中国的原则,承认台湾是中国领土的一部分,<u>就</u>应该让两岸中国人自己去解决国家内部的问题。(新华社2004年新闻稿,北大语料库)

(632)大傩仪<u>是由于</u>人们认为在新的生活周期开始前,主宰自己生活的鬼神也必须更新,<u>因此</u>,才举行傩仪的。(阴法鲁、许树安,《中国古代文化史》)

也有主语放在果句的情况,此时因句标记在前一分句的句首,果句标记在后一分句的具体位置要分情况讨论,如果是说明性因果复句,那么果句标记在主语之前,如果是推论性因果复句,那么果句标记在主语之后。此类情况较少见。例如:

(633)既然发挥不了作用,没有什么用处,佛法也就没有任何价值了。(《佛法修正心要》)

(634)因为崇尚金、木、水、火、土五行中的火,所以他被称为炎帝。(《中国儿童百科全书》)

上面讨论的是都是因果复句的语序为前因后果的情况,如果语序反过来,果句在前,因句在后,则关联标记的位置也会相应地发生变化:果句标记会放在主语后,因句标记放在主语前。例如:

(635)他所以这样主张,因为他现在除了五个儿子、一个女婿以外,再没有一兵一卒。(曲波,《林海雪原》)

(636)我所以称她为电梯小姐,是因为我不知道应该如何称谓,叫她师傅,她一定很不高兴。(白桦,《淡出》)

所以总体来看,当前后主语相同的话,最常见的还是语序为因句在前,果句在后,且主语位于因句的情况,此种情况中关联标记可能在主语前,也可能在主语后,在因果复句中,以关联标记位于主语前更为多见。而如果是果句在前,因句在后的语序,则果句标记一定会出现在主语之后,因句标记则出现在主语前,而且这种用法只适用于陈述说明性的因果复句,推论性因果复句的语序不能颠倒,没有果句在前,因句在后的例子。主语和关联标记的相对位置问题就引出了我们的第二点结论。对此刘月华(2001:886-887)和储泽祥、陶伏平(2008)都有过相关的讨论,我们这里借鉴概括如下。

第二,主语和关联标记,谁在话语中起着连接作用,谁就放在前面。如例(627)这句话在其实际的上下文中,它的前面其实还有一句话:"复活节岛又叫伊斯特岛,离智利本土3800多千米。"正是因为有这句话作为背景,所以例子中的复句陈述"为什么叫复活节岛"这个话题的时候就用了代词"它"来指代复活节岛，这样一来，整个句子就成了由"因为"引导的因果复句，作为对前文的继续陈述说明。例（587）中的主语"花生"放在最前面，关联标记"因为"放在主语后面，是因为这里的主语"花生"也是整个句子的话题，后面的分句都是在陈述说明这个话题，而且在原文背景中，例子中的复句的后面还有一个句子，仍在继续陈述说明关于花生的话题，所以这句话必须采取主语在前的位置，要不然这个话题辖域就无法统领整个的复句。例（636）和例（637）中的主语其实都是整个复句的话题，所以主语在最前面，关联标记在后面。其实说到底，主语和关联标记之间的位置都是跟上下文的语境有关系。至于主语是放在因句还是放在果句，也是由这个规则决定的。所以总的来说，如果是需要跟上文语境中的话题相衔接的话，就需要把主语放在因句，如果是需要与上文在结构上相衔接的话，就把关联标记放在前面。

第三，当前后分句的主语不相同时，说明性因果复句的关联标记和推论性因果复句的关联标记位置不同，而且因句和果句的语序会影响关联标记的位置。如果是前因后果的语序时，在说明性因果复句中，因句标记和果句标记都位于主语之前；在推论性因果复句中，因句标记位于主语之前，果句标记如果是"就/便"则位于主语之后，如果是"那么"则位于主语之前。例如：

（637）<u>因为</u>辜幸文被叫去开会了，<u>所以</u>赵中和才得以脱身回到了办公室。（张平，《十面埋伏》）

（638）<u>既然</u>移动不如对手，她<u>就</u>用凶狠的发球和变化的球路主动调动对方。（新华社2004年新闻稿）

（639）<u>既然</u>老洪没有死，<u>那么</u>老时和老洪这条爱情线索就继续向前发展了。（知侠，《铁道游击队》）

如果因果复句的语序是前果后因时，那么在说明性因果复句中，果句标记在主语后，因句标记在主语前；在推论性因果复句中，因为不存在果句在前因句在后的语序，所以没有这种关联标记模式的用法，而且我们前面已经提到推论因果复句的标记"既然"是不可以居中的。例如：

（640）他们所以高兴去的，是因为平时洋行里推两包一角钱，抹肥皂推时一包就给两角钱。（知侠，《铁道游击队》）

（641）这村人所以这样胆大，不怕做反革命，是因为一个寡妇做了他们的盾牌。（陈世旭，《将军镇》）

上面的例几个例子展现了典型的前后主语不同时关联标记的使用情况，从例子来看，不管因句和果句的语序是怎样的，因句的关联标记一般都位于主语前，而果句的标记则受语序影响较大。当果句在前时，果句标记只能出现在主语后面，而果句在后时，果句标记则以在主语之前的位置更为常见。也就是储泽祥、陶伏平（2008）中所说的"当因句和果句的主语不同，而果句的主语作为话题放在整个复句的开头时，不管因句的主语是否出现，话题后面的因句关联标记都不能挪前"。而且据两位学者考察，当语序是因句在前果句在后时，不管前后主语是否一致，"以致"、"所以"两个标记都只能位于果句主语的前面，而在绝大多数情况下，"因此""因而""于是"都出现在果句主语的前面，偶尔可能出现在果句主语的后面。

第四，当前后分句的主语相同，且承接上文的时候，主语可以省略，即前后分句都不出现主语，关联标记直接位于两个分句的句首。例如：

（642）因为不爱，所以才有了背叛。（百合，《哭泣的色彩》）

上面这个例子就是主语省略，关联标记直接出现在前后分句的句首的情况，当然这样的情况相对比较少见。

第五，因果复句跟条件和转折复句类似，有的时候在关联标记后面可以加一个逗号表示停顿，因句的关联标记一般不能在后面加逗号；果句标记因为居中，所以后面有停顿比较常见，但需要满足主语有且关联标记在主语之前的前提，如果关联标记出现在主语之后，则关联标记后不可以停顿。此外，推论性的果句标记"就""便""那"，其后都不可以加逗号。例如：

（643）因为尿中含有一些对人体有生理作用的化合物，所以，中医很早就采用童尿入药。（《中国儿童百科全书》）

（644）因为，它既可以为自己鼓劲，又可以迷惑震撼对方，所以，各类竞争、对抗，既是实力的较量，也是心理的较量。（《中国儿童百科全书》）

上面讨论的这五点都是跟主语和关联标记的相对位置有关的特点。下面我们看看除此之外，前后配套式还有些什么特点。

　　因果复句的因句和果句之间的语序有两种情况。一般是因句在前，果句在后，在这种情况中，关联标记的用法有居端依赖式、居中粘接式或者使用完整的前后配套式，而且几种用法使用起来都不太受限。前面的例（601）－例（603）是居端依赖式的例子，例（619）－例（623）是居中粘接式的例子，例（627）－例（634）则是前后配套式的例子。

　　通过前面的例子我们可以看到，在因果复句中，当采用"因句－果句"语序时，关联标记模式齐全，三种标记模式都可以比较自由地使用。但是如果把语序颠倒一下，果句在前，因句在后，那么复句主要使用居中粘接式和前后配套式两种关联标记模式，而且使用起来比较受限，居端依赖式这种标记模式虽然也有，但是很少见，而且只有关联标记"所以"才有这种标记模式。前面的例（640）和例（641）是前后配套式的例子，例（606）和例（607）是居端依赖式的例子，例（604）和例（618）是居中粘接式的例子。

　　因此，在因果复句中，因句在前果句在后的语序是强势语序，而果句在前因句在后的语序是弱势语序。两种语序一般情况下可以相互转换，不过转换会有一些限制，"果句－因句"语序往"因句－果句"语序转换更容易，而相反的转换则限制更多，转换之后，复句的逻辑语义不变，但会产生语用上的差别，强调的重点会与转换前有所不同。而且语序的转换也会导致关联标记模式的变化。这也证明相对于"因句—果句"这样的语序，"果句—因句"的语序更有标记性。另外，这其实也间接证明了居端依赖式使用范围有限。

　　有的前后配套式中的关联标记可以有不止两个，达到三个甚至四个，这一点我们在前面讲因果复句使用的主要关联标记的时候已经讲到，此处再举一例：

　　（645）中国选手<u>既然</u>能在异地举行的奥运会上赢得一枚宝贵金牌，<u>那么</u>在2008年自家门口举行的奥运会上，<u>就</u>应该拿到更多的金牌。（新闻\新华社2004年新闻稿，北大语料库）

3.7.2.4 小结

从我们以上的分析来看，对因果复句的关联标记模式情况，可以得到以下一些认识：

第一，在因果复句中，居端依赖式仍然是最弱势的一种标记模式，使用起来最受限制。

第二，在因果复句中，居中粘接式仍然是最强势的一种标记模式。除"既然"和"由于"外，所有能单用的条件关联标记都有这种模式，而且有不少关联标记还只有这一种标记模式的用法。此外，在标准居中粘接式的基础上衍生出的三种不同的变体，其适用面都比较广。

第三，在因果复句中，前后配套式的关联标记模式的使用频率介于居端依赖式和居中粘接式之间。

第四，因果复句的分句语序受到时间顺序原则的影响，因句在前、果句在后的语序是强势语序，果句在前、因句在后的语序是弱势语序。语序对关联标记模式的影响比较大，因句在前时，因句标记"因为"可以出现在主语的前面或者后面，因句在后时，因句标记只能出现在主语之前；果句在后时，果句标记在主语之前，而果句在前时，果句标记均位于主语后。

第五，因果复句分句主语的异同对句中的关联标记位置影响不大，"只会对因句在前时候因句标记的位置产生影响，不会影响到果句在后时候果句标记的位置，也不会影响到果句在前时果句标记和因句标记的位置"（储泽祥、陶伏平，2008）。

在我们前面讨论的所有其他类别的复句中，居端依赖式的关联标记模式基本上都是一种受排斥的模式，而居中粘接式则是最受欢迎的模式。在因果复句中，情况也基本如此，我们看到，只有"既然"和"由于"两个关联标记是只有居端依赖式的用法的，而只有居中粘接式的关联标记则有"因此""因而""于是""以致""是因为""是由于""从而""可见"8个，在适用的关联标记的数量上，居中粘接式远远多于居端依赖式。另外，在进行停顿和变换语序等操作时，居中粘接式也比居端依赖式使用起来更不受限。所以在因果复句中，居中粘接式是一种强势的标记模式，而居端依赖式则是一种弱势的标记模式。

造成这个局面的原因，一方面跟居端依赖式和因果复句本身的特点有关。如前所述，居端依赖式这种标记模式中，关联标记离后一分句的距离太远，不容易反映前后之间的因果关系，信息加工处理难度也比较大。所以为了降低信息处理的难度，我们往往会在后一分句的句首再加上一个因果关联标记，从而构成前后配套式，这种标记模式最符合"象似性原则"，大脑处理起来最省力，但是不符合"经济原则"。而居中粘接式中，关联标记离前后都不太远，这种标记模式既符合"象似性"原则，又符合"经济省力"原则，而且还符合"联系项居中"原则。所以这种关联标记模式是一种既经济实惠效果好的方式，很容易在因果关系复句中成为一种强势模式。另一方面，汉语因果复句的强势语序是因句在前，果句在后，这种语序也是最适合采用居中粘接式的。而当语序反过来，果句在前，因句在后时，居端依赖式的使用最受限制，这也说明它比另外两个关联标记模式更弱势。因此，在表示因果关系的关联标记模式中，它们在实际使用中的使用频率呈以下序列：

居中粘接式 > 前后配套式 > 居端依赖式

第四章　汉语方言复句关联标记模式研究

我们在第三章中说到汉语普通话中的复句研究比较多，研究的角度比较全面，成果也很丰富，从早期的关于复句的定义和单复句的区分，再到后来关于复句的分类，都有过很多的讨论，对关联标记的研究也有不少，专著如邢福义先生的《复句与关系词语》，姚双云的《复句关系标记的搭配研究》等，还有一些单篇的论文。但是相对而言，对方言复句的研究则比较少，至今没有专门的专著，只有一些方言研究的书中偶有提及。单篇的论文就更少了，截至写作本书时，我们搜集到的相关文献只有下面几篇：邢向东的《陕北晋语沿河方言复句关系的表达手段》，张文光、侯建华的《唐山方言中的特殊连词"一个"及相关复句》，王颖君的《山东乳山方言条件复句关联标记模式研究》，陶伏平的《湖南慈利通津铺话复句连词》。当然还有一些文章或者专著涉及了一些有关方言中的连词使用的讨论，比如黄伯荣主编的《汉语方言语法类编》中就收集了一些方言中的连词的使用情况，只可惜讨论内容不多。

在总结前人时贤的基础上，我们进行了自己的调查，对方言复句的关联标记做了一个比较详细的描写，并尝试作些解释工作。对方言复句的分类，我们跟前面的普通话保持一致，把汉语方言复句分为：并列复句、顺承复句、递进复句、选择复句、转折复句、条件复句和因果复句这七大类来进行研究。而且我们这里所说的关联标记也一样只考虑单层复句的关联标记使用情况。下面我们将分别看看这几类复句中的关联标记在汉语的几大主要方言中的使用情况。

4.1 汉语方言中并列复句的关联标记模式

4.1.1 方言中并列复句使用的主要关联标记

对并列复句的定义，方言和普通话是一样的，简单来说指的是"分句间有平列并举关系的复句"（邢福义，2001：43）。要表示这种关系，可以不用任何关联标记，完全靠"意合"的方式来表达，例如：

（1）你去看牛，佢去摘野菜。（江西万安方言）
（2）hen 脱秧，偓莳田。（你拔秧，我插秧。）（客家方言）（何耿庸，1993：92）

上面两例是没有任何关联标记的并列复句，用的是"意合"的方法，也就是从复句本身的意思上能够看出，前后两个分句表达的是两件平行或对立的事情，没有主次之分，前后二者的地位是平等的。这种没有关联标记的并列复句在我们日常生活的口语中非常常见，对于方言而言尤其如此，可以说大部分情况都会说这种简洁的、没有关联标记的并列复句。因为一方面，口语交际都是面对面的，说话人可以借助很强的现场交际语境理解对方所说的话，所以语句可以尽量简洁，这也是"经济原则"作用的结果。另一方面，方言口语中的表达没有普通话书面语那么精密，也比较少用长复句，一般都用短句，所以用到关联标记的机会不多。

当然，我们说在方言中关联标记用得比较少，并不是说就不会用到关联标记，在使用时用关联标记的情况也是有的。下面我们就来看看在方言中并列复句一般会用到哪些关联标记。虽然是同一类复句，但是在不同的方言中，其使用的关联标记可能有一些相同的，当然也有不同的。我们主要结合汉语的七大方言区来看并列标记的使用情况。

我们先来看看赣方言中并列复句的关联标记使用情况。在赣方言我们主要调查了南昌话和江西万安话。[①]在赣方言中，主要使用的并列复句关联标记如下：

---

① 我们虽然同时调查了南昌话和万安话，但是在本书对赣方言进行论述和举例的时候，我们以南昌话为主，万安话为辅，后面不再一一说明。

"又……又……""一边……一边……""边……边……""有时间……有时间……""一下子……一下子……""不是……而是……""是……不（唔）是……""……又……""……也……""……另外……""……还……"

我们看看这些关联标记的使用实例：

（3）新买个电饭锅<u>又</u>便宜，<u>又</u>好用。（新买的电饭锅既便宜，又好用。）

（4）人<u>又</u>多，天<u>又</u>热。（人又多，天又热。）

（5）渠<u>一边</u>忙到煮夜饭，<u>一边</u>看紧细伢子来做作业。（她一边忙着做晚饭，一边督促孩子做作业。）

（6）大家<u>一边</u>邓渠烧水煮饭，<u>一边</u>帮渠捡东西。（大伙儿一边为他烧水做饭，一边帮他收拾行李。）

（7）渠<u>边</u>走，<u>边</u>打电话。（他边走，边打电话。）

（8）她<u>一下子</u>看紧手上个信，<u>一下子</u>看紧我。（她一会儿看看手中的信，一会儿看看我。）

（9）<u>有时间</u>渠是站到咯，<u>有时间</u>就坐到地上。（有时他是站着，有时就坐在地上。）

（10）箇<u>不是</u>勇敢，<u>而是</u>蠢。（这不是勇敢，而是愚蠢。）

（11）<u>是</u>我去，<u>不是</u>你去。（是我去，不是你去。）

（12）老师<u>是</u>人，<u>不是</u>神。（老师是人，不是神。）

（13）渠冇技术，<u>也</u>冇文化。（他也没技术，也没文化。）

（14）我想去，渠<u>也</u>想去。（我想去，他也想去。）

（15）箇隻后生子人好，<u>又</u>有本事。（这位小伙子人好，又有本事。）

（16）姐姐会话北京话搭上海话，<u>另外</u>还懂滴子广东话。（姐姐会说北京话和上海话，此外也懂点广东话。）

（17）妈妈今日煮到一桌子个菜，<u>另外</u>还准备了水果。（妈妈今天做了一桌的菜，另外还准备了饭后水果。）

（18）渠洗紧菜，<u>还</u>在哼歌。（她一边洗菜，还一边哼歌。）

上面这些是赣方言中的并列复句经常使用的一些关联标记的例子。在赣方言中，并列复句的关联标记不算特别丰富，但也还是有一些的。而且在这些关联标记中，有一种偏好使用配套标记的倾向。笔者的母语是赣方言中的万安话，就个人语感而言，那些配套的关联标记使用起来更自然，而且使用的频率更高。并且很多单用的关联标记完全可以与其他关联标记配套起来用于表达并列关系，但是配套使用的关联标记一般不太能单独使用。

接下来我们再看看粤语中的并列复句主要使用的关联标记有哪些。根据我们的调查，粤语中的并列关联标记主要有下面一些："又……又……""一边……一边……""边……边……""有时……有时……""一阵……一阵……""一嚟……二嚟……""唔係……（而）係……""係……唔係……""……又……""……另外……""……仲……"

我们下面看看这些关联标记的一些具体例子：

（19）佢<u>又</u>唔食烟，<u>又</u>唔饮酒。（他既不抽烟，也不喝酒。）

（20）嗰仔<u>一边</u>食饭，<u>一边</u>睇电视。（儿子一边吃饭，一边看电视。）

（21）佢<u>边</u>踎係窗台上面抹玻璃，<u>边</u>哼住歌。（她蹲在窗台上擦玻璃，一边还哼着歌。）

（22）佢<u>有时</u>企係度，<u>有时</u>又坐係地上面。（有时他是站着，有时就坐在地上。）

（23）佢<u>一阵</u>睇下手入面封信，<u>一阵</u>睇下我。（她一会儿看看手中的信，一会儿看看我。）

（24）我唔想去行街，<u>一嚟</u>行街要洗钱，<u>二嚟</u>我都无乜野要买。（我不想去逛街，一来逛街就要花钱，二来我也没什么东西要买。）

（25）呢嗰唔係勇敢，係愚蠢。（这不是勇敢，而是愚蠢。）

（26）白大嫂<u>唔係</u>唔明，<u>而係</u>更加懵。（白大嫂不是不明白，而是更加糊涂。）

（27）老师係人，唔係神。（老师是人，不是神。）

（28）係我去，又唔係你去。（是我去，不是你去。）

（29）佢唔讲嘢，<u>又</u>唔郁。（他不回话，也不动。）

（30）你去帮我斟杯水，<u>另外</u>，叫小张而家嚟我呢度一下。（你去帮我打杯水，另外，叫小张现在到我这来一下。）

（31）家姐识讲北京话同上海话，<u>仲</u>识啲广东话。（姐姐会说北京话和上海话，此外也懂点广东话。）

上面这些就是粤语中并列复句的一些例子，我们从中可以看到，粤语跟赣方言有相同的关联标记也有不同的，但共同的特点是配套使用的标记比单用的关联标记更多。

接下来我们再考察一下另一个方言——平话中的并列关联标记情况。根据我们调查的结果来看，在平话中（我们调查的是广西宾阳话，所以我们这里说的平话，指的是宾阳平话，不同地方的平话之间可能会有差异），主要使用的并列关联标记有下面一些：

"既……又……""又……又……""……又……""既……也……""……也……""有时……有时……""边……边……""一阵……一阵……""……而是……""冇是……而是……""是……冇是……""……仲……""……另外……"

我们看看这些关联标记在使用中的一些具体例子：

（32）那既会作诗，又能弹得一手好琴。（她既会作诗，又能弹得一手好琴。）

（33）人又多，天又热/酷。（人又多，天又热。）

（34）嗰个后生哥人好，又有本事。（这位小伙子人好，又有本事。）

（35）那既冇烧烟，也冇喫酒。（他既不抽烟，也不喝酒。）

（36）我想去，那也想去。（我想去，也想去。）

（37）有时那是企着，有时就坐在地上。（有时他是站着，有时就坐在地上。）

（38）那边 ŋen^{24} 着煮夜饭，边看细蚊做作业。（她一边忙着做晚饭，一边督促孩子做作业。）

（39）那一阵看看手上个信，一阵看看我。（她一会儿看看手中的信，一会儿看看我。）

（40）那冇是在称赞你，而（løi^{213}）[①]是在讽刺你。（他不是在称赞你，而是在讽刺你。）

（41）你嗰种冇喊做老实，而是滑头。（你这不叫老实，而是滑头。）

---

① 本书对宾阳平话中字词的记音采用的是覃东生（2007：126-127）中的附录一所使用的音韵系统。

（42）老师<u>是</u>人，<u>冇</u>是神。（老师是人，不是神。）

（43）那识讲北京话、上海话，<u>仲</u>识讲广东话。（他会说北京话和上海话，此外也懂点广东话。）

（44）阿妈今日做了一台菜，<u>另外</u>还准备了饭后水果。（妈妈今天做了一桌的菜，另外还准备了饭后水果。）

上面这些就是广西宾阳平话中并列复句关联标记的一些使用实例，主要的并列关联标记就是上面这么一些。我们看到，它跟粤语和赣语也有相同和不同的地方。

接下来我们再看看湘语中长沙话的并列复句的关联标记使用情况，在长沙话中，经常使用的并列关联标记主要有下面一些：

"又……又……""……又……""一……二……""……也……""有时……有时……""一边……一边……""边……边……""一下子……一下子……""不是……而是……""是……不是……""……另外……""……还……"

我们看看这些关联标记在使用中的一些具体例子：

（45）新买的电饭煲<u>又</u>便宜，<u>又</u>好用。（新买的电饭锅既便宜，又好用。）

（46）人<u>又</u>多，天<u>又</u>热。（人又多，天又热。）

（47）嗲嗲是党员，<u>又</u>是领导干部。（爷爷是党员，又是干部。）

（48）他不是老师，<u>又</u>不是学生。（他既不是老师，也不是学生。）

（49）他一事无成，<u>一</u>没的技术，<u>二</u>没的文化。（他一事无成，也没技术，也没文化。）

（50）我想去，她<u>也</u>想去。（我想去，她也想去。）

（51）<u>有时</u>他是站着的，<u>有时</u>就坐在地上。（有时他是站着的，有时就坐在地上。）

（52）伢崽<u>一边</u>吃饭，<u>一边</u>看电视。（儿子一边吃饭，一边看电视。）

（53）他<u>边</u>走，<u>边</u>打电话。（他边走，边打电话。）

（54）她<u>一下子</u>看看手中的信，<u>一下子</u>看看我。（她一会儿看看手中的信，一会儿看看我。）

（55）他<u>不是</u>在称赞你，<u>而是</u>在挖苦你。（他不是在称赞你，而是在讽刺你。)

（56）老师是人，<u>不是</u>神。(老师是人，不是神。)

（57）我该次去哒上海是去看哒多年未见的表姐，<u>另外</u>，还去杭州玩哒。(我这次去上海是去看望多年未见的表姐，此外，还想去杭州玩玩。)

（58）临走前一天姐姐请全家人到外头去吃饭，<u>还</u>请了张波。(临走前一天姐姐请全家人到外面吃饭，还请了张波。)

上面这些是一些长沙话中的并列复句的实例，从调查的情况来看，长沙话中的并列关联标记跟普通话的比较接近。

下面我们再看看属于西南官话范畴的武汉方言中并列复句的关联标记使用情况。在武汉话中，主要使用的并列关联标记主要有以下一些："又……又……""……又……""……也……""有时候……有时候……""一边……一边……""边……边……""一下……一下……""不是……而是……""是……不是……""……而是……""……还……"

我们看看这些关联标记在使用中的一些具体例子：

（59）新买的电饭锅<u>又</u>便宜，<u>又</u>蛮好用。(新买的电饭锅既便宜，又好用。)

（60）这个小伙子人蛮好，<u>又</u>蛮有本事。(这位小伙子人好，又有本事。)

（61）我们冒得选择，你们<u>也</u>冒得选择。(我们别无选择，你们同样别无选择。)

（62）这故事发生的时候，<u>有</u>时候是严冬，<u>有</u>时候是酷暑。(这故事发生的时节，有时是严冬，有时是酷暑。)

（63）崽<u>一边</u>喫饭，<u>一边</u>看电视。(儿子一边吃饭，一边看电视。)

（64）他<u>边</u>走，<u>边</u>挂／讲电话。(他边走，边打电话。)

（65）他<u>一下</u>这样想，<u>一下</u>那样想。(他一会儿这样想，一会儿那样想。)

（66）这<u>不是</u>勇敢，<u>而是</u>愚蠢。(这不是勇敢，而是愚蠢。)

（67）老师<u>是</u>人，<u>不是</u>神。(老师是人，不是神。)

（68）你这不叫老实，<u>而是</u>叫滑头。(你这不叫老实，而是滑头。)

（69）妈妈今天做了一桌子的菜，<u>还</u>准备了饭后的水果。(妈妈今天做了一桌的菜，另外还准备了饭后水果。)

以上是武汉话中并列复句的一些实例。其中的并列关联标记很大一部分跟普通话差不多，但也有不一样的。武汉话属于西南官话，其作为大北方方言区中的一个小类，跟普通话的相同度比较高也属于情理之中，毕竟普通话本来就是以北方方言为基础的。

官话区中，除了武汉话之外，我们接下来再看看属于江淮官话区的合肥话中并列复句的使用情况。在合肥话中，经常使用到的并列关联标记主要有以下一些：

"又……又……""……也……""有时候……有时候……""一边……一边……，边……边……""一会子……一会子……""一来……二来……""不是……而是……""是……不是……""……另外……""……还……"

我们看看这些关联标记在使用中的一些具体例子：

（70）这个小伙子人<u>又</u>好，<u>又</u>有本事。（这位小伙子人好，又有本事。）

（71）洋柿营养非常好，<u>又</u>可以当菜，<u>又</u>可以当水果喫。（西红柿营养丰富，既可作蔬菜，又可当水果。）

（72）他<u>又</u>不抽烟，<u>又</u>不喝酒。（他既不吸烟，也不喝酒。）

（73）我想去，她<u>也</u>想去。（我想去，她也想去。）

（74）他不是老师，<u>也</u>不是学生。（他既不是老师，也不是学生。）

（75）他<u>有时候</u>站到，<u>有时候</u>就坐在地上。（有时他是站着，有时就坐在地上。）

（76）这个老师<u>一边</u>看报纸，<u>一边</u>打瞌睡。（这位老师一边看报，一边瞌睡。）

（77）他<u>边</u>走，<u>边</u>打电话。（他边走，边打电话。）

（78）她<u>一会子</u>瞅手上的信壳子，<u>一会子</u>瞅我。（她一会儿看看手中的信，一会儿看看我。）

（79）我不想去逛街，<u>一来</u>逛街要花钱，<u>二来</u>我也没什么要买的。（我不想去逛街，一来逛街就要花钱，二来我也没什么东西要买。）

（80）她<u>不是</u>起得这么早，<u>而是</u>根本就没睡觉。（她并非起这么早，而是通宵没睡觉。）

（81）老师<u>是</u>人，<u>不是</u>神。（老师是人，不是神。）

(82)你去帮我倒杯水,<u>另外</u>,叫小张到我这来一趟。(你去帮我打杯水,另外,叫小张现在到我这来一下。)

(83)她一边洗菜,<u>还</u>一边哼歌。(她一边洗菜,还一边哼歌。)

以上是合肥话中并列复句的一些实例。可以看到,合肥话的并列关联标记跟普通话的相似度非常高,只偶有不一样的。合肥话属于江淮官话,跟武汉话类似的,其作为大北方方言区中的一个小类,跟普通话的相同度比较高也是很合理的,毕竟普通话本来就是建立在北方方言的基础上的。再者,关联标记属于意义比较虚、比较抽象的词语,这些词语不像基本名词或者动词那样会在不同方言间出现较大差异。

接下来我们再看看吴语中上海话的并列复句的使用情况,在上海话中,经常使用的并列关联标记主要有下面这么一些:

"又/夷……又/夷……"① "……又/夷……" "也(a^{13})……也(a^{13})……" "……也(a^{13})……" "有时候……有时候……" "一则来……二则来……" "伊拉方面……□en^{13}拉方面……" "一头……一头……" "一面……一面……" "一下……一下……" "勿是……而是……" "是……勿是……" "……另外……" "……还……"

我们看看这些关联标记在使用中的一些具体例子:

(84)新买个电饭煲<u>又/夷</u>便宜,<u>又/夷</u>好用。(新买的电饭锅既便宜,又好用。)

(85)人<u>又/夷</u>多,天<u>又/夷</u>热。(人又多,天又热。)

(86)搿个小人人蛮好,<u>又/夷</u>有本事。(这位小伙子人好,又有本事。)

(87)搿搭地方<u>也</u>(a^{13})有灯光,<u>也</u>(a^{13})有人。(这里看不见灯光,也听不到人声。)

(88)我想去,伊<u>也</u>(a^{13})想去。(我想去,她也想去。)

(89)伊有时候站,有时候坐。(他有时候站着,有时候坐着。)

(90)伊拉勿得勿认错,<u>一则来</u>怕老师批评,<u>二则来</u>怕同学嘲笑。(他们不得不认错,一来怕老师批评,二来怕同学嘲笑。)(许宝华、汤珍珠,

---

① 此处有两种写法是参考了许宝华、汤珍珠(1991:315)。

1991：333）

（91）伊伊拉（yi¹³ lak³¹）方面要去做饭，□en¹³拉方面催促小人做作业。① （她一方面要做晚饭，一方面要督促孩子做作业。）

（92）伊<u>一头</u>吃饭，<u>一头</u>看电视。（他一边吃饭，一边看电视。）

（93）小王夫妻两个像小人一样，<u>一下</u>吵，<u>一下</u>好。（小王夫妻俩像小孩子一样，一会儿吵，一会儿好的。）

（94）小人<u>一面</u>哭，<u>一面</u>叫妈妈。（孩子一面哭，一面叫妈妈。）

（95）白大嫂<u>勿</u>是勿明白，<u>而是</u>更加糊涂。（白大嫂不是不明白，而是更加糊涂。）

（96）先生<u>是</u>人，<u>勿是</u>神。（老师是人，不是神。）

（97）妈妈今日做一桌菜到勒，<u>另外</u>还准备勒水果。（妈妈今天做了一桌的菜，另外还准备了饭后水果。）

（98）伊<u>一头</u>洗菜，<u>还一头</u>唱歌。（她一边洗菜，还一边哼歌。）

以上是上海话中并列复句的一些实例。其中的并列关联标记有跟普通话相似的，但更多的是跟普通话有所不同，有些说法差异非常大。作为吴方言的上海话，无论是实词还是虚词，其本来就跟普通话的差异很大，复句的关联标记使用上也是如此。另外，其中有一些关联标记出现说法两可的情况，可以看出明显受到了普通话的影响。

接下来我们再看看闽方言中的并列复句的使用情况，这里的闽方言材料主要是我们自己调查的闽南话语料和在语料库和相关文献中收集的别人调查的福州方言材料。在闽语中，经常使用的并列关联标记主要有下面这么一些：

"若……若……""唔……也唔……""佫……佫……""……佫……""……也（a³³）……""有时……有时……""一爿……一爿……""一方面……一方面……""一爿……""一阵仔……一阵仔……""者……者……""唔是……是……""是……唔/怀是……""……另外……""……犹……"

我们看看这些关联标记在使用中的一些具体例子：

---

① 此处"□"与音标结合，表示在方言中只明读音不明写法。后同。

（99）逐个免客气，<u>若</u>食，<u>若</u>啉茶。（大家别客气，一边吃，一边喝茶。）（林宝卿，2007：167）

（100）伊<u>呣</u>食酒，<u>也呣</u>食薰。（他不喝酒，也不抽烟。）（林宝卿，2007：167）

（101）臭柿仔营养丰富，<u>佟</u>会使作菜用，<u>佟</u>会使当作水果用。（西红柿营养丰富，既可作蔬菜，又可当水果。）

（102）阿公系党员，<u>佟</u>系干部。（爷爷是党员，又是干部。）

（103）伊<u>呣</u>系先生，<u>也呣</u>系学生。（他既不是老师，也不是学生。）

（104）伊<u>有时</u>是徛到，<u>有时</u>是坐里涂骹。（有时他是站着，有时就坐在地上。）

（105）伊<u>一方面</u>紧张煮晚饭，<u>一方面</u>督促囝仔做作业。（她一方面忙着做晚饭，一方面督促孩子做作业。）

（106）我<u>一爿</u>要准备研究生的考试，<u>一爿</u>我也积极参加各种的招聘会。（一方面我准备研究生考试，一方面我也积极参加各种招聘会。）

（107）伊用了钱还给我，<u>一爿</u>不停仔感谢。（他把钱还给我，一边不停地说谢谢。）

（108）伊<u>一阵仔</u>即样想，<u>一阵仔</u>迄样想。（他一会儿这样想，一会儿那样想。）

（109）囝仔<u>者</u>想看动画片，<u>者佟</u>想出去佚佗。（孩子一下想看动画片，一下又想出去玩。）

（110）伊<u>呣</u>是起即款早，<u>是</u>通宵无睏。（她不是起这么早，而是通宵没睡觉。）

（111）伊<u>是</u>好儂，<u>怀是</u>呆儂。（他是好人，不是坏人。）（福州方言）（冯爱珍：1998：129）

（112）先生<u>是</u>儂，<u>呣是</u>神。（老师是人，不是神。）

（113）汝先去帮我倒一杯水，<u>另外</u>叫小张即阵来我即搭者。（你去帮我打杯水，另外，叫小张现在到我这来一下。）

（114）即爿体育馆也真侪儂，有练体操的，有练举重的，<u>犹</u>有咧学太极拳的。（这边体育馆也很多人，有练体操的，有练举重的，还有学太极拳的。）

以上是闽语中并列复句的一些实例，实例主要是闽南话，个别是福州话。其中的并列关联标记有跟普通话相似的，但大部分的都是跟普通话不一样的，有些说法差异非常大。无论是语音、词汇，还是语法，闽南语本来就跟普通话的差异很大，复句的关联标记使用上也是如此。另外，其中一些跟普通话说法一致的关联标记，很有可能是从普通话中移植过来的。

接下来我们再看看客家话中的并列复句的使用情况，这里的客家方言材料主要是我们自己调查的梅州话语料和收集的别人调查的方言材料。在客家话中，经常使用的并列关联标记主要有下面这么一些：

"又……又……""……又……""……也……""有时间……有时间……""一方面……一方面……""一方面……另一方面……""一边……一边……""边……边……""一下子……一下子……""一来……二来……""唔系……而系……""……而系……""系……唔系……""……另外……""……还……"

我们看看这些关联标记在使用中的一些具体例子：

（115）新买的电饭锅<u>又</u>便宜，<u>又</u>好用。（新买的电饭锅既便宜，又好用。）

（116）公公系党员，<u>又</u>系干部。（爷爷是党员，又是干部。）

（117）佢唔食烟，<u>也</u>唔食/饮酒。（他既不吸烟，也不喝酒。）

（118）佢<u>有时间</u>系企到，<u>有时间</u>就坐阿地上。（有时他是站着，有时就坐在地上。）

（119）佢<u>一方面</u>在煮夜饭，<u>一方面</u>督促细人子做作业。（她一方面忙着做晚饭，一方面督促孩子做作业。）

（120）佢<u>一方面</u>默默个工作，<u>另一方面</u>坚持读夜校。（她一方面默默工作，一方面坚持参加夜校。）

（121）佢<u>一边</u>在解做饭，<u>一边</u>在解听广播。（他一面在那做饭，一面在那听广播。）

（122）佢<u>边</u>行，<u>边</u>打电话。（他边走，边打电话。）

（123）佢<u>一下</u>想去，<u>一下</u>又唔想去。（他一下想去，一下又不想去。）

（124）偓唔想去出街，<u>一来</u>出街就要花钱，<u>二来</u>偓也有脉个东西要买。（我不想去逛街，一来逛街就要花钱，二来我也没什么东西要买。）

（125）佢唔系起床起得咁早，而系一暗晡唔能睡目。（她并非起这么早，而是通宵没睡觉。）

（126）佢冇企起来，而系紧看𠊎。（她没有站起来，而是那样地看着我。）

（127）老师系人，唔系神。（老师是人，不是神。）

（128）𠊎秋晡日打电话告诉佢了，另外𠊎又写了一封详细的信去佢。（我昨天打电话告诉她了，另外，我又写了封详细的信去。）

（129）佢在䘝看电视，还在䘝食瓜子。（他看着电视，同时还嗑着瓜子。）

以上是客家话中并列复句的一些实例。其中的并列关联标记有跟普通话相同的或相似的，也有跟普通话不一样的，但总体来说，差异不算特别大。虽然客家话在语音和词汇方面跟普通话区别比较大，但在语法上的分歧不是特别大，所以体现在复句的关联标记上就是有很多相同的或者相似的地方。其中那些跟普通话一致的关联标记，很有可能是从普通话尤其是从普通话的书面语中移植过来的，因为在口语中，关联标记经常被省略掉。

以上这些是汉语的几大主要方言区中并列复句使用的关联标记的情况，我们主要考察了在每种方言中并列复句的关联标记具体有哪些。接下来我们看看这些关联标记在使用上有什么模式和特点。

4.1.2 方言中并列复句的关联标记模式

4.1.2.1 居端依赖式

我们前面论述过居端依赖式的定义，所谓居端依赖式，指的是在这种模式中，关联标记位于整个复句的一端，取消所在小分句的独立自足性，使其对另外一个小分句形成依赖。居端依赖式有两种情况，一种是 S（Ms_1，s_2）形式的，即关联标记在前一分句的句首，另一种是 S（s_1，s_2M）形式的，关联标记在后一分句的句末。

从我们调查的情况来看，在各个方言中，并列复句基本上没有这种标记模式。虽然我们不能说这种标记模式在各方言中的并列复句中绝对不存在，但即便存在也只是个案，而不是普遍的。至少在我们的调查中，受访者都认为这种标记模式的用法是不能接受的。例如下面这句话，在普通话里似乎是可以接受的：

（130）我一边朝里走，内心越来越不安。

但是当我们拿这句话去问各个方言使用地的受访者的时候，他们都表示在他们自己的方言中没有这种说法，不会只在前面一个分句用关联标记，而后面一个分句不用，如果要表达同样意思，在实际使用时，他们会改变标记模式，在后一分句再加上一个关联标记"一边"，说成：

（131）我一边朝里走，一边内心越来越不安。

出于方言的口语性质，我们无法像调查书面语的关联标记一样来调查方言中的关联标记使用情况，乃至作定量分析。但是从我们的调查结果来看，对汉语方言中的并列复句关联标记模式中的居端依赖式的使用情况，我们还是可以谨慎地得出一个基本结论：在汉语方言中，并列复句的关联标记模式一般不采用居端依赖式。

这说明居端依赖式不适用于口语性极强的汉语方言。其实，这也很好理解，居端依赖式在普通话的书面语中就是一种比较受限的弱标记模式。在方言口语中，经常使用的是短单句，复句本来就比较少见，而用到的复句也多是那种紧缩式的短复句，那种长长的复句只有在要求具有较高文化水平的特定场合的语用环境中才会出现得多一些。紧缩式复句的关联标记往往是两个配套使用的，也就是我们后面将要讲的前后配套式。也就是说，在汉语方言中，居端依赖式这种模式受到了别的标记模式的竞争和压制，这可以看作居端依赖式不适用于方言中的并列复句的外部原因。

当然，一个事物的内部原因才是起决定性作用的根本原因。所以我们需要探讨一下居端依赖式不适用于汉语方言中的并列复句的内部原因。

首先从形式上看，居端依赖式的关联标记要么出现在前一分句的句首，要么出现在后一分句的句末，这两个位置都不适合用来标记复句前后分句之间的语义关系，因为理解起来比较费力，比其他两种关联标记模式的理解难度都要大。我们可以参考陆丙甫（1993：197）对同步组块难度系数的计算方法来计算复句中各关联标记类别的理解难度系数。我们把居端依赖式和居中粘接式以及前后配套式这几种关联标记模式的理解难度系数用图示和算式来表示如下：

(132) a. $(((M) 1 (s_1) 2) 1 ((s_2) 3) 2) 1$
   PN=10/6 ≈ 1.67

b. $(((s_1) 1) 2 ((s_2) 2 (M) 3) 1) 1$
   PN=10/6 ≈ 1.67

c. $((s_1) 1 (Ms_2) 2) 1$
   PN=4/3 ≈ 1.33

d. $(((M_1) 1 (s_1) 2M_2) 1 (s_2) 2) 1$
   PN=7/5=1.4

上面的（132a）表示的是 $S(Ms_1, s_2)$ 式的居端依赖式的理解难度系数，（132b）表示的是 $S(s_1, s_2M)$ 式的居端依赖式的难度系数。（132c）表示的是 $S(s_1, Ms_2)$ 式的居中粘接式的理解难度系数，（132d）则表示的是 $S(M_1s_1, M_2s_2)$ 式的前后配套式的理解难度系数。从数值可以看出，居端依赖式的理解难度系数是最大的，而我们的大脑在处理信息的时候会遵循一个认知上的基本原则——省力原则，应用这一原则有助于我们提高效率。很显然，居端依赖式这种标记模式不符合这个原则。而在现实的日常生活语言中，信息的交换和处理往往都是基于对话的，一句话的前后往往有大量的语言信息需要处理，甚至还有一些非语言的信息需要处理，大脑的处理压力其实是很大的，所以这种不省力的标记模式也就很少会被使用到。我们可以把这三种关联标记模式按理解难度系数排出一个序列：

（133）居端依赖式 > 前后配套式 > 居中粘接式

这个序列的越往左，表示理解难度系数越大，越往右表示难度系数越小。

其次从并列复句本身看，因为复句的前后两个分句之间的关系是平等并列的，所以关联标记不管是标在前一分句的句首还是后一分句的句末，都会给人一头重一头轻的感觉，与并列复句前后分句之间的那种平等并列关系不相称。

正是上述内外部的双重作用，导致在汉语方言的并列复句中，居端依赖式这种标记模式不被采用。

4.1.2.2 居中粘接式

上面我们分析了汉语方言中并列复句中的居端依赖式关联标记模式的使用情况，接下来我们再看看居中粘接式的情况。

在这些关联标记采用居中粘接式的并列复句实例中，我们发现了以下一些特点：

第一，我们在前面已经多次提到，居中粘接式也有两种情况：一种是关联标记位于前一分句的句末，也就是 S（s_1M，s_2）式的标记模式，另一种是关联标记位于后一分句的句首，也即 S（s_1，Ms_2）式的标记模式。从我们调查的情况来看，在并列复句中，各个方言都只有 S（s_1，Ms_2）式的居中粘接式，我们没有发现 S（s_1M，s_2）式的居中粘接式。

第二，从我们调查的结果来看，虽然各个方言中具体用到的关联标记可能不一样，但是适用于居中粘接式的那些关联标记基本就是意思相当于普通话中"又""也""还""另外"这几个意思的对应标记。有的关联标记形式，方言跟普通话完全一致，如"另外"，有的形式不同但意义一样，例如闽南语中的"佫"（又）和"犹"（还）。

第三，除了"另外"在语流中可以有明显停顿之外，其他几个关联标记后面都不能有明显的停顿。

第四，有居中粘接式的并列关联标记，只有"另外"可以用在后一分句的主语之前，其他几个则只能用在后一分句的主语后（如果后一分句有主语的话）。

第五，从上面第三项和第四项特点来看，"另外"的居中程度要高于"也""又""还"等几个。因为根据储泽祥、陶伏平（2008），关联标记后面不能有停顿的，比后面可以有停顿的居中程度要低，而且只能出现在后一分句主语后的居中程度比可以出现在主语前的居中程度要低。因为后面不能有停顿的关联标记跟后面的分句结合得更加紧密，对后面分句的依赖性更强，独立性就更弱，居中程度自然也就更低；同样只能出现在后一分句主语后的关联标记与后一分句结合得也更紧密，居中程度也就更弱。

第六，从我们调查的情况来看，居中粘接式的关联标记模式在各个方言的并列复句中虽然都有，但在数量上似乎都并不多，反而不如前后配套式的使用实例多，很多在普通话中适用于居中粘接式的关联标记到了方言中往往会变成适用于前后配套式。这个现象体现了方言与普通话的迥异之处，值得进一步探索。

居中粘接式从理论上来说是一种最适合用来表示并列关系的标记模式，因为我们在上一小节提到，这种标记模式的理解难度系数是最小的，根据之前的计算，难度系数只有1.33，也就是说，它是大脑处理效率最高，最适合用来交际的一种模式，而且它也符合 Van Dik（1997）及刘丹青（2003）中提到的复句连词的"联系项居中"原则，但是在我们实际搜集的方言语料中，这种模式却并不是用得最多的标记模式。这其中的原因可能是：

第一，跟语体有关系，因为方言呈现口语性倾向，口语的即逝性特点导致它不可能像书面语那样有足够的时间让听者慢慢记忆和理解。所以在口头交流的过程中，我们就需要抓住一些关键的、有特色的标记来帮助自己理解和记忆。不仅仅在听者这边是这样的，在说者这里也是一样的，因为从某种意义上来说，说者同时也是听者，是自己所说的话的第一听者。在这一前提下对复句关联标记的模式进行考察，可以发现，前后配套式比居中粘接式的特色更加明显，表意也更加明确，更容易让听者通过记住关联标记来判断语义关系，也正是因为这样，在方言复句中，居中粘接式标记模式的使用频率反而不如前后配套式高。

第二，从关联标记本身来说，我们可以看到，适用于居中粘接式的关联标记都是意义比较虚的，跟普通话中"也""又""还"等意思相当的标记，而意义稍微实一点的"一边""一面"就不太能单独一个用在复句中，构成居中粘接式，而多是需要两个标记合在一起，构成前后配套式。这就导致了居中粘接式的使用受到限制。这里面更深一层的原因可能是，意义比较虚的词语在句子里面只能理解为关联标记而不能理解为其他的，但是意义比较实的词语如果不是配套使用的话，有可能会出现两可的情况，造成理解上的误会。

4.1.2.3　前后配套式

前面我们讨论了汉语方言中并列复句的居端依赖式和居中粘接式两种关联标记模式的情况，下面我们来分析一下方言中并列复句的前后配套式这种关联标记模式的情况。

通过我们的调查发现，在汉语方言的并列复句中，其前后配套式的使用情况跟普通话中的相应标记模式的使用情况有共性也有差异。

共性的方面是，首先，前后配套式的含义和逻辑形式在方言和普通话中是一样的。正如我们前面所论述的，所谓前后配套式指的是在这种关联标记模式中，在形式上，同时有两个关联标记配套使用，一个附着在前一分句上，另一个附着在后一个分句上，相当于是居端依赖式和居中粘接式两种模式的综合。在功能上，这两个配套使用的关联标记也具有取消分句的独立自足性和粘接前后分句的作用，此外，两个关联标记还能形成前后呼应的作用。从逻辑形式上看，前后配套式有四种不同的可能表现形式：① S（M_1s_1，M_2s_2），② S（s_1M_1，s_2M_2），③ S（M_1s_1，s_2M_2），④ S（s_1M_1，M_2s_2）。

其次，从我们考察的结果来看，各方言并列复句中的前后配套式的关联标记模式与普通话中的一样，都只有第一种逻辑形式，即 S（M_1s_1，M_2s_2）式的前后配套式，其他三种形式的标记模式不存在。如我们在前面 4.1.1 节中所列举的各方言中的相关例子。

在各方言的并列复句中，前后分句之间的语序影响并不是很明显，绝大部分的语序都是可以调换的，而复句意思基本不变，这一点也跟普通话类似。这主要是因为并列复句前后分句之间是平等并列的关系，没有主次之分，所以互换也影响不大。

在第三章中我们讨论了普通话中并列复句的关联标记和主语的相对位置，我们这里再来看看在各方言中并列复句的关联标记和主语的相对位置情况。我们考察的结果是：

第一，一般情况下，如果前后两个分句的主语相同，则主语一般在前一分句，而且第一个关联标记位于主语之后，第二个关联标记则位于后一分句的句首。例如下面万安话的例子：

（134）佢<u>一边</u>在解做饭，<u>一边</u>在解听广播。(他一面在那做饭，一面在那听广播。)

偶尔也会出现第一个关联标记位于主语之前，第二个关联标记则位于后一分句的句首的例子，但是这样的情况不多。如上面的例（28）、例（37）和例（51）。

第二，在方言中，如果前后分句主语相同且主语只出现一次的话，主语基本不会放在后一分句，如果后一分句需要主语出现的话，则一般是前后分句同时出现主语，如例（128）。后一分句的主语放在关联标记前或后的情况都有，具体位置如何随关联标记的不同而不同，两种都可的，则位置互换不会造成语意上的差异，但会产生语用上的细微差别。

第三，前后两个分句的主语也可以不相同，此时前后分句的关联标记都位于各自的主语之后，如例（85）。

所以总体来看，在汉语方言的并列复句中，前后分句以主语相同的情况居多，而此时前后配套式中的第一个关联标记一般位于主语之后，这个现象在方言中比在普通话中更普遍，在普通话中可以把关联标记放在主语前面的一些情况，到了方言中就需要变成把关联标记放到主语之后。

4.1.2.4 小结

从我们以上的分析来看，对于汉语方言中的并列复句的关联标记模式情况，可以得到以下一些认识。

第一，在汉语方言的并列复句中，居端依赖式这种关联标记模式最弱势的，基本上各个方言都不用这种标记模式。

第二，在汉语方言的并列复句中，居中粘接式使用的频率不像普通话那么高，它不是最强势的标记模式，其使用有一定限制，这跟普通话有比较大的区别。

第三，在汉语方言的并列复句中，前后配套式的关联标记模式使用频率最高，是最强势的一种标记模式，因为有这种标记模式的关联标记比有居中粘接式的多，而且能用于居中粘接式的关联标记基本上都可以和别的关联标记组配构成相应的前后配套式。

第四，汉语方言并列复句中的前后分句之间的语序在变换上比较自由，大部分可以自由变换不影响语义关系。

第五，主语的异同对句中关联标记的位置还是有影响的，前后分句主语相同的时候，关联标记虽然多出现在主语之后，偶尔也可以出现在主语之前，但是前后分句主语不同的话，关联标记就基本上只能出现在关联标记之后了。

第六，我们在讨论普通话中的并列复句的时候，最后对这三种关联标记模式总结出了一个等级序列。我们根据使用频率将汉语方言中并列复句的关联标记模式排出了一个优先级序列，那就是：

（135）前后配套式 > 居中粘接式 > 居端依赖式

这个序列的意思是，在汉语方言中，并列复句的关联标记模式，最强势的是前后配套式，最弱势的是居端依赖式，而居中粘接式的强度或使用频率介于中间。这个序列跟普通话中的序列有所区别。普通话中位于序列最左边的是居中粘接式，中间是前后配套式，最右边是一样的，都是居端依赖式。

造成这个序列格局的原因是多方面的。我们在前面论述过这三者的理解难度系数，其中居端依赖式的难度系数是最大的，其次是前后配套式，难度系数最小的是居中粘接式。所以从大脑对信息的处理这个认知的角度来说，很容易理解为什么居端依赖式处于序列的最右端。这也是由居端依赖式这种标记模式本身的特点决定的，这种标记模式有一个天然的致命弱点，那就是关联标记离后一分句的距离太远，不容易反映前后之间的并列关系，大脑对它的信息加工处理难度也比较大。所以为了降低信息处理的难度，我们往往会在后一分句的句首再加上一个并列关联标记，从而构成前后配套式，这种标记模式最符合象似性原则，大脑处理起来最省力，但是不符合经济原则。而居中粘接式在中间加一个关联标记来标示其前后分句之间的并列关系，是最经济的办法，大脑处理起来也相对容易，因为关联标记离前后都不太远。居中粘接式既符合"象似性"原则，又符合"经济省力"原则，而且还符合"联系项居中"原则。所以在普通话中，这种既经济实惠效果好的关联标记模式成为一种强势模式，而居端依赖式则多为弱势模型。但是在汉语方言的并列复句中，情况并不完全如此，这就说明关联标记模式的使用肯定还受到了其他因素的强力影响。我们认为这个影响主要来自交际与认知方面，正如我们在前面 4.1.2.2 小节中提到的，因为方言成口语性倾向，而口语的即逝性特点导致它不可能像书面语那样有足够的时间让听者慢慢记忆和理解。所以在交际的过程中我们就需要去抓住一些关键的有特色的标记来帮助自己理解和记忆。而复句关联标记中的前后配套式比居中粘接式的特色更加明显，表意也更加明确，更容易让听者通过记住关联标记来判断语义关系。再加上在语言的"象似性"上,前后配套式是高于居中粘接式的,这就抵消了后者在"经济性"上的优势,所以在汉语方言中,前后配套式的标记模式强于居中粘接式。

4.2 汉语方言中连贯复句的关联标记模式

4.2.1 方言中连贯复句使用的主要关联标记

方言中连贯复句的定义,其实跟普通话的是一样的,简单来说指的是"分句间有先后相继关系的复句"(邢福义,2001:44),说得详细一点就是"前后分句按时间、空间或逻辑事理上的顺序说出连续的动作或相关的情况,分句之间有先后相承的关系"(黄伯荣、廖序东,2002:129)。跟并列复句经常不用任何关联标记,靠"意合"的方式来表达不一样,连贯复句经常用到关联标记,如果没有关联标记,句子说起来反倒别扭。例如:

(136)你<u>先</u>去回,我伙后背<u>就</u>来。(你先回去,我们在后面马上就来。)(江西万安方言)

(137)佢歇无(mo)一刻子,<u>又</u>去犁田。(他没休息一会儿,又去犁田。)(客家方言)(何耿镛,1993:92)

上面两例是连贯复句的例子,前后分句之间有明显的时间先后顺序,两个例子都用到了关联标记。如果把例句中的关联标记去掉,句子就会显得很别扭而不能接受。

下面我们就来看看在各方言中连贯复句一般会用到哪些关联标记。虽然是同一类复句,但是在不同的方言中,其使用的关联标记可能有一些是相同的,当然也肯定会有不同的。我们主要结合汉语的七大方言区来看连贯复句标记的使用情况。

我们先来看看赣方言中连贯复句的关联标记使用情况。在赣方言我们主要调查了南昌话和江西万安话。在赣方言中,主要使用的连贯复句关联标记有如下一些:

"先……然后……""……然后……""先……再……""……再……""先

又……""……又……""先……后……""……接到……""一先……后背……""一开始……后来……""原先……后来……""……后来……""以前……现在……""刚……就……""一……就……""就……""……最后……"

我们看看这些关联标记使用的例子：

（138）老师<u>先</u>坐到，<u>然后</u>学生们跟到（轻声）坐到。（老师先坐下，然后学生们跟着坐下。）

（139）渠向我笑了下，<u>然后</u>继续唱歌。（他朝我笑了笑，然后继续唱歌。）

（140）我伙<u>先</u>去吃饭，<u>再</u>去逛街。（我们先去吃饭，再去逛街。）

（141）你做完作业，<u>再</u>出去歇。（你做完作业，再出去玩。）

（142）渠<u>先</u>去了英国，<u>后背</u>又去了美国。（他先去了英国，后面又去了美国。）

（143）妈妈说完，<u>又</u>看了细伢子一眼，<u>就</u>去困觉了。（妈妈说完，又看了孩子一眼，就去睡觉了。）

（144）我们总是<u>先</u>看到闪光，<u>后</u>听到打雷公。（我们总是先看到闪电，后听到雷声。）

（145）你做完，<u>接到</u>我做。（你做完，接着我做。）

（146）渠<u>一先</u>唔晓得简隻事，<u>后背</u>听人家话个才晓得。（他起初不知道这件事情，后来听别人说的才知道。）

（147）<u>一开始</u>我不想去个，<u>后来</u>还是去了。（开始我不想去的，后来还是去了。）

（148）老家个屋门口<u>原先</u>有三头老杨树，<u>后来</u>拿人家斫刮哩。（老家的屋门前原先有三棵老杨树，后来被人砍掉了。）

（149）简是当年地主个屋，<u>后来</u>分给老百姓了。（这是当年地主的房子，后来分给农民了。）

（150）<u>以前</u>渠带我去过渠屋里，<u>现在</u>我怎么都找不到渠屋里了。（以前他带我去过他家，现在我是怎么也找不到他家了。）

（151）渠抢先交了卷子，<u>就</u>急急忙忙个跑掉了。（他抢先交了卷，就匆匆忙忙走了。）

（152）渠刚想出去，就听到有人敲门。（她刚准备出去，就听见有人敲门。）

（153）渠娘一来，渠就不哭了。（妈妈一来，他就不哭了。）

（154）渠想来想去，最后还是想不出办法。（他斟酌再三，最后还是拿不定主意。）

上面这些是赣方言中连贯复句经常使用的一些关联标记的例子。在赣方言中，连贯复句的关联标记虽然算不上特别丰富，但也还是有一些的。在这些关联标记中，使用两个配套的关联标记的情况稍微多些。笔者的母语是赣方言中的万安话，就个人语感而言，有些配套的关联标记使用起来更自然，而且使用的频率更高。有的单用的关联标记可以再加上一个相应的标记构成配套模式来表达，某些配套的关联标记也可以去掉一个变成单用的，这种双向的转换并不平衡，单用的关联标记几乎都可以通过再加一个关联标记构成配套式的，但配套式的标记在具体使用时，很多无法通过去掉其中一个关联标记构成单用模式，如"刚……就……"和"一……就……"。

接下来我们再看看粤语中的连贯复句主要使用的关联标记有哪些。根据我们的调查，粤语中的连贯关联标记主要有下面一些：

"先……然之后……""……然之后……""先……再……""……再……""先……然后又……""……又……""先……后……""……跟住……""开始……后嚟……""起初……后尾……""开始……后尾……""原先……后尾/嚟……""……后嚟……""以前……而家……""唔……就……""一……就……""……就……""……最后……"

我们下面看看这些关联标记的一些具体例子：

（155）佢先去冲凉房冲凉，然之后先翻嚟洗衫。（她先去澡堂洗澡，然后才回来洗衣服。）

（156）佢向我笑咗笑，然之后继续唱歌。（他朝我笑了笑，然后继续唱歌。）

（157）你先食饭，再冲凉。（你先吃饭，再洗澡。）

（158）老师抹咗黑板，再重新写咗一次。（老师擦了黑板，再重新写了一遍。）

（159）佢哋先去睇电影，然后又去食宵夜。（他们先去看了电影，又去吃夜宵。)

（160）妈妈讲完，<u>又</u>望咗个细路一眼，<u>就</u>去训觉啦。(妈妈说完，又看了孩子一眼，就去睡觉了。)

（161）佢向来都係<u>先</u>冲凉，<u>后</u>洗头。(他向来是先洗澡，后洗头。)

（162）你做完，<u>跟住</u>我做。(你做完，接着我做。)

（163）佢<u>开始</u>唔忿气，<u>后嚟</u>都谂唔出啲咩办法，唯有唔出声。(她起先不服，后来也想不出什么办法，只好不再做声。)

（164）<u>起初</u>佢係信我嘅，<u>后尾</u>就唔信啦。(最初他还相信我，后来就开始不信任我了。)

（165）<u>开始</u>我唔想去，<u>后尾</u>都係去咗。(开始我不想去的，后来还是去了。)

（166）乡下间屋门口前面<u>原先</u>有三棵老杨树，<u>后尾</u>俾人斩咗。(老家的屋门前原先有三棵老杨树，后来被砍掉了。)

（167）嫲嫲<u>越</u>喊<u>越</u>伤心，<u>后嚟</u>竟然讲唔出嘢啦。(奶奶越哭越伤心，后来竟说不出话来了。)

（168）佢<u>以前</u>唔打人，<u>而家</u>点解打人啊？(他以前不打人，现在怎么打人了？)

（169）佢随便食咗两啖饭，<u>就</u>出咗门口啦。(他随便吃了两口饭，就出门了。)

（170）佢<u>啱</u>准备出去，<u>就</u>听到有人敲门。(她刚准备出去，就听见有人敲门。)

（171）佢<u>一</u>行街，<u>就</u>洗咗一千蚊。(她一逛街，就花了一千块钱。)

（172）佢左谂右谂，<u>最后</u>决定都係唔去啦。(她左想右想，最后决定还是不去。)

上面这些就是粤语中连贯复句的一些例子，我们从中可以看到，粤语跟赣方言和普通话有相同的关联标记也有不同的，有些跟普通话的差别比较大。相对来说，粤语中配套使用的关联标记比单用的关联标记要更多一点。

接下来我们再考察一下另一种方言——平话，其连贯关联标记的使用情况。根据我们调查的结果来看，在平话中使用的连贯关联标记主要有下面一些：

"先……后尾……""……后尾……""先……再……""……后尾再……""……又……""先……后尾……""开始……后尾……""原先……后尾……""以前……现在……""……就……""一……就……""……最后……"

我们看看这些关联标记在使用中的一些具体例子：

（173）那<u>先</u>去洗身，<u>后尾</u>□a^{33}归来洗衫。（她先去澡堂洗澡，然后才回来洗衣服。）

（174）那对我笑笑，<u>后尾</u>继续（kei^{33} tok^{22}）唱。（他朝我笑了笑，然后继续唱歌。）

（175）你<u>先</u>喫饭，<u>再</u>洗身。（你先吃饭，再洗澡。）

（176）老师擦了黑板，<u>后尾再</u>重新写一次。（老师擦了黑板，再重新写了一遍。）

（177）阿妈讲齐，<u>又</u>□tem^{55}了细蚊一眼，□a^{33}去睡觉。（妈妈说完，又看了孩子一眼，就去睡觉了。）

（178）两个人<u>先</u>吵，<u>后尾又</u>打起来。（两人先是争吵，后开始打起来。）

（179）那<u>开始</u>有服，<u>后尾</u>也想冇出哪门办法，后尾冇再出声。（她起先不服，后来也想不出什么办法，只好不再做声。）

（180）<u>原先</u>啊聂是一粒（nam^{55}）坟地，<u>后尾</u>□a^{33}着农民开挖出来。（原先这里是块坟地，后来才被农民开挖出来的。）

（181）<u>以</u>（hei^{22}）<u>前</u>那带我去过那屋，<u>现在</u>同哪样都冇□løi^{22}得冲。（以前他带我去过他家，现在我是怎么也找不到他家了。）

（182）那紧紧张张交了卷，<u>就</u>□nen^{55}□nen^{24}频（pin^{213}）仍（len^{213}）走啊。（他抢先交了卷，就匆匆忙忙走了。）

（183）阿妈<u>一</u>来，那<u>就</u>冇哭。（妈妈一来，他就不哭了。）

（184）天<u>一</u>光，那<u>就</u>来。（天刚亮，他就来了。）

（185）那左想右想，<u>最后</u>还（heŋ^{22}）是决定冇去。（她左想右想，最后决定还是不去。）

上面这些就是广西宾阳平话中连贯复句关联标记的一些使用实例，主要的并列关联标记就是上面这些。我们看到，它跟粤语和赣语也都分别有相同和不同的地方。相对来说，平话中的关联标记要少一些，这也就意味着，普通话里的一些不同的关联标记在平话中可能被合在一起了。

接下来我们再看看湘语中长沙话的连贯复句的关联标记使用情况，在长沙话中，经常使用的表示连贯关系的关联标记主要有下面一些：

"先……然后……""……然后……""先……再……""……再……""先……又……""……又……""先……后……""开始……后来……""本来……后来……""原先……后来……""……后来……""原来……现在……""刚……就……""一……就……""……就……""……最后……"

我们看看这些关联标记在使用中的一些具体例子：

（186）老师<u>先</u>坐下去，<u>然后</u>学生们跟到坐下去。（老师先坐下，然后学生们跟着坐下。）

（187）他停噶一下，<u>然后</u>悄悄把钱还了回去。（他愣了一会儿，然后悄悄把钱还了回去。）

（188）你<u>先</u>去吃饭，<u>再</u>去洗澡。（你先吃饭，再洗澡。）

（189）老师擦噶哒黑板，<u>再</u>重新写哒一遍。（老师擦了黑板，再重新写了一遍。）

（190）他们<u>先</u>去看哒电影，<u>又</u>去吃夜宵。（他们先去看了电影，又去吃夜宵。）

（191）你不睡觉，<u>又</u>在寻么子？（你不睡觉，又在找什么？）

（192）他向来是<u>先</u>洗澡，<u>后</u>洗头。（他向来是先洗澡，后洗头。）

（193）她<u>开始</u>不服，<u>后来</u>也想不出么子办法，只好不作声。（她起先不服，后来也想不出什么办法，只好不再做声。）

（194）<u>本来</u>我不想去嘀，<u>后来</u>还是去哒。（开始我不想去的，后来还是去了。）

（195）老屋里门口<u>原先</u>有三棵老杨树，<u>后来</u>被砍噶哒。（老家的屋门前原先有三棵老杨树，后来被砍掉了。）

（196）她早上来哒一下，<u>后来</u>又去噶哒。（她早上倒是来过一下，后来就走了。）

（197）他爷<u>原来</u>是市里的公安局长，<u>现在</u>是省公安局长哒。（他爸以前是市里的公安局长，现在升官是省公安局长了。）

（198）妈妈<u>刚</u>做好饭，爷爷<u>就</u>下班回来哒。（妈妈刚做好饭，爸爸就下班回来了。）

（199）她<u>一</u>逛街，<u>就</u>花了一千块钱。（她一逛街，就花了一千块钱。）

（200）他随便吃了两口饭，<u>就</u>出门去哒。（他随便吃了两口饭，就出门了。）

（201）她左想右想，<u>最后</u>还是决定不去哒。（她左想右想，最后决定还是不去。）

上面是长沙话中的连贯复句使用关联标记的一些例子，从调查的情况来看，大部分的关联标记跟普通话相同或者相似。

下面我们再看看属于西南官话范畴的武汉方言中连贯复句的关联标记使用情况。在武汉话中，通常使用的表示连贯关系的关联标记主要有以下一些：

"先……然后……""……然后……""先……再……""……再……""先……然后又……""……跟倒/住……""开始……后来……""原先……后来……""……后来……""刚……就……""一……就……""……就……""……最后……"

我们看看这些关联标记在使用中的一些具体例子：

（202）她<u>先</u>去澡堂洗澡，<u>然后</u>才回来洗的衣服。（她先去澡堂洗澡，然后才回来洗的衣服。）

（203）我们<u>先</u>去食堂吃饭，<u>然后</u>再去图书馆看书。（我们先去食堂吃饭，然后再去图书馆看书。）

（204）你<u>先</u>去吃饭，<u>再</u>去洗澡。（你先去吃饭，再去洗澡。）

（205）老师擦了黑板，<u>再</u>重新写了一遍。（老师擦了黑板，再重新写了一遍。）

（206）他们<u>先</u>去看了电影，<u>然后</u>又去吃宵夜。（他们先去看了电影，又去吃夜宵。）

（207）你做完，<u>跟倒/住</u>我做。①（你做完，接着我做。）

（208）这道题她<u>开始</u>冒看懂，<u>后来</u>分析了蛮长时间才晓得做。（这道题

---

① 这里跟普通话"着"对应的助词在武汉方言中写作"倒"，此处参考了朱建颂（1992：26）。

她起初没看懂，后来分析了很久才会做。)

（209）<u>原先</u>这里是块坟地，<u>后来</u>才被农民开挖出来的。(原先这里是块坟地，后来才被农民开挖出来的。)

（210）她早上倒是过来了一下，<u>后来</u>就走了。(她早上倒是来过一下，后来就都走了。)

（211）天<u>刚</u>亮，他<u>就</u>来了。(天刚亮，他就来了。)

（212）她<u>一</u>出来，<u>就</u>下雨了。(她一出来，便下雨了。)

（213）饭做好了，我<u>就</u>送去。(饭做好了，我就送去。)

（214）他想来想去，<u>最后</u>还是拿不定主意。(他斟酌再三，最后还是拿不定主意。)

以上是武汉话中连贯复句的一些实例。其中的连贯关联标记大部分跟普通话差不多，但也有不一样的。武汉话属于西南官话，其作为大北方方言区中的一个小类，跟普通话的相同度比较高也属于情理之中，毕竟普通话本来就是以北方方言为基础的。

官话区中，除了武汉话之外，我们接下来再看看属于江淮官话区的合肥话中连贯复句的关联标记使用情况。在合肥话中，经常使用到的表示连贯关系的关联标记主要有以下一些：

"先……然后……""……然后……""先……再……""……又……""先……后……""……接着……""起先……后来……""一开始……后来……""原先……后来……""……后来……""将……就……""一……就……""……就……""……最后……"

我们看看这些关联标记在使用中的一些具体例子：

（215）她<u>先</u>去澡堂抹澡，<u>然后</u>再回来洗衣服。(她先去澡堂洗澡，然后才回来洗衣服。)

（216）他朝我笑了笑，<u>然后</u>继续唱歌。(他朝我笑了笑，然后继续唱歌。)

（217）我们<u>先</u>去吃饭，<u>再</u>去逛街。(我们先去吃饭，再去逛街。)

（218）老师擦了黑板，<u>又</u>重新写了一遍。(老师擦了黑板，再重新写了一遍。)

（219）他向来是<u>先</u>抹澡，<u>后</u>洗头。(他向来是先洗澡，后洗头。)

（220）你做完，<u>接着</u>我做。（你做完，接着我做。）

（221）她<u>起先</u>不服，<u>后来</u>也想不出哄个办法，只好不再出声。（她起先不服，后来也想不出什么办法，只好不再做声。）

（222）<u>一开始</u>他还相信我，<u>后来</u>慢慢就不相信我了。（最初他还相信我，后来就开始不信任我了。）

（223）主任<u>原先</u>打算派我去出差的，<u>后来</u>改派小王去了。（主任原先打算派我去出差的，后来改派小王去了。）

（224）奶奶越哭越伤心，<u>后来</u>都讲不出话来了。（奶奶越哭越伤心，后来竟说不出话来了。）

（225）她<u>将</u>准备出去，<u>就</u>听见有人敲门。（她刚准备出去，就听见有人敲门。）

（226）妈爷<u>一</u>来，他<u>就</u>不哭了。（妈妈一来，他就不哭了。）

（227）饭做好了，我<u>就</u>送去。（饭做好了，我就送去。）

（228）她左思右想，<u>最后</u>还是决定不去。（她左想右想，最后决定还是不去。）

以上是合肥话中连贯复句的一些实例。其中的连贯关联标记跟普通话的相似度非常高，只偶有不一样的。合肥话属于江淮官话，跟武汉话类似的，其作为大北方方言区中的一个点，跟普通话的相同度比较高也属于情理之中。再者，关联标记属于意义比较虚、比较抽象的词语，这些词语不像基本名词或者动词那样会在不同方言间出现较大差异。

接下来我们再看看吴语中上海话的连贯复句关联标记的使用情况，在上海话中，经常使用的表示连贯关系的关联标记主要有下面这么一些：

"先……再……""……以（又）……""先……后首来……""起先……后首来……""开头……后首来/末首来……""头刚刚……后首来……""头八路……后首来……""刚……就……""一……就……""……就……""……勒末/末结……"

我们看看这些关联标记在使用中的一些具体例子：

（229）伊<u>先</u>去汏浴，<u>再</u>转来汏衣裳。（她先去澡堂洗澡，然后才回来洗衣服。）

（230）侬<u>先</u>汲水，<u>再</u>刷碗。（你先打水，再洗碗。）

（231）伊拉看完电影，<u>以</u>（又）去吃夜宵勒。（他们先去看了电影，又去吃夜宵。）

（232）伊一径<u>先</u>汰浴，<u>后首来</u>汰头。（他向来是先洗澡，后洗头。）

（233）伊<u>起先</u>勿服，<u>后首来</u>也想勿出啥物事办法，只好勿再出声。（她起先不服，后来也想不出什么办法，只好不再做声。）

（234）伊<u>开头</u>在中学教书，<u>后首来／末首来</u>才去当编辑。（她起初在中学教书，后来才做的编辑工作。）

（235）<u>头刚刚</u>伊还相信我，<u>后首来</u>就不相信我勒。（最初他还相信我，后来就开始不信任我了。）

（236）<u>头八路</u>我勿想去辣，<u>后首来</u>还是去勒。（开始我不想去的，后来还是去了。）

（237）妈妈<u>一</u>来，伊<u>就</u>勿哭勒。（妈妈一来，他就不哭了。）

（238）伊<u>刚</u>准备出去，<u>就</u>听见有人敲门。（她刚准备出去，就听见有人敲门。）

（239）讲完以后，两个人<u>就</u>分勒手。（说完，两人就分了手。）

（240）伊左想右想，<u>勒末／末结</u>还是决定勿去。（她左想右想，最后决定还是不去。）

以上是上海话中连贯复句的一些实例。其中的连贯关联标记有跟普通话相似的，但更多的是跟普通话不一样的，有些差异非常大。作为吴方言的上海话，无论是实词还是虚词，其本来就跟普通话的差异很大，这种差异也体现在复句的关联标记上。另外，其中有一些关联标记有说法两可的情况，可以看出其仍在发展变化。

接下来我们再看看闽方言中连贯复句的使用情况，这里的闽方言材料主要是我们自己调查的闽南话语料和在语料库及相关文献中收集的别人调查的福州方言材料。在闽语中，经常使用的并列关联标记主要有下面这么一些：

"代先……了尾……""……然后……""先……然后再……""先／代先……佫／则佫……""先／代先……随……""先……世落去……""一

个……多……""起先……后来……""开始……后来……""原来……后来……""……后来……""……就（有的也写作"多"）……""一……就（有的也写作"多"）……""……上后/上尾……"

我们看看这些关联标记在使用中的一些具体例子：

（241）咱<u>代先</u>将合同草稿一下，<u>了尾</u>则来签订。（咱们先把合同起草一个，然后再来签订。）（林宝卿，2007：176）

（242）伊向我笑了阵仔，<u>然后</u>继续唱歌。（他朝我笑了笑，然后继续唱歌。）

（243）阮<u>先</u>去吃饭，<u>然后</u>再去浪街。（我们先去吃饭，再去逛街。）

（244）伊<u>先</u>去杭州看了西湖，<u>佟</u>去苏州看了园林。（他先去杭州看了西湖，又去苏州看了园林。）

（245）<u>先</u>看样品，<u>则佟</u>来讲价钱。（先看样品，再来谈价钱。）（林宝卿，2007：176）

（246）汝<u>代先</u>行，我<u>随</u>去。（你先走，我跟着去。）（林宝卿，2007：176）

（247）照排队买票，汝<u>先</u>买，<u>世落</u>去是伊。（按照排队的次序买票，你先买，接着是他。）（林宝卿，2007：176）

（248）阿娜真势，<u>一个</u>学，<u>多</u>会晓。（阿娜很聪明，一经学，就会了。）（林宝卿，2007：176）

（249）即个题目伊<u>起先</u>呣会晓，<u>后来</u>分析咯真久则会做。（这道题她起初没看懂，后来分析了很久才会做。）

（250）<u>开始</u>我呣想去，<u>后来</u>我犹是去了。（开始我不想去，后来还是去了。）

（251）主任<u>原来</u>是拍算派我去出差，<u>后来</u>改成派小王去了。（主任原先打算派我去出差，后来改派小王去了。）

（252）即搭是当年地主分厝，<u>后来</u>分互咯作稿人。（这是当年地主的住宅，后来分给了农民。）

（253）伊随便吃两喙，<u>就/多</u>出门咯。（他随便吃了两口饭，就出门了。）

（254）伊<u>一</u>出来，<u>就</u>落雨咯。（她一出来，便下雨了。）

（255）伊想咯想，<u>上后/上尾</u>犹是决定嬷去。（她左想右想，最后决定还是不去。）

以上是闽南话中连贯复句的一些实例。其中的连贯关联标记有跟普通话相同或者相似的，但很大一部分的都跟普通话不一样，有些说法差异非常大。无论是语音、词汇，还是语法，闽南语本来就跟普通话的差异很大，这种差异同样体现在复句的关联标记上。另外，其中有一些跟普通话说法一致的关联标记，很有可能是从普通话中移植过来的。

接下来我们再看看客家话中的连贯复句的使用情况，这里的客家方言材料主要是我们自己调查的梅州话语料和收集的别人调查的方言材料。在客家话中，经常使用的连贯关联标记主要有下面这么一些：

"先……然后……""……然后……""先……再……""……再……""先……然后又……""……接着……""先头……后尾……""起初/开始……后尾/后来……""原先……后来……""……后来……""……就……""一……就……""……上后/上尾……"

我们看看这些关联标记在使用中的一些具体例子：

（256）佢<u>先</u>洗身，<u>然后</u>再洗衫裤。（她先去澡堂洗澡，然后才回来洗衣服。）

（257）佢对俺笑了一下，<u>然后</u>继续唱歌。（他朝我笑了笑，然后继续唱歌。）

（258）俺想<u>先</u>同佢讲几句话，<u>再</u>去睡目。（我想先和你说说话，再去睡觉。）

（259）老师拭完黑板，<u>再</u>重新写了一下。（老师擦了黑板，再重新写了一遍。）

（260）阿妈<u>先</u>去菜市场买菜，<u>然后又</u>去超市买东西。（妈妈先去菜市场买菜，又去超市购物。）

（261）你不睡目，<u>又</u>在寻脉个东西？（你不睡觉，又在找什么？）

（262）你做完，<u>接着</u>我做。（你做完，接着我做。）

（263）佢<u>先头</u>唔服，<u>后尾</u>也想唔出脉个办法，只好不作声。（她起先不服，后来也想不出什么办法，只好不再作声。）

（264）这个题目佢<u>开始/起初</u>唔能/冇看懂，<u>后尾/后来</u>分析了蛮久正会做。（这道题她起初没看懂，后来分析了很久才会做。）

（265）<u>最初/开始</u>俺也唔懂，<u>后来</u>想了异久正明白。（最初我也不懂，后来想了很久才明白。）

（266）老家个屋门前<u>原先</u>有三头老杨树，<u>后来</u>被砍掉了。（老家的屋门前原先有三棵老杨树,后来被砍掉了。)

（267）阿婆越哭越伤心,<u>后来</u>竟然讲不出话来了。(奶奶越哭越伤心,后来竟说不出话来了。)

（268）饭做好了,偓<u>就</u>送过去。(饭做好了,我就送过去。)

（269）阿妈<u>刚</u>做好饭,阿爸<u>就</u>转来了。(妈妈刚做好饭,爸爸就下班回来了。)

（270）阿妈<u>一</u>来,佢<u>就</u>唔哭了。(妈妈一来,他就不哭了。)

（271）佢几日都唔食唔喝,<u>最后</u>活活饿死了。(他几天不吃不喝,最后活活给饿死了。)

以上是客家话中连贯复句的一些实例。其中的关联标记有跟普通话相同的和相似的,也有跟普通话不一样的,但是总体来说,差异不算特别大。虽然客家话在语音和词汇方面跟普通话区别比较大,但二者在语法上的分歧不是特别大,体现在复句的关联标记上就是有很多相同或者相似的地方。其中那些跟普通话一致的关联标记,很有可能是从普通话尤其是从普通话的书面语中移植过来的,因为在口语中,关联标记经常被省略掉。

以上这些是汉语的几大主要方言区中并列复句使用的关联标记的情况,我们主要考察了在每种方言中并列复句的关联标记具体有哪些。接下来我们看看这些关联标记在使用上有什么模式和特点。

4.2.2　方言中连贯复句的关联标记模式

4.2.2.1　居端依赖式

我们前面论述过居端依赖式的定义,居端依赖式有两种情况,一种是 S（Ms_1, s_2）式,另一种是 S（s_1, s_2M）式。

从我们调查的情况来看,在各个方言中,连贯复句和并列复句一样,也基本上没有这种标记模式。虽然我们不能说这种标记模式在各方言中的并列复句中绝对不存在,但即便存在也只是个案,不是普遍的。至少在我们的调查中,受访者都认为这种标记模式的用法是不能接受的。当我们问各个方言的受访者的时候,他们都表示在他们自己的方言中不会这么说,不会单独在前面一个分句用关联标记,而后面一个分句不用,如果前一分句用了关联标记，那么往往后一分句就会有一个配套的关联标记。

因为方言具有口语性质，所以我们无法像调查书面语的关联标记一样来调查方言中的关联标记使用情况，乃至做定量分析。但是从我们的调查结果来看，对汉语方言中的连贯复句关联标记模式中居端依赖式的使用情况，我们还是可以谨慎地得出一个基本结论：

在汉语方言中，连贯复句的关联标记模式一般不采用居端依赖式。

这说明居端依赖式不适合用于口语性极强的汉语方言。其实这也很好理解，居端依赖式本来在普通话的书面语中就是一种比较受限的弱标记模式。在方言口语中，经常使用的是短单句，复句本来就比较少用到，而用到的复句也多是那种紧缩式的短复句，较长的复句只有在要求具有较高文化水平的特定场合的语用环境中才会出现得多一些。紧缩式复句的关联标记往往是两个配套使用的，也就是我们后面将要讲的前后配套式。也就说是，在汉语方言中，居端依赖式这种模式受到了别的标记模式的竞争和压制，这可以看作居端依赖式不适合用于方言中的连贯复句的外部原因。

当然，有外部原因就会有内部原因，而且一个事物的内部原因才是起决定性作用的根本原因。汉语方言中的连贯复句不采用居端依赖式的内部原因是：

首先从形式上看，居端依赖式的关联标记要么在前一分句的句首，要么在后一分句的句末。根据在 4.1.2.1 中的例（132）里已经推算过居端依赖式和居中粘接式以及前后配套式这三种关联标记模式的难度系数，我们可以据此按照理解难度系数排出序列例（272）。可以看到，居端依赖式的理解难度系数是最大的，不符合"省力"原则，不适用于日常语用环境。

（272）居端依赖式 > 前后配套式 > 居中粘接式

其次从连贯复句本身看，因为前后两个分句之间有先后相继的关系，也就是存在时间上的先后顺序，所以关联标记不管是单独标在前一分句的句首还是标在后一分句的句末，都会与连贯复句前后分句之间的那种连贯关系不相匹配。

正是上述内外部的双重作用，导致在汉语方言的连贯复句中，居端依赖式这种标记模式不被采用。

4.2.2.2 居中粘接式

上面我们分析了汉语方言中连贯复句的居端依赖式关联标记模式的使用情况，接下来我们再看看居中粘接式的情况。

在这些关联标记采用居中粘接式的连贯复句实例中，我们发现了以下一些特点。

第一，我们在前面已经多次提到，居中粘接式也有两种情况：一种是 $S(s_1M, s_2)$ 式，另一种是 $S(s_1, Ms_2)$ 式。从我们调查的情况来看，在连贯复句中，各个方言都只有 $S(s_1, Ms_2)$ 式的居中粘接式，我们没有发现 $S(s_1M, s_2)$ 式的居中粘接式。

第二，从我们调查的结果来看，虽然各个方言中具体用到的关联标记可能不一样，但存在一个普遍现象，就是有居中粘接式的那些关联标记基本上都可以跟别的关联标记组合构成配套式的用法。

第三，"后来"和"然后"或者表示类似意思的关联标记可以在后面有明显停顿，有时候甚至可以在后面加上某些语气词，而其他几个居中粘接式的关联标记后面都不能有明显的停顿。

第四，表示"后来"的关联标记可以用在后一分句的主语之前或主语之后，而表示"再""又"等几个适用于居中粘接式的关联标记则只能用在后一分句的主语后（如果后一分句有主语的话）。

第五，从上面的第三条和第四条来看，表示"后来"的关联标记的居中程度要高于"又""再"等几个。大致呈现以下序列："后来"系列 >"然后"系列 >"又、再"系列。

这个序列越往左边，居中程度越高，越往右边，居中程度越低。我们没有使用具体的关联标记，而是用某某系列这种表述，是为了更好地归纳各个方言中表达同一个意思的关联标记的不同说法，因为不同方言中关联标记的具体说法会有差别，但也基本都符合这个序列。根据储泽祥、陶伏平（2008），关联标记后面没有停顿的，比后面有停顿的居中程度要低，并且，只能出现在后一分句主语后的关联标记的居中程度比可以出现在主语前的居中程度要低。这一规则同样适用于各方言中的关联标记使用情况。

第六，从我们调查的情况来看，居中粘接式的关联标记模式在各个方言的连贯复句中虽然都有，但跟并列复句一样，在使用频率上似乎都并不高，反而不如前后配套式的使用实例多，很多在普通话中适用于居中粘接式的关联标记到了方言中往往会变成适用于前后配套式。另外，此一现象在各方言中的情况也略微有些差异。这个现象体现了方言与普通话的迥异之处，值得进一步探索。

居中粘接式从理论上来说也是一种最适合用来表示连贯关系的标记模式，因为这种标记模式的理解难度系数是最小的，是大脑处理效率最高，最适合用来交际的一种模式，而且符合"联系项居中"原则，但是在方言的现实语料中却并不是用得最多的标记模式。这其中的原因可能是：

第一，跟语体有关系，主要源于方言的口语性，这一特点对关联标记模式适用情况的影响我们在4.1.2.2已经分析过，在此不赘述。

第二，从关联标记本身来说，我们可以看到，用在连贯复句中的有居中粘接式用法的关联标记都呈现出一定的时间性，这是由连贯复句本身在语意上表示前后相继的特点决定的，所以时间性越强的关联标记越能够单独使用，构成居中粘接式，如"然后"系列，而时间性越弱的关联标记，越不容易单独使用，构成居中粘接式，往往更容易跟别的关联标记组合构成前后配套式，如"又、再"系列，在有的方言中就不能单用。

4.2.2.3 前后配套式

前面我们讨论了汉语方言中连贯复句的居端依赖式和居中粘接式两种关联标记模式的情况，下面我们来分析一下方言中连贯复句的前后配套式这种关联标记模式的情况。

通过我们的调查发现，在汉语方言的连贯复句中，其前后配套式的使用情况跟普通话中的相应标记模式的使用情况有共性也有差异。

共性的方面是，首先，前后配套式的含义和逻辑形式在方言和普通话中是一样的。前后配套式有四种不同的可能表现形式：① S（M_1s_1，M_2s_2），② S（s_1M_1，s_2M_2），③ S（M_1s_1，s_2M_2），④ S（s_1M_1，M_2s_2）。

其次，从我们考察的结果来看，各方言连贯复句中的前后配套式的关联标记模式与普通话中的一样，都只有第一种逻辑形式，即 S（M_1s_1，M_2s_2）式的前后配套式，其他三种形式的标记模式不存在。如我们在前面 4.2.1 节中所列举的各方言中的相关例子。

在各方言的连贯复句中，前后分句之间的语序是很重要的，这跟并列复句完全不一样。这是因为连贯复句前后分句之间有时间上的先后顺序的语义关系，而并列复句没有。所以连贯复句前后分句之间的语序是绝对不可以互换的，否则就会造成逻辑上的错误，或者语句意思与原来完全相反。

在第三章中我们讨论了普通话中连贯复句的关联标记和主语的相对位置，我们这里再来看看在各方言中连贯复句的关联标记和主语的相对位置情况。我们考察的结果是：

第一，一般情况下，如果前后两个分句的主语相同，则主语一般在前一分句，而且第一个关联标记位于主语之后，第二个关联标记则位于后一分句的句首。例如下面客家话的例子：

（273）偃<u>先</u>送佢上车，<u>然后</u>偃等人一下转去。（我先送她上车，然后我们一块回去。）

偶尔也会出现第一个关联标记位于主语之前，第二个关联标记位于后一分句的句首的情况，但是这样的情况不多。如上面的例（250）和例（265）。

第二，在方言中，如果前后分句主语相同且主语只出现一次的话，主语基本不会放在后一分句，如果后一分句需要主语出现的话，则一般是前后分句同时出现主语，例如下面客家话的例子：

（274）你唔睡目，你<u>又</u>在寻脉个东西？（你不睡觉，又在找什么？）

第三，前后两个分句的主语也可以不相同，此时前后分句的关联标记主要位于各自的主语后，如例（237）和例（246）。当然会有例外的情况，如例（273）是第一个关联标记在主语后，第二个关联标记在主语前。

所以总体来看，在汉语方言的连贯复句中，前后分句以主语相同的情况居多，而此时前后配套式中的第一个关联标记一般位于主语之后，这个现象在方言中比在普通话中更普遍，在普通话中可以把关联标记放在主语前面的一些情况，到了方言中就需要变成把关联标记放到主语之后。

4.2.2.4 小结

从我们以上的分析来看，对于汉语方言中的连贯复句的关联标记模式情况，可以得到以下一些认识。

第一，在汉语方言的连贯复句中，居端依赖式这种关联标记模式最弱势的，基本上各个方言都不用这种标记模式。

第二，在汉语方言的连贯复句中，居中粘接式使用的频率不像普通话那么高，它不是最强势的标记模式，其使用有一定限制，这跟普通话有比较大的区别。

第三，在汉语方言的连贯复句中，前后配套式的关联标记模式使用频率最高，是最强势的一种标记模式，因为有这种标记模式的关联标记比有居中粘接式的多，而且能用于居中粘接式的关联标记基本上都可以和别的关联标记组配构成相应的前后配套式。

第四，汉语方言连贯复句中的前后分句之间的语序很重要，是固定的，不可以变换，否则语句逻辑会不成立或者语句意思发生变化。

第五，主语的异同对句中的关联标记的位置还是有影响的，前后分句主语相同的时候，关联标记虽然多出现在主语之后，偶尔也可以出现在主语之前，但是前后分句主语不同的话，则关联标记就基本上只能出现在关联标记之后了。

第六，我们在讨论普通话中的连贯复句的时候，对这三种关联标记模式总结出了一个使用频率等级序列。在汉语方言中，根据对连贯复句关联标记模式的考察，我们也可以得出一个相应的序列，那就是：

（275）前后配套式 > 居中粘接式 > 居端依赖式

这一序列与汉语方言中的并列复句关联标记模式序列是一致的。造成这个序列格局的原因也类似，即我们前面论述过的这三种关联标记模式的理解难度系数和汉语方言的口语化倾向及其即逝性特点。

4.3　汉语方言中递进复句的关联标记模式

4.3.1　方言中递进复句使用的主要关联标记

对递进复句的定义，方言和普通话是一样的，简单来说就是"分句间有层递关系的复句"（邢福义，2001：44）。递进复句跟并列复句不一样，要表示这种关系，必须使用关联标记，例如：

（276）你都唔晓得，厓还较唔晓得。（你都不知道，我更不知道）（江西万安方言）

（277）唔净你有办法，就是天王老子也有办法啊。（不仅你没办法，就是玉皇大帝也没办法啊。）（江西万安方言）

上面的两个例子都是有关联标记的递进复句，在方言口语中，一般的关联标记在说话都会尽量简化，但递进复句的关联标记则是没办法省略掉的，不能像并列复句那样用"意合"的方法来表示语义关系。这是由递进复句的句式特点决定的，因为递进复句的前后分句之间存在着层递的关系，也就是意义上更近一步，这就使得前后分句之间的地位是不平等的，前轻后重，如果去掉关联标记，语句就不能体现这种语义关系，句子的意思就会被理解成前后分句之间是平等的关系，也即变成了并列复句。

下面我们就来看看在方言中递进复句一般会用到哪些关联标记。虽然是同一类复句，但是在不同的方言中，其使用的关联标记可能有一些是相同的，当然也有不同的。我们主要结合汉语的七大方言区来看递进标记的使用情况。

我们先来看看赣方言中递进复句的关联标记使用情况。在赣方言我们主要调查了南昌话和江西万安话。在赣方言中，主要使用的递进复句关联标记有如下一些：

"不但……还/而且……""不止……而且……""……而且……""……还……""不仅……还……""不光……就连……""不光……还……""不但……也……""不但……反而……""……反而……""不要话……就是……都……""连……都……不要话……""连……都……何况……""……何况……""……更加……""何止……还……""……都……何况……""……再话……""不止……还……"

我们看看这些关联标记使用的例子：

（278）渠不但晓得煮饭，还晓得补衣服。（他不但会做饭，还会缝衣服。）

（279）水库不但要修，而且要修正来。（水库不但要修，而且要修好。）

（280）渠不止喜欢音乐，而且喜欢画画。（他不只爱好音乐，而且喜欢绘画。）

（281）渠困着了，<u>而且</u>困得不晓得几死。（她睡着了，而且睡得很沉。）

（282）老万也来了，<u>还</u>提出了自己的忠建。（老万也来了，并且给出自己的建议。）

（283）渠<u>不仅</u>冒完成任务，<u>还</u>差滴丢掉了命。（他不仅没有完成任务，简直差点丢掉性命。）

（284）渠<u>不光</u>亲兄弟不买账，<u>就连</u>爷娘渠都不领情。（他不光亲兄弟不认账，就连爹娘的情也不领。）

（285）你们<u>不光</u>要多做事，<u>还</u>要脑筋多转下子。（你们不光要多劳动，还要多动脑筋。）

（286）<u>不但</u>我不能得罪渠，你<u>也</u>不能得罪渠。（非但我不能得罪他，你也不能。）

（287）<u>不但</u>冒人帮我解释清楚，<u>反而</u>巴不得我出滴子事就好。（不但没人替我解释，反而恨不得我有事才好。）

（288）渠冒去安慰人家，<u>反而</u>高兴得要死。（他没有去安慰人家，反而幸灾乐祸。）

（289）箇次聚会<u>不要</u>话老师冒来，<u>就是</u>同学都冒几个。（这次聚会不要说老师没有来，就是同学也没来几个。）

（290）箇个东西<u>连</u>听都冒听到过话，<u>不要</u>话见过。（这东西别说没见过，连听都没听过。）

（291）<u>连</u>崽都嫌自己多余，<u>何况</u>别人？（连儿子都嫌自己多余，何况别人？）

（292）我从来不打人，<u>何况</u>是对渠呢！（我从不打人，何况是对她呢！）

（293）你冒钱，我<u>更加</u>冒钱。（你没钱，我更没钱。）

（294）<u>何止</u>系慢车，<u>还</u>系晚上个车。（岂止是慢车，还是晚上的车。）

（295）简单个题目<u>都</u>不晓得做，<u>何况</u>难题呢？（简单的题尚且不会做，何况难题呢？）

（296）箇隻事我不想做，<u>再</u>话我也做不来。（这件事我不想做，再说我也做不来。）

（297）渠<u>不止</u>懂英语，<u>还</u>懂德语。（他不仅懂英语，还懂德语。）

上面这些是赣方言中的递进复句经常使用的一些关联标记的例子。在赣方言中，递进复句的关联标记没有普通话丰富，但也还是有一些的。而且在这些关联标记中，有一种偏好使用配套标记的倾向，上面的例子中，配套使用的关联标记一共有 14 个，而单用的关联标记则只有 6 个。笔者的母语是赣方言中的万安话，就个人语感而言，那些配套的关联标记使用起来更自然，而且使用的频率更高。并且，单用的关联标记都可以跟别的关联标记组合构成配套模式来表达，而配套的关联标记大多不能去掉其中的一个或者两个单独使用。

接下来我们再看看粤语中的递进复句使用的关联标记主要有哪些。根据我们的调查，粤语中的递进关联标记主要有下面一些：

"唔单止……而且……""唔止……而且……""……而且……""唔单止……仲……""唔单止……就连……""唔单止……都……""唔单止……反而……""……反而……""唔好话（也可说"唔好讲"）……就係……都……""唔好话……连……都……""连……都……何况……""……何况……""……更加……""点止……仲……都……何况……""……都……""……仲……""……尤其……""……再讲……""唔单止……亦……"

我们下面看看这些关联标记的一些具体例子：

（298）佢<u>唔单止</u>识煮饭，<u>而且</u>仲识洗衫。（他不但会做饭，而且还会洗衣服。）

（299）佢<u>唔止</u>爱好音乐，<u>而且</u>中意画画。（他不只爱好音乐，而且喜欢绘画。）

（300）佢生得矮，<u>而且</u>肥。（他长得矮，而且胖。）

（301）佢<u>唔单止</u>非常聪明，<u>仲</u>好用功。（他不但非常聪明，并且很用功。）

（302）佢<u>唔单止</u>亲兄弟唔认数，<u>就连</u>亲生阿妈嘅情都唔领。（他不光亲兄弟不认帐，就连亲娘的情也不领情。）

（303）<u>唔单止</u>我唔可以得罪佢，你<u>都</u>唔得。（非但我不能得罪他，你也不能。）

（304）啲人<u>唔单止</u>唔让路，<u>反而</u>出力逼我哋。（人们不但不让路，反而使劲的挤我们。)

（305）佢唔俾我哋入院，<u>反而</u>仲锁住大门走咗啦。(他不让我们进院，反而锁上大门走了。)

（306）唔好讲同人哋比，<u>就係</u>同自己嘅过去比都唔得。(不要说和别人比，就是和自己的过去比也不行。)

（307）呢件事<u>唔好话</u>你伤心，<u>连</u>懂事嘅细路都痛心啊！(这件事别说你伤心，连懂事的孩子都痛心啊！)

（308）<u>连</u>个仔都嫌自己多余，<u>何况</u>人哋？(连儿子都嫌自己多余，何况别人？)

（309）皇上<u>都</u>改造啦，<u>何况</u>係一个机器人！(皇上都改造了，何况一个机器人！)

（310）我唔想去，<u>何况</u>我去咗都无用。(我不想去，何况我去了也没有用。)

（311）佢识英语，<u>更加</u>识法语。(他既懂英语，更懂法语。)

（312）<u>点止</u>係慢车，<u>仲係</u>夜晚嘅车。(岂止是慢车，还是晚上的车。)

（313）佢去咗上课，<u>仲</u>认真咁记笔记。(他去上课了，还认真地记笔记。)

（314）呢条题你<u>都</u>计唔出，我点得啊？(这道题你尚且算不出来，我怎么能行呢？)

（315）佢中意读书，<u>尤其</u>中意读文艺作品。(她喜欢读书，尤其喜欢读文艺作品。)

（316）呢一份工唔好做，<u>再讲</u>我都唔愿做。(这个活不好做，再说我还不愿做。)

（317）我<u>唔单止</u>无讲过，<u>亦</u>都无谂过。(我不单没说过，也没想过。)

上面这些就是粤语中递进复句的一些例子，我们从中可以看到，粤语跟普通话的关联标记区别比较大，跟赣方言的关联标记也多有不同，只有少数几个标记的说法是一样的，共同点在于，配套使用的关联标记比单用的关联标记更多。

接下来我们再考察一下另一种方言——平话，其递进关联标记情况。根据我们调查的结果来看，在平话中使用的递进关联标记主要有下面一些：

"冇单止……还/仲……""冇单止……而且……""冇单止……并

且……""……并且……""冇单止……连……""冇单止……而且……""冇单止……也……""冇单止……反而……""……反而……""冇讲……连……都……""连……都……何况……""……再讲……""冇单止……更……""……更……""……仲……""何止……还……""……都……仲讲/还讲……""……都……""……尤其……""冇单止……也……"

我们看看这些关联标记在使用中的一些具体例子：

（318）那冇单止识煮饭，还（haŋ^{22}）识洗衫。（他不但会做饭，而且还会洗衣服。）

（319）冇单止那队（tu^{53}）脱离危险，并且其他同学也安全。（不只他们自己脱离了危险，而且别的同学也安全了。）

（320）那睡着了，并且睡得死死个□ɔk^{24}。（她睡着了，而且睡得很沉。）

（321）那冇单止非常聪明，仲很勤/用功。（他不但非常聪明，并且很用功。）

（322）嗰个女人冇单止年轻，并且靓。（这女人不仅年轻，而且漂亮。）

（323）冇单止喝豆浆有讲究，连熬豆浆也有讲究。（不光喝豆浆有讲究，就连熬豆浆也有讲究。）

（324）那冇单止识唱歌，而且识跳舞（fou^{213}）。（他不光会唱歌，而且会跳舞。）

（325）冇单止阿妈冇识实情，阿爸也冇了解。（非但母亲不知道实情，爸爸也不了解。）

（326）那冇单止冇怕，反而（løi^{22}）笑起来。（他不但没有害怕，反而笑起来了！）

（327）那冇把我入院，反而锁上门走□ɔk^{24}。（他不让我们进院，反而锁上大门走了。）

（328）嗰样东西冇讲冇冲过，连听都盟（maŋ^{213}）听讲过。（这东西别说没见过，连听都没听过。）

（329）连侬都嫌自己多余，何况外人。（连儿子都嫌自己多余，何况别人？）

（330）你冇用操心嗰件事，再讲凑你讲也冇有用。（你不用操心这件事情，况且跟你说也没有用。）

(331) 那冇单止识英语，更识法语。(他既懂英语，更懂法语。)

(332) 你冇有，我更冇有。(你没有，我更没有！)

(333) 讲话要清楚，仲要响亮。(说话要清楚，还要响亮。)

(334) 那何止是去，还讲话嗳。(他岂止是去了，还讲话了呢。)

(335) 简单的题都冇识做，仲讲难题？(简单的题尚且不会做，何况难题呢？)

(336) 嗰本书我都能识，你当然冇问题了。(这本书我尚且能看懂，你当然不成问题了。)

(337) 那意读书，特别意读文艺作品。(她喜欢读书，尤其喜欢读文艺作品。)

(338) 冇单止是对冇起你，也对冇起你队一屋人。不单是对不起你，也对不起你们一家人。

上面这些就是广西宾阳平话中递进复句关联标记的一些使用实例，主要的递进关联标记就是上面这么一些。我们看到，它跟粤语有很多相似的地方，但又不完全相同，和赣语也有相同和不同的地方，与普通话的差异则比较大。

接下来我们再看看湘语中长沙话的递进复句的关联标记使用情况，在长沙话中，经常使用的递进关联标记主要有下面一些：

"不但……而且……""不但……还……""不止……而且……""……而且……""不仅……还……""不仅……而且……""不光……就连……""不光……还……""不但……也……""不光……反而……""……反而（有时也用"反倒"）……""不要讲……就是……都……""莫讲……连……都……""连……都……何况……""……何况……""……更……""……都……何况……""……尤其……""……再讲……""……还……"

我们看看这些关联标记在使用中的一些具体例子：

(339) 不但产量增加哒，而且质量也提高哒。(不但产量增加了，而且质量也提高了。)

(340) 他不但会做饭，还会洗衣服。(他不但会做饭，而且还会衣服。)

（341）她<u>不止</u>和一个人讲哒，<u>而且</u>还和别的人说哒！（她不只和一个人说了，而且还和别的人说了！）

（342）他长得矮，<u>而且</u>还胖。（他长得矮，而且胖。）

（343）妈妈<u>不仅</u>给我买喫的，<u>还</u>给我买了套衣服。（妈妈不仅给我买吃的，还给我买了套衣服。）

（344）咯个妹子<u>不仅</u>年轻，<u>而且</u>长得漂亮。（这女人不仅年轻，而且漂亮。）

（345）<u>不光</u>喝豆浆有讲究，<u>就</u>连熬豆浆也有讲究。（不光喝豆浆有讲究，就连熬豆浆也有讲究。）

（346）你们<u>不光</u>能喫饭，<u>还</u>能干活！（你们不光能吃饭，还能干活！）

（347）<u>不但</u>我不可以得罪他，你<u>也</u>不可以。（不但我不能得罪他，你也不能。）

（348）他<u>不光</u>冇害怕，<u>反而</u>笑起来了！（他不但没有害怕，反而笑起来了！）

（349）妈妈不理解她，<u>反而/反倒</u>骂她一顿。（妈妈不理解她，反而训她一顿。）

（350）<u>不要</u>讲和别人比，<u>就是</u>和自己的过去比<u>都</u>不行。（不要说和别人比，就是和自己的过去比也不行。）

（351）咯东西<u>莫讲</u>冇见过，<u>连</u>听<u>都</u>冇听到过。（这东西别说没见过，连听都没听过。）

（352）<u>连</u>崽<u>都</u>嫌自己多余，<u>何况</u>别人？（连儿子都嫌自己多余，何况别人？）

（353）我不想去，<u>何况</u>我去哒也冇得用。（我不想去，何况我去了也没有用。）

（354）你冇得，我更冇得！（你没有，我更没有！）

（355）简单的题目<u>都</u>不会做，<u>何况</u>难题咧？（简单的题尚且不会做，何况难题呢？）

（356）她喜欢读书，<u>尤其</u>喜欢读文艺作品。（她喜欢读书，尤其喜欢读文艺作品。）

（357）他骂哒别人，<u>还</u>打哒人。（他骂别人了，还打人了。）

（358）这个活不好做，<u>再讲</u>我还不愿意做。（这个活不好做，再说我还不愿意做。)

上面这些是长沙话中的递进复句的实例,从调查的情况来看,很多关联标记都跟普通话的说法比较接近。

下面我们再看看属于西南官话范畴的武汉方言中递进复句的关联标记使用情况。在武汉话中,使用的递进关联标记主要有以下一些:"不但……而且……""不止……而且/还……""……而且……""……还……""不仅……还……""不光……就连……""不但……还……""不光……还……""不仅……也……""不仅……反而……""……反而……""莫说……就是……也……""莫说……连……都……""连……都……何况……""……何况……""……更……""……都……何况……""……尤其……""……再说……"

我们看看这些关联标记在使用中的一些具体例子:

(359)他<u>不但</u>会做饭,<u>而且</u>还会洗衣服。(他不但会做饭,而且还会洗衣服。)

(360)他<u>不止</u>会看戏,<u>还</u>蛮会挑毛病。(他不单会看戏,而且会挑毛病。)

(361)他长得蛮矮,<u>而且</u>又肥。(他长得矮,而且胖。)

(362)老万也来了,<u>还</u>提出了自己的建议。(老万也来了,并且给出自己的建议。)

(363)妈妈<u>不仅</u>给我买了喫的,<u>还</u>给我买了套新衣服。(妈妈不仅给我买吃的,还给我买了套衣服。)

(364)<u>不光</u>是一些个体户,<u>就连</u>一些厂家单位,也死活不肯要。(不光是一些个体户,就连一些厂家单位,也死活不肯要。)

(365)你们<u>不但</u>能吃,<u>还</u>能干活!(你们不光能吃饭,还能干活!)

(366)<u>不光</u>枪好,子弹<u>还</u>蛮多。(不光枪好,子弹还很多。)

(367)<u>不仅</u>我不能得罪他,你<u>也</u>不可以。(非但我不能得罪他,你也不能。)

(368)<u>不仅</u>冒得人替我解释,<u>反而</u>恨不得我有事才好。(不但没人替我解释,反而恨不得我有事才好。)

(369)他冒得一句安慰的话,<u>反而</u>幸灾乐祸。(他没有一句安慰的话,反而幸灾乐祸。)

(370)他们莫说是打架,就是吵嘴也冒得。(他们不要说是打架,就是拌嘴也没有。)

(371)这件衣服莫说她喜欢,连我都蛮喜欢。(这件衣服别说她喜欢,连我都喜欢。)

(372)连崽都嫌自己多余,何况是别个?(连儿子都嫌自己多余,何况别人?)

(373)我从不打人,何况是对她!(我从不打人,何况是对她呢!)

(374)你冒得,我更冒得!(你没有,我更没有!)

(375)简单的题都做不倒,何况难题呢?(简单的题尚且不会做,何况难题呢?)

(376)她不能丢这个脸,尤其是他骂她。(她不能丢这个脸,尤其是他骂她。)

(377)我准备回家去了,再说我也不得不回家。(我准备回家,再说我也不得不回家。)

以上是武汉话中递进复句的一些实例。其中的递进关联标记有很大一部分跟普通话差不多,相对于别的方言来说,武汉话与普通话相同的比例高很多,只有个别关联标记的说法有差异。武汉话属于西南官话,其作为大北方方言区中的一个小类,跟普通话的相同度比较高也属于情理之中,毕竟普通话本来就是以北方方言为基础的。

官话区种,除了武汉话之外,我们接下来再看看属于江淮官话区的合肥话中递进复句的关联标记使用情况。在合肥话中,经常用到的递进关联标记主要有以下一些:

"不但……而且……""不但……反而……""不止……而且……""……而且……""不仅……还……""不光……就连……""不光……还……""不光……也……""不仅……反而……""……反而……""别讲……就是也……""别讲……就连……都……""连……都……何况……""……何况……""……更……""何止……而且还……""不但……还……""……都……何况……""不止……还……""……还……""……尤其……""……再讲……"

我们看看这些关联标记在使用中的一些具体例子：

(378) 水库<u>不但</u>要修，<u>而且</u>要修好。（水库不但要修，而且要修好。）

(379) 虫子<u>不但</u>没死，<u>反而</u>到处都是。（虫子不但没死，而且到处都是。）

(380) 她<u>不止</u>和一个人说了，<u>而且</u>还和别的人说了！（她不只和一个人说了，而且还和别的人说了！）

(381) 她睡着了，<u>而且</u>睡的很沉。（她睡着了，而且睡得很沉。）

(382) 江华<u>不仅</u>会切菜，<u>还</u>会炒菜。（江华不仅会切菜，还会炒菜。）

(383) <u>不光</u>喝豆浆有讲究，<u>就连</u>熬豆浆也有讲究。（不光喝豆浆有讲究，就连熬豆浆也有讲究。）

(384) 他<u>不光</u>会唱歌，<u>还</u>会跳舞。（他不光会唱歌，而且会跳舞。）

(385) <u>不光</u>我不能得罪他，你<u>也</u>不能。（非但我不能得罪他，你也不能。）

(386) 我<u>不仅</u>没能把钱还上，<u>反而</u>又借钱了。（我非但没能把钱还上，反而又借钱了。）

(387) 他没有一句安慰的话，<u>反而</u>幸灾乐祸。（他没有一句安慰的话，反而幸灾乐祸。）

(388) 他们<u>别讲</u>是打架，<u>就是</u>吵嘴也没有。（他们不要说是打架，就是拌嘴也没有。）

(389) 这东西<u>别讲</u>没见过，<u>就连</u>听都没听过。（这东西别说没见过，连听都没听过。）

(390) <u>连</u>儿子<u>都</u>嫌自己多余，<u>何况</u>别人？（连儿子都嫌自己多余，何况别人？）

(391) 我不想去，<u>何况</u>我去了也没有用。（我不想去，何况我去了也没有用。）

(392) 你没有，我<u>更</u>没有！（你没有，我更没有！）

(393) <u>何止</u>是慢车，<u>而且</u>还是晚上的车。（岂止是慢车，还是晚上的车。）

(394) 她<u>不但</u>懂英语，<u>还</u>懂法语。（她不但英文好，还懂法文。）

(395) <u>不止</u>害自己，<u>还</u>要害别人。（不只害自己，还要害别人。）

(396) 他去上课了，<u>还</u>认真地记笔记。（他去上课了，还认真地记笔记。）

(397) 简单的题<u>都</u>不会做，<u>何况</u>难题呢？（简单的题尚且不会做，何况难题呢？）

（398）她喜欢读书，<u>尤其</u>喜欢读文艺作品。（她喜欢读书，尤其喜欢读文艺作品。）

（399）我准备回家，<u>再讲</u>我也不得不回家。（我准备回家，再说我也不得不回家。）

以上是合肥话中递进复句的一些实例。其中的递进关联标记跟普通话的相似度非常高，只偶有不一样的。合肥话属于江淮官话，跟武汉话类似，其作为大北方方言区中的一个小类，跟普通话的相同度比较高也是合理的。再者，关联标记属于意义比较虚、比较抽象的的词语，这些词语不像基本名词或者动词那样会在不同方言间出现较大差异。

接下来我们再看看吴语中上海话的递进复句的关联标记使用情况，在上海话中，经常使用的主要递进关联标记有下面这么一些：

"勿但……而且……""勿单（单）……而且……""……而且……""……还……""勿但……还……""勿仅……还……""勿仅……而且……""勿光……还……""勿但……也……""勿但……反而……""……甚而至于……""勿……勿算……相反……""勿……勿算……外加……""……反而……""勿要讲……就是……也……""勿要讲……连……都……""……更加……""……也……更何况……""……尤其……""……再讲……"

我们看看这些关联标记在使用中的一些具体例子：

（400）<u>勿但</u>产量增加勒，<u>而且</u>质量也提高勒。（不但产量增加了，而且质量也提高了。）

（401）伊<u>勿单</u>搭我一个人讲了，<u>而且</u>还搭别挡人讲了。（她不只和一个人说了，而且还和别的人说了！）

（402）伊睏觉勒，<u>而且</u>睏得很死。（她睡着了，而且睡得很沉。）

（403）老万也来勒，伊<u>还</u>提出勒自家挡建议。（老万也来了，并且给出自己的建议。）

（404）伊<u>勿但</u>邪气聪明，<u>还</u>咾用功。（他不但非常聪明，并且很用功。）

（405）江华<u>勿仅</u>会切菜，<u>还</u>会炒菜。（江华不仅会切菜，还会炒菜。）

（406）搿女人勿仅后生，而且咾漂亮。（这女人不仅年轻，而且漂亮。）

（407）伊勿光会唱歌，还会跳舞。（他不光会唱歌，而且会跳舞。）

（408）勿但我勿能得罪伊，侬也勿可以。（非但我不能得罪他，你也不能。）

（409）伊勿但呒没吓势势，反而笑起来勒。（他不但没有害怕，反而笑起来了！）

（410）伊讲得出五虎将个名头，甚而至于还晓得黄忠表字叫汉升。（他讲得出五虎将的名字，甚至还知道黄忠表字叫汉升。）（钱乃荣，1997：189）

（411）伊勿听劝勿算，相反闹得更加结棍。（他不但不听劝告，反而闹得更厉害。）（钱乃荣，1997：189）

（412）我勿吃搿一套还勿算，外加警告伊以后勿许搿能做！（我不但不吃这一套，而且警告他以后不准这样做。）（钱乃荣，1997：189）

（413）伊勿让阿拉进去，反而锁上大门走勒。（他不让我们进去，反而锁上大门走了。）

（414）勿要讲侬光火，就是我也忍勿住勒。（不要说你生气，就是我也上火。）

（415）搿物事勿要讲看见仔，连听都呒没听过。（这东西别说没见过，连听都没听过。）

（416）伊会唱歌，做起戏来更加好。（他会唱歌，演戏演得更好。）

（417）夜头也要加班，更何况日里呢？（晚上尚且要加班，何况白天呢？）

（418）伊喜欢读书，尤其对搿中文艺作品更喜欢。（她喜欢读书，尤其喜欢读文艺作品。）

（419）我准备回去勒，再讲我也勿得勿回去勒。（我准备回家，再说我也不得不回家。）

以上是上海话中递进复句的一些实例。其中的递进关联标记有跟普通话相似的，但更多的是跟普通话不一样的，有些差异非常大。作为吴方言的上海话，无论是实词还是虚词，本来就跟普通话的差异很大，这种差异也体现在复句的关联标记上。

接下来我们再看看闽方言中的递进复句的关联标记使用情况，这里的闽方言材料主要是我们自己调查的闽南话和收集的别人调查的福州方言材料。在闽语中，经常使用的主要递进关联标记有下面这么一些：

"呣但……抑佫……""呣但……也……""……佫恰……""……甚至……""……何况……""呣止……佫……""……佫……""呣单单……佫……""呣单单……就连……""呣但……反过来……""……反过来……""嬡讲……就是……也……""嬡讲……连……都……""连……都……何况……""……更加……""……都……更何况……""……再讲……"

我们看看这些关联标记在使用中的一些具体例子：

（420）阮<u>呣但</u>要买彩电，<u>抑佫</u>要买录像机。（我们不但要买彩电，而且要买录像机。）（林宝卿，2007：182）

（421）伊<u>呣但</u>铁笔字写甲真水，水笔字<u>也</u>写甲真水。（他不但钢笔字写得漂亮，毛笔字也写得漂亮。）（林宝卿，2007：182）

（422）我爱祖国，<u>佫恰</u>爱家己的家乡。（我爱祖国，更加爱自己的家乡。）（林宝卿，2007：182）

（423）呣学习会落后，<u>甚至</u>缀艙着形式的发展。（不学习会落后，甚至跟不上形式的发展。）（林宝卿，2007：182）

（424）连汝多艙晓，<u>何况</u>是伊。（连你都不会，何况是他。）（林宝卿，2007：182）

（425）伊<u>呣止</u>甲一個儂讲了，<u>佫</u>甲别儂讲了。（她不只和一个人说了，而且还和别的人说了！）

（426）万阿伯也来咯，<u>佫</u>说出家己的建议。（老万也来了，并且给出自己的建议。）

（427）伊<u>呣单单</u>会唱歌，<u>佫</u>会跳舞。（他不光会唱歌，而且会跳舞。）

（428）<u>呣单单</u>饮豆浆有讲究，<u>就连</u>炖豆浆也有讲究。（不光喝豆浆有讲究，就连熬豆浆也有讲究。）

（429）伊<u>呣但</u>无惊，<u>反过来</u>笑起来。（他不但没有害怕，反而笑起来了！）

（430）大家儂呣让路，<u>反过来</u>跻阮。（人们不但不让路，反而使劲地挤我们。）

（431）<u>嬡讲</u>汝受气，<u>就是</u>我<u>也</u>上火咯。（不要说你生气，就是我也上火。）

（432）即個物件嬤讲无见过，连听都无听过。（这东西别说没见过，连听都没听过。）

（433）连总统都有俫批评咯，何况是汝甲我。（连总统都有人批评了，何况你和我。）

（434）汝无，我更加无。（你没有，我更没有！）

（435）简单的题目都嬤做，更何况难题呢？（简单的题尚且不会做，何况难题呢？）

（436）即個工唔好做，再讲我佫嬤做。（这个活不好做，再说我还不愿意做。）

以上是闽南语中递进复句的一些实例，其中有一些是我们从其他学者的研究著作中收集的，其大部分来源于我们的调查。闽南语中的递进关联标记跟普通话有相似的，但大部分的都不一样，有些差异非常大。无论是语音、是词汇，还是语法，闽南语本来就跟普通话的差异很大，这一差异也体现在了复句的关联标记上。另外，其中一些跟普通话说法一致的关联标记，很有可能是从普通话移植过来的。

接下来我们再看看客家话中的递进复句的关联标记使用情况，这里的客家方言材料主要是我们自己调查的梅州话素材和收集的别人调查的方言材料。在客家话中，经常使用的递进关联标记主要有下面这么一些：

"唔但……而且（还）……""……而且（也可以用"并且"）……""唔单……还……""唔单……也……""唔仅……还……""唔仅……而且……""唔光……就连……""唔光……而且……""唔但……也……""唔但……反而……""……反而……""莫讲（或者"莫话"）……就系……也……""莫讲（或者"莫话"）……连……都……""连……都……何况……""……都……何况……""……何况……""……更……还……""……都……"

我们看看这些关联标记在使用中的一些具体例子：

（437）水库唔但爱修，而且爱修好。（水库不但要修，而且要修好。）

（438）佢唔但会做饭，而且还会做衫服。（他不但会做饭，而且还会衣服。）

（439）佢长得矮，而且还肥。（他长得矮，而且胖。）

（440）老万也来了，而且/并且还提出了自家个建议。（老万也来了，并且给出自己的建议。）

（441）佢<u>唔单</u>爱食饱，<u>还</u>爱食好。（他不但要吃饱，还要吃好。）（何耿镛，1993：92）

（442）佢<u>唔单</u>今日来，天光日<u>也</u>会来。（他不但今天来，明天也会来。）（何耿镛，1993：92）

（443）今日俚等人<u>唔仅</u>出去食饭哩，<u>还</u>去唱歌哩。（今天我们不仅出去吃饭了，还去唱歌了。）

（444）嗰个女人<u>唔仅</u>年轻，<u>而且</u>好靓。（这女人不仅年轻，而且漂亮。）

（445）<u>唔光</u>穿衣服有讲究，<u>就连</u>打领带也有讲究。（不光穿衣服有讲究，就连打领带也有讲究。）

（446）佢<u>唔光</u>会唱歌，<u>而且</u>会跳舞。（他不光会唱歌，而且会跳舞。）

（447）<u>唔但</u>佢唔能够得罪佢，你<u>也</u>唔能够得罪佢。（非但我不能得罪他，你也不能。）

（448）佢<u>唔但</u>唔惊，<u>反而</u>笑起来哩。（他不但没有害怕，反而笑起来了！）

（449）佢<u>唔</u>让俚等人进屋下，<u>反而</u>锁上大门走了哩。（他不让我们进院，反而锁上大门走了。）

（450）嗰次聚会<u>莫话/莫讲</u>老师无来，<u>就系</u>同学<u>也</u>无来几多个。（这次聚会不要说老师没有来，就是同学也没来几个。）

（451）这个东西<u>莫讲</u>无见过，<u>连</u>听都无听过。（这东西别说没见过，连听都没听过。）

（452）<u>连</u>赖欸都嫌自家多余，<u>何况</u>别人？（连儿子都嫌自己多余，何况别人？）

（453）俚自家看哩<u>都</u>中意/喜欢，<u>何况</u>别人？（我自己看了都喜欢，何况别人？）

（454）俚唔想去，<u>何况</u>俚去哩也无脉个用。（我不想去，何况我去了也没有用。）

（455）俚等人唔能够惹佢，<u>更</u>唔能够得罪佢。（我们不能惹他，更不能得罪他。）

（456）佢骂哩别人，<u>还</u>打人哩。（他骂别人了，还打人了。）

（457）喺本书𠊎都看得懂，你当然无问题咯。（这本书我尚且能看懂，你当然没问题。）

以上是客家话中递进复句的一些实例。其中的递进关联标记跟普通话有相同的和相似的，也有不一样的，跟其他方言相比也是有相同或者相似的，也有不一样的，有单个使用的，也有配套使用的，但是总体来说，还是配套使用的关联标记比较多一点。

以上这些是汉语的几大主要方言区中递进复句使用的关联标记的情况，我们主要考察了在每种方言中递进复句的关联标记具体有哪些。接下来我们看看这些关联标记在使用上有什么模式和特点。

4.3.2 方言中递进复句的关联标记模式

4.3.2.1 居端依赖式

我们前面论述过居端依赖式的定义，居端依赖式有两种情况，一种是 $S(Ms_1, s_2)$ 式，另一种是 $S(s_1, s_2M)$ 式。

从我们调查的情况来看，在各个方言中，递进复句使用这种标记模式的情况比并列复句要多些，我们在调查中发现了这种标记模式的使用例子，但是这样的例子非常少，而且不是每种方言中都有。我们只在粤语、客家话、武汉话和平话中发现了使用居端依赖式的例子，而且都是只分别只有一个关联标记有这种标记模式。在这几有限的例子中，关联标记采用的是 $S(Ms_1, s_2)$ 式的居端依赖式，至于另一种形式 $S(s_1, s_2M)$ 的居端依赖式的使用实例，我们暂时尚未发现。

在关联标记有居端依赖式的方言中，适用于这种标记模式的关联标记可以看作是同一个，即与普通话里"尚且"相对应的关联标记，在方言中，该关联标记都说成"都"，如例（314）和例（457）。

虽然在调查中我们发现的确有这种标记模式存在，但是从调查结果来看，无论是其涉及的关联标记的数量还是其涉及的方言的数量，都是很少的。所以对与汉语方言中的递进复句关联标记模式中的居端依赖式，我们仍然可以谨慎地得出一个基本结论：

在汉语方言的递进复句中，居端依赖式的关联标记模式虽然偶有采用，但其使用相当受限。

这说明居端依赖式不适合用于口语性极强的汉语方言。首先，居端依赖式不符合"省力"原则，不适用于日常语用环境对此，我们在前文已经分析过了，我们在此不再赘述。其次从递进复句本身看，因为前后两个分句之间的关系是层递的，前后分句之间的地位是不平等的，所以关联标记不管是标在前一分句的句首还是标在后一分句的句末，都不能有效地标示出前后分句之间的递进的语义关系。

正是两方面因素的双重作用，导致在汉语方言的递进复句中，居端依赖式这种标记模式尽管可以使用，但是使用起来非常受限制。

4.3.2.2 居中粘接式

上面我们分析了汉语方言中递进复句中的居端依赖式关联标记模式，接下来我们再看看居中粘接式的情况。

在这些关联标记采用居中粘接式的递进复句实例中，我们发现了以下一些特点。

第一，我们在前面已经多次提到，居中粘接式也有两种情况：一种是 $S(s_1M, s_2)$ 式，另一种是 $S(s_1, Ms_2)$ 式。从我们调查的情况来看，在递进复句中，各个方言都只有 $S(s_1, Ms_2)$ 式的居中粘接式，我们没有发现 $S(s_1M, s_2)$ 式的居中粘接式。

第二，从我们调查的结果来看，虽然各个方言中具体用到的关联标记可能不一样，但适用于居中粘接式的那些关联标记基本就是与普通话中的"更"、"而且"、"还"、"何况"、"尤其"和"再说"等这几个意思相对应的标记。有的关联标记，其形式在方言中跟在普通话中完全一致，如"而且"和"何况"，有的形式不同但意义是一样的，如闽南语中的"佫"（还）和粤语中的"仲"（还），这体现出方言关联标记形式的多样性。

第三，除了表示"再说"意义的关联标记在语流中可以有明显停顿之外，表示"尤其"、"而且"和"何况"意义的标记偶尔也能在后面略有停顿，剩下的其他几个关联标记都不能在后面出现明显的停顿。

第四，表示"再说"、"而且"和"何况"意义的关联标记用在后一分句的时候只能出现在主语之前，表示"尤其"意义的可前可后，剩下的几个用于居中粘接式的关联标记则只能用在后一分句的主语后（如果后一分句有主语的话）。

第五，从上面第三条和第四条来看，表示"再说"意义的关联标记居中程度要高于其他几个，表示"何况"、"而且"意义的关联标记居中程度其次，再次是表"尤其"意义的，最后是表示"还"意义的。所以我们可以把这些关联标记按居中程度大致排成一个等级序列：

"再说"系列 > "何况、而且"系列 > "尤其"系列 > "还、更"系列

第六，从我们调查的情况来看，居中粘接式的关联标记模式在各个方言的递进复句中虽然都有，但跟并列复句一样，在使用频率上似乎都并不高，反而不如前后配套式的使用实例多，很多在普通话中适用于居中粘接式的关联标记到了方言中往往会变成适用于前后配套式。另外，各方言中的情况也略微有些差异。这个现象体现了方言与跟普通话的迥异之处，值得进一步探索。

在方言中的递进复句中，居中粘接式并不是用得最多的标记模式。这其中的原因可能如下。

第一，跟语体有关系，主要源于方言的口语性，这一特点对关联标记模式适用情况的影响我们在 4.1.2.2 已经分析过，在此不赘述。

第二，从关联标记本身来说，我们可以看到，用在递进复句中的有居中粘接式用法的关联标记都能在语意上体现出某种程度上的差异性，这是由递进复句本身表示层递语义关系的特点决定的，所以越能体现这种程度上更进一步的关联标记越能够单独使用，构成居中粘接式，如"再讲"系列，而体现程度性越弱的关联标记，越不容易单独使用，构成居中粘接式，往往更容易跟别的关联标记组合构成前后配套式，如表示"不但"这个意思的关联标记在各个方言中基本上都不能单用，构成居中粘接式。

4.3.2.3 前后配套式

前面我们讨论了汉语方言中递进复句的居端依赖式和居中粘接式两种关联标记模式的情况，下面我们来分析一下方言中递进复句的前后配套式这种关联标记模式的情况。

通过我们的调查发现，在汉语方言的递进复句中，其前后配套式的使用情况跟普通话中的相应标记模式的使用情况有共性也有差异。

共性的方面是，首先，前后配套式的含义和逻辑形式在方言和普通话中是一样的。前后配套式有四种不同的可能表现形式：① S（M_1s_1，M_2s_2），② S（s_1M_1，s_2M_2），③ S（M_1s_1，s_2M_2），④ S（s_1M_1，M_2s_2）。

其次，从我们考察的结果来看，各方言递进复句中的前后配套式的关联标记模式与普通话中的一样，都只有第一种逻辑形式，即 S（M_1s_1，M_2s_2）式的前后配套式，其他三种形式的标记模式不存在。如我们在前面4.3.1节中所列举的各方言中的相关例子。

但是我们也要注意到，我们说的这四种逻辑形式是建立在只有两个配套的关联标记构成配套式的基础上的。而我们在方言的实际调查中，发现递进复句有一些三个关联标记组合构成配套式的情况，这种情况下的关联标记模式当然就无法概括在上面这四种逻辑形式中了，它们构成了一种不一样的关联标记模式，有两种情况：第一种是前一分句一个关联标记，后一分句两个关联标记；第二种情况是前一分句两个关联标记，后一分句一个关联标记。如例（450）和例（452）。

在各方言的递进复句中，前后分句之间的语序都是很重要的，这也跟并列复句完全不一样。这是因为递进复句前后分句之间有程度上的渐进层递的语义关系，并列复句则没有。所以递进复句前后分句之间的语序也是绝对不可以互换的，否则就会造成逻辑上的错误或者语句意思与原来完全相反。

在第三章中我们讨论了普通话中递进复句的关联标记和主语的相对位置，我们这里再来看看在各方言中递进复句的关联标记和主语的相对位置情况。我们考察的结果如下。

第一，一般情况下，如果前后两个分句的主语相同，则主语一般在前一分句，而且第一个关联标记位于主语之后，第二个关联标记则位于后一分句的句首，如例（406）。

偶尔也会出现第一个关联标记位于主语之前，第二个关联标记位于后一分句的句首的情况，但是这样的情况不多。

第二，在方言中，如果前后分句主语相同且主语只出现一次的话，主语一般不会放在后一分句，如果要后一分句需要主语出现的话，则一般是前后分句同时出现主语，要不然就得有很强很特殊的上下文语境。例如：

（458）佢唔止有衣服着，佢还有饭吃。（不仅没衣服穿，他还没饭吃。）（江西万安方言）

第三，前后两个分句的主语也可以不相同，此时前后分句的关联标记可以都位于各自的主语前，如例（319），当然也有其他的情况，如例（408）就是第一个关联标记在主语前，第二个关联标记在主语后，在方言的递进复句实例中。似乎后一种情况更多一些。

所以总体来看，在汉语方言的递进复句中，前后分句以主语相同的情况居多，而此时前后配套式中的第一个关联标记一般位于主语之后，这个现象在方言中比在普通话中更普遍，在普通话中可以把关联标记放在主语前面的一些情况下，到了方言中就需要变成把关联标记放到主语之后。

4.3.2.4 小结

从我们以上的分析来看，对于汉语方言中的递进复句的关联标记模式情况，可以得到以下一些认识。

第一，在汉语方言的递进复句中，居端依赖式这种关联标记模式最弱势的。与前两种复句类型不同的是，递进复句中有的方言采用这种标记模式，不过使用的关联标记有限，也不是每种方言都有这种标记模式。

第二，在汉语方言的递进复句中，居中粘接式各方言都有使用，但是使用的频率不像普通话那么高，有此模式的关联标记也不是很多，它不是最强势的标记模式，其使用有一定限制，跟普通话的情况有比较大的区别。

第三，在汉语方言的递进复句中，前后配套式的关联标记模式使用频率最高，是最强势的一种标记模式，因为有这种标记模式用法的关联标记比有居中粘接式的多，而且有居中粘接式的关联标记基本上都可以和别的关联标记组配构成相应的前后配套式。

第四，汉语方言递进复句中的前后分句之间的语序很重要，是固定的，不可以变换，否则语句逻辑会不成立或者语句意思发生变化。

第五，主语的异同对句中的关联标记的位置还是有一定影响，前后主语相同的时候，关联标记虽然多出现在主语之后，偶尔也可以出现在主语之前，但是主语不同的话，关联标记的位置就不确定了。

第六，我们在讨论普通话中的递进复句的时候，对这三种关联标记模式总结出了一个等级序列。我们根据使用关联标记的数量和频率对汉语方言中递进复句关联标记模式的考察也可以得出一个相应的序列，那就是：

前后配套式 > 居中粘接式 > 居端依赖式

这一序列与汉语方言中的并列复句关联标记模式序列是一致的。造成这个序列格局的原因也类似，即我们在前面论述过的这三者的理解难度系数和汉语方言的口语化倾向及其即逝性特点。

4.4 汉语方言中选择复句的关联标记模式

4.4.1 方言中选择复句使用的主要关联标记

对并列复句的定义，方言跟普通话是一样的，简单来说就是"分句间有选择关系的复句"（邢福义，2001：44）。要表示这种关系，一般都需要借助关联标记，完全靠"意合"的方式很难实现。例如：

（459）你是去看牛，还是去摘野菜。（江西万安方言）

上面的这个例子如果没有关联标记"是……还是……"的话，就没法表示出前后分句之间的选择关系，那么这句话的意思就不再是让"你"在二者中选一个，而是变成了两个事情都是"你"去做，选择的意味就消失了，复句中分句间变成了一种并列关系。这个是选择复句跟并列复句不太一样的地方，这一点在普通话和方言中基本上是一致的。

下面我们就来看看在方言中选择复句一般会用到哪些关联标记。虽然是同一类复句，但是在不同的方言中，其使用的关联标记可能有一些是相同的，当然也有不同的。我们主要结合汉语的七大方言区来看选择标记的使用情况。

我们先来看看赣方言中选择复句的关联标记使用情况。在赣方言我们主要调查了南昌话和江西万安话。在赣方言中，主要使用的选择复句关联标记有如下一些：

"要不……要不……""……要不……""或者……或者……""

或者……""不是……就是……""可能……也可能……""是……还是……""……还是……""要么……要么……""……要么……""与其……情愿……""与其……还不如……""……还不如……""情愿……也……""……要不然……"

我们看看这些关联标记使用的例子：

（460）简次开会，<u>要不</u>你去，<u>要不</u>渠去。（这次开会，或者你去，或者他去。）

（461）你回去做饭，<u>要不</u>继续在简做事。（你回家做饭，或者继续在这干活。）

（462）<u>或者</u>你来，<u>或者</u>我去。（或者你来，或者我去。）

（463）明日我去你许，<u>或者</u>你来我屋里。（明天我去你那，或则你来我家。）

（464）渠来找我，<u>不是</u>借钱，<u>就是</u>蹭饭吃。（他来找我，不是借钱，就是蹭饭吃。）

（465）我<u>可能</u>去当老师，<u>也可能</u>去考公务员。（我或许去当老师，或许去考公务员。）

（466）我講做<u>是</u>对个，<u>还是</u>错个？（我这么做是对了，还是错了？）

（467）你同意，<u>还是</u>不同意？（你同意，还是不同意？）

（468）我们<u>要么</u>去杭州玩，<u>要么</u>去桂林玩。（我们要么去杭州玩，要么去桂林玩。）

（469）今日我还有事，<u>要么</u>明日我们再话吧。（今天我还有事情，要么我们明天再说吧。）

（470）<u>与其</u>在简看电视，我<u>情愿</u>去困觉。（与其看电视，我宁愿去睡觉。）

（471）<u>与其</u>你去，<u>还不如</u>我去。（与其你去，还不如我去。）

（472）当官个不为百姓办事，<u>还不如</u>回去种番薯。（你当官不为百姓办事，还不如回家种地瓜。）

（473）渠<u>情愿</u>自己吃亏，<u>也不</u>去欺负别人。（她宁可自己吃亏，也不欺负别人。）

（474）我<u>情愿</u>不困觉，<u>也要</u>把简隻题目做出来。（我宁可不休息，也要把这道题做出来。）

（475）就买简件衣服吧，<u>要不然</u>换個店再看下子。（就买这件衣服吧，要不换家店再看看。）

上面这些是赣方言中的选择复句经常使用的一些关联标记的例子。在赣方言中，选择复句的关联标记不算特别丰富，但也还是有一些的。在这些关联标记中，配套使用的关联标记要比单独使用的关联标记多一些，它们之间在数量上大致成9：6的比例。笔者的母语是赣方言中的万安话，就个人语感而言，那些配套的关联标记使用起来更自然，而且使用的频率更高。并且，单用的关联标记几乎都可以和其他关联标记组合构成配套式来表达，但是配套使用的关联标记大多不能单独使用。

接下来我们再看看粤语中的选择复句主要使用的关联标记有哪些。根据我们的调查，粤语中的选择关联标记主要有下面一些：

"或者……或者……""……或者……""可能……可能……""係……定係……""……定係……""唔係……就係……""一唔係……一唔係……""……一唔係……""与其……宁愿……""与其……不如……""与其……仲不如……""……仲不如……""宁可／宁愿……都……"

我们下面看看这些关联标记的一些具体例子：

（476）今次开会，或者你去，或者佢去。（这次开会，或你去，或他去。）

（477）我打算教数学，或者教英语都得。（我打算教数学，或教英语也行。）

（478）可能我哋听日就翻广州，可能会迟几日。（也许咱们明天就回广州，也许迟几天。）

（479）你係同意，定係唔同意？（你是同意，还是不同意？）

（480）你去，定係我去？（你去，还是我去？）

（481）我哋唔係将老虎打死咗，就係俾老虎食咗。（我们不是把老虎打死，就是被老虎吃掉。）

（482）我哋一唔係去杭州玩，一唔係去桂林玩。（我们要么去杭州玩，要么去桂林玩。）

（483）打电话讲唔清楚，一唔係等见到面再讲啦。（打电话说不清楚，要么等见了面再说吧。）

（484）与其白白烂咗，宁愿攞出嚟送俾人。（与其白白烂掉，宁可拿出来送人。）

（485）与其咁样坐係度，不如揾啲事做下。（与其这样坐着，倒不如找点事情做。）

（486）与其你去，仲不如我去。（与其你去，还不如我去。）

（487）你做官唔帮老百姓做嘢，仲不如翻屋企种番薯。（你当官不为百姓办事，还不如回家种地瓜。）

（488）佢宁可/宁愿自己蚀底，都唔虾人哋。（她宁可自己吃亏，也不欺负别人。）

（489）我宁可/宁愿一晚唔训觉，都要将文章写完。（我宁肯一夜不睡，也要把文章写完。）

上面这些就是粤语中选择复句的一些例子，我们从中可以看到，粤语的关联标记跟普通的区别还是比较大的，跟赣方言的区别也比较大，只有少数几个式一样的，共同点在于，粤语中也一样是配套的关联标记比单用的关联标记更多。

接下来我们再考察一下另一种方言——平话，其选择关联标记情况。根据我们调查的结果来看，在平话中使用的选择关联标记主要有下面一些："可能……可能……""……或者……""或者……或者……""是……还是……""……还是……""冇是……就是……""……冇如……""……还冇如……""宁可……也/都……""……冇□tei[24]……"

我们看看这些关联标记在使用中的一些具体例子：

（490）嗰次开会，可（hø33）能你去，可能那去。（这次开会，或你去，或他去。）

（491）来朝日我去你那聂，或者你来我屋。（明天我去你那，或者你来我家。）

（492）你或者放在外边，或者放在屋内（nui22）。（你或者放在外面，或者放在屋里。）

（493）是老张去，还是老刘去？（是老张去，还是老刘去？）

（494）你同意，还是不同意？（你同意，还是不同意？）

（495）我队冇是把老虎打死，就是着老虎喫。（有时他是站着，有时就坐在地上。）

（496）你写信去，冇如打电话去。（你要是写信去，还不如打电话去。）

（497）你去，还冇如我去。（与其你去，还不如我去。）

（498）那宁可自己吃亏，也／都冇欺负其他人。（她宁可自己吃亏，也不欺负别人。）

（499）我宁可失败，都要再试一试。（我宁可失败，也要再试一试。）

（500）老师是人，冇是神。（老师是人，不是神。）

（501）我去冇合适，冇□tei^{24}你去。（我去不合适，要不然你去。）

上面这些就是广西宾阳平话中选择复句关联标记的一些使用实例，主要的选择关联标记就是上面这么一些。相对来说，平话中的选择关联标记要少一些，在具体的关联标记上，它跟普通话和前面的两种方言都有同有异。不过在平话种，也是配套使用的关联标记比单个使用的关联标记要多。

接下来我们再看看湘语中长沙话的选择复句的关联标记使用情况，在长沙话中，经常使用的选择关联标记主要有下面一些：

"或者……或者……""……或者……""也许……也许……""可能……可能……""是……还是……""……还是……""不是……就是……""要不……要不……""……要不……""与其……宁愿……""与其……不如……""与其……还不如……""……还不如……""宁可……也……"

我们下面看看这些关联标记的一些具体例子：

（502）咯次开会，或者你去，或者他去。（这次开会，或你去，或他去。）

（503）我打算教数学，或者教英语也好。（我打算教数学，或教英语也行。）

（504）也许我们明天就回广州，也许会迟几天。（也许咱们明天就回广州，也许迟几天。）

（505）他来找我，可能是借钱，可能是搓饭吃。（他来找我，或是借钱，或是蹭饭吃。）

（506）是你来，还是我去？（是你来，还是我去？）

（507）你同意，还是不同意？（你同意，还是不同意？）

（508）我们不是把老虎打死咧，就是被老虎吃掉。（我们不是把老虎打死，就是被老虎吃掉。）

（509）我们要不去杭州玩，要不去桂林玩（我们要么去杭州玩，要么去桂林玩。）

（510）打电话讲不清楚，<u>要不</u>等见了面再说吧（打电话说不清楚，要么等见了面再说吧。）

（511）<u>与其</u>看电视，我<u>宁愿</u>去睡觉。（与其看电视，我宁愿去睡觉。）

（512）<u>与其</u>咯坐倒，<u>不如</u>找点事情来做下。（与其这样坐着，倒不如找点事情做。）

（513）<u>与其</u>你去，<u>还不如</u>我去。（与其你去，还不如我去。）

（514）你当官不为老百姓办事，<u>还不如</u>回家种红薯。（你当官不为百姓办事，还不如回家种地瓜。）

（515）她<u>宁可</u>自己吃亏，<u>也</u>不欺负别人。（她宁可自己吃亏，也不欺负别人。）

（516）我<u>宁可</u>一夜不睡觉，<u>也</u>要把文章写完。（我宁肯一夜不睡，也要把文章写完。）

上面这些是长沙话中选择复句的实例，从调查的情况来看，这些关联标记都跟普通话中的递进关联标记相同或相似。

下面我们再看看属于西南官话范畴的武汉方言中选择复句的关联标记使用情况。在武汉话中，使用的选择关联标记主要有以下一些：

"或者……或者……""……或者……""也许……也许……""可能……可能……""是……还是……""……还是……""不是……就是……""要不……要不……""……要不……""与其……宁愿……""与其……倒不如……""与其……还不如……""……还不如……""宁可……也……""要么……要么……""……要不然……"

我们下面看看这些关联标记的一些具体例子：

（517）大家<u>或者</u>出示工作证，<u>或者</u>出示下身份证。（大家或出示工作证，或出示身份证。）

（518）我打算教数学，<u>或者</u>教英语也可以。（我打算教数学，或教英语也行。）

（519）<u>也许</u>我们明天就回广州，<u>也许</u>会迟几天。（也许咱们明天就回广州，也许迟几天。）

（520）他来找我，<u>不是</u>借钱，<u>就是</u>来蹭饭吃的。（他来找我，或是借钱，或是蹭饭吃。）

（521）<u>是</u>上午去呢，<u>还是</u>下午去呢？（是上午呢，还是下午去呢？）

（522）你同意，<u>还是</u>不同意？（你同意，还是不同意？）

（523）他一高兴，<u>可能</u>可以免三年的租子；碰倒他不开心，<u>可能</u>连一颗谷子都不让。（他一高兴了，兴许能免三年租子；碰着他不开心，兴许连一粒谷子也不让。）

（524）我们<u>要不</u>去杭州玩，<u>要不</u>去桂林玩（我们要么去杭州玩，要么去桂林玩。）

（525）打电话讲不清楚，<u>要不</u>等见了面再说吧（打电话说不清楚，要么等见了面再说吧。）

（526）<u>与其</u>这样活倒，我<u>宁愿</u>去死去。（与其这样活着，我宁愿去死。）

（527）<u>与其</u>这样等车，<u>倒不如</u>慢慢走过去算了。（与其这样等车，倒不如慢慢走过去了。）

（528）<u>与其</u>你去，<u>还不如</u>我去。（与其你去，还不如我去。）

（529）在这里头窝窝囊囊地混，<u>还不如</u>回去痛快些。（在这里窝窝囊囊地混，还不如回家痛快。）

（530）她<u>宁可</u>自己吃亏，<u>也</u>不欺负别人。（她宁可自己吃亏，也不欺负别人。）

（531）我<u>宁可</u>一夜不睡觉，<u>也要</u>把文章写完。（我宁肯一夜不睡，也要把文章写完。）

（532）<u>要么</u>你去，<u>要么</u>我来。（要么你去，要么我来。）

（533）今天我还有事情，<u>要不然</u>我们明天再说吧。（今天我还有事情，要么我们明天再说吧。）

以上是武汉话中选择复句的一些实例。在递进复句的关联标记使用上，武汉方言跟长沙方言很接近，都跟普通话差不多，大部分是一致的，只偶有不一样的。

官话区中，除了武汉话之外，我们接下来再看看属于江淮官话区的合肥话中选择复句的关联标记使用情况。在合肥话中，经常使用到的选择关联标记主要有以下一些：

"或者……或者……""……或者……""也许……也许……""可能……可能……""是……还是……""……还是……""不是……就是……""要不……要不……""……要不……""与其……不如……""与其……倒不如……""与其……还不如……""……还不如……""宁愿……也……""要么……要么……""……要不然……"

我们下面看看这些关联标记的一些具体例子：

（534）这次开会，或者你去，或者他去。（这次开会，或你去，或他去。）

（535）我打算教数学，或者教英语也可以。（我打算教数学，或教英语也行。）

（536）我也许去当老师，也许去考公务员。（我或许去做老师，或许去考公务员。）

（537）他来找我，要么是借钱，要么是来蹭饭吃的。（他来找我，或是借钱，或是蹭饭吃。）

（538）是上午去呢，还是下午去呢？（是上午呢，还是下午去呢？）

（539）你同意，还是不同意？（你同意，还是不同意？）

（540）他一高兴，可能可以免三年的租子；碰倒他不开心，可能连一颗谷子都不让。（他一高兴了，兴许能免三年租子；碰着他不开心，兴许连一粒谷子也不让。）

（541）我们要不去杭州玩，要不去桂林玩（我们要么去杭州玩，要么去桂林玩。）

（542）打电话讲不清楚，要不等见了面再说吧（打电话说不清楚，要么等见了面再说吧。）

（543）与其看电视，我不如去睡觉。（与其看电视，我宁愿睡觉。）

（544）与其这样等车，倒不如慢慢走过去算了。（与其这样等车，倒不如慢慢走过去了。）

（545）与其你去，还不如我去。（与其你去，还不如我去。）

（546）在这里头窝窝囊囊地混，还不如回去痛快些。（在这里窝窝囊囊地混，还不如回家痛快。）

（547）她<u>宁愿</u>自己吃亏，<u>也</u>不欺负别人。（她宁可自己吃亏，也不欺负别人。）

（548）我<u>宁愿</u>一夜不睡觉，<u>也</u>要把文章写完。（我宁肯一夜不睡，也要把文章写完。）

（549）<u>不是</u>洗被单，<u>就是</u>拖地板。（不是洗被单，便是拖地板。）

（550）今天我还有事情，<u>要不然</u>我们明天再说吧。（今天我还有事情，要么我们明天再说吧。）

以上是合肥话中选择复句的一些实例。其中的选择关联标记跟普通话的相似度非常高，只偶有不一样的。合肥话同样属于江淮官话，跟武汉话类似的，其作为大北方方言区中的一个小类，跟普通话的相同度比较高也是情理之中的，毕竟普通话本来就是以北方方言为基础的。再者，关联标记属于意义比较虚比较抽象的的词语，这些词语不像基本名词或者动词那样在不同方言间有那么大的差异。

接下来我们再看看吴语中上海话的选择复句的关联标记使用情况，在上海话中，经常使用选择关联标记的主要有下面这么一些："……咾……咾""……也好……也好""要末……要末……""……咾……""……呢……""……还是……""……当然……""或者……或者……""……或者……""……要末……""也许……也许……""是……还是……""……还是……""勿是……就是……""……还勿如……""与其……宁可……""情愿……也……""……要不然……"

我们下面看看这些关联标记的一些具体例子：

（551）礼拜日，我看看书<u>咾</u>，打打球<u>咾</u>，荡荡公园<u>咾</u>，总归过得邪气开心。（星期天，我看看书，或者打打球，或者逛逛公园，总是过得很愉快。）（钱乃荣，1997：188）

（552）阿拉两家头常庄碰头，伊来<u>也好</u>，我去<u>也好</u>，随便个！（我们俩常常碰头，他来也好，我去也好，随便的。）（钱乃荣，1997：189）

（553）路介远，<u>要末</u>乘汽车，<u>要末</u>乘地铁，走路就忒慢了。（路这么远，要么坐汽车，要么坐地铁，走路太慢了。）（钱乃荣，1997：189）

（554）吃馒头<u>咾</u>吃面，两样侬拣一样。（不是吃包子就是吃面，两种你

挑一种。)(钱乃荣,1997:189)

(555)伊答案对呢侬答案对?(是上午呢,还是下午去呢?)(钱乃荣,1997:189)

(556)动手术还是勿动,侬想想清爽!(动不动手术你想想清楚。)(钱乃荣,1997:189)

(557)读古典文学,当然读当代文学好。(读古典文学,不如读当代文学好。)(钱乃荣,1997:189)

(558)让伊去采购个话,还是我来去!(与其让他去采购,不如我去。)(钱乃荣,1997:189)

(559)大家或者出示工作证,或者出示身份证。(大家或出示工作证,或出示身份证。)

(560)我打算教数学,或者教英语也可以。(我打算教数学,或教英语也行。)

(561)明朝我去侬伊搭,要么你来我辣搭。(明天我去你那,或则你来我这。)

(562)也许咱们明朝就回广州,也许迟几日。(也许咱们明天就回广州,也许迟几天。)

(563)是侬来,还是我去?(是你来,还是我去?)

(564)侬去,还是我去?(你去,还是我去?)

(565)勿是汏被单,就是拖地板。(不是洗被单,便是拖地板。)

(566)侬去,还勿如我去。(与其你去,还不如我去。)

(567)与其辣能等车,宁可慢慢走过去了。(与其这样等车,倒不如慢慢走过去了。)

(568)我宁愿一夜勿睡觉,也要拿文章写完。(我宁肯一夜不睡,也要把文章写完。)

(569)伊宁愿自家吃亏,也勿欺负别人家。(她宁可自己吃亏,也不欺负别人。)

以上是上海话中选择复句的一些实例。这些选择关联标记有跟普通话相同或者相似的,但是更多的是跟普通话不一样的,有些甚至差异非常大。

作为吴方言的上海话，无论是实词还是虚词，本来就跟普通话的差异很大，所以体现在复句的关联标记上也是如此。

接下来我们再看看闽方言中的选择复句的关联标记使用情况，这里的闽方言材料主要是我们自己调查的闽南话素材和收集的别人调查的闽语材料。在闽语中，经常使用的选择关联标记主要有下面这么一些：

"是……抑是（有的也写作"犹是"）……""唔是……多是……""宁可……也……""若无（有的也写作"若唔"）……若无（若唔）……""……也可以……""可以……也可以……""可能……可能……""……抑是（有的也写作"犹是"）……""与其……唔如……""宁愿……也……"

我们看看这些关联标记在使用中的一些具体例子：

（570）即款丝绸<u>是</u>真丝，<u>抑是（犹是）</u>人造丝？（这种丝绸是真丝，还是人造丝？）（林宝卿，2007：181）

（571）下昏时，小弟仔<u>唔是</u>读册，<u>多是</u>写字。（晚上，弟弟不是读书，就是写字。）（林宝卿，2007：181）

（572）<u>宁可</u>加开钱，<u>也</u>要用空运。（宁可多花钱，也要用空运。）（林宝卿，2007：181）

（573）<u>若唔</u>汝汏买，<u>若唔</u>汝着拢买落来。（要么/要不你别买，要么/要不你都得买下来。）（林宝卿，2007：182）

（574）明日我去汝迄搭，<u>也可以</u>汝来我厝。（明天我去你那，或者你来我家。）

（575）汝<u>可以</u>搁下外口，<u>也可以</u>搁下厝里。（你或者放在外面，或者放在屋里。）

（576）我<u>可能</u>去当老师，<u>也可能</u>去考公务员。（我或许去当老师，或许去考公务员。）

（577）汝去，<u>抑是/犹是</u>我去？（你去，还是我去？）

（578）<u>与其</u>汝去，<u>唔如</u>我去。（与其你去，不如我去。）

（579）伊<u>宁愿</u>家己吃亏，<u>也</u>赠去欺负别人。（她宁可自己吃亏，也不欺负别人。）

以上是闽南话中选择复句的一些实例。其中的关联标记有个别跟普通话式一样的，但大部分的都跟普通话是不一样的，有些差异非常大。无论是语音、词汇，还是语法，闽南语本来就跟普通话的差异很大所以体现在复句的关联标记上也是如此。另外，其中一些跟普通话说法一致的关联标记，很有可能是从普通话移植过来的。

接下来我们再看看客家话中的选择复句的关联标记使用情况，这里的客家方言材料主要是我们自己调查的梅州话素材和收集的别人调查的方言材料。在客家话中，经常使用的选择关联标记主要有下面这么一些：

"唔系……就系……"，"……唔系就……"，"唔系就……唔系就……"，"可能……可能……"，"系……还系……"，"……还系……"，"……呀"，"与其……唔当……"，"……（还）唔当……"，"情愿（也可说"甘愿"）……也……"，"年果……唔 mai ④……"（何耿镛，1993：92）

我们看看这些关联标记在使用中的一些具体例子：

（580）今日佢唔系去卖东西，就系去田里做事。（今天他或去卖东西，或去地里干活。）

（581）出入校门，必须戴校徽，唔系就出示工作证。（出入校门，必须佩戴校徽，或出示工作证。）

（582）天光日唔系就𠊎去你解子，唔系就你来𠊎屋下。（明天或者我去你那，或者你来我家。）

（583）𠊎可能天光日就转广州，也可能晚几工人。（我可能明天就回广州，也可能晚几天。）

（584）你系同意，还系唔同意？（你是同意，还是不同意？）

（585）你同意，还系唔同意？（你同意，还是不同意？）

（586）你去呀𠊎去？（你去，还是我去？）

（587）与其你去，唔当𠊎去。（与其你去，还不如我去。）

（588）你写信去，还唔当打电话去。（你要是写信去，还不如打电话去。）

（589）佢情愿在屋下料（liau⁴¹），佢也唔出去散步啊。（他宁可在家玩，也不出门散步。）

（590）佢甘愿饿死，也唔去偷东西食。（他宁可饿死，也不偷东西吃。）

（591）年果 hen ②来，我唔 mai ④去佢。（宁可你来，我就不要去了。）

（何耿镛，1993：93）

以上是客家话中选择复句的一些实例。其中的选择关联标记有跟普通话相同的和相似的，也有跟普通话不一样的，从调查的情况来看，不同的情况数量多过相同的。就具体的关联标记而言，配套使用的关联标记要明显多于单独使用的关联标记。

以上这些是汉语的几大主要方言区中选择复句使用的关联标记的情况，我们主要考察了在每种方言中选择复句的关联标记具体有哪些。接下来我们看看这些关联标记在使用上有什么模式和特点。

4.4.2 方言中选择复句的关联标记模式

4.4.2.1 居端依赖式

我们前面论述过居端依赖式的定义，居端依赖式有两种情况，一种是 S（Ms_1，s_2）式，另一种是 S（s_1，s_2M）式。

从我们调查的情况来看，在各个方言中，选择复句没有发现单独用一个关联标记且出现在前一分句句首或者后一分句句末的情况，换句话说，在各个方言中的选择复句实例中，都没发现使用居端依赖式这种标记模式的情况。

虽然在调查中我们没有发现有这种标记模式在各方言的选择复句中使用，但是我们不能说就一定没有，因为"说有易，说无难"。在某些特殊的场合语境下，某个特定的个体也许会使用到这样的关联标记模式，我们不能保证这种情况就一定不会出现，但即便这样的特殊个例出现了，也是极少、极为转瞬即逝的，所以对汉语方言中的选择复句关联标记模式中的居端依赖式，我们仍然可以谨慎地得出一个基本结论：在汉语方言的选择复句中，通常情况下说者一般都不采用居端依赖式的关联标记模式。

这个结论是我们调查之后得出的。这说明居端依赖式不适用于口语性极强的汉语方言。外部原因前文也讲过了，就是居端依赖式这种模式受到了别的标记模式的竞争和压制。至于汉语方言中的选择复句不用居端依赖式的内部原因，我们分析如下。

首先从形式上看，居端依赖式不符合"省力"原则，不适用于日常语用环境。

其次从选择复句本身看，因为前后两个分句之间是选择的关系，而这种选择关系又分为两种情况，第一种是任选关系，也可以叫不定选择，第二种是已定选择。这种选择关系要求复句必须用关联标记，而关联标记的位置至少要有一个在前后分句的中间才能更高效地表示出前后之间的那种选择的语义关系。这就好比一个人选东西，如果他站在这几样东西的中间，每一样东西都能用手拿得到，那他选择起来就是省力而容易的。但是如果他站在某一个东西的旁边，而他想要的却是隔着这个东西的另一个，那他就只能叫服务员拿给他。而如果服务员暂时不在的话，他就拿不到这个东西，无法进行有效选择。这个比喻很形象地说明了在选择复句中的关联标记模式中，为什么居端依赖式不受待见。

正是内外部的双重作用，导致在汉语方言的选择复句中，居端依赖式这种标记模式基本不被采用。

4.4.2.2 居中粘接式

上面我们分析了汉语方言中选择复句中的居端依赖式关联标记模式的使用情况，接下来我们再看看居中粘接式的情况。

这些使用居中粘接式的关联标记，大致呈现以下一些特点。

第一，我们在前面已经多次提到，居中粘接式也有两种情况：一种是 $S(s_1M, s_2)$ 式的标记模式，另一种是 $S(s_1, Ms_2)$ 式的标记模式。从我们调查的情况来看，在选择复句中有的方言只有 $S(s_1, Ms_2)$ 形式的居中粘接式，而有的方言除此之外还有 $S(s_1M, s_2)$ 形式的标记模式，如吴语中的例（554）和客家话中的例（586）。这是选择复句跟前面几个复句不一样的地方，算是其特色之一。

第二，从我们调查的结果来看，虽然各个方言中具体用到的关联标记可能不一样，但有居中粘接式用法的那些选择关联标记基本就是与普通话中表达"或者""还是""不如""要么"等这几个意思相对应的标记。有的关联标记形式在方言中跟在普通话中完全一致，有的形式不同但意义是一样的，例如闽南语中的"抑是"（还是）和客家话中的"唔当"（不如），这体现出方言形式的多样性。

第三，各方言中选择复句的单用关联标记似乎很多在其后都可以有一个较明显的停顿，最明显的是表示"要么"意义的关联标记，其次是表示"或者"意义的，然后是表示"不如"意义的，最后是表示"还是"意义的。

第四，表示"要么"、"还是"和"或者"意义的关联标记用在后一分句的时候一般只能出现在主语之前，表示"不如"意义的则位置可前可后。

第五，从上面第三条和第四条来看，表示"要么"意义的关联标记的居中程度要高于其他几个，表示"或者"意义的关联标记居中程度其次，再次是表"不如"和"还是"意义的。所以我们可以把它们的居中程度大致地总结为下面这个等级序列：

"要么"系列＞"或者"系列＞"不如、还是"系列

第六，从我们调查的情况来看，居中粘接式的关联标记模式在各个方言的选择复句中虽然都有，但跟并列复句一样，在使用频率上比前后配套式的低了很多，很多在普通话中适用于居中粘接式的关联标记到了方言中往往会变成适用于前后配套式。另外，各方言中的情况也略微有些差异。这个现象体现了方言跟普通话的迥异之处，值得进一步探索。

在方言中的选择复句中，居中粘接式也并不是用得最多的标记模式。这其中的原因可能如下。

第一，跟语体有关系，主要源于方言的口语性，这一特点对关联标记模式适用情况的影响我们在 4.1.2.2 已经分析过，在此不赘述。

第二，从关联标记和复句本身的角度来说，我们可以看到，选择复句表示的选择关系有两种情况，一种是不定选择，另一种是已定选择。不管是哪种选择，使用前后配套式都能够更好、更精确地表达出相应的语义关系。这两种选择关系之间的界限并不总是泾渭分明的，在这一前提下，使用单个关联标记的居中粘接式有可能让读者在只看到前一分句的时候，产生两可的理解，从而加重认知负担。而前后配套式因为前后分句都有关联标记，而且不定选择和已定选择的前一个关联标记区别是很大的，所以基本上看到前一个关联标记就能判断出一句话是哪种选择关系了，这就帮助读者减轻了认知负担。

4.4.2.3　前后配套式

前面我们讨论了汉语方言中选择复句的居端依赖式和居中粘接式两种

关联标记模式的情况，下面我们来分析一下方言中选择复句的前后配套式这种关联标记模式的情况。

通过我们的调查发现，在汉语方言的选择复句中，其前后配套式的使用情况跟普通话中的相应标记模式的使用情况有共性也有差异。

共性的方面是，前后配套式的含义和逻辑形式在方言和普通话中是一样的。前后配套式有四种不同的可能表现形式：① S（M_1s_1，M_2s_2），② S（s_1M_1，s_2M_2），③ S（M_1s_1，s_2M_2），④ S（s_1M_1，M_2s_2）。

但是从我们考察的结果来看，有一部分方言的选择复句的前后配套式关联标记模式跟前面几个类别的复句都不太一样，跟普通话的情况也有区别。普通话和其他方言的选择复句的前后配套式都只有第一种逻辑形式，即 S（M_1s_1，M_2s_2）式，而上海话中的前后配套式选择关联标记模式还有第二种逻辑形式，即② S（s_1M_1，s_2M_2）式。如前面的例（551）和例（552）。

在各方言的选择复句中，前后分句之间的语序对关联标记模式是否有影响要看具体情况，这个也跟别的复句类别不太一样。如果前后分句之间是不定选择的话，那么前后分句之间的语序就相对来说没那么重要，前后分句语序颠倒也不会改变基本语义。但是如果是已定选择的话，那么前后分句之间的语序就是很固定的了，一般无法颠倒前后分句之间的语序，否则就会造成逻辑不通或者语句基本意义改变了。

在第三章中我们讨论了普通话中选择复句的关联标记和主语的相对位置，我们这里再来看看在各方言中选择复句的关联标记和主语的相对位置情况。我们考察的结果如下。

第一，一般情况下，如果前后两个分句的主语相同，则主语一般在前一分句，而且第一个关联标记位于主语之后，第二个关联标记位于后一分句的句首，如例（583）和例（584），这一点跟别的类别的复句是一样的。

偶尔也会出现第一个关联标记位于主语之前，第二个关联标记位于后一分句的句首的情况，但是这样的情况不多。

第二，在方言中，如果前后分句主语相同且主语只出现一次的话，主语一般不会放在后一分句，但放在后一分句的情况也不是没有，只是需要有比较强的上下文语境。例如：

（592）与其去酒店吃，我伙还唔当在屋里自家炒几隻菜。（与其去酒店吃饭，我们还不如在家自己炒几个菜。）（江西万安方言）

第三，前后两个分句的主语也可以不相同，当主语不同的时候，前后分句的关联标记可以都位于各自的主语前，这是最常见的情况，各方言大部分都是这样的。当然也可能遇到个别不一样的，如例（552）就是前后分句主语不同，但关联标记没有出现在主语前，而是出现在最后，这是特殊情况，类似的例子很少。

所以总体来看，在汉语方言的选择复句中，前后分句以主语相同的情况居多，而此时前后配套式中的第一个关联标记一般位于主语之后，这个现象在方言中比在普通话中更普遍，在普通话中可以把关联标记放在主语前面的一些情况，到了方言中就会需要变成把关联标记放到主语之后。

4.4.2.4 小结

从我们以上的分析来看，对于汉语方言中的选择复句的关联标记模式情况，可以得到以下一些认识。

第一，在汉语方言的选择复句中，居端依赖式这种关联标记模式最弱势的，一般情况下都不采用这种标记模式。

第二，在汉语方言的选择复句中，居中粘接式各方言都有使用，但是使用的频率不像普通话那么高，有该模式的关联标记也不是很多，它不是最强势的标记模式，其使用有一定限制，这跟普通话有比较大的区别。

第三，在汉语方言的选择复句中，前后配套式的关联标记模式使用频率最高，反而是最强势的一种标记模式，因为有这种标记模式的关联标记比有居中粘接式的多，而且有居中粘接式的关联标记基本上都可以和别的关联标记组配构成相应的前后配套式。

第四，汉语方言选择复句中的前后分句之间的语序是否重要，要分情况，不定选择的语序不是特别重要，而已定选择的语序就很重要，一般不可变换。

第五，主语的异同对句中的关联标记位置还是有一定影响的，前后分句主语相同的时候，关联标记虽然多出现在主语之后，偶尔也可以出现在主语之前，但是前后分句主语不同的话，关联标记基本上都出现在主语之前。

第六，我们在讨论普通话中的选择复句的时候，对这三种关联标记模式总结出了一个使用频率等级序列。在汉语方言中，根据对选择复句关联标记模式的考察，我们也可以得出一个相应的序列，那就是：

前后配套式 > 居中粘接式 > 居端依赖式

造成这个序列格局的原因前文已多次论述，在此不再重复。

4.5 汉语方言中转折复句的关联标记模式

4.5.1 方言中转折复句使用的主要关联标记

对转折复句的定义，方言和普通话也是一样的，简单来说就是"分句间有突然转折关系的复句"（邢福义，2001：46）。要表示这种转折关系，我们一般不靠"意合"的表达方式来完成，而往往会借助一定的关联标记。例如：

（593）箇隻菜看是好看，但是唔好吃。（江西万安方言）

（594）偓刚正看到了你，不过隔得太远，就唔能喊你。（我刚才看到你了，不过隔得太远就没叫你。）（江西万安方言）

上面的两个例子都是有关联标记的转折复句。虽然上面的两个例子都可以把关联标记去掉，用"意合"的方法来表达转折关系，但前提是上下文的语境提示非常强。比如第一个例子，如果要把关联标记去掉的话，这句话就只能是在那个吃饭的现场而且实在吃过这个菜之后才说的，而如果语境是向别人转述，就不能这样说，必须加上关联标记。第二个句子也是一样的，这是对话中的句子，本身就具有很强的语境提示性，因此在实际对话中可以省略关联标记，不过会产生一i邪恶语用意义上的差别。没有关联标记时，该句有一种更急迫地跟对方解释的意味在里面，怕对方误会说自己看到了也不打招呼。如果带上关联标记，这句话就少了那种急迫的意味在里面。

虽然转折复句可以借助具体的语境在某些情况下省略关联标记，但是在实际语言生活中，我们更多的时候还是会使用关联标记，好处是减少对语境的依赖。下面我们就来看看在方言中转折复句一般会用到哪些关联标记。虽然是同一类复句，但是在不同的方言中，其使用的关联标记可能有一些是相同的，当然也有不同的。我们主要结合汉语的七大方言区来看转折标记的使用情况。

我们先来看看赣方言中转折复句的关联标记使用情况。在赣方言我们主要调查了南昌话和江西万安话。在赣方言中，主要使用的转折复句关联标记有如下一些：

"虽然……但是……""……就是……""……虽然……""……但是……""虽然……却……""虽然……还（是）……""……还……""虽然……也……""……也……""尽管……但是……""尽管……还（是）……""虽话……但是……""……就是……""……不晓得……""……不过……""……可惜……""……哪晓得……""……倒……""……偏偏……"

我们看看这些关联标记使用的例子：

（595）<u>虽然</u>简趟出差相当辛苦，<u>但是</u>任务完成得比较顺利。（虽然这趟出差很辛苦，但是顺利地完成了任务。）

（596）渠给我个印象还好，<u>就是</u>还有滴子细伢子个味道。（她给我的印象不错，虽然还有点孩子气。）

（597）简次相聚还是不错个，<u>虽然</u>时间比较短。（这次相聚还是很好的，虽然短暂。）

（598）简隻菜看起来还好看，<u>但是</u>不好吃。（这道菜很好看，但是不好吃。）

（599）渠屋里<u>虽然</u>人多，屋里<u>却</u>非常清爽。（他家虽然人多，家里却十分整洁。）

（600）渠们<u>虽然</u>是双胞胎，性格<u>却</u>相反。（别看她俩是双胞胎，性格却相反。）

（601）<u>虽然</u>开会回来了，老王<u>还是</u>一肚子个火。（虽然开过会了，老王还有着一肚子火。）

（602）你简隻细伢子讲大了，<u>还</u>講不懂事。（你这孩子这么大了，还这么不懂事！）

（603）<u>虽然</u>你工作好忙，<u>也</u>要挤滴子时间学习。（虽然你工作很忙，也要挤点时间学习。）

（604）渠写了几次，<u>也</u>冒写好。（他写了几次，也没写好。）

（605）渠<u>虽然</u>话有滴子不愿意，<u>但是</u>还是去了。（他也没技术，也没文化。）

（606）<u>尽管</u>我认得渠，<u>但是</u>跟渠不熟。（尽管我认识他，但是跟他不熟。）

（607）<u>尽管</u>我准备了好长时间，<u>还是</u>有滴子紧张。（尽管我准备了很长时间，还是有点紧张。）

（608）箇个东西好是好，<u>就是</u>贵了滴子。（这东西好是好，只是有点贵。）

（609）箇个人好面熟，<u>不过</u>我一下想不起来渠是哪个。（这人很面熟，不过我一时想不起来是谁。）

（610）我们还冒动身，<u>不晓得</u>渠们就来了。（我们还没动身，不料他们竟来了。）

（611）昨日的节目非常好看，<u>可惜</u>你冒时间去看。（昨天的演出非常精彩，可惜你没空去看。）

（612）大家都意味渠会反对个，<u>哪晓得</u>渠倒同意了。（大家总以为他会反对的，谁知道他倒同意了。）

（613）你不找我，我<u>倒</u>想找你。（你不找我，我倒想找你。）

（614）渠什哩都想到了，<u>偏偏</u>就箇桩事冒想到。（她什么也想到了，偏偏没有想到这个！）

（615）叫你不要吃酒，你<u>偏</u>不信。（叫你不要喝酒，你偏不信。）

（616）你不找我，我<u>倒</u>想找你。（你不找我，我倒想找你。）

上面这些是赣方言中的转折复句经常使用的一些关联标记的例子。在赣方言中，转折复句的关联标记也有不少。我们在调查中发现，赣方言的转折复句关联标记使用情况，跟我们前面讨论过的其他几种复句类型的关联标记不一样，前面讨论的几种复句的关联标记都是配套使用的远远多于单独使用的，但是在转折复句中，却是单独使用的关联标记与配套使用的关联标记的数量之比大致为 12：7。这个现象值得注意。

接下来我们再看看粤语中的转折复句主要使用的关联标记有哪些。根

据我们的调查,粤语中的转折关联标记主要有下面一些:

"虽然……但係……""虽然……但……""……虽然……""……但係……""唔好睇……但係……""虽然……仲(係)……""……仲……""虽然……但都……""……都……""固然……但係……""虽然话……但係……""……虽然话……""就算……但係……""……就係……""……不过……""……点知……""……可惜……""……反而……""……偏偏……""……偏……"

我们下面看看这些关联标记的一些具体例子:

(617)虽然会上面嘅人好多,但係无一个人讲嘢。(虽然会上的人很多,没有一个人讲话。)

(618)雨点虽然好细,但落得好密。(雨点虽然细小,下得很密。)

(619)佢俾我嘅印象唔错,虽然仲係有啲细路仔。(她给我的印象不错,虽然还有点孩子气。)

(620)呢道餸好好睇,但係唔好食。(这道菜很好看,但是不好吃。)

(621)唔好睇佢年纪细,但係好大力。(别看他年纪小,劲却大得很。)

(622)虽然开过会,老王仲係成肚火。(虽然开过会了,老王还有着一肚子火。)

(623)你呢个细路咁大个,仲係唔生性。(你这孩子这么大了,还不懂事!)

(624)虽然你工作好忙,但都要逼啲时间去学习。(虽然你工作很忙,也要挤点时间学习。)

(625)佢嚟听课,都无打招呼。(她来听课,也没打招呼。)

(626)考上咗固然係好,但係无考上都唔使灰心。(考上了固然好,但是没考上也不必灰心。)

(627)佢虽然话有啲唔愿意,但係都係去咗。(他虽说有些不愿意,但是还是去了。)

(628)佢并唔开心,虽然话佢好有钱。(她并不快乐,虽说她很有钱。)

(629)就算我花咗好大嘅力气,但係佢仲係唔满意。(尽管我费了很大的力气,但是她还是不满意。)

(630)呢个细路几聪明,就係有啲八厌。(这孩子挺聪明,就是有点淘气。)

（631）开水仲有一啲，<u>不过</u>已经冻咗啦。（开水还有一点，不过已经凉了。）

（632）我哋都仲未出发，<u>点知</u>佢哋竟然嚟咗。（我们还没动身，不料他们竟来了。）

（633）寻日嘅演出非常精彩，<u>可惜</u>你唔得闲去睇。（昨天的演出非常精彩，可惜你没空去看。）

（634）老杨住得好远，<u>反而</u>先嚟到。（老杨住的很远，反倒先来了。）

（635）佢咩都谂到，<u>偏偏</u>无谂到呢㖞！（她什么也想到了，偏偏没有想到这个！）

（636）叫你唔好饮酒，你<u>偏</u>唔信。（叫你不要喝酒，你偏不信。）

上面这些就是粤语中转折复句的一些例子，我们从中可以看到，粤语跟普通话和赣方言有相同的关联标记也有不同的，但与赣方言一致的地方是，粤语中的转折关联标记，也是单用的关联标记要比配套使用的要多很多，比例大约在 12∶8。

接下来我们再考察一下平话中的转折复句关联标记情况。根据我们调查的结果来看，在平话中使用的转折关联标记主要有下面一些："虽然……但是……""……虽然……""……但是……""冇看……但是……""……但……""虽然……还……""……还……""虽然……也……""……都……""虽然讲……但是……""……虽然讲……""尽管……但是……""……就是……""……不过……""……哪个识……""……可惜……""……反而/头顿（tə³³tɐn³³）……""……偏偏……""……偏……"

我们看看这些关联标记在使用中的一些具体例子：

（637）阿公<u>虽然</u>年过花甲，<u>但是</u>做工凑年轻人一样。（爷爷虽然年过花甲，但是干起活来跟年轻人一样利落。）

（638）那把我印象冇错，<u>虽然讲</u>有聂细蚊气。（她给我的印象不错，虽然还有点孩子气。）

（639）我很想去看电影，<u>但是</u>那冇想去。（我很想去看电影，但是她不想去。）

（640）<u>冇看</u>那年纪细，<u>但是</u>那力气大。（别看他年纪小，劲却大得很。）

(641) 那盯着我看好久,但始终冇认出我来。(她盯着我看了很久,却始终没认出我来。)

(642) 虽然我嗰次考试冇得班上第一,还算幸运得班上前五。(虽然我这次没有考第一,还算幸运还在班上前五。)

(643) 你个细蚊咁大哦,还冇懂事。(你这孩子这么大了,还不懂事!)

(644) 嗰件事你虽然冇讲,我也猜得到。(这件事你虽然不说,我也能猜到。)

(645) 那写几次哦(ɔk²⁴),都冇写得好。(有时他是站着,有时就坐在地上。)

(646) 那虽然讲有聂冇愿意,但是还是去□ɔk²⁴。(他虽说有些不愿意,但是还是去了。)

(647) 那冇快乐,虽然讲那好有钱。(她并不快乐,虽说她很有钱。)

(648) 尽管我费了好大□ɔk²⁴力气,但是那还是冇满意。(尽管我费了很大的力气,但是她还是不满意。)

(649) 那东西好是好,就是有聂贵。(这东西好是好,只是有点贵。)

(650) 嗰个人好面熟,不过/但是我一时想不起是哪个。(这人很面熟,不过我一时想不起来是谁。)

(651) 我队还盟动身,哪个识那队竟然来□ɔk²⁴。(我们还没动身,不料他们竟来了。)

(652) 我有盆菊花,可惜去年冷死了。(我有盆菊花,可惜去年冻死了。)

(653) 老杨住得远,反而/头顿(tə³³tɐn³³)先来了。(老杨住的很远,反倒先来了。)

(654) 你冇□lɵi²² 我,我倒想□lɵi²² 你。(你不找我,我倒想找你。)

上面这些就是广西宾阳平话中转折复句关联标记的一些使用实例,主要的转折关联标记就是上面这些。我们看到,它跟粤语和赣语也一样,单用的关联标记比配套使用的关联标记要多得多,二者的比例大约是 13∶6。

接下来我们再看看湘语中长沙话的转折复句的关联标记使用情况,在长沙话中,经常使用的转折关联标记主要有下面一些:

"虽然……但是……""……但是……""虽然……却……""……

但……""虽然……还……""……还……""虽然……也……""……也……""虽然讲……但是……""尽管……但是……""……就是……""……不过……""……想不到……""……可惜……""……哪晓得……""……倒是……""……偏偏……"

我们看看这些关联标记在使用中的一些具体例子：

（655）爹爹<u>虽然</u>年过花甲，<u>但是</u>干起活来还跟年轻人一样个。（爷爷虽然年过花甲，但是干起活来跟年轻人一样利落。）

（656）这道菜很好看，<u>但是</u>有味。（这道菜很好看，但是不好吃。）

（657）他家<u>虽然</u>人多，家里<u>却</u>十分整洁。（他家虽然人多，家里却十分整洁。）

（658）<u>莫看</u>他年纪小，劲<u>却</u>大得很。（别看他年纪小，劲却大得很。）

（659）我听说了咯件事，<u>但</u>他一点也不晓得。（我听说了这件事，但他一点都不知道。）

（660）<u>虽然</u>开过会了，老王<u>还</u>一肚子个火。（虽然开过会了，老王还有着一肚子火。）

（661）你咯个伢子咯（kŏ³⁵）大了，<u>还</u>不懂事！（你这孩子这么大了，还不懂事！）

（662）咯件事你<u>虽然</u>不讲，我<u>也</u>猜得到。（这件事你虽然不说，我也能猜到。）

（663）他写了几次，<u>也</u>有写好。（他写了几次，也没写好。）

（664）<u>虽然讲</u>她人在屋里，<u>但是</u>她个心早跟哒老公跑嘎哒。（虽说她人在屋里，心早随着丈夫跑了。）

（665）<u>尽管</u>我费了很大个力气，<u>但是</u>她还是不满意。（尽管我费了很大的力气，但是她还是不满意。）

（666）咯隻伢子蛮聪明，<u>就是</u>有点淘气。（这孩子蛮聪明，就是有点淘气。）

（667）咯人好面熟，<u>不过</u>我一时想不起来是哪一个。（这人很面熟，不过我一时想不起来是谁。）

（668）我们还有动身，<u>想不到</u>他们就来嘎哒。（我们还没动身，不料他们竟来了。）

（669）我有盆菊花，<u>可惜</u>去年冻死哒。（我有盆菊花，可惜去年冻死了。）

（670）大家都以为他会反对个，<u>哪晓得</u>他同意了。（大家总以为他会反对的，谁知道他倒同意了。）

（671）老杨住得很远，<u>倒</u>是先过来哒。（老杨住得很远，反倒先来了。）

（672）别个讲的就算哒，<u>偏偏</u>是他讲的。（别人说倒罢了，偏是他说。）

上面这些是长沙话中的转折复句的一些实例，从调查的情况来看，有些关联标记都跟普通话比较接近。长沙话的转折复句关联标记也跟前面几个方言一样，是单用的关联标记要比配套使用的关联标记多很多，二者比例大约为11∶6。

下面我们再看看属于西南官话范畴的武汉方言中转折复句的关联标记使用情况。在武汉话中，使用的转折关联标记主要有以下一些：

"虽然……但是……""虽然……""……虽然……""……但是……""……但……""……可是……""但是……却……""虽然……还……""……还……""虽然……也……""……也……""虽说……但（是）……""尽管……但是……""……就是……""……不过……""……冒想到……""……可惜……""……哪个晓得……""……反倒……""……倒……""……偏偏……"

我们看看这些关联标记在使用中的一些具体例子：

（673）爷爷<u>虽然</u>年过花甲，<u>但是</u>干起活来还是跟小伙子一样地利索。（爷爷虽然年过花甲，但是干起活来跟年轻人还是一样利落。）

（674）他<u>虽然</u>才八岁个年纪，<u>但</u>看起来倒像是有十岁了。（他虽然才八岁的年纪，看起来倒像是十岁了。）

（675）我们这次相聚还是蛮好的，<u>虽然</u>蛮短暂。（这次相聚还是很好的，虽然短暂。）

（676）他活倒蛮舒服，<u>但是</u>冒得追求。（他活得舒服，但是没趣。）

（677）我听说了这件事，<u>但</u>她一点也不晓得。（我听说了这件事，但她一点也不知道。）

（678）你莫看我瘦，<u>可是</u>我劲大得很。（你不要看我瘦，可是我很有劲。）

（679）她想哭，<u>但是</u>脸上却露出了笑容。（她想哭，脸上却显出笑容。）

（680）<u>虽然</u>开过会了，老王<u>还</u>是一肚子的火。（虽然开过会了，老王还是有着一肚子的火。）

（681）爷爷人老了，兴趣<u>还</u>是蛮广。（爷爷人老了，兴趣还是蛮广的。）

（682）<u>虽然</u>你工作蛮忙，<u>也</u>要挤点时间学习。（虽然你工作很忙，也要挤点时间学习。）

（683）她来听课，<u>也冒</u>打招呼。（她来听课，也没打招呼。）

（684）他<u>虽</u>说有点不愿意，<u>但</u>最后还是去了。（他虽说有些不愿意，但是还是去了。）

（685）<u>尽管</u>我费了蛮大的力气，<u>但是</u>她还是不同意。（尽管我费了很大的力气，但是她还是不满意。）

（686）这伢蛮聪明，<u>就是</u>有点调。（这孩子挺聪明，就是有点淘气。）

（687）开水还有一点，<u>不过</u>已经凉了。（开水还有一点，不过已经凉了。）

（688）早上天晴，<u>冒</u>想到中午下起雨来了。（早上天晴，不料中午却下起雨来。）

（689）我有盆菊花，<u>可惜</u>去年冻死了。（我有盆菊花，可惜去年冻死了。）

（690）我本是跟她开玩笑，<u>哪个晓得</u>她真的跟我急了。（我本是跟她开玩笑，谁知道她真的急了。）

（691）老杨住得蛮远，<u>反倒</u>先来了。（老杨住的很远，反倒先来了。）

（692）她不想去，我<u>倒</u>想去。（她不想去，我倒想去。）

（693）她么事都想到了，<u>偏偏冒</u>想到这个！（她什么也想到了，偏偏没有想到这个！）

以上是武汉话中转折复句的一些实例。从调查的情况来看，大部分关联标记都跟普通话比较接近。武汉话的转折复句关联标记也跟前面几种方言一样，是单用的关联标记要比配套使用的关联标记多很多，二者比例大约是7∶3。

我们接下来再看看属于江淮官话区的合肥话中的转折复句的关联标记使用情况。在合肥话中，经常使用到的转折关联标记主要有以下一些：

"虽然……但是……""……虽然……""……但是……""虽然……可是……""虽然……还……""……可是……""……还……""虽

然……也……""……也……""虽然讲……但(是)……""尽管……但是……""……就是……""……不过……""……没想到……""……可惜……""……哪个晓得……""……反倒……""……倒……""……偏偏……"

我们看看这些关联标记在使用中的一些具体例子:

(694)爹爹虽然年过花甲,但是干起活来跟年轻人一样麻利。(爷爷虽然年过花甲,但是干起活来跟年轻人还是一样利落。)

(695)这次相聚还是蛮好的,虽然时间短。(这次相聚还是很好的,虽然短暂。)

(696)这道菜很好看,但是不好吃。(这道菜很好看,但是不好吃。)

(697)他虽然可恶,可是没伤害我们。(他虽然可恶,可是没伤害我们。)

(698)虽然开过会了,老王还是一肚子的火。(虽然开过会了,老王还是有着一肚子的火。)

(699)你别看我瘦,可是我劲大得很。(你不要看我瘦,可是我很有劲。)

(700)你这伢们这大了,还不懂事!(你这孩子这么大了,还不懂事!)

(701)虽然你工作忙,也要挤点时间学习。(虽然你工作很忙,也要挤点时间学习。)

(702)她来听课,也没打招呼。(她来听课,也没打招呼。)

(703)他虽然讲有点不愿意,但最后还是去了。(他虽说有些不愿意,但是还是去了。)

(704)尽管我费了好大的力气,但是她还是不同意。(尽管我费了很大的力气,但是她还是不满意。)

(705)这伢们好聪明,就是有点调。(这孩子挺聪明,就是有点淘气。)

(706)开水还有一点,不过已经凉了。(开水还有一点,不过已经凉了。)

(707)早上天晴,没想到中午下起雨来了。(早上天晴,不料中午却下起雨来。)

(708)我有盆菊花,可惜去年冻死了。(我有盆菊花,可惜去年冻死了。)

(709)我本是跟她开玩笑,哪个晓得她真的跟我急了。(我本是跟她开玩笑,谁知道她真的急了。)

(710)老杨住得蛮远,反倒先来了。(老杨住得很远,反倒先来了。)

（711）她不想去，<u>我倒</u>想去。（她不想去，我倒想去。）

（712）她么事都想到了，<u>偏偏冒</u>想到这个！（她什么也想到了，偏偏没有想到这个！）

以上是合肥话中转折复句的一些实例。从调查的情况来看，大部分关联标记都跟普通话比较接近。合肥话的转折复句关联标记也跟前面几种方言一样，是单用的关联标记要比配套使用的关联标记多很多，二者的比例大约是7：3。

接下来我们再看看吴语中上海话的转折复句的关联标记使用情况，在上海话中，经常使用的转折关联标记主要有下面这么一些：

"虽然……但是……""虽然……""……但是……""……但……""虽然……可是……""虽然……还……""……可是……""……还……""虽然……也……""……也……""虽然讲……但（是）……""尽管……但是……""……就是……""……勿过……""……哪晓得……""……可惜……""……反倒……""……倒……""……偏偏……""……偏……"

我们看看这些关联标记在使用中的一些具体例子：

（713）<u>虽然</u>会上老多人，<u>但是</u>呒没一个人讲话。（虽然会上的人很多，没有一个人讲话。）

（714）伊<u>虽然</u>才八岁，<u>但</u>看起来倒像十岁。（他虽然才八岁年纪，看来倒像十岁。）

（715）㫰隻菜看是好看，<u>但是</u>勿好吃。（这道菜很好看，但是不好吃。）

（716）我去上班可以，<u>但</u>有一个条件。（我去上班可以，但有一个条件。）

（717）老孟<u>虽然</u>年纪大了，<u>可是</u>伊脚长跑得快。（老孟虽然上了年纪，可是腿长跑得快。）

（718）<u>虽然</u>开完会了，老王<u>还是</u>一肚子火。（虽然开过会了，老王还是有着一肚子的火。）

（719）侬勿要看我瘦，<u>可是</u>我力气大。（你不要看我瘦，可是我很有劲。）

（720）侬个小囡个大勒，<u>还</u>勿懂事！（你这孩子这么大了，还不懂事！）

（721）<u>虽然</u>侬工作忙，<u>也</u>要挤点晨光学习。（虽然你工作很忙，也要挤点时间学习。）

（722）伊来听课，也呒没打招呼。（她来听课，也没打招呼。）

（723）伊虽然讲勿愿意去，但是还是去了。（他虽说有些不愿意，但是还是去了。）

（724）尽管我难得讨好伊，但是伊还是勿满意。（尽管我费力讨好她，但是她还是不满意。）

（725）搿小人老聪明，就是有点顽皮。（这孩子挺聪明，就是有点淘气。）

（726）开水还有一点，勿过已经冷了。（开水还有一点，不过已经凉了。）

（727）早朗头天晴，哪晓得中午却下起雨来了。（早上天晴，不料中午却下起雨来。）

（728）我有盆菊花，可惜去年冻死了。（我有盆菊花，可惜去年冻死了。）

（729）我本是跟她开玩笑，哪个晓得她真的跟我急了。（我本是跟她开玩笑，谁知道她真的急了。）

（730）老杨住得远，反倒先来了。（老杨住得很远，反倒先来了。）

（731）伊勿想去，我倒想去。（她不想去，我倒想去。）

（732）伊啥都想到了，偏偏呒没想到搿个！（她什么也想到了，偏偏没有想到这个！）

（733）叫侬勿要吃酒，侬偏勿信。（叫你不要喝酒，你偏不信。）

以上是上海话中转折复句的一些实例。从调查的情况来看，一部分关联标记跟普通话比较接近。上海话的转折复句关联标记也跟前面几个方言一样，也是单用的关联标记要比配套使用的关联标记多很多，二者的比例大约为7:3。

接下来我们再看看闽方言中的转折复句的关联标记使用情况，这里的闽方言材料主要来自我们自己调查的闽南话语料和收集的别人调查的方言材料。在闽语中，经常使用的主要转折关联标记有下面这么一些：

"虽然/虽网……呣佫……""虽然/虽网……佫……""虽然/虽网……抑……""虽然/虽网……也……""……呣佫……""……虽然……""虽然……""虽然……但是……""虽然……可是……""可是……""……抑……""……也……""虽然……也……""虽然讲……但（是）……""尽管……但是……""……就是……""……想呣到……"

我们看看这些关联标记在使用中的一些具体例子：

（734）物件虽网少，呣佫意义大。（东西虽少，不过意义大。）（林宝卿，2007：188）

（735）代志虽然细，意义佫真大。（事情尽管小，意义却很大。）（林宝卿，2007：188）

（736）虽网是立冬，厦门抑赡真寒。（虽然是立冬，厦门还不会很冷。）（林宝卿，2007：188）

（737）洋参真补，呣佫真贵。（洋参很有营养，但是很贵。）（林宝卿，2007：187）

（738）伊虽然则八岁年龄，但看起来就像十岁。（他虽然才八岁年纪，看来倒像十岁。）

（739）即桩事虽然汝呣讲，我也能猜到。（这件事你虽然不说，我也能猜到。）

（740）即个囡仔迹尔大咯，抑呣八想。（你这孩子这么大了，还不懂事！）

（741）伊佫无考好，虽然真出力仔复习咯。（她又没考好，虽然很努力地复习了。）

（742）伊想哭，但是哭呣出来。（他很想哭，但是哭不出来。）

（743）伊虽然可恶，可是无伤害阮。（他虽然可恶，可是没伤害我们。）

（744）即本册我就快读了咯，可是无读会晓。（这本书我就快读完了，可是没读懂。）

（745）今日虽然有日头，但是呣烧烙。（今天虽然有太阳，然而并不暖和。）

（746）尽管我真着力，但是伊抑是呣满意。（尽管我费了很大的力气，但是她还是不满意。）

（747）伊虽然讲呣愿意，但抑是去了。（他虽说有些不愿意，但是还是去了。）

（748）即个囡仔真聪明，就是真坏。（这孩子挺聪明，就是有点淘气。）

（749）阮抑无动身，想呣到伊竟来咯。（我们还没动身，不料他们竟来了。）

以上是闽南话中转折复句的一些实例。从调查的情况来看，闽南话中的转折关联标记有些跟普通话比较接近，有些区别比较大。闽南语的转折复句关联标记也跟前面几个方言一样，是单用的关联标记也要比配套使用的关联标记多，二者的比例大致为4∶3。

接下来我们再看看客家话中的转折复句的关联标记使用情况，这里的客家方言材料主要来自我们自己调查的梅州话语料和收集的别人调查的方言材料。在客家话中，经常使用的转折关联标记主要有下面这么一些：

"虽然……但系……""……但系……""……但……""虽然……可系……""虽然……但……""虽然……还……""……可系……""……还……""虽然……也……""……也……""虽然讲……但（系）……""尽管……但（系）……""……就系……""……不过……""……唔能怖到……""……倒……""……偏偏……"

我们看看这些关联标记在使用中的一些具体例子：

（750）佢<u>虽然</u>冒文化，<u>但是</u>做家务蛮厉害。（虽然他没有文化，但是是干家务的一把好手。）

（751）会上个人安多，<u>但是</u>冒一个人讲话。（会上的人这么多，但是没有一个人讲话。）

（752）催听讲了个件事，<u>但</u>佢一点也唔知。（我听说了这件事，但她一点也不知道。）

（753）他<u>虽然</u>可恶，<u>可是</u>没伤害我们。（他虽然可恶，可是没伤害我们。）

（754）催<u>虽然</u>日日看到佢，<u>但</u>都唔识。（我虽然天天看见他，却至今不认识。）

（755）<u>虽然</u>开过会了，老王<u>还</u>系一肚子火。（虽然开过会了，老王还有着一肚子火。）

（756）你个细人子唵大哩，<u>还</u>唔懂事。（你这孩子这么大了，还不懂事！）

（757）<u>虽然</u>你工作很忙，<u>也</u>爱抽滴子时间出来学习。（虽然你工作很忙，也要挤点时间学习。）

（758）佢来听课，<u>也</u>唔能打招呼。（她来听课，也没打招呼。）

（759）佢<u>虽然</u>话有滴子唔愿意，<u>但系</u>还系去了。（他虽说有些不愿意，但是还是去了。）

（760）<u>尽管</u>催出了唵大的力，<u>但</u>佢还系唔满意。（尽管我费了很大的力气，但是她还是不满意。）

（761）你个人脉个都好，<u>就系</u>脾气太差哩。（你这人什么都好，就是脾气太差了。）

（762）个人好面熟，<u>不过</u>俚一下想唔起系脉个人。（这人很面熟，不过我一时想不起来是谁。）

（763）早晨唉晴，<u>唔能恼到</u>中午却落起雨来。（早上天晴，不料中午却下起雨来。）

（764）佢唔想去，<u>俚倒</u>想去。（她不想去，我倒想去。）

（765）佢脉个都想到了，<u>偏偏冒</u>想到個个！（她什么也想到了，偏偏没有想到这个！）

以上是客家话中转折复句的一些实例。从调查的情况来看，大部分关联标记跟普通话比较接近。客家话的转折复句关联标记也跟前面几种方言一样，是单用的关联标记要比配套使用的关联标记多，二者的比例大致为9∶7。

以上这些是汉语的几大主要方言区中转折复句使用的关联标记的情况，我们主要考察了在每种方言中转折复句的关联标记具体有哪些。接下来我们看看那些关联标记在使用上有什么模式和特点。

4.5.2 方言中转折复句的关联标记模式

4.5.2.1 居端依赖式

我们前面论述过居端依赖式的定义。居端依赖式有两种情况，一种是$S(Ms_1, s_2)$式，另一种是$S(s_1, s_2M)$式。

从我们调查的情况来看，在各个方言的转折复句中，都没有发现单独用一个关联标记且关联标记在前一分句句首或者后一分句句末的情况，换句话说，在各个方言的转折复句中都没发现使用居端依赖式这种标记模式的情况。

虽然在调查中我们没有发现有这种标记模式在各方言的转折复句中的应用实例，但是我们不能说这种用法就一定不存在，因为"说有易，说无难"。汉语普通话中就有这种关联标记模式，而方言会受到普通话的影响。在方言跟普通话的接触过程中，普通话属于强势的一方，它可以把自身的某些特点施加到方言之上。但即便如此,这种特例应该也是极少的,对汉语方言中的转折复句关联标记模式中之居端依赖式的整体使用情况总结影响不大,所以我们仍然可以谨慎地得出一个基本结论。

在汉语方言的转折复句中,通常情况下不采用居端依赖式的关联标记模式。

这说明居端依赖式不适于口语性极强的汉语方言会受到前后配套式等别的标记模式的竞争和压制。从内部原因来看,首先居端依赖式不符合"省力"原则。

其次从转折复句本身看,因为前后两个分句之间是转折的关系,这种转折关系注定了一般情况下语句必须使用关联标记,而关联标记的位置至少要有一个在前后分句的中间才能更有效地表示出前后之间的那种转折的语义关系。我们在3.5.2.4中分析普通话的转折复句关联标记模式的时候打过一个公路转弯指示牌的比方,这个比喻很形象地说明了为什么在转折复句中居端依赖式不受待见。方言和普通话在这一点上是相通的。

正是内外部的双重作用,导致在汉语方言的转折复句中,居端依赖式这种标记模式基本不被采用。

4.5.2.2 居中粘接式

上面我们分析了汉语方言中转折复句中的居端依赖式关联标记模式,接下来我们再看看居中粘接式的情况。

在这些关联标记采用使用居中粘接式的转折复句实例中,我们发现了以下一些特点。

第一,我们在前面已经多次提到,居中粘接式也有两种情况:一种是 $S(s_1M, s_2)$ 式,另一种是 $S(s_1, Ms_2)$ 式。从我们调查的情况来看,在转折复句中我们调查的所有方言都只有 $S(s_1, Ms_2)$ 形式的居中粘接式。

第二,从我们调查的结果来看,虽然各个方言中具体用到的关联标记可能不一样,数量上也有所差异,但是我们发现一个有趣的现象,在前面我们讨论的四种复句类型中,几乎所有被调查的方言都是配套使用的关联标记比单用的关联标记多,也就是前后配套式的关联标记模式的使用频率比居中粘接式高。但是在转折复句中,情况则有所不同,我们所调查的各个方言的转折复句,都是单用的关联标记远远多于配套使用的关联标记,因为方言中的转折复句也没有居端依赖式的用法，所以实际也就是居中粘接式的使用频率远远高于前后配套式。这是汉语各方言转折复句关联标记模式的一个显著特点。

第三，各方言中转折复句的单用关联标记数量比较多，而且说法差异比较大，有的标记这个方言中有那个方言中没有。这导致我们不好对这些关联标记的居中程度进行考察，所以在转折复句中，我们打算放弃这个问题，以后有机会再详细考察。因为这些转折关联标记不好归类，如果只分成"虽然"类和"但是"类，那考察的意义就不大了。

第四，各方言中转折复句的关联标记相对前面我们讨论的几类复句来说，是与普通话最接近的一类，很多关联标记的说法都跟普通话完全一样。

第五，从我们调查的情况来看，居中粘接式的关联标记模式在各个方言的转折复句中都是占据优势的，在使用实例数量上比前后配套式的多了不少，这与普通话是一致的，与前面已经分析过的其他几类复句的关联标记模式在方言中的使用情况不一样。虽然一部分在普通话中适用于居中粘接式的关联标记到了方言中还是需要采用前后配套式，但仅限于"虽然"类，相对而言，"但是"类的转折关联标记往往直接用，不再加上别的标记配套起来使用。这也是转折复句中各方言的居中粘接式多于居端依赖式的原因之一，因为需要跟别的标记组成配套式的"虽然"类标记很少，就只有"虽然"和"尽管"那么几个，而"但是"类的标记则非常多，有十几个。

居中粘接式从理论上来说也是一种最适合用来表示转折关系的标记模式，因为我们在前面提到过，这种标记模式的理解难度系数是最小的，大脑处理效率最高，最适合用来交际的模式，而且也符合"联系项居中"原则。也正因如此，在方言的转折复句中，居中粘接式处于优势地位，可以说是一种最自然的结果。这同时也说明在这种复句中，关联标记模式受到其他因素的干扰最小。

4.5.2.3 前后配套式

前面我们讨论了汉语方言中转折复句的居端依赖式和居中粘接式两种关联标记模式的情况，下面我们来分析一下方言中转折复句的前后配套式这种关联标记模式的情况。

通过我们的调查发现，在汉语方言的转折复句中，其前后配套式的使用情况跟普通话中的相应标记模式的使用情况有共性也有差异。

共性的方面是，首先，前后配套式的含义和逻辑形式在方言和普通话中是一样的。前后配套式有四种不同的可能表现形式：① S（M_1s_1，M_2s_2），② S（s_1M_1，s_2M_2），③ S（M_1s_1，s_2M_2），④ S（s_1M_1，M_2s_2）。

其次，从我们考察的结果来看，各个方言的转折复句的前后配套式关联标记模式都只有第一种逻辑形式，即 S（M_1s_1，M_2s_2）式的前后配套式。

在各方言的转折复句中，前后分句之间因为具有转折的关系，所以分句之间的语序比较重要，一般不能颠倒前后分句之间的语序，否则句法上就不合法了，如果的确需要变换前后分句之间的语序，则往往需要对关联标记模式做出调整，如采用前后配套式用法的关联标记在前后分句语序发生变换时，其关联标记模式也往往会发生改变，变成居中粘接式。

在第三章中我们讨论了普通话中转折复句的关联标记和主语的相对位置，我们这里再来看看在各方言中转折复句的关联标记和主语的相对位置情况。我们考察的结果如下。

第一，一般情况下，如果前后两个分句的主语相同的话，z 额主语一般在前一分句，而且第一个关联标记位于主语之后，第二个关联标记位于后一分句的句首，这一点跟其他类别的复句是一样的。

偶尔也会出现第一个关联标记位于主语之前，第二个关联标记位于后一分句的句首的情况，但是这样的情况不多，如例（701）和例（704）。

第二，在方言中，如果前后分句主语相同且主语只出现一次的话，主语一般不会放在后一分句，但也不是完全不可以，只是需要比较强的上下文语境提示。例如：

（766）<u>虽然</u>冇读过大学，<u>但是</u>佢看过的书唔比大学生少。（他虽然没有读过大学，但是看过的书不比大学生少。）（江西万安方言）

第三，前后两个分句的主语也可以不相同，此时前后分句的关联标记可以都位于各自的主语前，如例（746）和例（760）。当然，也有前后关联标记位于各自所在分句主语后面，如例（735）和例（739）。至于关联标记到底是在主语前还是主语后，则根据上下文语境来决定。

总体来看，在汉语方言的转折复句中，前后分句之间以主语相同的情况居多，而此时前后配套式中的第一个关联标记一般位于主语之后，这个现象在方言中比在普通话中更普遍，在普通话中可以把关联标记放在主语前面的一些情况，到了方言中就需要变成把关联标记放到主语之后。

4.5.2.4 小结

从我们以上的分析来看，对于汉语方言中的转折复句的关联标记模式情况，可以得到以下一些认识。

第一，在汉语方言的转折复句中，居端依赖式这种关联标记模式最弱势的，各方言一般情况下都不采用这种标记模式。

第二，在汉语方言的转折复句中，居中粘接式各方言都有使用，而且使用的频率高，有此模式的关联标记也很多，它是最强势的一种标记模式。这与普通话是一致的，但跟方言中的其他几类复句的情况有比较大的区别。

第三，在汉语方言的转折复句中，前后配套式的关联标记模式的使用频率不如居中粘接式高。

第四，汉语方言转折复句中的前后分句之间的语序比较重要，一般不可变换，语序变化会直接影响关联标记模式。

第五，主语的异同对句中的关联标记的位置还是有一定影响，前后主语相同的时候，关联标记虽然多出现在主语之后，偶尔也可以出现在主语之前，而主语不同的话，关联标记则大多出现在主语之前。

第六，我们在讨论普通话中的转折复句的时候，对这三种关联标记模式总结出了一个等级序列。我们根据使用关联标记的数量和频率对汉语方言中转折复句关联标记模式的考察也可以得出一个相应的序列，那就是：

居中粘接式 > 前后配套式 > 居端依赖式

这个序列的意思就是说，在汉语方言中，转折复句的关联标记模式最强势的是居中粘接式，最弱势的是居端依赖式，而前后配套式介于两者之间。这个序列跟方言中的其他几个复句类别的序列不一致，但跟普通话的序列是一样的。

造成这个序列格局的原因有多方面的。我们在前面论述过这三种模式的理解难度系数，其中居端依赖式的难度系数是最大的，其次是前后配套式，难度系数最小的是居中粘接式。这个序列跟难度系数序列是完全一致的。而这里保持了这种理论上的序列，说明在汉语方言的转折复句中，关联标记模式受到其他因素的影响更小。

4.6 汉语方言中条件复句的关联标记模式

4.6.1 方言中条件复句使用的主要关联标记

对条件复句的定义，方言和普通话也是一样的，简单来说就是"条件性因果推断句的简称"（邢福义，2001：41），实际上也就是前后分句之间具有"条件—结果"语义关系的复句。要表示这种关系，一般需要借助关联标记来实现，例如：

（767）你<u>只有</u>考第一名，<u>才</u>有可能被录取。（江西万安方言）

（768）<u>唔管</u>佢肯唔肯，偃<u>都</u>爱拿走。（不管他肯不肯，我都要拿走。）（客家方言）（何耿庸，1993：94）

上面的两个例子是都有关联标记的条件复句，关联标记很清晰地把前后分句之间的语义关系标示出来了，如果去掉这两个例子中的关联标记，则表达不出这种"条件—结果"的语义关系。

当然，在方言中也不是完全说没有条件关联标记就一定无法表示前后分句之间的条件语义关系。在现实的方言使用场景中，借助交际语境的强提示性，人们还是可以在不使用关联标记的情况下表示分句之间的条件关系的，只是这种用法也比较受语境限制。例如：

（769）你不来，我不去。

如果我们静态地看这句话，可能会把它理解成一个并列句。但如果我们把这句话放在某种具体的交际语境中，它就可以表示一种条件关系。比如一对情侣在商量着明天去哪里玩，女生要求那男生第二天来接她，男生则希望女生直接到某个地点会合，然后女生不同意，就对男生说"你不来，我不去"。这样一来，这句话表达的就是一个条件关系了，其意思是"如果男生不来接她，她就不跟他一起去玩了"。

所以说，没有关联标记也不是不可以表示条件关系，只是需要很强的语境作为前提，如果没有那么强的语境，就得加上关联标记来弥补。所以我们下面就来看看在方言中条件复句一般会用到哪些关联标记。虽然是同一类复句，但是在不同的方言中，其使用的关联标记可能有一些是相同的，当然也有不同的。我们主要结合汉语的七大方言区来看条件标记的使用情况。

我们先来看看赣方言中条件复句的关联标记使用情况。在赣方言我们主要调查了南昌话和江西万安话。在赣方言中，主要使用的条件复句关联标记有如下一些。

表示假设条件的主要有："要是／如果"（年纪大的人一般都用"要是"，不用"如果"；年轻人里有用"如果"的，一般两个通用，下同）、"个话"、"就算"、"万一"、"就算／就是／即使……也……"（一般都用"就算"，偶尔也有人用"就是"，"即使"是受普通话影响的产物）、"要是／如果……就……"、"万一……都／就……"、"要是／如果……个话……"。

表示特定条件的主要有："只有……才……""只要……就／都……""除非……才……""一旦……就……""一……就……""……除非……"。

表示无条件的主要有："不管……都……""……不管……"。

我们看看这些关联标记使用的例子：

（770）<u>只要</u>你话实话，我<u>就</u>可以放过你。（只要你说实话，我就饶你。）

（771）<u>只要</u>你细心滴子，箇些错误<u>都</u>是可以避免个。（只要你细心点，这些错误是可以避免的。）

（772）箇個事<u>一旦</u>定下来，<u>就</u>立马给我回个信。（事情一旦决定下来，就立即给我一个信。）

（773）<u>只有</u>講个人，<u>才</u>能让人家尊重你。（只有这样的人，才使人尊敬！）

（774）<u>除非</u>你答应我个条件，我<u>才</u>告诉你。（除非你答应我的条件，我才告诉你。）

（775）八点钟一定准时到，<u>除非</u>临时有什哩事。（八点一定准时到，除非临时有事情）

（776）渠<u>不管</u>做什哩事，<u>都</u>是以钱为目的个。（他无论干什么事，都是以钱为目标的。）

(777) 渠不会答应你个，不管你啷样劝渠。(他不会答应你，不论你怎么劝他。)

(778) 一有时间，渠就认真学习。(一有时间，她就认真学习。)

(779) 你要是/如果相信我，就话实话。(你如果相信我，就说实话。)

(780) 要是/如果你现在有事个话，我明日再来。(如果你现在有事情的话，我明天再来。)

(781) 渠今日该到了，要是/如果昨日动身个话。(他今天该到了，如果昨天动身的话。)

(782) 要是/如果你敢骗我，我会揍你个。(如果你敢骗我，我会打你的。)

(783) 渠去个话，我提前告诉你。(他去的话，我提前告诉你。)

(784) 万一佢拿敌人捉到了，佢受得了不？(万一他要被敌人捉住了，他受得住吗？)

(785) 万一出了什哩事，后悔都来不及了。(万一出了事，后悔就来不及了。)

(786) 就算你个成绩蛮好蛮好，也不能骄傲自满。(即使你的成绩很好很好，也不能骄傲自满。)

(787) 就算话过，不可以改吗？(就算说过，不能改吗？)

上面这些是赣方言中的条件复句经常使用的一些关联标记的例子。在赣方言中，条件复句的关联标记还比较多，当然跟普通话比起来在数量上还是差很远。普通话里面很多不同的关联标记在赣方言中都是用同一个关联标记来表达的，比如赣方言种的"就算"可以代替很多普通话中的同类标记。这些条件关联标记的使用实例，有一种偏好使用配套标记的倾向。笔者的母语是赣方言中的万安话，就个人语感而言，配套的关联标记使用起来更自然，而且使用的频率更高。并且，有的单用的关联标记完全可以与其他标记组合构成配套形式，但是配套的关联标记则很难单独使用。

接下来我们再看看粤语中的条件复句使用的关联标记主要有哪些。根据我们的调查，粤语中的条件关联标记主要有下面一些。

表示假设条件的主要有："如果""个话""就算""万一""就算……都……""如果……就……""万一……就……""如果……个话……""如

果……咁……"。

表示特定条件的主要有："只有……先至……""只要……就/都……""除非……先……""一旦……就……""一……就……""……除非……""(……)只要……"。

表示无条件的主要有："无论……都……""……无论……"。

我们看看这些关联标记使用的例子：

（788）<u>只要</u>你讲实话，我<u>就</u>放过你。（只要你说实话，我就饶你。）

（789）<u>只要</u>学住去写，边个<u>都</u>可以写。（只要学着写，谁都可以写。）

（790）<u>只要</u>你中意，我日日着！（只要你喜欢，我天天穿！）

（791）佢会同意嘅，<u>只要</u>你讲件事讲清楚。（他会同意的，只要你把事情说清楚。）

（792）<u>除非</u>你答应我嘅条件，我<u>先</u>话你知。（除非你答应我的条件，我才告诉你。）

（793）佢唔会听嘅，<u>除非</u>你亲自去揾佢。（他不会听的，除非你亲自去找他。）

（794）佢<u>无论</u>做咩事，<u>都</u>系以钱为目标嘅。（他无论干什么事，都是以钱为目标的。）

（795）佢一直好准时，<u>无论</u>天气点变化。（他一直很准时，不管天气怎么样变化。）

（796）<u>一</u>有时间，佢<u>就</u>认真学习。（一有时间，她就认真学习。）

（797）你<u>如果</u>信我，<u>就</u>讲老实话。（你如果相信我，就说实话。）

（798）我听日再嚟，<u>如果</u>你而家有事<u>嘅话</u>。（我明天再来，如果你现在有事情的话。）

（799）<u>如果</u>仲需要你帮忙<u>嘅话</u>，我会随时话你知。（如果还需要你帮忙的话，我会随时告诉你的。）

（800）<u>如果</u>系扮出嚟嘅，<u>咁</u>佢嘅目的系乜野呢？（如果是装出来的，那么他的目的是干什么？）

（801）佢去<u>嘅话</u>，我提前话你知。（他去的话，我提前告诉你。）

（802）<u>万一</u>佢俾敌人捉住咗，佢挨得住咩？（万一他要被敌人捉住了，他受得住吗？）

（803）<u>万一</u>出咗事，后悔都嚟唔扯啦。（万一出了事，后悔就来不及了。）

（804）<u>就算</u>你嘅成绩好好好好，<u>都</u>唔可以骄傲自满。（即使你的成绩很好很好，也不能骄傲自满。）

（805）<u>就算</u>讲过，唔可以改咩？（就算说过，不能改吗？）

（806）件事<u>一旦</u>决定落嚟，<u>就</u>即刻话我知。（事情一旦决定下来，就立即给我一个信。）

（807）<u>只有</u>咁样嘅人，<u>先至</u>得人尊敬！（只有这样的人，才使人尊敬！）

（808）<u>如果</u>我唔係度啦，你点算？（如果我不在了，你怎么办？）

上面这些就是粤语中条件复句的一些例子，我们把条件复句的关联标记分成了表示假设条件的、表示特定条件的和表示无条件的三类来进行考察。在考察中我们发现，每一类都以一个关联标记为核心，这个核心关联标记基本上可以代替普通话中这一类的其他标记。粤语跟赣方言有相同的关联标记也有不同的，两者的共同点在于，配套的关联标记比单用的关联标记更多。

接下来我们再考察一下话中的条件关联标记使用情况。根据我们调查的结果来看，在平话中，使用的条件关联标记主要有下面一些。

表示假设条件的主要有："要是/如果""个话""就算""万一""就算/就是/即使……也……""如果……就……""着使……就……""万一……就……""如果……个话……""着使……个话……"。

表示特定条件的主要有："只有……□a^{33}……""只要……就/都……""除非……□a^{33}……""一旦……就……""一……就……""……除非……"。

表示无条件的主要有："冇管……都……""……不管……"。

我们看看这些关联标记使用的例子：

（809）<u>只要</u>落功夫，你<u>就</u>能学识得。（只要下功夫，你就能学会的。）

（810）那会同意□$ɔk^{24}$，<u>只要</u>你把事情讲清楚。（他会同意的，只要你把事情说清楚。）

（811）事情<u>一旦</u>决定落来，<u>就</u>马上把我消息。（事情一旦决定下来，就立即给我一个信。）

（812）只有闹大□ɔk²⁴，□a³³能真正保住自己。（只有闹大了，才能真正保住自己！）

（813）除非你答应我□ɔk²⁴条件，我□a³³□len⁴¹你听。（除非你答应我的条件，我才告诉你。）

（814）那冇会听□ɔk²⁴，除非你亲自去□løi²²那。（八点一定准时到，除非临时有事情）

（815）冇管侬同样细心，都冇能使老爸满意。（无论儿子多么小心，都不能让老爸满意。）

（816）那冇会答应你，冇管你同样劝那。（他不会答应你，不论你怎么劝他。）

（817）一有时间，那就认真学习。（一有时间，她就认真学习。）

（818）如果你信得过我，就讲实话。（你如果相信我，就说实话。）

（819）如果我冇在，你同样办？（如果我不在了，你怎么办？）

（820）我来朝日再来喂，如果你有事个话。（我明天再来，如果你现在有事情。）

（821）着使你嫌弃我，就直讲。（你要是烦我了，就直说。）

（822）着使你中意个话，就摁（Øn²⁴）去。（你要是欢喜的话，就拿去吧。）

（823）那去个话，我提前讲把你听。（他去的话，我提前告诉你。）

（824）万一做冇成，退都退冇落归。（万一搞不成，退也退不下来！）

（825）万一出事，后悔就来不及。（万一出了事，后悔就来不及了。）

（826）就算那有手机，也冇会讲那有。（即便/使他是有手机的，也绝不会说他有。）

（827）就算讲过，冇能改哦？（就算说过，不能改吗？）

上面这些就是广西宾阳平话中条件复句关联标记的一些使用实例，主要的条件关联标记就是上面这么一些。就表示假设条件、表示特定条件和表示无条件这三类条件关联标记而言，在平话中也是每一类都以一个关联标记为核心，这个核心关联标记基本上可以代替普通话中这一类的其他标记，比如"就算"，普通话里各种表示类似意思的标记在平话中都用"就算"来表示。平话跟粤语和赣方言有相同的关联标记也有不同的，共同点子在于都是配套的关联标记比单用的关联标记更多。

接下来我们再看看湘语中长沙话的条件复句的关联标记使用情况，在长沙话中，经常使用的条件关联标记主要有下面一些。

表示假设条件的主要有："要是""如果""个话""就算""万一""就算……也……""如果……就……""万一……就/都……""如果……个话……""要是……就……""要是……个话……"。

表示特定条件的主要有："只有……才……""只要……就/都……""除非……才……""一旦……就……""一……就……""……除非……""只要……"。

表示无条件的主要有："不管（一般用"不管"比较多，但也可以用"无论"，下同）……都……""……不管/无论……"。

我们看看这些关联标记使用的例子：

（828）<u>只要</u>你讲实话，我<u>就</u>饶哒你。（只要你说实话，我就饶你。）

（829）<u>只要</u>你过细点，咯些错误是可以避免的。（只要你细心点，这些错误是可以避免的。）

（830）<u>一旦</u>撕破脸皮，<u>就</u>有得回旋余地哒（一旦撕破脸皮，就没有回旋余地了。）

（831）<u>只有</u>咯样个人，<u>才</u>能使人尊敬。（只有这样的人，才使人尊敬！）

（832）<u>除非</u>你答应我个条件，我<u>才</u>会告诉你。（除非你答应我的条件，我才告诉你。）

（833）八点钟一定准时到，<u>除非</u>临时有事。（八点一定准时到，除非临时有事情）

（834）他<u>不管</u>搞么子事，咸是为了钱。（他无论干什么事，都是以钱为目标的。）

（835）他不会答应你个，<u>不管</u>你何是劝他。（他不会答应你，不论你怎么劝他。）

（836）<u>一</u>有时间，她<u>就</u>认真学习。（一有时间，她就认真学习。）

（837）你<u>如果</u>相信我，<u>就</u>讲实话。（你如果相信我，就说实话。）

（838）<u>如果</u>你现在有事情，我明天再来。（我明天再来，如果你现在有事情。）

（839）渠今日该到了，<u>如果</u>昨日动身<u>個话</u>。（他今天该到了，如果昨天动身的话。）

（840）<u>如果</u>还需要你帮忙<u>個话</u>，我会随时告诉你個。（如果还需要你帮忙的话，我会随时告诉你的。）

（841）他去<u>個话</u>，我会提前告诉你。（他去的话，我提前告诉你。）

（842）<u>万一</u>他要被敌人捉住了，他受得了不咯？（万一他要被敌人捉住了，他受得住吗？）

（843）<u>万一</u>说错了话，小命<u>都</u>保不住哒。（万一说错了话，小命就保不住了。）

（844）<u>就算</u>你个成绩蛮好哒，<u>也</u>不要咯样骄傲。（即使你的成绩很好很好，也不能骄傲自满。）

（845）<u>就算</u>你吃得消，那个刮瘦的伢子做得不咯？（即便你吃得消，那个瘦弱的小伙子能挺得住？）

（846）<u>只要</u>你不打瞌睡，我们谈到半夜<u>都</u>行！（只要不打瞌睡，我们谈到半夜都行！）

（847）<u>要是</u>你不出来，她说什么也不会结婚。（假如你不出来，她说什么也不会结婚。）

（848）你<u>要是</u>不肯，<u>就算</u>哒咯。（你要是不愿意，那就算了。）

（849）你<u>要是</u>喜欢<u>的话</u>，就拿去咯。（你要是欢喜的话，就拿去吧。）

上面这些是长沙话中的条件复句的一些实例，同样，我们在考察中发现，长沙话也跟其他方言一样，三类条件关联标记中每一类都以一个或者两个关联标记为核心，这一个或两个核心关联标记基本上可以代替普通话中这一类的其他标记，比如"就算"和"不管"，普通话里表示类似意思的标记在长沙话中都用"就算"和"不管"来表示。此外，长沙话跟粤语和赣方言一样是配套的关联标记比单用的关联标记更多。

下面我们再看看属于西南官话范畴的武汉方言中条件复句的关联标记使用情况。在武汉话中，使用的条件关联标记主要有以下一些：

表示假设条件的主要有："要是/如果""个话""就算/即使""万一""就算/即使……也……""要是/如果……就……""万一……就……""要是/如果……个话……"。

表示特定条件的主要有："只有……才……""只要……就/都……""除非……才……""一旦……就……""一……就……""……除非……""只要……"。

表示无条件的主要有："不管……都……""……不管……"。

我们看看这些关联标记使用的例子：

（850）<u>只要</u>你愿意，<u>就</u>可以去。（只要你愿意，就可以去。）

（851）<u>只要</u>我们能办的，你尽管说。（只要我们能办的，你尽说好啦。）

（852）<u>一旦</u>你信以为真，那你<u>就</u>死定了！（一旦你信以为真，那你就死定了！）

（853）<u>只有</u>苦撑着，<u>才</u>可能等倒改变的机会！（只有苦撑，才能等倒变！）

（854）<u>除非</u>你去，他<u>才</u>去。（除非你去，他才去。）

（855）他不会听你的，<u>除非</u>你亲自去找他。（他不会听你的，除非你亲自去找他。）

（856）<u>不管</u>发生么事情，你<u>都</u>要顶住。（无论发生什么情况，你要顶住。）

（857）他不会答应你，<u>不管</u>你么样劝他。（他不会答应你，不论你怎么劝他。）

（858）<u>一</u>有时间，她<u>就</u>认真学习。（一有时间，她就认真学习。）

（859）你<u>如果</u>相信我，<u>就</u>话实话。（你如果相信我，就说实话。）

（860）我明天再来，<u>如果</u>你现在有事情<u>的话</u>。（我明天再来，如果你现在有事情的话。）

（861）<u>如果</u>还需要你帮忙<u>的话</u>，我会随时告诉你的。（如果还需要你帮忙的话，我会随时告诉你的。）

（862）<u>要是</u>我跟你结了婚，<u>就</u>可以把姆妈接过来住。（要是我和你结了婚，便将母亲接过来住。）

（863）你<u>要是</u>欢喜<u>的话</u>，<u>就</u>拿去吧。（你要是欢喜的话，就拿去吧。）

（864）要<u>的话</u>，<u>就</u>自己去拿。（要的话，就自己去拿。）

（865）万一搞不成，退也退不下来！（万一搞不成，退也退不下来！）

（866）万一说错了话，命就保不住了。（万一说错了话，小命就保不住了。）

（867）就算工作人员来了，也从冒过过夜。（工作人员即便来了，从未过过夜。）

（868）就算说过，不可以改吗？（就算说过，不能改吗？）

（869）他会同意的，只要你把事情说清楚。（他会同意的，只要你把事情说清楚。）

（870）即使跟他一起吃饭，我也觉得蛮孤独。（即使和他们在一起，我也觉得孤单。）

（871）我不想去，即使是那伢蛮想去。（我不想去，即使孩子很想去。）

以上是武汉话中条件复句的一些实例。其中的条件关联标记有很大一部分跟普通话差不多，但也有不一样的。武汉话属于西南官话跟普通话的相同度比较高也比较合理。就三类条件关联标记而言，我们在考察中发现，武汉话中跟其他方言一样，每一类都以一个或者两个关联标记为核心，这一个或两个核心关联标记基本上可以代替普通话中这一类的其他标记，比如"就算"和"不管"，普通话里表示类似意思的标记在武汉话中都用"就算"和"不管"来表示。此外，武汉话也一样是配套的关联标记比单用的关联标记更多。

官话区中，除了武汉话之外，我们接下来再看看属于江淮官话区的合肥话中条件复句的关联标记使用情况。在合肥话中，经常使用到的条件关联标记主要有以下一些。

表示假设条件的主要有："要是""个话""就算""万一""就算……也……""要是……就……""万一……就……""要是……个话……"。

表示特定条件复的主要有："只有……才……""只要……就/都……""一……就……"。

表示无条件的主要有："不管……都……""……不管……"。

我们看看这些关联标记使用的例子：

（872）只要你愿意，你就可以去。（只要你愿意，就可以去。）

（873）只要你中，我天天穿。（只要你喜欢，我天天穿！）

（874）事情<u>要是</u>定下来了，你<u>就</u>跟我讲下子。（事情一旦决定下来，就立即给我一个信。）

（875）<u>只有</u>社会主义社会，我们<u>才</u>有幸福生活。（只有社会主义社会，大家才有幸福生活。）

（876）<u>不管</u>发生哄个事情，<u>都</u>不会有人的。（无论发生什么事，都不会有人的。）

（877）<u>不管</u>你干了件多么见不得人的事情，别人迟早（<u>都</u>）会晓得的。（无论你干了件多么秘密的事，别人迟早会知道的。）

（878）他不会答应你的，<u>不管</u>你怎样劝他。（他不会答应你，无论你怎么劝他。）

（879）<u>一</u>有时间，他<u>就</u>认真学习。（一有时间，他就认真学习。）

（880）你<u>要是</u>相信我，<u>就</u>话实话。（你如果相信我，就说实话。）

（881）你<u>要是</u>现在有事<u>个话</u>，我明日再来。（如果你现在有事情的话，我明天再来。）

（882）<u>要是</u>我不在了，你怎搞？

（883）<u>要是</u>还需要你帮忙<u>的话</u>，我会随时跟你讲。（他今天该到了，如果昨天动身的话。）

（884）<u>要是</u>／如果你敢骗我，我会揍你个。（如果你敢骗我，我会打你的。）

（885）他去<u>个话</u>，我提前跟你讲。（他去的话，我提前告诉你。）

（886）<u>万一</u>搞不成，退也退不下来！（万一搞不成，退也退不下来！）

（887）<u>万一</u>出事了，后悔<u>就</u>来不及了。（万一出了事，后悔就来不及了。）

（888）<u>就算</u>你个成绩很好，<u>也</u>不能骄傲自满。（即使你的成绩很好，也不能骄傲自满。）

（889）<u>就算</u>话过，不可以改吗？（就算说过，不能改吗？）

（890）我一定要去看一下这个难得的演唱会，<u>就算</u>只能看半个小时。（我一定要去看一下这个难得的演唱会，即使只能看半个小时。）

以上是合肥话中条件复句的一些实例。其中的条件关联标记跟普通话的相似度非常高，只偶有不一样的。同样，合肥话也跟其他方言一样，三类条件关联标记的每一类都以一个或者两个关联标记为核心，这一个或两个核心关联标记基本上可以代替普通话中这一类的其他标记,"就算"和"不管"在合肥话中的概括程度仍然非常高,普通话里表示类似意思的标记在合肥话中也都用"就算"和"不管"来表示。此外,合肥话也一样是配套的关联标记比单用的关联标记更多。

接下来我们再看看吴语中上海话的条件复句的关联标记使用情况,在上海话中,经常使用的条件关联标记主要有下面这么一些。

表示假设条件的主要有:"假使/如果"(一般用"假使"比较多,"如果"一般文化较高的人使用较多)"辫话""就算""要是""万一""就算/就是/即使……也……""假使/如果……就……""万一……就……""假使/如果……个话……""要是……就/那么……""就是""哪怕"。

表示特定条件复的主要有:"只有……才……""只要……就/都……""除非……才……""一……就……""……除非……"。

表示无条件的主要有:"不管……都……""……不管……"。

我们看看这些关联标记使用的例子:

(891)<u>只要</u>侬愿意,<u>就</u>可以去。(只要你愿意,就可以去。)

(892)<u>只要</u>学着写,啥人都可以写得好。(只要学着写,谁都可以写。)

(893)<u>只有</u>辫能个人,<u>才</u>使人尊敬。(只有这样的人,才使人尊敬!)

(894)侬<u>只有</u>答应我个条件,我<u>才</u>告诉侬。(除非你答应我的条件,我才告诉你。)

(895)<u>不管</u>侬哪能劝伊,伊<u>都</u>勿会答应侬辫。(他不会答应你,无论你怎么劝他。)

(896)<u>不管</u>日里夜里,伊就知道做生活。(不论黑天白日,他就知道干活。)

(897)<u>不管</u>有啥子好吃个物事,伊总归要留一点拨伊。(不论有了什么好吃的,她总是悄悄地留些给它。)

(898)<u>一</u>有辰光,伊<u>就</u>真人学习。(一有时间,她就认真学习。)

(899)侬<u>如果</u>相信我,<u>就</u>讲实话。(你如果相信我,就说实话。)

(900)<u>如果</u>侬现在有事,我明日再来。(如果你现在有事情的话,我明天再来。)

(901)<u>假使</u>我需要侬帮忙辫话,我会随时告诉侬辫。(如果还需要你帮忙的话，我会随时告诉你的。）

（902）<u>要是</u>我下定了辣個决心，<u>格么</u>我就一定会做好的（假如我下定了这个决心，那么我就一定会做好的。）

（903）伊<u>要是</u>去辣话，我提前告诉你。（他去的话，我提前告诉你。）

（904）<u>万一</u>出了事，后悔<u>就</u>来勿及了。（万一出了事，后悔就来不及了。）

（905）<u>即使</u>三日三夜勿困觉，伊<u>也</u>勿叫苦。（即使三天三夜不睡觉，她也不叫一声苦。）

（906）<u>就算</u>你个成绩蛮好蛮好，<u>也</u>不能骄傲自满。（即使你的成绩很好很好，也不能骄傲自满。）

（907）<u>就算</u>讲过，不可以改吗？（就算说过，不能改吗？）

（908）<u>要是</u>侬勿放心，明日<u>还</u>可以搭我谈。（要是你不放心，明天还可以跟我谈。）

以上是上海话中条件复句的一些实例。就三类条件关联标记而言，我们在考察中发现，相对于前面几种方言来说，上海话中的条件关联标记不像别的方言那样存在一个高度概括性的核心关联标记，也就是在上海话中，还是有很多关联标记来承担语义上的功能差异，而不像在合肥话中用"就算"和"不管"就代替了普通话中的一系列关联标记。所以上海话中的条件关联标记在形式上要更加丰富。此外，上海话也一样是配套的关联标记比单用的关联标记更多。

接下来我们再看看闽方言中的条件复句的关联标记使用情况。在闽语中，经常使用的条件关联标记主要有下面这么一些。

表示假设条件的主要有："万一……也……""若是……多……""就是……也……""就是……也……""诚实……也……""就算/就是……也……""假使……的话……""要是……就……""若（是）……就……""假使""的话""就算""要是""万一""就是""哪惊"。

表示特定条件的主要有："只有……多……""只要……就/都……""除非……才……""一……就……""除非……则……""只有……则……（只有……才……）"。

表示无条件的主要有："无论……拢……""无论……也……""唔

管……拢着……""呣管……拢着……""出在……也……""……呣管……"。

我们看看这些关联标记使用的例子：

（909）<u>只要</u>买有火车票，<u>多</u>会用的（只要买到火车票就可以了。）（林宝卿，2007：162）

（910）<u>无论</u>坐什么车去旅游，我<u>拢赡</u>要紧。（无论乘什么车去旅游，我都不要紧。）

（911）<u>无论</u>底时遘厝，<u>也</u>有少的饭菜通食。（无论何时到家，也有热的饭菜可吃。）

（912）<u>呣管</u>做什么代志，<u>拢着</u>认真。（不管做什么事儿，都得认真。）

（913）<u>出在</u>汝安怎讲，伊<u>也</u>呣来参加晚会。（任凭你怎么说，他也不来参加晚会。）

（914）<u>除非</u>汝去请伊，伊<u>则</u>要来。（除非你去请他，他才要来。）

（915）<u>万一</u>落雨，<u>也赡</u>要紧，我有带雨伞。（万一下雨，也没关系，我带雨伞了。）（林宝卿，2007：157）

（916）<u>就是</u>真好料，我<u>也</u>食赡落。（就是很好料，我也吃不下。）

（917）<u>诚实</u>安尼，<u>也赡</u>要紧。（果然这样，也没关系。）

（918）<u>若是</u>坐无车，<u>多</u>行路。（如果乘不到车，就走路。）

（919）<u>只有</u>我亲耳听起，我<u>则</u>不相信。（只有我亲耳听见，我才相信。）（林连通，1993：243）

（920）明日<u>若（是）</u>好天，我<u>就</u>去安溪。（明天如果晴天，我就去安溪。）（林连通，1993：243）

（921）<u>若是</u>确实需要你帮忙<u>的话</u>，我会随时甲汝讲。（如果还需要你帮忙的话，我会随时告诉你的。）

（922）汝<u>就是</u>互我，我<u>也</u>呣挃。（你就是给我，我也不要。）

以上是闽南话中条件复句关联标记的一些实例，其中的条件关联标记有跟普通话相似的，但是大部分的都是跟普通话不一样的，有些差异非常大。就三类条件关联标记而言，相对于前面的几种方言来说，闽南话的条件关联标记也没有概括性特别强的核心关联标记，跟上海话有些类似。此外，闽南语也一样是配套的关联标记比单用的关联标记更多。

接下来我们再看看客家话中的条件复句的关联标记使用情况。在客家话中，经常使用的条件关联标记主要有下面这么一些。

表示假设条件的主要有："如果""嗰话""就算""万一""係话（如果说）""就算……也……""如果……就……""如果……介（kia³³）……""万一……就……""如果……嗰话……"。

表示特定条件的主要有："只有……正……""只爱……就/都……""除非……正……""一旦……就……""一……就……""……除非……"。

表示无条件的主要有："唔管……都……""……唔管……"。

我们看看这些关联标记使用的例子：

（923）只爱你想去，就可以去。（只要你说实话，我就饶你。）

（924）只爱俚等做得到个，你尽管讲。（只要我们能办的，你尽说好啦。）

（925）一旦你相信了，你就死定了。（一旦你信以为真，你就死定了！）

（926）只有咹样嗰人，正会使人家尊重。（只有这样的人，才使人尊敬！）

（927）除非你答应俚嗰条件，我正话你哋。（除非你答应我的条件，我才告诉你。）

（928）八点钟一定准时到，除非临时有事情。（八点一定准时到，除非临时有事情）

（929）佢唔管做脉个事情，都系以钱为目标。（他无论干什么事，都是以钱为目标的。）

（930）佢唔会答应你，唔管你□ŋiaŋ⁴¹ 劝佢。（他不会答应你，不论你怎么劝他。）

（931）一有时间，佢就认真学习。（一有时间，她便认真学习。）

（932）你如果相信我，就话实话。（你如果相信我，就说实话。）

（933）如果你今下有事情，我辰朝日再来。（我明天再来，如果你现在有事情。）

（934）如果还爱你帮忙嗰话，俚会随时话你知。（如果还需要你帮忙的话，我会随时告诉你的。）

（935）如果係装出来嗰，介（kia²²）佢嗰目的系脉个？（如果是装出来的，那么他的目的是干什么？）

（936）佢去个话，我提前话你知。（他去的话，我提前告诉你。）

（937）万一佢分敌人捉住了，佢受得下去嚟？（万一他要被敌人捉住了，他受得住吗？）

（938）万一出了事，后悔就来唔及了。（万一出了事，后悔就来不及了。）

（939）就算三日三夜唔睡目，佢也唔觉得苦。（即使三天三夜不睡觉，她也不叫一声苦。）

（940）偓唔想去，就算细人子怪想去。（我不想去，即使孩子很想去。）

（941）可以赶到最后一班车，系话今下就行啁话。（可以赶上最后一班车，要是现在就走的话。）

以上是客家话中条件复句的一些实例。其中的条件关联标记有跟普通话相似的，也有跟普通话不一样的，其中一些差异非常大。就三类条件关联标记而言，客家话的条件关联标记也有那么几个高度概括性的核心标记，可以代替普通话中的一系列同类标记，如"唔管"和"就算"，"就算"几乎可代替所有普通话中的让步假设条件句的关联标记。

以上这些是汉语的几大主要方言区中条件复句使用的关联标记的情况，我们主要考察了在每种方言中条件复句的关联标记具体有哪些。接下来我们看看那些关联标记在使用上有什么模式和特点。

4.6.2 方言中条件复句的关联标记模式

4.6.2.1 居端依赖式

我们前面论述过居端依赖式的定义，居端依赖式有两种情况，一种是 $S(Ms_1, s_2)$ 式，另一种是 $S(s_1, s_2M)$ 式。

从我们调查的情况来看，在各个方言中，条件复句与其他类别的复句不一样，它不仅有居端依赖式的标记模式，而且它的居端依赖式同时具有上面说的两种形式的标记模式，即在汉语方言的条件复句中，$S(Ms_1, s_2)$ 式和 $S(s_1, s_2M)$ 式的标记模式都有。例如：

（942）万一佢出了脉个事，你有责任啁。（万一他出了什么事，你有责任的。）（客家话）

(943)𠊎会提前话你知,佢再来嗰话。(我会提前告诉你,他再来的话。)(客家话)

上面的两个例子就分别代表了居端依赖式的两种不同情况,例(942)是关联标记位于前一分句句首的 S(Ms_1, s_2)式,例(943)是关联标记位于后一分句句末的 S(s_1, s_2M)式。之所以会出现第二种情况的居端依赖式,主要是因为关联标记"嗰话"的用法比较特殊。在我们所调查的所有方言中,虽然书写形式上略微有差异,但类似"的话"的关联标记在这些方言中都出现了,而且它在各方言种的意义都是一样的,都表示对某种情况的假设。它在语句中的位置在各个方言中也是比较灵活的。我们这里说的灵活是相对的,可以说是一种固定性和灵活性的统一。首先,它的"固定性"体现在它必须附着在一个子句的最后面,类似于一个句末附加成分,这就决定了它所在的子句具有采用居端依赖式的潜力。其次,它的"灵活性"体现在它所在的子句的语序比较灵活,并不是一成不变的,它所在的子句可以作为复句中的前一分句出现,也可以作为复句中的后一分句出现。当它出现在后一分句的时候,就构成了 S(s_1, s_2M)式的标记模式。

从我们调查的情况来看,每种方言的条件复句都出现了两种形式的居端依赖式标记模式。所以我们可以谨慎地得出一个基本结论:在汉语方言的条件复句中,通常情况下一般都可以有 S(Ms_1, s_2)和 S(s_1, s_2M)两种不同形式的居端依赖式的关联标记模式。

我们说可以有这两种形式的居端依赖式,但这并不意味着这两个形式是地位平等的。就这二者来说,在调查过程中,受访者都表示虽然 S(s_1, s_2M)式的条件句可以说,但这种说法不是最自然的说法,最自然的说法是把两个分句的顺序换过来。所以 S(s_1, s_2M)式的句子的语感自然程度不如 S(Ms_1, s_2)式的句子,这是我们调查的时候让受访者直接对比这两种形式的例句之后做出的语感评价。所以一般情况下,S(s_1, s_2M)式的条件复句是为了满足某种特殊的语用需要才使用的。

另外还一个现象值得注意,我们在调查的过程中发现,对于我们设计的一些 S(Ms_1, s_2)形式的例句,受访者在说的时候,往往会在后一分句在加上一个关联标记,而且他们自己都没注意到自己加了个成分,这种下意识的行为说明，后面再加上一个关联标记的说法才是这些例句最自然的状态。这从另一个角度证明 S（Ms₁，s₂）形式的句子不是语感自然度高的句子。由此，根据两种形式的居端依赖式生成的句子都不符合自然语感状态，从一个更高的角度来看，也就是说至少在汉语方言的条件复句中，居端依赖式这种标记模式仍然是一种受限制的标记模式。

说居端依赖式这种标记模式是一种受限制的标记模式，我们可以从以下方面来理解。

首先，从各方言的条件复句中居端依赖式和前后配套式与居中粘接式在使用频率上的比例可以看得出来，居端依赖式的使用频率是最少的。

其次，从形式上看，居端依赖式的关联标记要么出现在前一分句的句首，要么出现在后一分句的句末。这两个位置都不适合用来标记复句前后之间的语义关系，从难度上来说，这种关联标记模式比其他两种模式的理解难度都要大。如果把这三种关联标记模式按理解的难度系数排出一个序列，则该序列呈现为：

居端依赖式 > 前后配套式 > 居中粘接式

再次，从条件复句本身看，因为前后两个分句之间是"条件—结果"的关系。这种条件关系决定了条件分句在前，结果分句在后是其最佳语序，因为这符合"时间顺序"原则（戴浩一，1988）。而条件复句中，采用 S（s₁，s₂M）式的居端依赖式的复句，把条件句放在了后面，明显违背了"时间顺序"原则，所以使用起来会受限。而 S（Ms₁，s₂）式的居端依赖式则不符合语言的"象似性"原则。

正是这些多方面的因素，导致在汉语方言的条件复句中，居端依赖式这种标记模式是一种相对比较受限的标记模式。

4.6.2.2 居中粘接式

上面我们分析了汉语方言中条件复句中的居端依赖式关联标记模式的使用情况，接下来我们再看看居中粘接式的情况。

这些使用居中粘接式的关联标记，大致呈现以下一些特点。

第一，我们在前面已经多次提到，居中粘接式也有两种情况：一种是 S（s₁M，s₂）式的标记模式，另一种是 S（s₁，Ms₂）式的标记模式。从我们调查的情况来看，汉语方言中的条件复句又是比较特殊的一类，方言中其他类型的复句都只有一种形式的居中粘接式标记模式，而条件复句却两种标记模式都有。这是条件复句跟前面几类复句不一样的地方，算是其特色之一。

第二，从我们调查的结果来看，虽然各个方言中具体用到的关联标记可能不一样，但是有 $S(s_1M，s_2)$ 式的居中粘接式的条件关联标记则在各方言中基本上是一致的，这一条件关联标记就是"的话"，虽然各方言中"的话"的说法可能有些差异，但这只是书写差异，不是语言成分差异。这一特点可看作语言"多样性"与"统一性"的有机结合。

第三，各方言中条件复句的单用关联标记都有居中粘接式的标记模式，有一些关联标记还只有这种标记模式。如客家话中的"唔係就"。

第四，$S(s_1M，s_2)$ 和 $S(s_1，Ms_2)$ 两种形式的地位是不平等的，前者只有一个关联标记适用，后者则是所有的关联标记都适用。

第五，从我们调查的情况来看，适用于居中粘接式的关联标记模式在各个方言的条件复句中虽然都有，但跟并列复句一样，在使用频率上仍然比适用于前后配套式的少了很多，很多在普通话中使用居中粘接式的关联标记到了方言中往往会变成使用前后配套式。而且各方言中的情况也略微有些差异。

居中粘接式从理论上来说是一种最适合用来表示条件关系的标记模式，但在方言的现实语料中并不是用得最多的标记模式。这其中的原因可能如下。

第一，跟语体有关，主要源于方言的口语性，这一特点对关联标记模式适用情况的影响我们在 4.1.2.2 已经分析过，在此不赘述。

第二，从关联标记和复句本身的角度来说，我们可以看到，在条件复句中，前后两个分句之间是"条件—结果"的关系。这种条件关系决定了条件分句在前，结果分句在后是其最佳语序，因为这个语序符合"时间顺序"原则。而在现实语言生活中，为了语用的需要，往往会违背这个原则，对语序进行了调换，这时我们就需要用别的方式来进行补偿，做法一般而言就是再加一个关联标记构成前后配套式的标记模式。

4.6.2.3 前后配套式

前面我们讨论了汉语方言中条件复句的居端依赖式和居中粘接式两种关联标记模式的情况，下面我们来分析一下方言中条件复句的前后配套式这种关联标记模式的情况。

通过我们的调查发现，在汉语方言的条件复句中，其前后配套式的使用情况跟普通话中的相应标记模式的使用情况有共性也有差异。

共性的方面是，前后配套式的含义和逻辑形式在方言和普通话中是一样的，前后配套式有四种不同的可能表现形式：① S（M_1s_1，M_2s_2），② S（s_1M_1，s_2M_2），③ S（M_1s_1，s_2M_2），④ S（s_1M_1，M_2s_2）。

从我们考察的结果来看，类似方言中选择复句的情况，一部分方言的条件复句的前后配套式关联标记模式跟另外几个类别的复句都不太一样，跟普通话的情况也有区别，普通话的条件复句只有第一种逻辑形式，即 S（M_1s_1，M_2s_2）形式，而条件复句的前后配套式除了第一种形式之外，其他的形式都有可能够出现。

在各方言的条件复句中，因为前后分句之间具有"条件—结果"的关系，符合"时间顺序"原则，所以语序相对比较重要，一般情况下不能随意变换语序，否则会造成逻辑不通或者基本语句意思改变，如果处于特殊语用需要必须调换语序，我们就需要同时改变关联标记模式。

在第三章中我们讨论了普通话中条件复句的关联标记和主语的相对位置，我们这里再来看看在各方言中条件复句的关联标记和主语的相对位置情况。我们考察的结果如下：

第一，一般情况下，如果前后两个分句的主语相同，则主语一般在前一分句，而且第一个关联标记位于主语之前的情况比较多，第二个关联标记位于后一分句的句首，如例（923）和例（926）。

偶尔也会出现第一个关联标记位于主语之后，第二个关联标记位于后一分句句首的情况，但是这样的情况较少。

第二，在方言中，如果前后分句主语相同且主语只出现一次的话，一般主语不会放在后一分句，但放在后一分句的情况也不是没有，只是需要有比较强的上下文语境。例如：

（944）只要可以跟渠在一起，我什哩都可以去做。（只要能跟她在一起，我什么都可以去做。）（南昌方言）

第三，前后两个分句的主语也可以不相同，此时前后分句的关联标记可以都位于各自的主语前，这是最常见的情况，各方言大部分都是这样的。

所以总体来看，在汉语方言的条件复句中，前后分句之间以主语相同的情况居多，而此时前后配套式中的第一个关联标记位于主语之前更为多见，如果关联标记出现在主语之后，则往往是出于适应语境的需要。

4.6.2.4 小结

从我们以上的分析来看，对于汉语方言中的条件复句的关联标记模式情况，可以得到以下一些认识。

第一，在汉语方言的条件复句中，居端依赖式这种关联标记模式虽然存在，但仍然是相对比较弱势的。

第二，在汉语方言的条件复句中，居中粘接式各方言都有使用，但是使用的频率不像普通话那么高，有该模式的关联标记也不是很多，它不是最强势的标记模式，其使用有一定限制，这跟普通话有比较大的区别。

第三，在汉语方言的条件复句中，前后配套式的关联标记模式使用频率最高，反而是最强势的一种标记模式，因为有这种标记模式的关联标记比有居中粘接式的多，而且有居中粘接式的关联标记基本上都可以和别的关联标记组配构成相应的前后配套式。此外，前后配套式本身在形式上也是最丰富的。

第四，汉语方言条件复句中的前后分句之间的语序是否重要，要分情况，不定条件的语序不是特别重要，而已定条件的语序就很重要，一般不可变换。

第五，主语的异同对句中的关联标记位置还是有一定影响的，前后分句主语相同的时候，关联标记虽然多出现在主语之后，偶尔也可以出现在主语之前，但是前后分句主语不同的话，关联标记基本上都出现在主语之前。

第六，我们在讨论普通话中的条件复句的时候，对这三种关联标记模式总结出了一个等级序列。在汉语方言中，根据对条件复句关联标记模式的考察，我们也可以得出一个相应的序列，那就是：

前后配套式 > 居中粘接式 > 居端依赖式

造成这个序列格局的原因前文已多次论述，在此不再重复。

4.7 汉语方言中因果复句的关联标记模式

4.7.1 方言中因果复句使用的主要关联标记

对因果复句的定义，方言和普通话也是一样的，简单来说就是"说明性因果句的简称"（邢福义，2001：43），但是我们一般把推论性因果句也算作因果复句，所以因果复句包括说明性因果复句和推论性因果复句两类。要表示这种关系，既可以不用任何关联标记，完全靠"意合"的方式来实现，也可以借助关联标记来实现。例如：

（945）因为你较大，所以你要照顾妹妹。（因为你更大，所以你要照顾妹妹。）（江西万安方言）

（946）咹多人都话好，𠊎就唔敢声了。（因为这么多人都说好，所以我就不敢作声了。）（客家方言）（何耿庸，1993：94）

上面的两个例子一个是有关联标记的因果复句，一个是没有任何关联标记的因果复句，用的是"意合"的方法。这种没有关联标记的因果复句在方言口语中还是非常多见的，甚至可以说大部分时候，人们用的都是这种简洁的、没有关联标记的因果复句。因为一方面，口语交际都是面对面的，人们可以借助很强的现场交际语境来理解对方所说的话，所以尽量保证语句说法简洁，也是"经济原则"作用的结果。另一方面，方言口语中的表达没有普通话书面语那么精密，也比较少用长复句，一般都用短句，所以用到关联标记的机会也就不多。但是我们也越来越多地发现方言口语中使用关联标记的情况，尤其是在当地年轻人的口语使用中，这可能跟当地年轻人受普通话的影响较大有关系，因为年轻人普遍从小接受普通话教育，这一学习过程肯定会对其使用母语方言产生影响。其实，使用关联标记和不使用关联标记这两种情况在日常语用环境中都有，也很难说清楚哪种是主要的，哪种是次要的，总体来说，一个倾向性就是：语境性越强，越可以省略关联标记，至于实际上省略与否还跟语境和说话者个体的文化修养有关系，文化程度越高，使用关联标记的频率就越高。当然，这个倾向性是就笔者个人的观察总结的，没有进行过详细的调查统计。

下面我们就来看看在方言中因果复句一般会用到哪些关联标记。虽然是同一类复句，但是在不同的方言中，其使用的关联标记可能有一些是相同的，当然也有不同的。我们主要结合汉语的七大方言区来看因果标记的使用情况。

我们先来看看赣方言中因果复句的关联标记使用情况。在赣方言我们主要调查了南昌话和江西万安话。在赣方言中，主要使用的因果复句关联标记有如下一些：

"因为""所以""是因为""之所以""由于""因为……所以……""由于……所以……""由于……结果……""之所以……是因为……""幸好……才……""既然……就……"

我们看看这些关联标记使用的例子：

（947）<u>因为</u>堵车，<u>所以</u>我上班迟到了。（因为堵车，所以我上班迟到了。）

（948）昨天冒去找你，<u>因为</u>我有其他啲事。（昨天没去找你，因为我有别的事。）

（949）箇个红旗<u>因为</u>日晒雨落，都褪掉了色。（那红旗因为雨淋日头晒，褪成黄色了。）

（950）我爹爹是医生，<u>所以</u>总有人找渠看病。（我爷爷是医生，所以总有人找他看病。）

（951）渠工作，<u>是因为</u>屋里需要渠赚钱。（他工作，是因为家里需要他赚钱。）

（952）<u>由于</u>渠身体不好，冒被批准去当兵。（他由于身体不行，没被批准参军。）

（953）<u>由于</u>渠服务周到，<u>所以</u>店子里生意相当好。（由于她服务周到，因此店里生意很好。）

（954）<u>由于</u>渠冒经验，<u>结果</u>冒完成箇次任务。（由于他没有经验，结果没能完成这次任务。）

（955）渠之所以走简步棋，是万不得已。（他之所以走这步棋，是万不得已。）

（956）渠之所以冒去，是因为冒人看细伢子。（之所以她没有去，是由于孩子没人照顾。）

（957）既然你想去，你就去咯。（既然你想去，就去吧。）

（958）幸好我们遇到了好心人指点，才冒走错路。（幸好我们遇上好心人指点，才没迷路。）

上面这些是赣方言中的因果复句经常使用的一些关联标记的例子。在赣方言中，因果复句的关联标记不算特别丰富，而且在日常语用环境中，这些关联标记还经常被省略掉。在这些关联标记中，配套使用的标记比单独使用的标记稍微多一点，但差距体现得不明显，因为有些关联标记经常在说的时候被省略掉了。笔者的母语是赣方言中的万安话，就个人语感而言，配套的关联标记使用起来更自然，而且使用的频率更高些。

接下来我们再看看粤语中的因果复句主要使用的关联标记有哪些。根据我们的调查，粤语中的因果关联标记主要有下面一些：

"因为""所以""系因为""之所以""既然""因为……所以……""因为……结果……""由于……所以……""之所以……系因为……""既然……咁……""既然……咁就……""好彩……先……"

我们下面看看这些关联标记的一些具体例子：

（959）我因为今日加班，所以翻屋企比寻日晏。（我因为今天加班，所以回家比昨天晚。）

（960）我之所以识佢，因为我同佢嘅因係同学。（我所以会认识他，因为我和他的女儿是同学。）

（961）我唔想出去，因为出面落紧雨。（我不想出去，因为外面下着雨。）

（962）寻日无去搵你，係因为我有其他事。（昨天没去找你，因为我有别的事。）

（963）寻日有佢哋两个係度，所以我无讲。（昨天有他俩在，所以我没说。）

（964）佢因为有事赶唔彻火车，结果只可以退票。（她因为有事没赶上火车，结果只能退票了。）

（965）由于我无经验，所以唔可以好好咁完成呢次任务。（由于我没有经验，没能完成好这次任务。）

（966）佢之所以仲记得呢一切，系因为佢太中意呢部电影啦。（之所以她还记得这一切，是因为她太喜欢这部电影。）

（967）佢之所以行呢步棋，系万不得已嘅。（他之所以走这步棋，是万不得已。）

（968）佢工作，系因为屋企需要佢挣钱。（他工作，是因为家里需要他赚钱。）

（969）既然你已经做咗，咁争取做到最好。（既然你已经做了，那么争取做到最好。）

（970）我哋既然讲咗，最好就做到。（咱既然说了，最好做到。）

（971）既然你唔出嚟，咁就只好我嚟揾你啦。（既然你不出来，便只好我来找你了。）

（972）我哋好彩行咗呢条路，先唔遇到老虎。（我们幸好走这条路，才没遇上老虎。）

上面这些就是粤语中因果复句的一些例子，我们从中可以看到，粤语的常用因果关联标记也不算很多，跟赣方言有相同的关联标记也有不同的，但也一样是配套的标记比单用的关联标记更多一些。

接下来我们再考察一下平话中的因果关联标记情况。根据我们调查的结果来看，在平话中使用的因果关联标记主要有下面一些：

"所以""是因为""之所以""既然""因为……结果……""由于……所以……""既然……也……""既然……就……""好彩……□a^{33}……""怪冇得""难怪"

我们看看这些关联标记在使用中的一些具体例子：

（973）今日着加班，所以（sou^{33}hei^{22}）归来比较晏。（我因为今天加班，所以回家比昨天晚。）

（974）我队认真□ŋen^{24}，所以今日□a^{33}得来。（我们实在太忙，今天才来。）

（975）我有事情一周假，结果着老板扣一个月工资。（因为我有事请了一周事假，结果老板扣了我一个月的工资。）

（976）由于大众沾那光，所以对那都很尊重。（由于不能在主语后）（大家由于都沾他的光，所以对他都很尊重。）

（977）那叹气，是因为那有心事。（他之所以叹气，是因为他有一肚子的心事。）

（978）既然我队讲了，做就做好。（咱既然说了，最好做到。）

（979）既然你想去，就去吧。（既然你想去，就去吧。）

（980）既然你冇走，我也冇走。（你既然不走，我也不走！）

（981）好彩／还好我队冇走嘅条路，□a³³冇碰上老虎。（我们幸好走这条路，才没遇上老虎。）

（982）今日是中秋节，难怪日亮嘅团（tun²¹³）。（今天是中秋节，难怪月亮这么圆。）

（983）落雪了，怪冇得嘅冷。（下雪了，怪不得这么冷！）

上面这些就是广西宾阳平话中因果复句关联标记的一些使用实例，主要的因果关联标记就是上面这么一些。从我们调查的情况来看，平话中的因果关联标记比较特殊，它们经常被省略掉，配套使用的常被省掉其中一个，单用的甚至被省得没有了，复句直接就靠意合的方式来表达因果关系。一些在其他方言和普通话中经常配对使用的关联标记在平话中却很难看到它们一起出现的例子，如最经典的"因为……所以……"在我们的调查中竟然没有一次两个标记一起完整地出现，反倒是一些不那么常见的配套标记出现了。这就导致平话中的因果复句关联标记模式与其他方言的不太一样。

接下来我们再看看湘语中长沙话的因果复句的关联标记使用情况，在长沙话中，经常使用的因果关联标记主要有下面一些：

"因为""所以""是因为""之所以""由于""因为……结果……""因为……所以……""由于……所以……""由于……结果……""之所以……是因为……""幸好……才……""既然……就……"

我们看看这些关联标记在使用中的一些具体例子：

（984）我因为今天加班，所以回家比昨天晚。（我因为今天加班，所以回家比昨天晚。）

（985）她因为事情比较忙，先告辞走了（她因为事忙，告辞走了。）

（986）昨天冇去找你，因为我有别个事。（昨天没去找你，因为我有别的事。）

（987）我嗲嗲是医生，所以总有人找他看病。（我爷爷是医生，所以总有人找他看病。）

（988）她因为有事冇赶上火车，结果只好退票了。（她因为有事没赶上火车，结果只能退票了。）

（989）由于（因为）娭毑看起来和蔼可亲，所以我觉得蛮亲切。（由于老奶奶看起来和蔼可亲，所以我觉得倍感亲切。）

（990）他之所以叹气，是因为他有一肚子的心事（他之所以叹气，是因为他有一肚子的心事。）

（991）他之所以走咯步棋，是万不得已。（他之所以走这步棋，是万不得已。）

（992）他工作，是因为屋里需要他赚钱。（他工作，是因为家里需要他赚钱。）

（993）我们幸好走咯条路，才冇碰哒老虎。（我们幸好走这条路，才没遇上老虎。）

（994）你既然来了，就别走哒。（你既然来了，就别走了。）

上面这些是长沙话中的因果复句的一些实例，从调查的情况来看，这些关联标记基本跟普通话一致，只是用法比起普通话来说简单多了，在普通话中这些关联标记可以跟很多别的组成各种不同的配套标记，但是在长沙方言中，因果关联标记的固定搭配就这么几个，很多普通话里面的搭配和单用的关联标记在长沙话中都是不用的。

下面我们再看看属于西南官话范畴的武汉方言中因果复句的关联标记使用情况。在武汉话中，使用的因果关联标记主要有以下一些：

"因为""所以""是因为""之所以""由于""因为……结果……""因为……所以……""由于……所以……""由于……结果……""之所以……是因为……""幸好……才……""既然……就……"

我们看看这些关联标记在使用中的一些具体例子：

（995）因为堵车,所以我上班迟到了。（因为堵车,所以我上班迟到了。）

（996）她因为事情太忙，所以告辞走了。（她因为事忙，告辞走了。）

（997）我不想动，因为我蛮累。（我不想动，因为很累。）

（998）昨天有他们两个在，所以我冒说。（昨天有他俩在，所以我没说。）

（999）因为工人冒及时发现问题，结果造成了一些巨大的损失。（因为工人们没有及时发现问题，结果造成巨额损失。）

（1000）由于他一向比较努力，所以考试复习起来很轻松。（他由于一贯努力，所以考试复习很轻松。）

（1001）我之所以一直躲着它，是因为太伤我的神了。（我之所以一直躲避着它，是因为它太伤我的精神。）

（1002）他之所以走咯步棋，是万不得已。（他之所以走这步棋，是万不得已。）

（1003）我喜欢那只鸟，是因为我想要走近那个屋里。（我爱那鸟，是因为我想要走近那屋。）

（1004）幸好他们走得早，才冒碰到堵车。（幸好他们走得早，没遇上堵车。）

（1005）既然你想去，就去吧。（既然你想去，就去吧。）

（1006）既然小王可以去，那么我也可以去。（既然小王可以去，那么我也可以去。）

以上是武汉话中因果复句的一些实例。其中的因果关联标记跟普通话的差不多，不一样的地方在于，和长沙话一样，其用法比起普通话来说简单多了，因果关联标记的固定搭配就这么几个，很多普通话里面的搭配和单用的关联标记在武汉话中也是不用的。

官话区中，除了武汉话之外，我们接下来再看看属于江淮官话区的合肥话中因果复句的关联标记使用情况。在合肥话中，经常用到的因果关联标记主要有以下一些：

"因为""所以""是因为""之所以""由于""因为……结果……""因为……所以……""由于……所以……""由于……结果……""之所以……是因为……""幸好……才……""既然……就……"

我们看看这些关联标记在使用中的一些具体例子：

（1007）我因为今个加班，所以回家比昨个晚。（我因为今天加班，所以回家比昨天晚。）

（1008）她有事太忙，先走了。（她因为事忙，告辞走了。）

（1009）昨个没去找你，因为我有别个事。（昨天没去找你，因为我有别的事。）

（1010）昨个他们两个在，所以我没说。（昨天有他俩在，所以我没说。）

（1011）我因为有事请了一个礼拜假，结果老板扣了我一个月个工资。（因为我有事请了一周事假，结果老板扣了我一个月的工资。）

（1012）由于老婆婆看起来和蔼可亲，所以我觉得好亲切。（由于老奶奶看起来和蔼可亲，所以我觉得倍感亲切。）

（1013）他之所以叹气，是因为他有心事。（他之所以叹气，是因为他有一肚子的心事。）

（1014）他之所以走对步棋，是万不得已。（他之所以走这步棋，是万不得已。）

（1015）他工作，是因为家里需要他赚钱。（他工作，是因为家里需要他赚钱。）

（1016）我们幸好走对条路，才没碰到老虎。（我们幸好走这条路，才没遇上老虎。）

（1017）你既然想去，就去吧。（你既然想去，就去吧。）

以上是合肥话中因果复句的一些实例。在调查的过程中，当地的发音合作人告诉我们，在合肥的日常语用环境中，根本没有那么多的因果关联词语，大部分的因果复句都是不用关联标记，或者尽量减省的。往往理论上应当使用两个关联标记的，在说话时会把前一个关联标记给省略掉，应当使用一个关联标记的，则会省略得一个不剩，甚至可能应当使用两个关联标记的，也直接省得一个不剩。如果在实际语用中保留关联标记，则往往有一种向别人强调、解释的意味在里面。这跟广西的平话很相似，我们在调查平话的时候，当地的发音合作人也是这么告诉我们的。

接下来我们再看看吴语中上海话的因果复句的关联标记使用情况，在上海话中，经常使用的因果关联标记如下：

"咾""葛咾（gak⁵lô⁵⁵）""因为""是因为""因为……葛咾……""葛咾……是因为……""因为……所以……""既然……就……""既然……格么……"

我们看看这些关联标记在使用中的一些具体例子：

（1018）我因为今朝加班，葛咾转来比昨日晏。（我因为今天加班，所以回来比昨天晚。）

（1019）我葛咾会认得伊，是因为我搭伊囡嗯是同学。（我所以会认识他，因为我和他的女儿是同学。）

（1020）昨日呒没去寻侬，因为我有别个事。（昨天没去找你，因为我有别的事。）

（1021）昨日伊拉勒，葛咾我呒没讲。（昨天有他俩在，所以我没说。）

（1022）既然侬想去，就去。（既然你想去，就去吧。）

（1023）既然小王可以去，格么我也可以去。（既然小王可以去，那么我也可以去。）

（1024）因为过去心脏从来呒没发现毛病，所以我搿趟发病有点措手不及。（因为过去心脏从来没有发现毛病，所以我这次发病有点搓手不及。）（钱乃荣，2011：164）

（1025）我碰着大风大雨咾，今朝迟到了。（钱乃荣，2011：164）

以上是上海话中因果复句的一些实例。在上海话中，因果复句的关联标记比较有特色，跟其他方言的都不太一样。首先，"葛咾"这个标记的应用范围很广，适用性很强，几乎所有具有因果语义关系的小句之间或者句子之间，都可以用这个关联标记来表达语义关系。在上海话中，它基本上把普通话中以"所以"为代表的一系列表示结果含义的关联标记都取代了。当地的发音合作人告诉我们，"所以"只在那些文化程度较高的人群中才会用到，"一般的普通老百姓都不用"，这是我们合作人的原话。其次，关联标记"咾"页是一个很有特色的标记，它的存在使上海话中的因果复句关联标记模式的格局与普通话和其他方言都产生了差异，因为它用在前一分句的句末。

总之在上海话的因果复句中，"葛咾"体现了方言之间和方言与普通话之间的语言多样性,而上海话中"因为……所以……"的使用则体现了普通话对方言的影响。

接下来我们再看看闽方言中的因果复句的关联标记使用情况。在闽语中,经常使用的因果关联标记如下:

"因为……所以……""既然……就……""之所以……是因为……""敢若是……就着……""因为""所以""是因为""因为……结果……""由于……所以……"

我们看看这些关联标记在使用中的一些具体例子:

(1026)<u>因为</u>北京名胜古迹真侪,<u>所以</u>真侪人爱去北京参观。(因北京名胜古迹很多,所以很多人喜欢去北京参观。)(林宝卿,2007:152-153)

(1027)<u>敢若</u>是时间要遘啊,<u>就着</u>行较紧的。(既然是时间快到了,就得走快点儿。)

(1028)<u>既然</u>学校已经放冬啊,汝<u>就</u>倒去。(既然学校已经放假,你就回家去。)

(1029)<u>之所以</u>逐个对伊好,<u>是因为</u>伊对逐个也真好。(之所以大家对他好,是因为他对大家也很好。)

(1030)<u>因为</u>伊常常下乡,农民兮生活则野知影。(因为他常常下乡,所以对农民的生活情况才很了解。)(林连通,1993:243)

(1031)伊尊重侬,<u>所以</u>别侬尊重伊(他尊重别人,所以别人尊重他。)

(1032)<u>由于</u>老阿妈看起来真和蔼,<u>所以</u>我感到真亲切。(由于老奶奶看起来和蔼可亲,所以我觉得倍感亲切。)

(1033)伊<u>因为</u>有事无赶到火车,<u>结果</u>只有退票了。(她因为有事没赶上火车,结果只能退票了。)

(1034)伊工作,<u>是因为</u>伊家庭需要伊赚钱。(他工作,是因为家里需要他赚钱。)

以上是闽南语中因果复句主要关联标记的一些实例。其中的因果关联标记有跟普通话相似的,有不一样的,有的差异还比较大。我们调查的情况来看,在闽南语中,因果复句关联标记主要就是例子里涉及的这些,很多普通话中的关联标记都被例子中同义的关联标记给替代了。

接下来我们再看看客家话中的因果复句的关联标记使用情况，这里的客家方言材料主要是我们自己调查的梅州话素材。在客家话中，经常使用的因果关联标记如下：

"因为""所以""系因为""之所以""因为……结果……""因为……所以……""之所以……系因为……""既然……就……""既然……介……"

我们看看这些关联标记在使用中的一些具体例子：

（1035）<u>因为</u>偃今日加班，<u>所以</u>转屋下比秋晡日暗晡夜。（我因为今天加班，所以回家比昨天晚。）

（1036）<u>因为</u>佢唔得闲，<u>所以</u>佢先走了。（她因为事忙，告辞走了。）

（1037）秋晡日偃唔能寻你，<u>因为</u>偃有别啊事情。（昨天没去找你，因为我有别的事。）

（1038）偃阿公系医生，<u>所以</u>老系有人寻佢看病。（我爷爷是医生，所以总有人找他看病。）

（1039）佢<u>因为</u>有事唔能赶到火车，<u>结果</u>只好退票了。（她因为有事没赶上火车，结果只能退票了。）

（1040）偃<u>之所以</u>会识佢，<u>系因为</u>偃同佢妹子系同学。（我所以会认识他，因为我和他的女儿是同学。）

（1041）佢<u>之所以</u>行啊步棋，也系万不得已。（他之所以走这步棋，是万不得已。）

（1042）佢工作，<u>系因为</u>家庭的需要，需要佢赚钱。（他工作，是因为家里需要他赚钱。）

（1043）<u>既然</u>你想去，<u>就</u>去嘛。（既然你想去，就去吧。）

（1044）<u>既然</u>小王可以去，<u>介</u>偃也可以去。（既然小王可以去，那么我也可以去。）

以上是客家话中因果复句的一些实例。其中的因果关联标记有跟普通话相同的和相似的，也有跟普通话不一样的，但总体来说，差异不算特别大。虽然客家话在语音和词汇方面跟普通话区别比较大，但二者在语法上的分歧不是特别大，体现在复句的关联标记上就是有很多相同或者相似的地方。其中那些跟普通话一致的关联标记，很有可能是从普通话尤其是从书面语中移植过来的，因为在口语中，关联标记经常被省略掉。何耿镛（1993：94）提到过，在客家话的复句中，没有像"因为……所以……"之类的表示因果关系的语法标志，因果关系的表示法主要是"意合法"。对这一判断，我们认为有一定道理，但不完全同意。有一定道理指的是，在客家话的日常语用环境中，关联标记的使用实例确实比较少，确实多靠意合的方法来表示因果复句的语义关系，这种方法就能满足大部分的交流需求了。但不完全同意是指，没有发现表示因果关系的语法标志的使用实例，不等于它们在客家话中就不存在，日常语用环境中的因果复句用不用关联标记往往是根据语境的需要来决定的，如果对话讨论的是比较复杂的问题，要求表意比较明确的话，关联标记往往就不会省略。当然，这也跟交际者的文化修养有关，文化修养比较高的人使用关联标记的概率会更大些。

以上这些是汉语的几大主要方言区中因果复句使用的关联标记的情况，我们主要考察了在每种方言中因果复句的关联标记具体有哪些。接下来我们看看这些关联标记在使用上有什么模式和特点。

4.7.2 方言中因果复句的关联标记模式

4.7.2.1 居端依赖式

我们前面论述过居端依赖式的定义，居端依赖式有两种情况，一种是 $S(Ms_1, s_2)$ 式，另一种是 $S(s_1, s_2M)$ 式。

从调查的情况来看，我们在各个方言中都发现了因果复句采用居端依赖式这种标记模式的使用实例，但只有 $S(Ms_1, s_2)$ 式，暂时没有发现 $S(s_1, s_2M)$ 式。所有那些单用一个因句标记的情况大多属于居端依赖式的。

在汉语方言的因果复句中，居端依赖式具有以下几个特点。

第一，从使用频率上来看不如另外两种关联标记模式高，在居端依赖式、居中粘接式和前后配套式三种标记模式中，采用居端依赖式的因果关联标记和例子是最少的。

第二，居端依赖式的句子基本可以通过简单的句法操作变换成另外两种标记模式，但是另外两种标记模式则不一定能变换成居端依赖式。

第三，居端依赖式的句子具有不稳定性。我们在调查方言因果复句的过程中发现，对于所有居端依赖式的例句，发音合作人在说的时候，都很容易不自觉地在句中添加一个关联标记构成前后配套式。这是一个无意识的行为，很多时候合作人自己都没有意识到他增加了句子成分。这说明了一个问题，那就是居端依赖式不是一个基本的基础心理意象或者认知模型，前后配套式才是。所以当看到一个采用居端依赖式的因果复句的时候，我们会不自觉地对它进行心理完型，从而构建出一个前后配套式，我们不妨称之为"原型认知模型"。这种心理过程反映在外的话就是发音合作人下意识补充配套关联标记的行为。

通过对汉语方言因果复句的考察，我们基本可以得出以下结论。

在汉语各方言的因果复句中，居端依赖式基本上都是一种受限制的关联标记模式。这首先说明，居端依赖式不适用于口语性极强的汉语方言。

其次从因果复句本身看，因为前后两个分句之间是因果的关系，具有一个比较固定的"原因—结果"的语序。这种语义关系决定了原因分句在前，结果分句在后的语序是其最佳语序，因为这个语序符合"时间顺序"原则。而因果复句中的居端依赖式，要么是因句在前省略掉了后面果句的关联标记的情况，要么就是把原来的带关联标记的分句移到了前面，由居中粘接式变换而来的情况。前一种情况破坏了我们前面刚提到的"原型认知模型"，而后一种情况中果句放在了前面，明显违背"时间顺序"原则，所以两种情况使用起来都会受限。

正是多方面因素的共同作用，导致在汉语方言的条件复句中，居端依赖式这种标记模式是一种很受限的标记模式。

4.7.2.2 居中粘接式

上面我们分析了汉语方言中因果复句中的居端依赖式关联标记模式，接下来我们再看看居中粘接式的情况。

在这些使用居中粘接式的关联标记中，大致呈现以下一些特点。

第一，我们在前面已经多次提到，居中粘接式也有两种情况：一种是$S(s_1M, s_2)$形式的标记模式，另一种是$S(s_1, Ms_2)$形式的标记模式。从我们调查的情况来看，在因果复句中，大部分方言只有$S(s_1, Ms_2)$形式的居中粘接式，而上海话除此之外还有$S(s_1M, s_2)$形式的标记模式，如例（1025）。这是方言中因果复句关联标记模式的特色之一。

第二，从我们调查的结果来看，虽然各个方言中具体用的关联标记可能不一样，但适用于居中粘接式的那些因果关联标记绝大部分都是"果句标记"，"因句标记"相对较少。所谓"果句标记"就是指用在表结果分句句首的那些关联标记，而"因句标记"就是用在原因分句句首的关联标记。

第三，各方言中因果复句的单用关联标记有些在其后可以有一个较明显的停顿，判断关联标记其后是否可以有停顿的最简单的办法就是看看这个关联标记的后面能不能加上语气词。

第四，有居中粘接式的那些关联标记有的既可以出现在主语前，也可以出现在主语后，有的则主能出现在主语前或者主语后。比如"所以"就只能用在主语前。

第五，从上面第三条和第四条来看，我们可以参考根据储泽祥、陶伏平（2008）的标准"关联标记后面没有停顿的，比后面有停顿的居中程度要低，而且只能位于后一分句主语后的居中程度比可以位于主语前的居中程度要低"来判断因果关联标记的居中程度。实际上，储泽祥、陶伏平（2008）曾经归纳过普通话中的因果复句关联标记的居中程度序列：

所以／因此／因而／于是＞以致／因为＞由于

经过我们验证，这个序列也基本符合方言中的因果复句的情况。

第六，从我们调查的情况来看，居中粘接式的关联标记模式在各个方言的因果复句中虽然都有，但跟并列复句一样，在使用频率上比前后配套式少了很多，很多在普通话中采用居中粘接式的关联标记到了方言中往往会变成采用前后配套式。另外，各方言中的具体情况也有所差异。

居中粘接式从理论上来说也是一种最适合用来表示因果关系的标记模式，但是在方言的现实语料中并不是用得最多的标记模式。这其中的原因可能如下。

第一，跟语体有关系，主要源于方言都的口语性，这一特点对关联标记模式适用情况的影响我们在 4.1.2.2 已经分析过，在此不赘述。

第二，从因果复句本身看，前后配套式可能是一个更基础的认知心理范畴，我们可以将其视作"原型认知模型"的核心，其向外系联可以迅速激活居中粘接式和居端依赖式。

4.7.2.3 前后配套式

前面我们讨论了汉语方言中因果复句的居端依赖式和居中粘接式两种关联标记模式的情况，下面我们来分析一下方言中因果复句的前后配套式这种关联标记模式的情况。

通过我们的调查发现，在汉语方言的因果复句中，其前后配套式的使用情况跟普通话中的相应标记模式的使用情况有共性也有差异。

共性的方面是，前后配套式的含义和逻辑形式在方言和普通话中是一样的。前后配套式有四种不同的可能表现形式：① S（M_1s_1，M_2s_2），② S（s_1M_1，s_2M_2），③ S（M_1s_1，s_2M_2），④ S（s_1M_1，M_2s_2）。

在各方言的因果复句中，因为前后分句之间具有"原因—结果"的关系，符合"时间顺序"原则，所以语序相对比较重要，一般情况下不能随意变换语序，否则会造成逻辑不通或者语句基本意义改变，如果出于语用需要必须改变语序，则需要同时改变关联标记模式。

在第三章中我们讨论了普通话中因果复句的关联标记和主语的相对位置，我们这里再来看看在各方言中因果复句的关联标记和主语的相对位置情况。我们考察的结果如下。

第一，一般情况下，如果前后两个分句的主语相同，则主语一般在前一分句，第一个关联标记位于主语之前的情况更多，第二个关联标记则一般位于后一分句的句首，如例（1022）和例（1027），第一个关联标记也可以位于主语之后，只是这样的情况相对少些。至于关联标记具体是在主语前还是在主语后，往往是由上下文语境决定的。

第二，在方言中，如果前后分句主语相同且主语只出现一次的话，一般主语不会放在后一分句，但放在后一分句的情况也不是没有，只是需有要比较强的上下文语境。

第三，前后两个分句的主语也可以不相同，此时前后分句的关联标记可以都位于各自的主语前，这是最常见的情况，各方言大部分都是这样的。当然也存在个别例外情况。

所以总体来看，在汉语方言的因果复句中，前后分句之间以主语相同的情况居多，而此时前后配套式中的第一个关联标记一般位于主语之前。

4.7.2.4 小结

从我们以上的分析来看，对于汉语方言中的因果复句的关联标记模式情况，可以得到以下一些认识。

第一，在汉语方言的因果复句中，居端依赖式这种关联标记模式是最弱势的，使用比较受限。

第二，在汉语方言的因果复句中，居中粘接式各方言都有使用，但是使用的频率不像普通话那么高，有该模式的关联标记也不是很多，它不是最强势的标记模式，其使用有一定限制，这跟普通话有比较大的区别。

第三，在汉语方言的因果复句中，前后配套式的关联标记模式使用频率最高，反而是最强势的一种标记模式，因为有这种标记模式的关联标记比有居中粘接式的多，而且有居中粘接式的关联标记基本上都可以和别的关联标记组配构成相应的前后配套式。

第四，汉语方言因果复句中的前后分句之间的语序比较重要，一般不可变换，否则需要调整关联标记模式进行补偿。

第五，主语的异同对句中的关联标记位置有一定影响，前后分句主语相同的时候，关联标记虽然多出现在主语之前，有时候也可以出现在主语之前，但是前后分句主语不同的话，关联标记基本上都出现在主语之前。

第六，我们在讨论普通话中的因果复句的时候，对这三种关联标记模式总结出了一个等级序列。我在汉语方言中，根据对因果复句关联标记模式的考察，我们也可以得出一个相应的序列，那就是：

前后配套式 > 居中粘接式 > 居端依赖式

造成这个序列格局的原因有多方面的。除了我们前面说到的理解难度系数和方言的口语化倾向，还一个可能的原因就是，前后配套式可能是以这三种标记模式为成员的原型范畴中的典型成员，它能迅速激活另外两种标记模式，因为它跟其他两个标记模式的共同点是最多的，而在居端依赖式和居中粘接式之间就基本找不到共同点，所以把前后配套式作为激活并联系另外两种模式的一个关联标记模式的典型成员，也不是没有道理的。

第五章 汉语复句关联标记模式的类型学特征
——以因果复句为例

5.1 引论

关于汉语复句关联标记的研究，前人有过比较多的论述，如邢福义（1985，2001），陆丙甫、金立鑫（1988），李晓琪（1991），王维贤等（1994），周刚（2002），沈家煊（2003），刘丹青（2003，2005），张文贤、邱立坤（2007），尹蔚（2010），谢晓明（2010）等都着重探讨了复句连词或小句连结标记的使用。最近的研究主题则不仅仅局限于汉语，而是借助类型学的方法论将其他语言作为比较对象来观察汉语复句关联标记的特点，如储泽祥、陶伏平（2008），戴庆厦、范丽君（2010），王春辉（2010）等。

对汉语复句关联标记的逻辑语义等方面的研究已经比较多了，而且研究得也比较透彻，而复句的类型学研究目前还没有受到重视（储泽祥、陶伏平，2008：410）。储泽祥、陶伏平（2008）从类型学的角度重点考察了汉语中因果复句关联标记的位置，并用 Dik（1997）的"联系项居中"原则做出解释。戴庆厦、范丽君（2010）考察了藏缅语中因果复句的关联标记，并与汉语进行了对比，发现了一些特点。王春辉（2010）从类型学的角度考察了汉语条件句的关联标记及语序类型，指出汉语条件句以连词前置于条件小句为优势语序，这种语序模式与汉语的 VO 语序及使用前置词的语言类型特征相和谐。以上这些从类型学角度来研究复句关联标记的成果给了我们很大启发。所以我们决定也用类型学的眼光从关联标记的位置和复句语序的角度将把汉语与其他语言进行对比，以此来研究复句关联标记的使用状况。本章参考的资料主要是《中国少数民族语言简志丛书》、《中国的语言》和《中国新发现语言研究丛书》，一共考察了60种语言的因果复句关联标记的使用情况。

5.2 因果复句的关联标记类型和关联标记模式

5.2.1 因果复句的关联标记类型

关于复句的关联标记，我们最常见的就是一般所说的关联词语。王春辉（2010）根据前人的研究指出，从跨语言的角度来看，条件句的关联标记主要有以下几种：独立连接词，包括连词，具有连接功能的副词、动词、语助词（particles）等（Diessel，2001；Dryer，2005；Thompson etal.，2007：238）；动词形式，它包括附着形式（clitics）、词缀（affixes），以及内部屈折（Comrie，1986：87；Bhatt & Pancheva，2006：642）；语序（Bhatt &Pancheva，2006：659）和语调（Ferguson et al.，1986：6）。其中，连词又是最常见的形式。虽然作者讨论的是条件句的关联标记手段，但这几种关联标记的手段也是其他复句类型的主要标记手段，可以说是各类复句在关联标记类型上的一个共性。所以，因果复句的关联标记类型也主要有那么几种。为了便于说明问题，本书只考察独立连接词这种关联标记形式的使用情况，因为这是最显性、最容易识别的一类标记，用到这中标记的语言也是最多的。在我们统计的60种语言中，除了西部裕固语等个别语言没有明显的标记外，其他都有独立连接词形式的关联标记。下面我们举几种语言做例子。

汉语中的因果复句也主要使用连词和具有连接功能的副词来标记因果关系，例如：

（1）因为新闻不再报道，我就不再了解了。(《塑料男》,《花城》2011年第1期）

在藏语中，因果关系复句用 tsaŋ^{55} "因为"或者 theɛ^{14} tsaŋ^{55} "所以"连接。tsaŋ^{55} 加在前一分句的后面，theɛ^{14} tsaŋ^{55} 加在后一分句的前面，二者不

能连用。例如：

（2）the^{132}riŋ^{14}nɛ kuŋ^{132}saŋ^{52}taŋ^{55}tsaŋ^{55}, khoŋ^{55} joŋ^{14} ki^{52} ma^{132} re^{ʔ132}.
　　　因为今天开始放假，他不来了。

（3）lok^{132}tɕø^{ʔ52}peɲa^{52}nõ^{55} ɕe^{132} tʂa^{132} ɲaŋ^{14} ko re^{ʔ132}, tɕhɛ^{14} tsaŋ^{55} the^{132} thy^{ʔ132} tsho^{52} wa^{132} tɕi^{52} taci^{ʔ52} po^{52} tsaŋ^{55} nɛ jo^{ʔ132} ma^{132} re^{ʔ132}.
　　　因为受反动派的压迫，所以那时候生活一点儿都不愉快。

在景颇语中，复句的分句之间多半要用关联标记来连接，用来连接的关联词语，多数是连词，少数是副词、助词（戴庆厦、徐悉艰，1992：382），例如：

（4）yong^1 gum^{1}hpro^1 lu^1 sai ma^{1}jo^1, rai^2 ma^{1}ri ai ma^{1}sha^1
　　　大家　　钱　　有　了　因为　　东西　买　（结助）　人
la1ni^2 the^{①} la^{1}ni^2 grau lo^{②} sai.
一天　　和　　一天　　更　多　（句尾）。
　　　因为大家都有钱了，所以买东西的人一天比一天多了。

在苗语中，因果复句中的偏正分句，在偏句中用连词 paŋ^{13} "因为"，在正句用副词 tɕə^{31} "才"起关联作用；或者偏句不用连词 paŋ^{13} "因为"，只正句用副词 tɕə^{31} "才"起关联作用，例如：

（5）(paŋ^{13}) nen^{55} ki^{35}ki^{35} sei^{55} ɣu^{44}, taŋ^{55}to^{11} tɕə^{31} ɕi^{55} nen^{55} ə^{44}
　　　因为　　他　样样　也　好　大家　才　选　他　做
tɛ^{35}　pio^{55}. (苗语)
代　　表
　　　因为他样样都好，所以大家才选他当代表。

瑶族勉语中的因果复句用连接性关联词语来标记分句间的因果关系，例如：

（6）jom^1 wei^6 tei$^{6·2}$tsjou^3 po^5 so^6 je^{1}bwo^1 tshiuŋ^5 tɕom^6.（瑶族勉语）
　　　因　为　地主　剥　削　我们　才　穷
　　　因为地主剥削，所以我们才穷。

高山阿眉斯语用关联词 samaanən…salaw… "因为……所以……" 表示因果关系，通常只在主句前加 salaw，有时主句在前，从句在后。例如：

（7）samaanən　　tajraaj　　kisu,　　salaw　　tajra　　kaku.
　　　因为　　　　去了　　　你　　　所以　　　去　　　我
　　　因为你去了，所以我要去。

维吾尔语常用的表示因果关系的连词有 ʧynki "因为"，ʃuniŋ yʧyn、ʃuŋlaʃqa~ʃuŋa "所以、因此" 等。例如：

（8）mɛn　bygyn　ʃɛhɛrgɛ　barmaj　qaldim,　ʧynki　aʁrip　qalʁan　idim.
　　　我　今天　向城市　不去　我留下了　因为　病　留下的　我曾是
　　　我今天没能进城，因为我病了。

英语也常用连词 because、as、since 和 so 来表示因果关系，例如：

（9）As/Because/Since there was very little support, the strike was not successful.
　　　由于支持的人很少，罢工未获成功。

5.2.2　因果复句的关联标记模式类别

5.2.2.1　关联标记模式的理论分类

关于因果复句的关联标记模式，储泽祥、陶伏平（2008）曾经详细论述过汉语中的因果复句的关联标记模式，将其分为三种：第一种是居中粘接式，即 "因句，g- 果句" 模式（g 表示关联标记，下同）；第二种是居端依赖式，即 "g- 因句，果句" 模式；第三种是前后配套式，即 "g- 因句，g- 果句" 模式。该文还从跨语言的角度对比了十几种语言，并得出了其他各语言 "总体上看，也可以分为居中粘接式、居端依赖式和前后配套式三种情况" 的结论。

在储泽祥、陶伏平（2008）对因果复句的关联标记模式分类的基础上，将语序变化的情况纳入考虑范围，则按照数学的排列组合来推演的话，那么因果复句关联标记的模式在理论上可以有以下十六种可能的情况：

A. "因句，g-果句"模式
B. "因句，果句-g"模式
C. "g-因句，果句"模式
D. "因句-g，果句"模式
E. "果句-g，因句"模式
F. "g-果句，因句"模式
G. "果句，g-因句"模式
H. "果句，因句-g"模式
I. "g-因句，g-果句"模式
J. "因句-g，g-果句"模式
K. "g-因句，果句-g"模式
L. "因句-g，果句-g"模式
M. "果句-g，因句-g"模式
N. "果句-g，g-因句"模式
O. "g-果句，因句-g"模式
P. "g-果句，g-因句"模式

5.2.2.2 三分式分类

上面列出的这十六种因果关联标记模式首先可以根据关联标记是标在因句上还是标在果句上分成三大类：标因式，即只有一个关联标记，且标在因句上，包括C、D、G、H；标果式，即只有一个关联标记，且标在果句上，包括A、B、E、F；因果全标式，即有两个关联标记，且同时标在因句和果句上，包括I、J、K、L、M、N、O、P。对于这个分类，我们预测在实际使用中可能会存在下面这样一个倾向性等级：

标因式 > 标果式 > 因果全标式。

5.2.2.3 四分式分类

对于上面列出的十六种可能情况，我们还可以有另外一种分类方法。我们注意到，不管是标因式还是标果式抑或因果全标式，也不管是因句在前，还是果句在前，始终存在一个关联标记的位置特征，就是：关联标记要么在因句的句首或句末，要么在果句的句首或句末。所以我们可以据此把十六种情况分成四大类：因首式，即因果关联标记居于因句的句首，可以形式化为"g-因"；因末式，即因果关联标记居于因句的句末，可以形式化为"因-g"；果首式，即因果关联标记居于果句的句首，可以形式化为"g-果"；果末式，即因果关联标记居于果句的句末，可以形式化为"果-g"。

5.3 语序与关联标记模式的蕴涵关系

5.3.1 因果复句内部分句间的语序与标记模式的联系

因果复句中两个分句之间的语序有前因后果和前果后因两种，这两种不同的语序肯定会对因果复句的关联标记模式产生影响，下面我们将分别对两种语序对关联标记模式的影响进行考察。

5.3.1.1 前因后果语序与关联标记模式

在因果复句中，当因句在前的时候，理论上来说，关联标记模式可以有八种，分别是上面提到的A、B、C、D、I、J、K、L。其中前面四种只有一个关联标记，后面四种有两个关联标记，下面我们将这八种标记模式分为"单标式"和"双标式"两大类来进行考察，看是否每一种关联标记模式都存在，对于存在的关联标记模式，它们的优先序列是什么。

5.3.1.1.1 "单标式"的情况

A式："因句，g-果句"模式

采用这种标记模式的语言，在汉藏语系中是存在的，而且数量还不少，从我们调查的情况来看，一共有20种语言有这种标记模式。例如：

（10）他生病了，所以今天没来上课。（汉语）

（11）ło^{21}bo^{21}　du̠^{33}　la^{33}　o^{44}, ɕi^{21}ŋe̥^{44}　m̥(u)^{44}　du^{33}　ko^{33}　tsho^{33}
　　　　月　　　出　来　了　　因此　　　　地　下　人

bu̠^{33}　z̩^{33}　dʑi^{21}　　o^{44}.（彝语）
影　　　有　　　了

月亮出来了，因此地下有了人影。

（12）tɕhaŋ³¹　ŋɯ⁵⁵　tʏ³³　kho³³　sa³³,　the⁵⁵ tɕa³³a⁵⁵ ma³³
　　　　 别人　　 些　　 砍　　 全　　 完，　 所以

si³³tsɯŋ⁵⁵　a³¹　tɕa³³　ŋe⁵⁵.（桑孔语）
树　　　　没　有　助

别人全都砍完了，所以没有树了。（李永燧，2002：170）

（13）zoŋ³³　tsa³¹　an³¹,　u⁵⁵a³¹　zoŋ³³　ba³¹　tsa³¹　ɕi⁵⁵.（毕苏语）
　　　　他们　 吃　（助）　所以　 他们　 不　 吃　 想要

他们吃过了，所以他们不想吃。（徐世璇，1998：149）

（14）ki⁵³　ɯi⁵³　lai⁵⁵　giat³⁵　mɯ³¹　phʌi⁵⁵　ni⁵⁵,　wʌn³⁵xi⁵⁵　juŋ⁵⁵xɑ⁵⁵
　　　　我　 他　 话　 听见　没　 完　（语气）　因此　　 许多

tɯ³¹phi⁵⁵　wʌn³⁵　ki⁵³　kɯ³¹sɯt⁵⁵　mɯ³¹　ŋit⁵⁵　ni⁵⁵.（格曼语）（李大勤，2002：213）
事情　（助）　我　 清楚　 不　 知道　（助）

我没有听完她说的话，因此有些事情我不清楚。

B式："因句，果句 –g"模式

我们在调查的过程中，没有发现这种采用标记模式的语言。没有发现并不代表一定不存在，①但有一点可以肯定的是，即使存在，这也是一种非常受限制的模式。

C式："g– 因句，果句"模式

采取"g– 因句，果句"这种标记模式的语言也有一些，从我们调查的情况来看，一共有12种语言有这种标记模式。例如：

（15）由于他决策的失误，给公司造成了上千万元的经济损失。（汉语）

（16）vi²²　ə²¹⁴　ŋa²²　kɔ⁴⁵　viək²²,mə²²　ŋɔ¹¹　di³³　tsəm¹¹.（京语）
　　　　因为　 在　 家　 有　 事　 而　 我　 去　 慢

因为家里有事，我去迟了。

（17）As it was already rather dark, we decided to stop at the temple the night.（英语）

因为天已经相当晚了，我们决定再庙里待一夜。

---

① 我们注意到，储泽祥、陶伏平（2008）提到过在北美土著语言Tonkawa语里，时间从句在后时，关联标记"–l'ila"就可以出现在全句的末端，就只有这种语言的复句标记模式存在类B式。但因为不是因果复句，所以我们暂且不讨论。

D式:"因句-g,果句"模式

采用"因句-g,果句"这种标记模式的语言很多,从我们的调查情况来看,一共有35种语言有这种标记模式,占所调查的语言种类总数的58.33%。例如:

(18) tshŋ³³ hi²¹ ndzi³³ kɔ³³ ta³³, kha⁴⁴di³³ŋi³³ tshŋ⁴⁴ gɯ³³ a²¹ tshe³³.(彝语)
　　　他　说　快　太　因　大家　　　他　听　不　清
　　因为他说得太快了,大家都听不清楚。

(19) ŋa⁵⁵ du³³ mi³¹ŋe³¹ ɔ⁵⁵ mɯ³¹ a⁵⁵ne⁵⁵, da⁵⁵dʑa³³ ŋe³¹e⁵⁵ dzo⁵⁵
　　　咱们　活　干　好　因为　大家　越发　在
sa⁵⁵ la⁵⁵ a³³.(哈尼语)
好　来　了
　　由于咱们的活计搞得好,大家(的日子)越发好过了。

(20) a³¹ ba³¹ mi³¹ tsha³¹ ma⁴⁴ pɯ⁵⁵ do⁴⁴, e⁵⁵ la³³ ma³¹ mɯ³³ ua⁴⁴.(傈僳语)
　　　阿　爸　活　忙　(助) 因为　他　来　不　空　了
　　因为爸爸活忙,他没空来了。

(21) tsa³¹ thɔ⁵³ tse⁵³ tsa³¹ xv³³ qha⁵³ xv³³ da²¹ ve³³　pa³³ tɔ³³, ɔ³¹
　　　扎　妥　牲　畜　善　养　(助) 因为　(所以)
va³¹ ba²¹ tsɔ³¹ ve³³ ɔ³¹ ɣu²¹ phɛ²¹ se³¹ ve³³ zu³¹.(拉祜语)
万　元　有 (助)　户　成　(助)
　　因为扎妥善于饲养牲畜,所以成了万元户。

(22) tʃã³¹khʒu³¹ ai³³ mã³¹tʃo³¹, mã⁵⁵tʃap⁵⁵ n³³ mai³³ ʃa⁵⁵ sai³³.
　　　咳嗽　(句尾) 因为　辣椒　不　可以　吃 (句尾)(景颇语)
　　因为咳嗽,所以不能吃辣椒了(戴庆厦、徐悉艰,1992:240)

(23) a³¹pzo⁵⁵ ma³¹ tat⁵⁵ xɔʔ³¹, ɛɔʔ³¹ ɛi ʔ³¹ tɕɯm⁵¹ ko³¹ lai³⁵.(阿昌语)
　　　字　不　会　因为　学习　很　难 (助)
　　因为不识字,所以学习很难啊。

(24) ɛ⁵⁵zue⁵⁵ iɛ¹³ zɔ⁵⁵ze¹³ qo¹³ sɛ¹³sɔ¹³ py⁵⁵ʐɯɯ⁵⁵ ga¹³uaʒe¹³, ɛ⁵⁵za⁵⁵
　　　我们 (助词) 劳动　很　努力　(后加) 因为　我们
dzɯ⁵⁵i⁵⁵ thiɛ⁵⁵i⁵⁵ ti¹³ni¹³ to⁵⁵ ti¹³ni⁵⁵ tiɛ⁵⁵pu⁵⁵ dzau¹³ʐɯɯ⁵⁵.(普米语)
吃的　喝的　一天 (助词) 一天　富　出现(后加)

因为我们努力劳动，所以我们的生活一天比一天富裕起来。

（25）muɯ³¹lɔŋ⁵³ muɯ³¹ gɑm⁵³ mi⁵⁵, tɑn⁵⁵ni⁵⁵ tɕe⁵³ duŋ⁵⁵.（独龙语）
　　　路　　（前加） 好　因为　　今天　　才　到

因为路不好（走），所以（我）今天才到。

（26）ta³¹ɕi⁵³ nam³⁵　then⁵⁵po⁵³ tsho?⁵³kho⁵³ ko⁵⁵we³¹, pe³⁵ chem⁵³
　　　今天　　雨　　　大　下（后加）　　因为　　他　　家

ka³¹　tap⁵³ ra³⁵cu?⁵³　mo³⁵no?³⁵.（门巴语）
（助词）回来（后加）　（助动）

因为今天下大雨，所以他不回家。

（27）tʂhɯ³³ ȵi³³ xɯ³¹ gɯ³³ tsɯ³³ gɯ³¹ nɯ³³, ŋə³¹ sa³³ pu⁵⁵ tʂhɯ³¹
　　　今天　　雨　　下　　因为……所以　　　我　伞　带　来

mv³¹.（纳西语）
（助词）

因为今天下雨，所以我才带伞来。

根据我们的统计数据，如果因果复句只使用了一个标记的话，那么在前因后果语序的因果复句中，四种可能的关联标记模式呈现出这样一个等级序列：D 式 >A 式 >C 式 >B 式。① 即使用 D 式的语言是最多的，A 式其次，C 式再次之，B 式没有。

5.3.1.1.2 "双标式"的情况

Ⅰ式："g- 因句，g- 果句" 模式

采用这种关联标记模式的语言在因果全标式里面种类是最多的，在我们调查的语言中一共有 15 种有这种标记模式，例如：

（28）因为小熊座靠近北天极（即天球的北极），所以地球北半球的大部分地区一年四季总能看到它。（《中国儿童百科全书》）

---

① 这里的统计数据之和加起来大于我们调查的语言总数 60，但并不矛盾，因为有的语言同时兼有几种标记模式，我们在统计时将其都计算在内了，比如汉语兼有 A 式和 C 式，我们在统计 A 式的时候将汉语算一种语言，在统计 C 式的时候又将汉语算一种语言。

（29）vi²² hom³³nai³³ mɯə³³,（nen³³） tsuŋ⁴⁵toi³³ khoŋ³³ ja³³
　　　因为　今天　雨　（所以）　我们　不　出
biən²¹⁴dɯək²².（京语）
海　得
　　　因为今天下雨，所以我们不能出海。
（30）samaanən tajraaj kisu, salaw tajra kaku.（阿眉斯语）
　　　因为　　去了　你　所以　去　我
　　　因为你去了，所以我要去。
（31）khɯ mɔh ʔaŋ nɔh hɔik, ʔɣʔ kɯm ʔaŋ hu.（佤语）
　　　因为　是　不　他　来　我　所以　不　去
　　　因为他不来，所以我不去。
（32）ɣn¹ hak² ka²⁴ tɕai⁴ xɛn³, taŋ¹ xɛn³ pun² ŋom¹.（布朗语）
　　　他　因为　努力　学习　所以　学习　得　好
　　　因为他努力学习，所以成绩好
（33）gɔp di kɔn rɔːt ʔo tɕhɣʔ rɛʔ ʔun laʔ giaŋ.（德昂语）
　　　因为　他　要　来　我　所以　等　留　里　家
　　　因为他要来，所以我在家里等着。
（34）jən¹jui⁶ maːu⁶ kwe² saːn⁴tən¹ ɕo²ɕi², so⁴ji⁴ i¹ man¹
　　　因为　　他　不　努力　学习　所以　一　天
i¹ man¹ ta⁶lən² la⁴.（侗语）
一　天　落后　了
　　　因为他不努力学习，所以一天一天地落后了。

J 式："因句 -g, g- 果句"模式

这种标记模式我们在调查中发现了，但是数量很少，我们只发现鄂温克语、乌兹别克语、扎巴语和载瓦语有这种标记模式。我们看看下面的例子：

（35）sisəni imiʧʃi niŋ manawusa ənnəgəŋ ooddiwi bʉ
　　　汽车　　油　　是　没　因为　　所以　　我们
jooxoŋ ulisəmune.（鄂温克语）
徒行　　走

因为汽车没有油了，所以我们是步行走的。（朝克，1995：178）

（36）ʃi   bejni   ʉgwʉ   əʃiɲdi   gada   ənnəgəŋ   ooddiwi   bəjdʉ
　　　你　　人　　话　　不　　要　　由于　　所以　　人
ʃiʃirəwʉnde.（鄂温克语）
讨厌

由于你不听人话，所以人们讨厌你。

（37）ŋa⁵⁵   m̥ui³¹mui⁵⁵   ʂka⁵⁵   mtsha³¹ɲi⁵⁵,   tə³⁵mtshu³¹   ŋa⁵⁵zɿ³⁵
　　　我　　很　　累　　因为　　　　所以　　我
ɕho⁵⁵ kə³⁵   ma⁵⁵   ntɕhe³¹   ze³¹.（扎巴语）
去（助）　　否定　　想　　（助）

因为我实在太累了，所以不想去。

（38）a²¹tsiŋ⁵⁵   te⁵¹   vun⁵¹   mjo²¹   mu⁵¹   lui⁵⁵   khjo⁵¹   so⁵⁵   a²¹
　　　东西　　太　　背　　多　　由于　　所以　　路　　走　　不
ŋon⁵⁵.（载瓦语）
舒服

由于背的东西太多，所以走起路来不舒服。

K式："g–因句，果句–g"模式

这种标记模式我们在调查中没有发现。

L式："因句–g，果句–g"模式

这种标记模式我们在调查中也没有发现。

因此，我们调查的结果是，在"双标式"的前因后果语序的因果复句中，I式这种标记模式最多，J式其次，K式和L式没有发现，也即存在下面这样一个等级序列：I式>J式>K式/L式。

5.3.1.2　前果后因语序与关联标记模式

上面我们调查了因果复句中因句在前、果句在后的语序跟关联标记模式之间的关系，接下来我们再看看当果句在前、因句在后的时候，关联标记模式的情况是怎么样的。就因果复句内部分句间的语序来说，"因句—果句"语序是常规语序（从我们调查的情况来看也是"因句—果句"语序为大部分语言采用的常规语序），"果句—因句"语序相对"因句—果句"语序来说是有标记的，一般有特殊的语用意义。所以我们预测这种语序和关联标记模式之间的组配会更受限制。下面我们还是分成"单标式"和"双标式"来进行考察。

5.3.1.2.1 "单标式"的情况

E式："果句 -g，因句"模式

有这种标记模式的语言很少，我们在调查的过程中就发现布农语的因果复句关联标记模式中的一种大致可以看作这种标记模式，即上分句的连词省略，只在句末用"i"结句，用以提示下分句表原因，"i"要与上分句的连接成分连读。例如：

（39） hud a ʃaia maʃ iu i, madahpa a iʃaitia a buŋu.（布农语）
　　　喝（助）他（助）药　疼　（助）他的（助）头
　　　他吃药，因为他头疼。

（40） niik hanup aituhanian i, huhudan.（布农语）
　　　不我　打猎　　今天　　　　下雨
　　　我今天不去打猎，因为下雨。

F式："g- 果句，因句"模式

布农语的因果复句上分句句首可以用"Aitunauv"，并以"i"结句，表结果，同时提示下分句表原因，"i"要与上分句连接成分连读。例如：

（41） aitunauv madahpa a tian i, kutʔah a ʃaia maʃ taŋkui.（布农语）
　　　因此　　疼　（助）肚　生吃（助）他（助）黄瓜
　　　他肚子疼，是因为吃生黄瓜。

（42） aitunauv a puan ukaʃ haimaŋʃut i, makaʃa a ʃaia
　　　因此　（助）布安　没有　东西　　　懒　（助）他
tu bunun.（布农语）
（助）　人
　　　布安什么东西也没有，是因为他很懒。

G式："果句，g- 因句"模式

具有这种标记模式的语言有一些，但是没有语言只有这一种标记模式，这种标记模式往往只是其中不太常用的一种。例如：

（43）mɛn bygyn ʃɛhɛrgɛ barmaj qaldim, ʧynki aʁrip qalʁan idim.
　　　我　今天　向城市　不去我留下了　因为　　病　留下的　我曾是
　　　我今天没能进城，因为我病了。（维吾尔语）

（44）bygyn sizge atəmdə bere albajmən, antkeni menin
　　　今天　向您　把马　　不能给　　　因为　　我的
atəmdə baʃqa biro minip ketti.
马　　其他　一个　骑　　去了
　　　今天我不能把我的马借给您，因为我的马让别人骑走了。（柯尔克孜语）

（45）tsoŋ³ khui³tshia¹ hei¹, han³ fa³ fun¹.（黎语）
　　　坐　汽车　　去　因为 天　雨
　　　因为下雨，坐汽车去。（中国的语言：1349页）

（46）takupən nuja wawa ku wama ira, nipaʃəli tu sauŋ,
　　　赶上　　那　孩子（助）父亲 他的　给　　（助）伞
samaanən taraəta?aj tu ku ?uraɬ.（阿眉斯语）
因为　　　掉下来　（助）（助）雨
　　　那孩子追上父亲，把伞给他，因为下雨了。

H 式："果句，因句 –g"模式

使用这种模式的语言有一些，但例子相对较少，而且多是出于语用的需要把果句调到前面而形成的。戴庆厦、范丽君（2010）指出，果句在前主要是为了强调结果。例如：

（47）tsaùd ʁa qa tɕa-ʁla-zə-n ba, qa me-zde qu le
　　　现在（时间）我　别耽误　（语气）我　不空　很
ɕi.（羌语曲谷话）
因为
　　　现在别打扰我吧，因为我忙得很。

下面一个景颇语的例子，其更能够体现这种对结果的强调，根据我们查找的资料来看，景颇语正常的标记模式是"因句 –g，果句"模式，如上面的例（5）和例（6）。但是为了强调结果，也可以把因句和果句的顺序调换过来，在原因分句的后面加动词"re31"（"是"）。例如：

（48）u^{31} phʒoŋ^{33} mat^{31} sai^{33}, mǎ^{55} ni^{55} tɕiŋ^{33}kha^{33} n^{55} la^{31} n^{31} na^{55} ʒe^{51}.
　　　鸡　跑　　掉　（句尾）昨　天　　门　　没　关　因为　　是
　　　鸡跑掉了，因为昨天没关门。（戴庆厦、范丽君，2010）

5.3.1.2.2 "双标式"的情况
M 式："果句 –g，因句 –g"模式
这种标记模式我们在调查过程中没有发现。
N 式："果句 –g，g– 因句"模式
这种标记模式我们在调查过程中没有发现。
O 式："g– 果句，因句 –g"模式
这种标记模式我们在调查过程中没有发现。
P 式："g– 果句，g– 因句"模式
采用这种标记模式的语言最典型的是汉语，例如：

（49）我之所以会吃惊，是因为没有想到会在北京遇见他。（北大语料库）

在"果句—因句"语序的复句中，采用"双标式"的标记模式的情况很少，只发现了 P 式的使用实例，而且也只在汉语中有发现，其他都没有。

从以上我们考察的结果来看，对于因果复句内部分句间的语序与关联标记模式的关系，我们基本可以得出以下几个结论。

第一，因果复句中分句之间的语序，以因句在前果句在后的语序占绝对优势，是常规语序，而果句在前因句在后的语序一般带有特殊语用价值，是有标记的语序，所以"因句—果句"语序的标记模式更加多样化，而"果句—因句"语序的标记模式的使用则很受限制。

第二，从整体来看，关联标记标在因句上的是最多的，其次是标在果句上的，最后是因果全标式。这证明了我们前面的一个猜测，即存在这样一个倾向性等级：标因式 > 标果式 > 因果全标式。

第三，不管关联标记是单独的还是配套的，关联标记基本上不会出现在果句末的位置上,尤其是当因句在前果句在后的时候。

第四,当只有一个关联标记时,关联标记出现在因句的句首和句末的例子最多,不管是因句在前还是因句在后;其次常出现的位置是果句的句首,但是一般限于因句在前、果句在后的情况。当果句在前、因句在后时,关联标记倾向于出现在因句句首。当使用因果全标式的时候,I式("g-因句,g-果句"模式)是最常用的标记模式。

5.3.2 动词和宾语的基本语序与关联标记模式的蕴涵关系

在语言类型学的研究中,动词和宾语之间的基本语序是最重要的一个参项,基本语序的变化会影响到很多的句法结构。所以我们本节将从基本语序的角度来考察它与因果复句关联标记模式之间的关系,也就是考察不同的基本语序会对因果复句关联标记模式产生什么影响。根据 Dryer(1997),我们可以把六种基本语序归纳为两类,即 VO 语序和 OV 语序,下面我们将针对这两类语序分别进行考察。

5.3.2.1 VO 语序与关联标记模式的蕴涵关系

从我们考察的结果来看,采用 VO 语序作为基本语序的语言,在因果复句的关联标记模式上有一些共同的特点,主要有如下一些。

第一,在 VO 型语言中,因果复句关联标记更多地出现在因句的句首位置,即采用 C 式("g-因句,果句"模式)的语言基本都是属于 VO 语序的语言,此外,也有少量的采用 G 式("果句,g-因句"模式)的。所以,总的来说,这一特征可以概括为:VO 型语言倾向于使用"因首式",即"g-因"标记模式,如苗语、勉语等。

第二,在属于"因果全标式"的那几种标记模式中,特别是 I 式("g-因句,g-果句"模式)和 P 式("g-果句,g-因句"模式),从我们调查的情况来看都会出现在 VO 型语言中,其中最典型的是汉语。

第三,VO 型语言比较排斥关联标记单独出现在果句上的模式,但当因句在前、果句在后时,则 A 式("因句,g-果句"模式)的用法成立,如英语和汉语都有此种情况的例子。

宽泛地来看,根据以上这些特点,我们可以概括出一个蕴涵共性,即:如果一种语言的基本语序是 VO 语序,那么它的因果复句标记模式倾向于采用"因首式"。如果我们把 VO 语序与因果复句的关联标记模式的关系和因果复句内部分句语序与关联标记模式的关系结合起来考虑的话，似乎可以得出这么一个蕴涵共性：如果一种语言的基本语序是 VO 语序，并且它的因果复句内部分句间的语序多为"因句—果句"语序，那么这种语言的因果复句的关联标记模式倾向于采用"g- 因句，果句"模式或者"g- 因句，g- 果"模式。这个蕴涵共性我们可以形式化为：

（VO &"因句—果句"语序）⊃（g- 因句，果句 ∨ g- 因句，g- 果）

5.3.2.2　OV 语序与关联标记模式的蕴涵关系

从我们考察的结果来看，采用 OV 语序作为基本语序的语言，在因果复句的关联标记模式上主要有如下一些共同的特点。

第一，在 OV 型语言中，因果复句关联标记更多地出现在因句的句末位置，即属于 OV 语序的语言基本都采用 D 式（"因句 -g，果句"模式），如藏缅语族的语言就基本上都采用这种标记模式，也有少量的几种语言采用 G 式（"果句，g- 因句"模式），如维吾尔语和柯尔克孜语。此外，出于特殊语用的需要还可以采用 H 式，即"果句，因句 -g"模式，如例（47）中的羌语曲谷话。所以，总的来说，OV 型语言倾向于使用"因末式"，即"因 -g"标记模式。

第二，OV 型语言一般不太采用"因果全标式"的标记模式，从我们的调查来看，只有少数几种语言有 J 式（"因句 -g，g- 果句"模式），如乌兹别克语，但这种模式也不是他们主要的标记模式。

第三，OV 型语言也比较排斥关联标记单独出现在果句上，但当因句在前、果句在后时，则 A 式（"因句，g- 果句"模式）的用法成立，如维吾尔语就有此种情况的例子。

宽泛地来看，根据以上这些特点，我们可以概括出一个蕴涵共性，即：如果一种语言的基本语序是 OV 语序，那么它的因果复句标记模式倾向于采用"因末式"，不太采用"因果全标式"。如果我们把 OV 语序与因果复句的关联标记模式的关系和因果复句内部分句语序与关联标记模式的关系结合起来考虑的话，似乎也可以得出这么一个蕴涵共性：如果一种语言的基本语序是 OV 语序，并且它的因果复句内部分句间的语序多为"因句—

果句"语序，那么这种语言因果复句的关联标记模式倾向于采用"因句 –g，果句"模式。这个蕴涵共性我们可以形式化为：

（OV &"因句—果句"语序）⊃（因句 –g，果句）

5.4 对语序与关联标记模式蕴涵关系的理论解释

通过考察因果复句内部分句间的语序与标记模式的联系和动词、宾语基本语序与关联标记模式的联系，我们总结了一些规律，并且将其概括成两个蕴涵共性。下面我们将尝试对此做一点解释。

5.4.1 时间顺序原则和联系项居中原则

5.4.1.1 时间顺序原则与关联标记模式

时间顺序原则指的是两个句法单位的相对次序决定于它们所表示的概念领域里的状态的时间顺序（戴浩一，1988）。因果复句中的"因句—果句"语序正好符合时间顺序原则，因为任何事情都是先有原因后有结果的，这样的语序最符合认知策略，所以在因果复句中，大部分语言都以因句位于果句之前为正常语序，这是一种无标记状态（default）的语序。与Greenberg（1963）的共性14"在条件陈述句中，所有语言都以条件从句处于结论之前为正常语序"非常类似，这两种复句的正常语序都遵循着时间顺序原则的认知规律，能够很好地适应现实世界和人们表达的需要。因而这种语序下的标记模式也更加多样化，关联标记既可以标在因句上，也可以标在果句上，还可以因句果句全标，甚至可以没有标记。例如：

（50）qar　　dʒawəp，　kyn　　suwətəp ketti.（哈萨克语）
　　　 雪　　 下　　　 天气　　冷
　　　 下雪了，天气冷起来了。

上面这个例子就没有使用关联标记，而是直接按照时间顺序原则靠意合法来表达因果关系的。

而"果句—因句"语序则违背了时间顺序原则，不符合认知策略，增加了信息处理的难度。因此它必须加上标记，以降低信息处理的难度，这符合"难度标记对应律"（陆丙甫，2011；郭中，2007；郭中，2012），而在此种语序下，标记模式很受限制，好几种标记模式无法出现在这种语序的因果复句中。一般而言，我们只在有强调结果等特殊语用需要的时候才会采用这种语序。例如：

（51）tsa:d　ʁa　　qa　tɕa-ʁla-zə-n　ba,　qa　me-zde
　　　现在　（时间）　我　别耽误　（语气）　我　不空
qu le　ɕi.（羌语曲谷话）
很　因为

　　　现在别打扰我吧，因为我忙得很。

5.4.1.2　联系项居中原则与关联标记模式

虽然"果句—因句"语序违背了时间顺序原则，跟标记模式的结合很受限制，但还是有一部分适用于"果句—因句"语序的标记模式存在的，这是因为还有另一个原则在起作用，那就是 Dik（1997）提出的联系项居中原则。它包含两个子条的语序原则（刘丹青，2003：69）。

联系项的优先位置为：(i) 在两个被联系成分之间；(ii) 如果联系项位于某个被联系成分上，则它会在该被联系成分的边缘位置。

联系项居中原则的作用可以弥补分句语序偏离造成的句法漏洞。当果句在前、因句在后的时候，关联标记要居中，就必须位于果句的后面或者因句的前面，如此才能起到联系项的作用，否则句子就很难成立。例如：

（52）aitunauv　madahpa　a　tian i, kutʔah　a　ʃaia　maʃ
　　　因此　　　疼　　（助）肚 生吃　（助）他　（助）
taŋkui.（布农语）
黄瓜

　　　他肚子疼，是因为吃生黄瓜。

当关联标记"aitunauv"出现在果句的句首时，果句末还必须加上一个成分"i"，表结果，同时提示下一分句表原因，否则便不合法。成分"i"在这里就是起一个联系项的作用。

一个句子可以同时遵循时间顺序原则和联系项居中原则，这样的结构是最稳定、应用最广泛的，如标记模式中的 A 式（"因句，g– 果句"模式）和 D 式（"因句 –g，果句"模式）；也可以只遵循其中一个而违背另一个，这样的结构就比较受限制，不太稳定，不一定会出现在实际语言环境中，如 B 式（"因句，果句 –g"模式）、C 式（"g– 因句，果句"模式）和 G 式（"果句，g– 因句"模式）；但是如果两个都违背的话，句子就很难成立，如 O 式（"g– 果句，因句 –g"模式）。

5.4.2 历时的语法化动因与共时的和谐理据

历时的语法化动因其实与共时的和谐理据是有密切联系的，所以我们把这两点放在一起来进行解释。关于这二者之间的相关性，刘丹青（2003：148）也有提及。

5.4.2.1 历时的语法化动因与关联标记模式

我们这里说的因果复句的关联标记，主要指的是连词。根据 Liu 和 Peyraube（1994），连词和动词、介词之间存在一个语法化的斜坡，即动词 > 介词 > 连词，也就是说连词是由动词虚化为介词再虚化成的，吴福祥（2003）也讨论到了这个问题。所以连词与动词和介词之间有着天然的联系。连词虽然已经虚化了，但是它的位置特点仍然保留了一些动词的特性，这样一来连词的语序位置跟动词的语序位置一致也就不足为奇了。这也就能解释我们前面提到过的 VO 型语言倾向于使用 C 式（"g– 因句，果句"的标记模式），而 OV 型语言倾向于使用 D 式（"因句 –g，果句"的标记模式）。关联标记与小句之间的位置和关系就相当于动词和宾语之间的位置和关系。

5.4.2.2 共时的和谐理据与关联标记模式

和谐（harmony）这一概念在 Greenberg（1963）刚刚提出时的解释是"跟泛化（generalization）这一心理学概念有关"，指的是"在相似的结构中，对应的成分倾向于出现在相同的语序中"（刘丹青，2003：35）。按照这个定义，我们这里讨论的 C 式（"g– 因句，果句"的标记模式）就与 VO 语序是相和谐的，而 D 式（"因句 –g，果句"的标记模式）则与 OV 语序是相和谐的。其实这里的共时的和谐理据正来源于历时的语法化动因，刘丹青（2003：148）也指出，连词和介词在历史来源上的相关性可能是造成两者相和谐的原因之一。连词的语序和介词的语序相和谐，而介词的语序与动词和宾语的语序相和谐，所以连词的语序也与动词和宾语的语序相和谐。因此，宽松地来看，VO 语序与"因首式"的语序是相和谐的，OV 语序与"因末式"的语序是相和谐的。

5.4.3 象似性原则和经济性原则

象似性原则和经济性原则是一对竞争性动因（Croft，2003：102）。它们在因果复句的关联标记模式中共同起作用。

5.4.3.1 象似性原则与关联标记模式

形式和意义总体上的对称就是语言结构的"象似性"（沈家煊，1999：325）。因果复句的关联标记和因果关系的意义之间实际上也可以具有一种象似性，关联标记和"关联作用"之间同样可以具有一种象似性。具体而言，"因果全标式"的关联标记模式就符合象似性原理，即因句的标记对应因句的关系意义，果句的标记对应果句的关系意义。而且从这个角度来说，"因果全标式"的关联标记模式要比"标因式"或者"标果式"更符合象似性原理。从另一个角度来说，关联标记要发挥"关联作用"，其最佳位置就是两个分句的中间，这也是一种象似性。如果把这两个角度综合起来考量，那么在因果复句中既是"因果全标式"，又是关联标记居中的标记模式的象似性应该是最高的，如 J 式（"因句 –g，g– 果句"模式）和 N 式（"果句 –g，g– 因句"模式）。其次是只有一个标记居中的或者因果全标但是标记不居中的标记模式，最不符合象似性的是只有一个标记而且标记不居中的。所以如果单纯从象似性程度来排序的话，则关联标记模式有如下等级序列：J/N>I/L/M/P>A/D/E/G>K/O>B/C/F/H。然而，实际语用环境中的情况并不是这样，因为在实际语用环境中，不仅仅只有象似性在起作用，其他因素也会对关联标记模式产生制约，其中一个跟象似性对立的重要因素就是经济性原则。

5.4.3.2 经济性原则与关联标记模式

经济性原则要求表达形式尽可能地少（Croft，2003：102）。这条原则反映到复句的关联标记模式中的结果就是，在不影响语义关系判断的前提下，标记可以省略的尽量省略。正是因为这条原则的作用，所以会有 A–H 8 种只有一个关联标记的标记模式。在经济性原则的作用下，全部的关联标记都被省略掉的情况也有可能出现。例如：

（53）汽车抛锚了，我们只好步行赶到目的地。

（54）qar dʒawəp, kyn   suwətəp ketti.（哈萨克语）
      雪   下   天气   冷
      下雪了，天气冷起来了。

5.4.3.3 象似性原则和经济性原则相互作用下的关联标记模式

我们前面分析了象似性原则和经济性原则分别对因果复句关联标记模式有何影响，而在实际语用环境中，它们并不是相互独立起作用的，而是一起作用于句子的句法结构，而且相互竞争。也就是说，象似性原则为了尽可能精细地表达语义关系，要求尽可能一个意义对应且只对应一个形式，反之亦然，同时还要求相应的功能对应相应的位置；而经济性原则要求用尽可能少的形式来表达尽可能多的意义。这样一来，矛盾就产生了。在其他一切条件相同的情况下，如果一种标记模式只满足象似性原则或者只满足经济性原则，它有可能可以存在也有可能无法存在；如果一种标记模式既不满足象似性原则也不满足经济性原则，那它就无法存在；如果一种标记模式两个原则都满足的时候，那么它就能广泛存在。

在因果复句的关联标记中，如果同时考虑象似性原则和经济性原则，那么合适的关联标记模式就只有关联标记只有一个并且位于两个分句的中间，也就只有 A、D、E、G 这四种模式。但是在实际语料中，E 式和 G 式的例子并不多，而 A 式和 D 式的例子是最多的。这是因为 A 式和 D 式比 E 式和 G 式符合的动因更多，除了符合象似性原则和经济性原则外，还符合我们上面提到的时间顺序原则和联系项居中原则，还与动词和宾语的语序相和谐。

5.5 结语

在本章中，我们考察了因果复句关联标记模式与语序之间的关系，得出了如下两个蕴涵共性。

共性一：(VO & "因句—果句"语序) ⊃ (g-因句，果句 ∨ g-因句，g-果句)

共性二：(OV & "因句—果句"语序) ⊃ (因句-g，果句)

这两个共性实际上也反映了在因果复句的关联标记模式中，"g-因句，果句"、"g-因句，g-果"、"因句-g，果句"这三种模式是优势模式，它们不仅在蕴涵逻辑上是优势的，而且在实际的语用环境中也是使用频率最高的。它们之所以是优势模式，是因为它们符合的上面提及的动因数量更多。

此外，据我们初步观测推断，这两个共性可以扩展到所有偏正复句中，构成如下共性：

共性三：(VO & "偏句—正句"语序) ⊃ (g-偏句，正句 ∨ g-偏句，g-正句)

共性四：(OV & "偏句—正句"语序) ⊃ (偏句-g，正句)

但由于时间关系，对于上述两种共性，本书尚未来得及对此进行深入研究，这是我们下一步需要做的。

第六章　结语

　　本书主要围绕汉语方言复句的关联标记模式的类别特征展开，对众多方言的复句及其关联标记模式进行搜集和整理，同时在句法语义相互验证的思路和方法以及语言类型学等相关理论的指导下，通过汉语方言与普通话的对比、汉语方言与非汉语的比较，探求和总结汉语方言复句关联标记模式的类型学特点，并就相关问题进行解释和说明。我们再回顾梳理一下全书的内容。

　　第一章是引论部分，交代了本课题的研究意义、研究目标和研究内容，还有研究所需要用到的方法和理论，然后说明语料的来源。接着厘清了本书涉及的"连"这个重要概念，即复句的概念和关联标记的概念。最后从多个角度对汉语复句关联标记研究已经有的一些研究成果进行了一个综述。

　　第二章是复句的关联标记模式，首先介绍了复句关联标记模式的手段，考察其主要用什么样的关联标记，是使用连词、副词，还是用固化短语或者语序、语调等；再是关联标记的句法位置，是在句首、句中还是句末，是用在主语前还是主语后；最后是关联标记的模式类型，考察其是居中粘接式、居端依赖式还是前后配套式。

　　文章的主体内容也就是第三章、第四章和第五章一共三章的内容。在第三章中，我们把普通话中的复句一共分成了七类，并对每一类复句的关联标记模式进行了细致的分析讨论。在分析每一类复句的关联标记模式的时候，我们总结出了在汉语普通话中复句关联标记模式的三种基本类型其各自的特点以及它们之间的关系。总体来说，在汉语普通话中，使用关联标记的复句，最常采用的标记模式是居中粘接式，其次是前后配套式，最不常采用的模式是居端依赖式。所以这三者在普通话的复句中的地位是不一样的，我们可以把它们按照使用频率或强弱势程度排成如下等级序列：

（1）居中粘接式 > 前后配套式 > 居端依赖式

这个序列的意思就是越往左，关联标记模式越强势，越常被采用，越往右，则越弱势，越少被采用。对这个序列还可以作另一种解读，即如果某一类复句有这个序列中的某一种关联标记模式，那么它一定还有这个关联标记模式左边的标记模式。反之不成立，即不能说如果某一类复句有这个序列中的某一个关联标记模式，那它也一定也有这个关联标记模式右边的标记模式。从这个解读我们可以看到，其实这个等级序列暗含了一个隐性的蕴涵共性。这个等级序列在普通话中是适用于所有类别的复句的，所以这是我们总结出来的汉语普通话的复句关联标记模式所遵循的一个基本规律。

这个普通话中复句关联标记模式的等级序列存在的动因是多方面的。我们在前面论述过这三者的理解难度系数，其中居端依赖式的难度系数是最大的，其次是前后配套式，难度系数最小的是居中粘接式。所以从大脑对信息的处理这个认知的角度来说，也很容易理解为什么居端依赖式处于序列的最右端。这也是由居端依赖式这种标记模式本身的特点决定的，有这种模式的关联标记都需要位于整个复句的句首，取消前一分句的独立性使得其跟后面一个分句形成依赖，这就决定了居端依赖式这种标记模式有一个天然的致命弱点，那就是关联标记离后一分句的距离太远，不容易反映前后之间的语义关系，大脑对它的信息加工处理难度也比较大。所以为了降低信息处理的难度，我们往往会在后一分句的句首再加上一个关联标记，从而构成前后配套式，这种标记模式最符合似性原则，大脑处理起来最省力，但是不符合经济性原则。而居中粘接式在中间加一个关联标记来标示其前后分句之间的关系，是最经济的办法，大脑处理起来也相对容易，因为关联标记离前后都不太远。居中粘接式这种标记模既符合象似性原则，又符合经济性原则，而且还符合联系项居中原则。所以这种标记模式易成为强势模式。而居端依赖式既不符合象似性原则，又不符合经济性原则，而且还违背联系项居中原则，所以这种标记模式是最受限制的。

除了总结出这个倾向性等级序列之外，在第三章中我们还对居中粘接式进行了更详细深入的分析。这种关联标记模式除了标准的 S（s_1，Ms_2）形式的居中粘接式之外，还有三种变体，第一种是关联标记用于两个独立的复句或单句中间，且依附在后一个复句或单句的句首，与后一个复句或单句之间没有标点符号隔开，我们可以把它形式化为 S$_{变体一}$（S_1。MS_2）。第二种就是关联标记用于两个独立的单句或者复句中间，且靠向后一个单句或复句的句首，但是与后一个单句或复句之间有逗号隔开，我们可以把它形式化为 S$_{变体二}$（S_1。M，S_2）。第三中变体就是关联标记用于复句内部的两个分句中间，且靠向后一个分句的句首，但是与后一个分句之间有逗号隔开，我们可以把它形式化为 S$_{变体三}$（s_1，M，s_2）。

我们通过对七大类别的复句进行逐一考察后发现，标准的 S（s_1，Ms_2）形式的居中粘接式在所有类别的复句中，其使用频率是最高的，而其他三个变体的使用频率整体上大致呈如下序列：

（2）S$_{变体一}$（S_1。MS_2）＞S$_{变体二}$（S_1。M，S_2）＞S$_{变体三}$（s_1，M，s_2）

标准的居中粘接式在使用频率上也是最高的，不管在哪一类复句中都一样，这里的使用频率高包括两个方面，一个是有这种标记模式的关联标记数量多，另一个是采用这种标记模式的用例多。这说明它是一种优势关联标记模式。在这三种变体中，变体一式 S$_{变体一}$（S_1。MS_2）不仅从实际例子的数量上来看是三者中最多的，而且有这个变体用法的关联标记也是最多的，变体二式 S$_{变体二}$（S_1。M，S_2）在使用频率上是三者中第二高的，而变体三式 S$_{变体三}$（s_1，M，s_2）则是使用频率最低的模式。在七大类别的复句中，除了条件复句外，其他类别的复句都遵循着上述等级序列。在条件复句中，这几个变体的使用频率略微有所不同，整体上大致呈如下序列：

（3）S$_{变体一}$（S_1。MS_2）＞S$_{变体三}$（s_1，M，s_2）＞S$_{变体二}$（S_1。M，S_2）

这个序列跟前面的（2）不太一样，使用频率最高的是变体一 S$_{变体一}$（S_1。MS_2），次高的是变体三 S$_{变体三}$（s_1，M，s_2），变体二 S$_{变体二}$（S_1。M，S_2）的使用频率最低。

综合来看，居中粘接式是一种很强势的标记模式，不仅在与其他两种标记模式的竞争中占优，而且还有三种不同变体，这些变体的使用实际上扩展到了句群和篇章的层面。从这个意义上说，我们可以参照显赫范畴的概念（刘丹青，2012）把居中粘接式看作一个"显赫标记模式"。

在第四章中，我们做了两个工作，首先是进行了广泛的田野调查，积极收集资料，总结了各大方言区的复句关联标记具体有哪些，这是一个基础工作，也是让我们收获最大的工作。我们调在查整理之后发现，各个方言的各类复句关联标记非常丰富，这是语言多样性的一个非常好的体现。在做完第一步基础工作之后，我们分析了各类复句的关联标记在各个方言中的使用情况，我们以复句类型为线索，把各个方言的同一类的复句的关联标记串在一起，这样能就很容易看出这一类复句的关联标记在方言之间的差异和共性。通过大量的分类分析，我们发现了一些方言和普通话中复句关联标记用法的差异。作为我们重点关注的关联标记模式，共性的方面是，跟普通话一样，各方言也基本上都有居端依赖式、居中粘接式和前后配套式这三种标记模式。但是，跟普通话不同的地方在于，这三者在方言中的使用频率等级序列跟它们在普通话中的等级序列不太一样。根据我们的调查分析，在方言中，最强势的标记模式是前后配套式，其次是居中粘接式，最弱的是居端依赖式。所以这三者在方言中构成了一个与普通话略微有所区别的倾向性等级序列：

（4）前后配套式 > 居中粘接式 > 居端依赖式

这个优先序列不符合"最理想状态"，所谓"最理想状态"就是普通话中的关联标记模式等级序列，因为该序列在理论上是最优的，达成了各项动因的"利益平衡"。而方言中的复句关联标记模式等级序列在理论上并不是最优的，也就是它牺牲了某一项动因的利益。但既然这一序列在实际语用环境中是存在的，就说明背后还有更强的动因在起作用。我们认为这个因素主要是交际与认知方面的，正如我们在前面 4.1.2.2 小节中提到的，方言的口语化倾向及其即逝性特点导致它不可能像书面语那样有足够的时间让听者来慢慢记忆和理解。所以在交际的过程中，我们就需要去抓住一些关键的、有特色的标记来帮助自己理解和记忆。就此而言，前后配套式在形式和意义的对应上做得最好，我们更容易通过记住关联标记的形式来判断语义关系。而在理解难度系数上，前后配套式和居中粘接式相差并不大。

换句话说，象似性原则在方言口语中所起的作用更大，我们说方言中前后配套式是高于居中粘接式的，是因为前者在象似性原则方面的优势抵消了后者在经济性原则上的优势，而两者在联系项居中原则上程度持平。综上所述，在汉语方言复句中，前后配套式的标记模式强于居中粘接式。

还一个可能的原因我们也有提及，即前后配套式可能是以这三种标记模式为代表的原型范畴中的最典型成员，它能迅速激活另外两种标记模式，因为它跟其他两个标记模式的共同点是最多的，而在居端依赖式和居中粘接式之间则基本上找不到共同点，所以把前后配套式作为激活并联系另外两种模式的一个关联标记模式典型成员也不是没有道理的。

本书在主体内容的最后一部分，也就是第五章，通过类型学的分析总结出了两个因果复句关联标记模式与语序之间的蕴涵共性，即：

共性一：(VO & "因句—果句"语序) ⊃ (g- 因句，果句 ∨ g- 因句，g- 果句)

共性二：(OV & "因句—果句"语序) ⊃ (因句 -g，果句)

这两个共性实际上也反映了在因果复句的关联标记模式中，"g- 因句，果句"、"g- 因句，g- 果"、"因句 -g，果句"这三种模式是优势模式，它们不仅在蕴涵逻辑上是优势的，而且在实际语用环境中也是使用频率最高的。它们之所以是优势模式，是因为就时间顺序原则和联系项居中原则、历时的语法化动因与共时的和谐理据、象似性原理和经济性原理这三对动因而言，它们符合的动因更多，所以它们在竞争中占据了优势地位。

上面总结的这三项规律也算是本书的一点点创新之处吧。在本书写作的过程中，我们感觉到，还有太多的题目还等着我们去做更深入的研究，比如关联标记的话语篇章功能研究，这方面姚双云（2012）已经做出了有益的尝试，此外，还有关联标记的历时研究等。在语言学的这条路上，我们才刚起步，正所谓：

路漫漫其修远兮，吾将上下而求索！

参考文献

北京大学中文系现代汉语教研室. 现代汉语（重排本）[M]. 北京：北京大学出版社，2004。

曹伯韩. 谈谈包孕句和单句复句的关系[J]. 中国语文，1957（4）。

曾子凡. 广州话普通话速查字典[M]. 北京：世界图书出版公司，2010。

陈昌来. 介词与介引功能[M]. 合肥：安徽教育出版社，2002。

陈昌来. 现代汉语句子[M]. 上海：华东师范大学出版社，2000。

陈英. 递进复句与语言的主观性[J]. 新疆大学学报（社会科学版），2004（4）。

陈泽平. 福州方言研究[M]. 福州：福建人民出版社，1998。

陈治安，文旭. 认知语言学入门导读，载 F. Ungerer & H. J. Schmid, An introduction to cognitive linguistics（《认知语言学入门》）[A]. 北京：外语教学与研究出版社，2008。

储泽祥，陶伏平. 汉语因果复句的关联标记模式与"联系项居中原则"[J]. 中国语文，2008（5）。

储泽祥. 在多样性基础上进行倾向性考察的语法研究思路[J].《华中师范大学学报》，2011（2）。

戴浩一著，黄河译. 时间顺序和汉语的语序[J]. 国外语言学，1988（1）。

戴木金，黄江海. 关联词语词典[M]. 成都：四川辞书出版社，1988。

戴庆厦，范丽君. 藏缅语因果复句关联标记研究——兼与汉语比较[J]. 中央民族大学学报（哲学社会科学版），2010（2）。

戴庆厦，徐悉艰. 景颇语语法[M]. 北京：中央民族学院出版社，1992。

董秀芳. 词汇化与话语标记的形成[J]. 世界汉语教学，2007（1）。

方梅. 篇章语法与汉语篇章语法研究[J]. 中国社会科学，2005（6）。

方梅. 自然口语中弱化连词的话语标记功能［J］. 中国语文，2000（5）。

冯爱珍. 福州方言词典［M］. 南京：江苏教育出版社，1998。

付琨. 现代汉语后置关联标记的篇章功能及其修辞动因［J］. 修辞学习，2009（4）。

郭中. 现代汉语多项状语共现语序研究［D］. 南昌大学硕士学位论文，2008。

郭中. 汉语多类状语共现的语序自由度及其解释［J］. 汉语学习，2012（4）。

郭昭穆. 复句分类初探［J］. 西南师范大学学报（人文社会科学版），1980（4）。

郭中平. 单句复句的划界问题［J］. 中国语文，1957（4）。

何耿镛. 客家方言语法研究［M］. 厦门：厦门大学出版社，1993。

何元建. 现代汉语生成语法［M］. 北京：北京大学出版社，2011。

侯学超. 现代汉语虚词词典［M］. 北京：北京大学出版社，1998。

胡金柱，舒江波等. 面向中文信息处理的复句关系词提取算法研究［J］. 计算机工程与科学，2009（10）。

胡金柱，沈威等. 基于渡越矩阵的复句关系词自动标注初探［J］. 微计算机信息，2007（30）。

胡裕树主编. 现代汉语（重订本）［M］. 上海：上海教育出版社，1995。

黄伯荣，廖序东. 现代汉语（增订三版）［M］. 北京：高等教育出版社，2002。

黄伯荣. 汉语方言语法类编［M］. 青岛：青岛出版社，1996。

黄丽丽.《左转》复句的形式标记［J］. 镇江师专学报，2000（1）。

黎锦熙，刘世儒. 汉语复句新体系的理论［J］. 中国语文，1957（8）。

黎锦熙，刘世儒. 汉语复句学说的源流和解决问题的方法［J］. 中国语文，1957（6）。

李荣. 现代汉语方言大词典（1-6卷）［M］. 南京：江苏教育出版社，2002。

李大勤. 格曼语研究［M］. 北京：民族出版社，2002。

李汉威. 简论划分汉语单句复句的标准［J］. 华中师范大学学报（人文社会科学版），1998（4）。

李晋霞，刘云. 复句类型的演变［J］. 汉语学习，2007（2）。

李晋霞，刘云."由于"与"既然"的主观性差异［J］. 中国语文，2004（2）。

李晋霞，刘云. 面向计算机的二重复句层次划分研究［A］. 孙茂松，陈群秀. 语言计算与基于内容的文本处理——全国第七届计算语言学联合学

术会议论文集 [C]. 北京：清华大学出版社，2003。

李敏. 连词"不说"及其语法化过程 [J]. 暨南大学华文学院学报，2005（2）。

李晓琪. 现代汉语复句中关联词的位置 [J]. 语言教学与研究，1991（2）。

李英哲，卢卓群. 汉语连词发展过程中的若干特点 [J]. 湖北大学学报（哲学社会科学版），1997（4）。

李永燧. 桑孔语研究 [M]. 北京：中央民族大学出版社，2002。

廖秋忠. 现代汉语篇章中的连接成分 [J]. 中国语文，1986（6）。

林宝卿. 闽南话教程 [M]. 厦门：厦门大学出版社，2007。

林宝卿. 普通话闽南方言常用词典 [M]. 厦门：厦门大学出版社，2007。

林连通. 泉州方言志 [M]. 北京：社会科学文献出版社，1993。

刘丹青. 汉语的若干显赫范畴：语言库藏类型学视角 [J]. 世界汉语教学，2012（3）。

刘丹青. 汉语关系从句标记类型初探 [J]. 中国语文，2005（1）。

刘丹青. 语序类型学与介词理论 [M]. 北京：商务印书馆，2003。

刘开骅. 论中古选择关联词"为"、"为是"、"是"及其来源 [J]. 盐城师范学院学报（人文社会科学版），2005（3）。

刘世儒. 试论汉语单句复句的区分标准 [J]. 中国语文，1957（5）。

刘雪春. "即使……也……"式复句的逻辑分析 [J]. 郑州大学学报（哲学社会科学版），1998（3）。

刘月华，潘文娱，故韡. 实用现代汉语语法 [M]. 北京：商务印书馆，2001。

刘云. 复句关系词语离析度考察 [J]. 语言教学与研究，2008（6）。

陆丙甫，金立鑫. 多重复句的层次问题 [J]. 汉语学习，1988（5）。

陆丙甫. 核心推导语法 [M]. 上海：上海教育出版社，1993。

陆丙甫. 重度—标志对应律 [J]. 中国语文，2011（4）。

陆丙甫. 作为一条语言共性的"距离－标记对应律"[J]. 中国语文，2004（1）。

吕叔湘. 汉语语法分析问题 [M]. 北京：商务印书馆，1979。

吕叔湘主编. 现代汉语八百词 [M]. 北京：商务印书馆，1999。

马建忠. 马氏文通 [M]. 北京：商务印书馆，2008。

马清华. 并列连词的语法化轨迹及其普遍性 [J]. 民族语文，2003（1）。

马清华. 关联标记的结构控制作用 [J]. 汉语学习，2006（6）。

马清华. 关联成分的语法化方式 [J]. 中央民族大学学报，2003（3）。

孟凯. 中古汉语让步复句探析［J］. 长春大学学报，2004（1）。

彭小球. 益阳方言有标复句研究［M］. 广州：世界图书出版公司，2013。

钱乃荣. 上海话语法［M］. 上海：上海人民出版社，1997。

钱乃荣. 实用上海话词语手册［M］. 上海：上海人民出版社，2011。

屈承熹. 汉语副词的篇章功能［J］. 语言教学与研究，1991（2）。

屈承熹. 汉语篇章语法：理论与方法，俄语语言文学研究［J］. 2006（3）。

饶秉才. 广州音字典［M］. 广州：广东人民出版社，2007。

阮恒辉. 自学上海话［M］. 上海：上海大学出版社，2010。

邵敬敏. 现代汉语通论［M］. 上海：上海教育出版社，2001。

沈家煊. 不对称和标记论［M］. 南昌：江西教育出版社，1999。

沈家煊. 复句三域"行、知、言"［J］. 中国语文，2003（3）。

沈家煊. 跟副词"还"有关的两个句式［J］. 中国语文，2001（6）。

沈威，姚双云. 基于规则的复句中的关系词标注探讨［J］. 福建电脑，2007（4）。

孙宏开，胡增益，黄行主编. 中国的语言［M］. 北京：商务印书馆，2007。

孙毓苹. 复合句和停顿［J］. 中国语文，1957（1）。

覃东生. 宾阳话语法研究［D］. 广西大学硕士学位论文，2007。

陶伏平. 湖南慈利通津铺话复句连词［J］. 湖南城市学院学报，2010（7）。

汪梦翔. 关联词离析度在有标复句层次自动分析中的应用［J］. 云南师范大学学报（哲学社会科学版），2011（4）。

汪维辉. "所以"完全变成连词的时代［J］. 古汉语研究，2002（2）。

王艾录. 复句标准浅谈［J］. 语文研究，1981（1）。

王春辉. 汉语条件句标记及其语序类型［J］. 语言科学，2010（3）。

王维贤. 复句和关联词语［J］. 语言教学与研究，1983（1）。

王维贤. 现代汉语复句新解［M］. 上海：华东师范大学出版社，1994。

王颖君. 山东乳山方言条件复句关联标记模式研究［J］. 华中师范大学研究生学报，2010（4）。

文旭. 论语言符号的距离拟象性［J］. 外语学刊，2000（2）。

吴锋文，胡金柱等. 基于规则的汉语复句层次关系自动识别研究［J］. 华文教学与研究，2010（1）。

吴锋文，胡金柱等. 汉语复句关系词库的建设及其利用［J］. 语言科学，2010（2）。

吴福祥. 汉语伴随介词语法化的类型学研究——兼论SVO型语言中伴随介词——的两种演化模式［J］. 中国语文, 2003 (1)。

吴黄青娥. 汉越复句关联标记模式比较［D］. 华中师范大学博士学位论文, 2012。

席嘉. 近代汉语连词［M］. 北京: 中国社会科学出版社, 2010。

项梦冰. 连城客家话语法研究［M］. 北京: 语文出版社, 1997。

肖任飞, 张芳. 复句特征与复句标准的确立［J］. 湖北社会科学, 2010 (11)。

肖升, 胡金柱等. 关系词搭配的联列分析［J］. 宁夏大学学报 (人文社会科学版), 2009 (6)。

谢晓明. 假设类复句关系词语连用情况考察［J］. 汉语学报, 2010 (2)。

辛永芬. 浚县方言语法研究［M］. 北京: 中华书局, 2006。

邢福义. 汉语复句与单句的对立和纠结［J］. 世界汉语教学, 1993 (1)。

邢福义. 复句与关系词语［M］. 哈尔滨: 黑龙江教育出版社, 1985。

邢福义. 汉语复句研究［M］. 北京: 商务印书馆, 2001。

邢福义. 汉语语法学［M］. 长春: 东北师范大学出版社, 1996。

邢福义. 现代汉语［M］. 北京: 高等教育出版社, 1991。

邢向东. 陕北晋语沿河方言复句关系的表达手段［J］. 汉语学报, 2003 (6)。

邢向东. 陕北晋语语法比较研究［M］. 北京: 商务印书馆, 2006。

邢向东. 神木方言研究［M］. 北京: 中华书局, 2002。

徐慧. 益阳方言语法研究［M］. 长沙: 湖南教育出版社, 2001。

徐杰, 李莹. 汉语"谓头"位置的特殊性及相关句法理论问题［J］. 汉语言文学研究, 2010 (3)。

徐杰, 李莹. 汉语复句关联标记的位置与两种相关的特殊句式［C］. 语言学论丛第四十一辑, 北京: 商务印书馆, 2010。

徐烈炯. 生成语法理论［M］. 上海: 上海教育出版社, 1988。

徐烈炯. 语义学［M］. 北京: 语文出版社, 1995。

徐世璇. 毕苏语研究［M］. 上海: 上海远东出版社, 1998。

许宝华, 宫田一郎. 汉语方言大词典 (1-11卷)［M］. 北京: 中华书局, 1999。

许宝华, 汤珍珠. 上海方言词汇［M］. 上海: 上海教育出版社, 1991。

杨伯峻, 何乐士. 古汉语语法及其发展［M］. 北京: 语文出版社, 1995。

杨永发，莫超. 语法重新分析与关联词的构成［J］. 西北师范大学学报（社会科学版），2007（2）。

姚双云. 复句关系标记的搭配研究［M］. 武汉：华中师范大学出版社，2008。

姚双云. 自然口语中的关联标记研究［M］. 北京：中国社会科学出版社，2012。

尹蔚. 选择关系标记关联模式探究［J］. 汉语学报，2010（1）。

袁雪梅. 中古汉语的关联词语［M］. 北京：人民出版社，2010。

张建. 偏正复句的关联标记模式与蕴涵共性［J］. 兰州学刊，2011（4）。

张春泉.《孟子》中表条件结果关系的关联词语［J］. 南京师范大学文学院学报，2002（4）。

张静. 单句、复句的定义和划界问题［J］. 中州学刊，1983（3）。

张维耿. 客家话词典［M］. 广州：广东人民出版社，1995。

张文光，侯建华. 唐山方言中的特殊连词"一个"及相关复句［J］. 唐山师范学院学报，2008（1）。

张文贤，邱立坤. 基于语料库的关联词搭配研究［J］. 世界汉语教学，2007（4）。

张谊生. 助词与相关格式［M］. 合肥：安徽教育出版社，2002。

张谊生."就是"的篇章衔接功能及其语法化历程［J］. 世界汉语教学，2002（3）。

张谊生. 副词的篇章连接功能［J］. 语言研究，1996（1）。

郑贵友. 关联词"再说"及其篇章功能［J］. 世界汉语教学，2001（4）。

中国少数民族语言简志丛书修订本编委会. 中国少数民族语言简志丛书·修订本，（卷壹—卷陆）［M］. 北京：民族出版社，2009。

钟兆华. 近代汉语虚词研究［M］. 北京：中国社会科学出版社，2011。

周刚. 关联成分的套用及其省略机制［J］. 汉语学习，2001（6）。

周刚. 连词与相关问题［M］. 合肥：安徽教育出版社，2002。

周刚. 连词产生和发展的历史要略［J］. 安徽大学学报（哲学社会科学版），2003（1）。

周长楫. 闽南方言大词典［M］. 福州：福建人民出版社，2006。

朱德熙. 语法答问［M］. 北京：商务印书馆，1985。

朱德熙. 语法讲义［M］. 北京：商务印书馆，1982。

朱建颂. 武汉方言研究［M］. 武汉：武汉出版社，1992。

朱晓农. 复句重分类——意义形式化的初次尝试［J］. 汉语学习，1989（6）。

邹嘉彦，连兴隆等. 中文篇章中的关联词语及其引导的句子关系的自动标注——面向话语分析的中文篇章语料库的开发［A］. 载黄昌宁主编，中文信息处理国际会议论文集［C］. 清华大学出版社，1998。

Anderson, Lars-Gunnar. 1975. *Form and Function of Subordinate Clauses*. Gothenburg Monographs in Linguistics, 1. Gothenburg: University of Göteborg, Department of Linguistics.

Bhatt, Rajesh & Roumyana Pancheva 2006 Conditionals. in Martin Everaert and Henk van Riemsdijk *The Blackwell Companion to Syntax*, vol. i. Malden, MA, USA: Blackwell Pub, 638-687.

Comrie, Bernard 1986 Conditionals: A typology. in Traugott etal (eds) *On Conditionals*. Cambridge: Cambridge University Press, 77-99.

Cruttenden, A. 1997 *Intonation* (2nd edition). Cambridge: Cambridge University Press.

Diessel, Holger 2001 The ordering distribution of main and adverbial clauses: A typological study. *Language* 77 (3), 433-455.

Dik, Simon C. 1997 *The Theory of Functional Grammar*. Berlin & New York: Mouton de Gruyter.

Dryer, Matthew 2005 Order of adverbial subordinator and clause. in Martin Haspelmath, Matthew S. Dryer, David Gil & Bernard Comrie (eds.) *The World Atlas of Language Structure*. Oxford: Oxford University Press, 382-385.

Dryer, Matthew 1997 On the six-way word order typology. *Studies in Language* 21: 69-103.

Ferguson, Charles A., Judy Snitzer Reilly, Aliceter Meulen & Elizabeth Closs Traugott 1986 Overview. in Traugott etal. (eds) *On Conditionals*. Cambridge: Cambridge University Press, 3-20.

Fraser, B. 1996 Pragmatic markers. *Pragmatics* 62, 167-190.

Fraser, B. 1999 What are discourse markers. *Journal of Pragmatics* 31, 931-952.

George Lakoff & Mark Johnson 1980 Metaphors We Live By, Chicago: The University of Chicago Press.

Givòn 1984, 1990. Syntax: A Functional-typological Introduction, Vol. I & II. Amsterdam: John benjamins.

Givón, T. 1971 Historical syntax and synchronic morphology: An archaeologist's field trip. *Chicago Linguistic Society*, 7, 394-415.

Givón, Talmy. 1991 Isomorphism in the grammatical code: Cognitive and biological considerations, *Studies in Language*, 15（1）: 85 - 114.

Greenberg, J. H. 1963 Some universals of garmmar with particular reference to the order of meaningful elements. In *Universals of Language*, edited by J. H. Greenberg, M IT Press.

Haiman, J. 1985 Natural Syntax. Cambridge: Cambridge University Press.

Haspelmath, Martin (ed.), 2004 *Coordinating constructions*. Amsterdam: John Benjamins Publishing Company.

Hopper, P. 1987 Emergent grammar. *Berkeley Linguistics Conference* (BLS), 13: 139-157.

Huang, J. 1982 Logical Relations in Chinese and the Theory of Grammar, Doctoral dissertation, MIT, Cambridge.

Langacker, R.W. 1987/1991 Foundations of Cognitive Grammar. (Vols.1-2). Stanford: Stanford University Press.

Lindsay J. Whaley. 1997 *Introduction to typology*: the unity and diversity of language. London: SAGE Publications, INC.

Liu, jian&Alain Peyraube 1994 History of some coordinative conjunction in Chinese.*Journal of Chinese Linguistics*, 22: 179-201.

Mily Crevels. 2000 *Concession—A typological study* [D]. de Universiteit van Amsterdam.

Peter Roach 2000 English Phonetics and Phonology, 北京: 外语教学与研究出版社。

Schiffrin 1987 *Discourse markers*.Cambridge: Cambridge University Press.

Sweetser, Eve 1990 From Etymology to Pragmatics: Metaphorical and Cultural

Aspects of Semantic Structure. Cambridge: Cambridge University Press.

Taylor, J. 1989 Linguistic Categorization: Prototypes inLinguistic Theory. Oxford: Clarendon Press.

Thompson, Sandra A., Robert E. Longacre & Shin J a J. Hwang 2007 Adverbial clauses. In Timothy Shopen (ed.), *Language Typology and Syntactic Description*, vol. 2: Complex constructions. Cambridge: Cambridge University Press, 237−300.

Timothy Shopen. 2007 Language Typology and Syntactic Description—Volume II: Complex Constructions. Cambridge: Cambridge University Press.

Traugott, E.&R.Dasher 2002 *Regularity in semantic change*. Cambridge: Cambridge University Press.

William Croft. 2003 *Typology and Universal* (2nd edition). Cambridge: Cambridge University Press.

Xu, L. J. & D. T. Langendoen 1985 Topic Structures in Chinese, Language (61): 1−27.

后 记

本书是由我的博士学位论文改写而成的。回首往昔，读博三年的生活仍历历在目，恍如昨日。在这么多年的求学路上，先后有很多人帮助过我，点拨指导过我，提携过我。我要在此对他们表示感谢。

首先要感谢的是我的博士生导师储泽祥教授对我在学习和生活上的关心和帮助。他在学术上的传道授业和耳提面命，让我受益匪浅。我最佩服的是他对语言现象的洞察力，他总能在看似平常的语言现象背后发现不平常的语言规律。而我最怀念的就是每次上完他的课后，我们几个同门陪他从教室走回家的那一段路，不到500米的路，我们往往会走上一两个小时，路上的讨论既深入又有趣，而且因为只有我们几个同门学生，互动讨论得以进行得更充分，因此我的收获就更大了。储老师总能以他的洞察力带给我们启发。

其次要感谢的是我的硕士生导师陆丙甫教授。我的学术之门是由他开启的，他的学识和智慧以及对学术的开放心态，都深深地影响了我。虽然我硕士毕业已经好多年了，但是他仍然一如既往地关心着我的学习和生活。这些都让我心存感激又心有惴惴，唯恐自己辜负了他对我的一片良苦用心。

感谢广西大学的覃凤余教授，她在我去广西调查平话的过程中给我提供了巨大的帮助，不仅帮我联系了合作发音人，还亲自带着我一起记录和转写语料，相当于手把手地教我做调查。

感谢我读博时的同门师兄师姐和师弟师妹们，尤其是跟我同一级的刘玮娜师姐。他们为我的学习和生活带来了很多的帮助和欢乐。感谢外语学院的吴红军、谢群和罗桂花博士的帮助与支持，每次写论文的英文摘要都没少找他们帮忙校改。尤其吴红军博士还是我室友，在日常生活中也给予了我很多无私的帮助和宽宏的理解。

博士毕业后,我又去中国社会科学院语言研究所做了两年博士后研究。在博士后期间,合作导师刘丹青教授给了我很多的指导和教诲。此外,我还听了语言研究所方梅等其他老师的课,同样受益匪浅。非常感谢刘老师给了我这个进一步学习的机会。

这本书能出版,还得感谢华侨大学华文教育研究院的支持,正是他们把我的书列入了"华文教育研究丛书",给此书的出版提供了资助。

最后,我要对我的家人表示感谢,包括我的父母和妻儿。他们给予了我百分之百的理解和支持,正是有他们的支持,我才能实现自己的理想,走到今天。

其实,我需要感谢的人还很多,这里无法一一列出,但我都记在心上。我需要以一颗感恩的心,感谢所有帮助过我的人、信任过我的人、陪伴过我的人。我会永远珍惜、永远铭记这份恩情。

郭　中

图书在版编目(CIP)数据

现代汉语复句关联标记模式的类别研究/郭中著. -- 北京：社会科学文献出版社，2019.8
（华文教育研究丛书）
ISBN 978-7-5201-4926-6

Ⅰ.①现… Ⅱ.①郭… Ⅲ.①现代汉语-复句-研究 Ⅳ.①H146.3

中国版本图书馆 CIP 数据核字（2019）第 099371 号

华文教育研究丛书
现代汉语复句关联标记模式的类别研究

著　　者／郭　中

出 版 人／谢寿光
责任编辑／崔晓璇　张建中
文稿编辑／钱越洋

出　　版／社会科学文献出版社・社会政法分社（010）59367156
　　　　　地址：北京市北三环中路甲29号院华龙大厦　邮编：100029
　　　　　网址：www.ssap.com.cn

发　　行／市场营销中心（010）59367081　59367083
印　　装／三河市尚艺印装有限公司

规　　格／开　本：787mm×1092mm　1/16
　　　　　印　张：24.25　字　数：383千字

版　　次／2019年8月第1版　2019年8月第1次印刷

书　　号／ISBN 978-7-5201-4926-6
定　　价／128.00元

本书如有印装质量问题，请与读者服务中心（010-59367028）联系

版权所有 翻印必究